젠더의 아름다움

여성과 남성, 화해를 위한 영성 여행

윌리엄 키핀, 신시아 브릭스, 몰리 다이어 지음
정하린, 이순호 옮김

Divine

젠더의 아름다움

여성과 남성, 화해를 위한 영성 여행

Duality

yeon
doo

차례

한국어판 서문   9

서문   15
사랑의 소환

Chapter 1   25
진실의 오아시스, 여성과 남성의 화해

Chapter 2   79
연민의 회복, 젠더 화해의 모든 것

Chapter 3   111
젠더 상처의 증언

Chapter 4   127
남성과 여성의 목소리

Chapter 5   157
은총의 치유, 화해의 연금술

Chapter 6   193
사랑의 포옹, 세속적 섹슈얼리티에서 신성한 교감으로

Chapter 7   239
황금을 수확하는 연금술

Chapter 8   271
치유의 말 이상의 변혁적 힘

Chapter 9   303
마허-바라타, 인도의 젠더 화해

Chapter 10   339
무지개공화국의 젠더 화해

Chapter 11   401
젠더 치유의 10년, 그리고 교훈들

Chapter 12   415
이원론의 신성함, 남성성과 여성성의 성스런 균형의 회복

감사의 말   451

부록 A   463

부록 B   477

역자 후기 - 정하린   525

역자 후기 - 이순호   533

후주   542

일러두기

참가자들의 신원을 보호하기 위해 워크숍 참석자의 이름과 내용 일부를 수정했습니다.

맛지 키핀과 밥 키핀, 내게 생명을 비롯해 한없이 주기만 한 내 부모님에게.
그리고 내게 인생이라는 선물을 주고 그 인생을 함께한 모든 이에게.

한국어판 서문

이 책의 저자로서 『젠더의 아름다움: 여성과 남성, 화해를 위한 영성 여행Divine Duality: The Power of Reconciliation between Women and Men』의 한국어판 서문을 쓰는 것은 더 없는 특권이자 굉장한 기쁨입니다. 2017년 이 책의 역자인 정하린 선생님으로부터 서울에서 북클럽이 열리고 한국 분들이 이 책을 읽고 토론하고 있다는 소식을 전해 들었습니다. 우리는 한국에서 이 책이 전해지기 시작했다는 것에 무척 기뻤고, 그렇게 첫 걸음을 내딛어 준 정하린 선생님께 진심으로 감사했습니다. 그후 정하린 선생님과 한국의 동료들은 지속적으로 북클럽을 열고, 한국의 많은 사람에게 젠더 평등과 화해 작업의 혁신적인 잠재력에 대해 알려줬습니다. 또한 이 책을 번역하고, 한국어판이 출판될 수 있도록 상당한 일을 해냈습니다. 한국에 이 작업을 알려나가는 이들의 리더십 자체가 이 작업이 가능하다는 것을 보여주는 확실한 예입니다. 그리고 이제 한국의 독자들은 그러한 노력의 열매를 손에 넣을 수 있게 되었습니다.

정하린, 이순호, 이강혜, 조승연의 역동적인 네 사람은 2021년 국제 젠더 평등과 화해GERI에서 전문적인 훈련을 마쳤습니다. 이 단체의 창립자로서 우리는 이 네 사람으로 구성된 한국 팀이 보여준 헌신과 기여에서 많은 영감을 받았습니다. 그리고 다른 훈련생들과 함께하는 모습에서도 그들의 따뜻한 마음과 능력, 전문성을 확인할 수 있었습니다. 이들의 노력 덕분에 정하린과 이순호(루이스)를 통해 GERI KOREA의 출범이 가능해졌습니다. 이제 한국에서도 전 세계의 수많은 사람에게 감동을 주고 있는 젠더 평등과 화해의 독창적인 작업과 그에 따른 치유를 만날 수 있게 되었습니다.

방법론에 있어 GERI는 데스몬드 투투 대주교가 개발한 진실과 화해의 원리를 젠더에 관한 부당한 현실을 치유하는 데 적용하고 있습니다. GERI 프로그램은 2013년에 GERI와 파트너십을 맺은 투투 대주교에 의해 공식적으로 승인되었습니다. GERI는 지난 30년간 6개 국가에서 실질적으로 운영되고 있으며, 또 다른 12개 국가에 소개되었습니다. 이 작업을 새로운 나라에 소개할 때마다 젠더라는 민감한 주제뿐 아니라 각 사회의 고유한 문화적 역동 때문에 세심한 주의가 필요했습니다. 이러한 이유로 우리는 초대 받은 곳에만 가고, 주최국 안에서 협력할 수 있는 동료를 찾을 수 있을 때에만 가는 정책을 유지하고 있습니다. 각 나라에서 전문성을 지니고 활동하는 현지 전문가들을 찾아 그들이 GERI 훈련을 마친 후 GERI 프로그램을 각자의 사회에 맞게 적용할 수 있도록 협력하는 전략을 택하고 있습니다. 이러한 접근법은 잘 작동하고 있고, 이러한 접근법을 통해 문화적으로 충돌할 수 있는 잠재적 위험을 피하고 있습니다. 우리는 한국에서 GERI를 성공적으로 펼쳐나갈 수 있는 훌륭한 한국인 동료들을 만나게 된 것이 정말 기쁩니다.

이 책의 모든 독자에게 다음과 같은 말을 전하고 싶습니다. 여러분은 여성과 남성, 그리고 다양한 젠더 정체성을 지닌 사람 사이의 치유와 화해에 관한 놀라운 이야기를 읽게 될 것입니다. 이러한 아름다운 치유가 여러분 자신의 삶과 공동체에서도 가능하다는 것을 꼭 기억해주기 바랍니다. 여러분이 이 페이지에서 영감을 얻고, 여러분이 태어난 한국에서도 유사한 결과가 일어날 것이라는 영감과 확신을 갖도록 응원합니다. 이 책은 이제 막 출간되었습니다. 만약 여러분이 한국에서도 이러한 이야기가 펼쳐지고 이 작업이 가능하다는 생각에 마음이 움직인다면 정하린과 이순호에게 연락해 GERI KOREA 프로그램에 참여할 수 있는 방법을 문의하시기 바랍니다.

젠더 평등과 화해의 약속은 젠더 불공정과 억압이라는 오래된 문제들을 변화시키는 새로운 길을 열어줄 것입니다. 또한 이 작업에 참여하는 여러분을 흥미롭고 새로운 시대로 안내해줄 것입니다. 새는 날개의 균형을 잃고는 날 수 없습니다. 여성성의 날개와 남성성의 날개가 똑같이 건강하고 역동적인 균형을 이루지 않는다면 인류의 진정한 비상은 불가능할 것입니다. 이것은 한국도 다른 모든 곳과 마찬가지일 것입니다. 마침내 한국의 가족, 공동체, 국가 안에서 젠더에 관한 깊은 치유, 균형, 회복을 가져올 때가 왔습니다.

우리는 젠더 평등과 화해라는 이 변혁적인 작업이 한국에서 온전히 펼쳐지고, 한반도의 다양한 젠더 정체성을 가진 모든 사람이 평화롭고 조화롭게 살아가는 데 도움이 되길 진심으로 희망하고 기원합니다.

2022년 가을.
윌리엄 키핀, 신시아 브릭스(젠더 평등과 화해의 공동 설립자).

인류의 미래는 국가들의 관계가 아니라 남성과 여성의 관계에 의해 결정될 것이다. - D. H. 로렌스

D. H. 로렌스의 이 예언적 선언은 과장 유무와 상관 없이 매우 현실적 지적을 한 것은 분명하다. 현재 여성과 남성의 관계 위기는 심각한 수준이다. 이 위기가 전 세계 수십억 명을 비참하게 만들고 있다. 수많은 개인과 단체가 이러한 상황을 개선하기 위해 다양한 시도를 하고 있다. 이 책에서 소개하는 작업도 그러한 목표를 향한 또 다른 한 걸음이다.

사람들은 종종 물리학자이자 남성인 내가 여성과 남성의 관계 치유와 화해에 관한 프로젝트를 어떻게 시작하게 되었는지 궁금해한다. 물리학에서 이 프로젝트로의 여정은 젊은 대학생 시절 여성 관련 이슈들에 눈을 떴을 때 시작되었고, 그 후에는 남성 관련 이슈에도 눈을 뜨게 되었다. 페미니스트와 '매스큘리니스트masculinist'에 관한 초기 고전 문헌을 읽으면서 젠더 억압의 규모에 경악했고, 젠더 억압에 대한 통찰이 겨우 20세기 후반이 되어서야 나타난 것에 또 한 번 놀랐다. 그 이후에는 내 자신이 젠더에 관해 얼마나 조건화되어 있는지와 그 조건화로부터 얼마나 큰 영향을 받았는지 깨달았으며, 중

단된 결혼 생활 두 번을 직면해야 하는 개인 치유 작업을 시작할 수 밖에 없었다. 그러나 나는 결혼 생활 두 번이 '실패'였다고 생각하지 않는다. 정말 많은 것을 배웠고, 다른 방식으로는 결코 배울 수 없는 마음의 가르침을 얻을 수 있었기 때문이다. 첫 번째 아내에게는 특별한 마음의 빚을 졌다. 그 이후에 만난 다른 여성에게도 마음의 빚이 있다. 그녀들을 통해 청년기에 필요한 교훈을 많이 얻었다. 그들에 대한 미안하고, 고마운 마음을 영원히 간직할 것이다.

나는 수리물리학 박사 학위를 취득하고 양자론과 카오스 이론을 연구한 이후에 국제과학싱크탱크에 합류했다. 그곳에서 원자력과 화석 연료를 대체할 수 있는 지속 가능한 자원 연구로 연구 영역을 옮기게 되었다. 얼마 지나지 않아 과학적 논쟁들에 휩쓸리게 되었고, 원자력 산업의 정치적 목표를 앞당겨 실현하기 위한 부도덕한 데이터 조작을 알아내면서 원치 않게 내부 고발자가 되었다. 1980년대 후반 동양 철학과 초월심리학 공부를 위해 대학원으로 돌아갔고, 3년간 홀로트로픽 호흡법 훈련을 스타니슬라프 그로프Stanislav Grof에게 받았다. 그는 중요한 스승 중 한 명이다. 또한 몇 년간 여러 학생, 동료, 스승들과 함께하는 특권을 누렸다. 라비 라빈드라Ravi Ravindra, 조안나 메이시Joanna Macy, 리차드 타나스Richard Tarnas, 바바라 핀다이센Barbara Findeisen, 그리고 좀 더 최근에는 르웰린 본-리Llewellyn Vaughan-Lee, 토마스 키팅Thomas Keating 신부님 등을 스승으로 삼아

이들에게서 많은 영향을 받았다.

애틀란타에서는 6년간 임상심리학자 두 명 샤린 파로^{Sharyn Faro}와 보니 모리슨^{Bonnie Morrison}과 긴밀히 작업할 수 있는 특권을 누렸다. 이들의 내담자 중에는 성적 트라우마 경험자나 성폭행 희생자들뿐 아니라 성소수자들도 많이 있었다. 우리는 체험을 통한 근본적 치유를 위해 임상 환경에서 홀로트로픽 호흡법을 폭넓게 활용했다. 이 과정에서 성폭력과 젠더 억압을 통해 자행된 믿을 수 없는 고통을 직접 목격하게 되었고, 온전히 치유되는 사례들도 종종 경험하게 되었다. 이러한 임상적 배경이 사티야나^{Satyana}의 젠더 화해 과정을 만들게 된 토대의 일부다.

나는 1980년대 초에 선 명상을 시작했다. 이어서 위파사나^{Vipassana} 명상을, 그후에는 티베트 불교 명상을 시작했다. 이후 인도의 신비주의 지혜에 입문했고, 거의 알려지지 않은 인도의 영적 스승에게 직접 가르침을 받고 온전한 축복을 받았다. 이러한 과정에서 내 삶은 완전히 변화했고, 영적 여정과 신성함에 열정적으로 몰두하게 되었다. 또한 신비한 길을 향한 추구는 수피교와 기독교 신비주의 전통들을 만나면서 더욱 풍성해졌다. 이러한 과정 속에서 젠더 화해 작업에 대한 내 태도도 완전히 바뀌었다. 이 책은 이러한 경험의 직접적 결과물이다. 이러한 모든 여정에 도움을 준 많은 사람에게 고마운 마음은 끝이 없다.

나는 힌두교와 불교의 신비주의 전통에 등장하는 남성과 여성 동반자들로부터 많은 영감을 받았다. 루미^{Rumi}, 자네시와르 ^{Jnaneswar}, 람프라사드^{Ramprasad}, 랍비아^{Rabia}, 카비르^{Kabir}, 미라바이 ^{Mirabai}, 그리고 다른 이들이 쓴 신비롭고 매혹적이고 아름다운 시에서도 영감을 받았다. 한편으로는 신성한 여신$^{Divine\ Feminine}$ 에게 헌신하겠다는 마음을 담은 시를 그토록 많이 만들어낸 사회에서 여성들이 그토록 형편없는 취급을 당한다는 것에 경악했다.

운이 좋게도 1984년 이후에 몇몇 가치 지향적인 공동체, 특히 스코틀랜드의 핀드혼과 좀 더 최근에는 인도의 마허와 이탈리아의 다만후르와 같은 공동체에 진지하게 참여할 수 있었다. 1990년대 초에는 몇몇 동료와 함께 글로벌 에코빌리지 네트워크$^{Global\ Ecovillage\ Network}$를 만들었다. 전 세계의 많은 영적 가치 지향적 공동체들을 방문하면서 다양한 공동체의 시련도, 승리도 목격했다. 그 공동체들은 젠더, 섹슈얼리티, 친밀성, 영성이 복잡하게 뒤엉켜 심각한 싸움을 하고 있었다. 이러한 모습이 사티야나 젠더 화해 과정의 발전에 영향을 주었다.

이렇게 이 모든 것을 하나하나 경험하면서 여성과 남성의 관계를 변화하게 하고 근본적으로 치유하고자 하는 열정이 커졌다. 이것이 얼마나 필요한 일인지 깨닫게 되었고, 전 세계 대부분의 사회가 실질적인 해답을 내놓지 못하는 모습을 보면서 가능한 무엇이든 기여해야 한다고 생각했다. 이 책에 기록된 작업은 그 결과물들이다. 독자들이 그 가치를 판단해보고 가치가 있다고 생각한다면 이 작업을 더 발전해주길 바란다.

사티야나 인스티튜트의 젠더 화해 작업은 초기 프로토 타입들로 시작해서 다양한 동료와 협업해 15년에 걸쳐 발전해왔다. 1990년대 초에는 사회운동가 허트 피닉스Heart Phoenix와 호주 심층생태학자 존 시드John Seed와 협업했다. 이들은 젠더와 생태학의 연관성을 탐색하기 위해서 일련의 프로토 타입 워크숍을 조직하고, 그 워크숍에 남녀 환경 운동가들을 초대했다. 수년에 걸쳐 리즈 브래그Liz Bragg, 데이비스 채프먼Davis Chapman, 라파엘 틸먼 폭스Raphael Tillman Fox, 케이 그린랜드Kay Grindland, 해리엇 로즈 메이스Harriet Rose Meiss, 빌 파이퍼Bill Pfeiffer, 벤 로빈Ben Robin, 그리고 제프리 와이즈버그Jeffrey Weisberg를 포함한 여러 사람이 협업에 참여했다.

1990년대 중반에 조한나 존슨Johanna Johnson, 앨런 캐너Allen Kanner, 에이미 폭스Amy Fox, 안느 요만스Anne Yeomans, 이외 여러 사람과 협업하면서 젠더 화해 워크숍을 다양한 장소에서 개최했다. 그리고 잡지 『리비전ReVision』 1995년 겨울호에 젠더 화해에 관한 글을 발표했다. 한편 피닉스, 와이즈버그와 같은 초기 동료 중 일부가 지속적으로 젠더 화해 작업을 발전시켰다. 이들은 '베일 저 너머Beyond the Veil'라는 이름의 젠더 워크숍 시리즈를 시작했다. 이 워크숍은 매사추세츠의 크리팔루 센터Kripalu Center 등에서 정기적으로 진행되고 있다.

1990년대 후반 오랜 친구이자 동료 다이안 하우크Diane Haug는 나와 협업해서 이 작업을 하기 시작했다. 이후 몰리 다이어Molly Dwyer가 사티야나 인시트티튜트에 합류해 젠더 우주론에 관한 박사 학위 논문을 완성했다. 다이어는 소설을 쓰고 싶은 열정을 이어가기 위해 떠나기 전인 2003년까지 이 작업에 중요한 기여를 했다. 하우크는 우리와 주기적으로 협업하고 있다. 신시아 브릭스Cynthia Brix는 2001년에 행정 코디네이터로 사티야나 인스티튜트에 합류했다. 신학교를 수료하자마자 사티야나 인스티튜트의 프로그램 디렉터가 되었다.

피터 루터Peter Rutter, 캐롤 필린더Carol Flinders, 애드류 하베이Andrew Harvey, 크리스토퍼 킬마틴Christopher Kilmartin, 루시아 티존Lucia Ticzon, 리나 스웬슨Rina Swenson, 하나츠 아카미Mahnaz Afkhami, 래리 로빈슨Larry Robinson, 그리고 스튜어트 소바스키Stuart Sovatsky를 포함한 많은 객원교수가 수년에 걸쳐 자신들의 통찰을 더해 기존의 풍성함에 풍성함을 더해주었다. 이 모든 동료가 젠더 화해 작업에 자신만의 독특한 재능을 보탰다. 젠더 화해 작업은 여러 진화의 단계를 거쳐 성장하고 있다. 이제 젠더 화해 작업은 이 책을 통해 더 폭넓은 독자, 더 다양한 독자와 만날 준비가 된 듯하다.

남녀 관계의 치유가 전 세계적으로 얼마나 중요하고 필요한지를 생각하면 그 필요보다 우리의 젠더 화해 작업이 지닌 한계와 제한적 범위도 아주 잘 인식하고 있다. 그럼에도 다양한 문화적 배경을 가진 700여 명 남녀가 보여준 용기와 진실성, 진정한 순수성을 목격한 것이 젠더 화해 작업을 통해 경험할 수 있는 진정한 특권이었다. 그들은 이 작업에 참여하면서 새로운 땅을 개척한 것이다. 이 멋진 남녀들이 인간 사회가 직면한 가장 위압적인 과제들에 맞서 때때로 겸허하게, 때때로 자신감을 가지고(보통은 둘 다) 투쟁하는 것을 목격하는 것만으로도 믿을 수 없는 정도의 커다란 영감을 받게 된다.

이 화해 작업을 함께 시작할 수 있는 용기와 취약성을 가진 멋진 개척자들에게 화해 작업이 현재의 모습에 이르게 된 것에 대해, 그리고 이 책을 쓸 수 있도록 영감을 준 것에 대해 특별한 감사의 말을 전한다. 당신의 '가슴'으로 얻은 노력의 결실이 전 세계의 남성과 여성에게 영감을 주고, 그들에게 이로움을 주길 기원한다.

Chapter 1
진실의 오아시스, 여성과 남성의 화해

사랑은 사랑 때문에 가슴이 무너진 이들과 함께 있다. - 수피

"여성은 깨달음을 얻을 수 있나요?" 야심과 열정이 가득한 쾌활한 학생이 질문했다. 그녀의 빛나는 눈빛에서 영적인 깨달음을 향한 진심 어린 열의가 드러났다. 이 강렬한 열망이 그녀를 북인도로 이끌었고, 북인도에서 그녀는 중국의 박해를 피해 티베트로 탈출한 불교 망명자 공동체에 합류했다.

"여성은 깨달음을 얻을 수 없습니다." 주름진 얼굴의 나이 든 라마가 대답했다. 그는 티베트 전통 불교에서 가장 존경 받는 스승 중 한 명이었고, 그의 근엄한 목소리에서 위엄과 평온함이 느껴졌다. 그는 진지한 어조로 대답했다. "여성은 오직 깨달음 이전의 높은 정신적 단계까지만 나아갈 수 있습니다. 여성이 진정한 깨달음에 이르기 위해서는 죽은 후에 남자로 환생해야 합니다."

젊은 여성은 '왜?'라는 의문이 들면서도 실망감에 마음이 금새 약해졌다. 그녀는 마지못해 체념하며 지혜로운 라마의 대답을 받아들였다. 그녀에게는 선택권이 없었다. 노승의 영적인 진실성과 깊이, 권위에 대해서는 의문을 제기할 수 없었다. 그는 매우 존경 받는 스승이었고, 그의 존재만으로도 지혜와 연민이 드러났다. 그녀도 그와 같은 지혜와 연민을 진정으로 갈망했다. 심지어 그녀는 여성으로서 불가능을 꿈꾸는 자신의 비참한 처지에 대해서 그가 연민을 느끼고 있다는 것도 알 수 있었다. 티베트 언어에서 '여성'이라는 단어는 문자 그대로 '열등한 출신'을 의미한다.

그런데 정신적 깨달음을 얻기 위해서 남자가 되어야만 하는 이유가 무엇인가? 사실 그녀는 몇 년간 이 질문을 가지고 씨름 했다. 이 문제에 대해 숙고할수록 더 이해할 수 없었다. 합리적으로 이해해 보려고 노력했다. 깨달음의 상태는 모든 이성과 감각을 초월하는 것으로, 오직 여성이 죽어 남성으로 환생하여 그녀 자신… 아니 환생한 그 자신이 깨달은 후에야 심오한 진실이 실현될 것이라는 생각으로 자신을 위로했다. 그녀는 어쩌면 남성만 깨달을 수 있다는 것은 모든 논리와 정신적이해를 완전히 초월하는 선종의 선문답 같은 것일지도 모른다고 생각했다. 그녀는 다른 티베트 여승들처럼 요리와 청소, 수도승들을 지원하는 일을 맡았다. 하지만 그 질문은 그녀에게서 떠나지 않았고, 그녀는 몇 년간 그 문제와 싸우면서 다양한 관점에서 접근해 보았다.

그녀는 또 다른 라마를 만나 티베트 불교 명상 중 밀교^{vajrayana}

수행에 입문했다. 그녀는 진심으로 수행에 전념하기 위해 히말라야산맥, 해발 4천 미터의 동굴로 갔다. 그곳에서 혼자 12년을 살았다. 여기서 매일 12시간, 총 52,000시간 이상을 명상에 몰두했다. 그녀의 영성은 더욱 깊어졌고, 내면에서는 신비로운 자각이 일어났다. 12년간 죽을 뻔한 위기를 두 번 넘겼다. 첫 번째는 심한 눈보라로 동굴이 막혔을 때다. 그녀는 스스로 눈더미를 파내고 나왔다. 두 번째는 커다란 낙석 때문이었다. 그녀가 조용히 앉아 있는데 갑자기 "피해."라고 말하는 내면의 목소리가 들렸다. 그녀가 즉시 반응하지 않자 내면의 목소리가 다급히 반복해서 말했다. "피해. 지금 당장!" 그녀가 자리를 피하자 앉아 있던 바로 그 자리에 거대한 바위가 떨어졌다.

그러나 내면의 목소리는 '여성의 영적 깨달음 추구'와 같은 딜레마에는 침묵했다. 그녀는 영적 깨달음을 위한 수행에 절대적으로 헌신했지만 궁극적 목표에는 도달할 수 없었다. 왜 그랬을까? 바로 그녀가 여자기 때문이었다. 그녀가 충분히 순수하지 않았기 때문은 아니었을 것이다. 그녀가 충분히 헌신하지 않았거나 명상 수련이 부족하기 때문도 아니었을 것이다. 그녀가 지닌 수행에 대한 엄격함과 열망 또는 그녀가 행한 기도가 불완전해서도 아니었을 것이다. 이러한 것들이 이유라면 그녀는 쉽게 받아들이고 이해할 수 있었을 것이다. 그러나 그녀가 여자기 때문이라니. 그녀는 이 딜레마를 품고 깊은 명상에 잠겼다. 하지만 깊게 사색한 다른 난제나 이슈들과 달리 이 딜레마는 해결되지 않았다. 더 명확해지거나 선명해지는 것도 없었다. 오히려 더욱 당황스럽고 혼란스러워졌다. 숙고할수록 더욱 곤혹스럽고 심지어 우스꽝스럽기도 했다. 최종적으로는 단순하고 우스꽝스럽게 압축된 질문 하나가 불꽃처럼 마음속에 남았다. 페니스(남성 성기)의 무엇이 영적으로 그토록 특별해서 그것 없이는 깨달음도 없는 것일까?

12년간 명상한 후 산에서 내려왔고, 나이 든 라마 중에서도 성취한 사람이 거의 없는 것을 성취했다고 인정 받았다. 사실 대부분의 라마는 여성이 깊은 산속 동굴에서 12년간 집중적으로 단독 피정을 하는 것은 불가능하다고 확신했다. 그래서 그녀는 티베트 전통 불교의 지도자 사이에서 상당한 존경을 받게 되었고, 언젠가 최고 수준의 라마들이 모이는 최고 수준의 모임에 초대 받았다. 그녀가 유일한 여성 참석자였다.

여기서 그녀는 다시 동일한 질문을 했다. "여성도 깨달음을 얻을 수 있습니까?" 그러자 나이 든 세 라마가 "불가능합니다." 라고 대답했다. 그녀는 그들에게 이 질문에 대해 정말 진지하게 온 마음을 다해 사유하며 명상해줄 것을 부탁했다. 왜 여성은 깨달음을 얻을 수 없는가? 특히 남성 생식 기관의 정확히 어떤 점이 영적으로 그렇게 특별해서 남성 생식 기관 없이는 깨달음을 얻는 것이 불가능한 것인가?

세 라마는 돌아가서 여러 날 동안 이 질문에 대해 충분히 명상했다. 그후 돌아와서 그녀에게 이야기했다. "모르겠습니다." 그녀는 라마들을 차례로 응시하면서 더 심화된 질문이나 통찰을 들려줄 것을 부탁했다. 하지만 누구도 대답하지 못했다.

"우리는 그 질문에 대한 답을 찾을 수 없었습니다." 이것이 그들의 결론이었다.

그녀는 "그렇습니다. 왜냐하면 그것이 진실이 아니기 때문입니다."라고 대답했다. 그러고는 이 나이 든 라마들에게 자신이 여성의 몸으로 깨달음을 얻은 부처가 될 때까지 여성의 모습으로 확고히 헌신하겠다고 선언했다.

이것은 텐진 파모Tenzin Palmo의 실제 이야기다. 그녀는 영국에서 태어난 티베트 불교 여승으로, 여전히 인도 북부에 살고 있다. 그곳에서 천 년 이상 여성을 거부한 밀교 수행을 티베트 여승들에게 가르치는 여승원을 설립해 운영하고 있다. 또 다른 선구적인 실천들과 더불어 텐진 파모의 동규 가찰 링Dongyu Gatsal Ling 여승원은 티베트 불교 내에서 수세기 동안 이어진 가부장적 관례들을 완전히 바꿔가고 있다. 오늘날 달라이 라마는 여성이 실제로 깨달음을 얻을 수 있다고 말하고 있으며, 여승원에 축원을 내려주었다.

젠더 화해의 본질

앞선 일화는 남성과 여성 사이의 젠더 치유와 화해의 본질을 가장 명확하게 보여준다. 이 과정의 본질은 간단하다. 여성과 남성이 모여 평등한 조건에서 진실한 마음으로, 일상에서 조건화된 거절이나 금기, 변명 등을 내려놓고, 자신의 경험, 취약성, 통찰, 열망에 관한 진실을 함께 탐색하는 것이다. 이러한 과정 속에서 여성과 남성은 새로운 발견과 새로운 인식을 향해 나아가게 된다. 새롭게 드러난 것들을 통해 여성과 남성은 치유의 필요성을 받아들이게 되고, 함께 발견하고 경험한 것들의 결과에 대해 온전히 책임지면서 자신을 변화시킨다. 남녀 소수가 진실하고 섬세하게 이 작업을 수행할 때 그 작업의 효과는 작업에 참여한 남녀에게만 이로운 것이 아니라 공동체를 정화하는 필터로 작용해 더 크게 사회를 이롭게 한다.

텐진 파모의 이야기가 매력적이고 묘하기도 하고 이제 와서 생각해보면 우습기도 하지만 이러한 도전적인 세월을 살아간다는 것은 그녀에게 매우 현실적이며 깊은 고통이었을 것이다. 그녀는 단순히 여성이라는 이유 때문에 인류의 역사에서 영적 지혜에 관한 가장 심오하고 아름다운 교파 중 하나인 티베트 불교의 밀교 수행을 거부 당했다. 그 시기가 그녀의 인생에서 가장 외로운 세월이었고, 동굴에서 경험한 길었던 고독보다도 훨씬 더 외로운 시절이었다. 그 시절에는 티베트의 남녀 중 그 누구도 그들의 전통처럼 내려온 젠더 불평등에 대해 질문하지 않았다. 그것은 티베트 여성과 남성의 현재가 '현실'에 기반했기 때문이다. 그러나 그것은 순전히 환상이었고, 사라져야 할 환상에 매달린 전통의 한복판에 위치했다. 이러한 환상 때문에 몇 세기간 티베트의 여성과 여승들, 그리고 이들의 타고난 영적 권리가 부당하게 부정 당했다.

텐진 파모도 라마들도 자신들만의 힘으로는 이러한 획기적인 진전을 이뤄낼 수는 없었다. 그들은 서로가 필요했다. 그녀에게는 질문을 제기할 수 있는 솔직하고 선의를 지닌 남성 라마들이 필요했다. 라마들에게는 탐구를 시작하도록 진지한 질문을 던지는 그녀가 필요했다. 또한 그녀에게는 진실하게 응답하는 남성들이 필요했고, 그들은 진실하게 응답했다. 그렇기 때문에 그들은 그녀를 존중하면서도 전통의 원칙들을 유지한 것이다. 텐진 파모와 몇몇 라마가 함께 이뤄낸 획기적 진전은 그들 자신뿐 아니라 티베트인과 밀교 불교의 전통 전체를 위한 것이고, 그 덕분에 여성들도 영적 스승으로 인정 받게 되었다. 이러한 획기적 진전은 티베트 불교 전통을 변화시키는 데 영구적 도움을 주고 있다.

물론 젠더 화해가 진행되는 과정은 상황에 따라 다를 수 있다. 때로는 카타르시스적 정서 표출이, 때로는 강력하고 역동적인 에너지의 표출이, 때로는 심오한 영적인 은총의 세례가 동반될 수 있다. 하지만 높은 수준에서 그 과정의 본질은 근본적으로 같다. 여성과 남성은 동등하게 함께 존재하고, 자신들의 경험을 솔직하게 서로 나누며, 이 과정을 통해 과거의 상처들을 치유하고, 새로운 깨달음으로 함께 깨어나며, 화해와 용서의 자리에 도달하게 되고, 그 덕분에 여성과 남성 모두 상호적으로 변화하게 된다.

진실의 오아시스, 여성과 남성을 위한 새로운 포럼

모든 사람은 자신이 진지하게 받아들이고 불가능했던 질문들을 물을 수 있는 텐진 파모가 마지막에 할 수 있었던 그런 대화를 그리워한다. 진솔하게 근본적 질문을 할 수 있고, 진실의 연못에서 직접 물을 마실 수 있고, 조건화된 반응에서 벗어나서 우리의 경험을 규정하고 왜곡하는 문화적 사고로부터 자유로운 곳이 바로 진실의 오아시스다. 젠더에 관한 그러한 오아시스는 남성과 여성이 진실하게 모일 수 있고, 젠더와 섹슈얼리티에 관한 도전적 질문을 꺼낼 수 있으며, 논의할 수 없었던 것들을 논의하고, 치유와 화해가 자연스럽게 전개될 수 있도록 하는 장(포럼)일 것이다. 사회에는 그러한 장이 도처에 있어야 한다. 모든 사회는 이러한 포럼을 필요로 한다. 하지만 실제로는 어디에도 그러한 포럼이 존재하지 않는다. 이러한 열린 포럼이 존재할 것 같은 영적 공동체나 집단 또는 유사한 환경들에서조차 젠더 이슈와 그 역동에 관해 공개적인 대화가 금기시되기 일쑤다. 지도자가 연루된 젠더 역학 관계나 성 행위가 은폐된 집단에서는 특히 그렇다.

젠더 화해 작업은 이러한 포럼을 마련하고자 한다. 이 포럼은 남성, 여성, 레즈비언, 게이, 양성애자, 트랜스젠더LGBT와 관련된 이슈로 가득한 세상을 위한 진실과 치유의 오아시스다. 젠더와 섹슈얼리티를 둘러싼 문화적 조건화와 역학 관계가 마침내 공개적으로, 그리고 진솔하게 다뤄질 수 있는 장소다. 실제 사연을 세세한 부분까지 말할 수 있고, 진실하게 들을 수 있는 곳이 바로 이 포럼이다. 이곳에서는 솔직하게 대화하는 것에 그치는 것이 아니라 근본적 질문을 묻고 그에 따른 결과가 환영 받는다. 눈물, 분노, 당혹스러움, 고뇌, 수치심, 부조리, 용서, 연민, 치유, 영적 은총이 우리가 천부적으로 지닌 풍성한 지혜를 통해 전부 표출된다. 마음이 녹아내리기도 하고 필요에 따라서는 격양되기도 한다. 그리고 그곳에서 우리의 영혼은 수천 년간 이어진 젠더 억압과 불평등의 시련을 뚫고 함께 승리할 수 있다.

이러한 포럼은 전 세계의 모든 문화권에 필요하다. 그리고 단순한 말의 교환이나 개념적 이해를 넘어 상호성, 연민, 용서, 교감을 향해 나아가야 한다. 이 책에는 그러한 방향으로 나아가는 소박한 한 걸음이 기록되어 있다.

사티야나 인스티튜트의 화해의 힘 프로젝트

저자와 몇몇 동료는 젠더 치유와 화해 포럼을 시작하기 위해 하나의 프로젝트를 시작했다. 이 프로젝트는 초기에는 젠더 화해Gender Reconciliation라는 이름으로 불렸고, 최근에는 화해의 힘Power of Reconciliation이라는 이름으로 불린다. 윌리엄 키핀William Keepin과 제드 스위프트Jed Swift가 설립한 비영리 조직이며 사티야나 인스티튜트Satyana Institute가 주관한다. 이 기관은 현재 워싱턴주 시애틀 인근에 있다. 이 프로젝트는 시간이 흘러 젠더에서 비롯된 갈등과 젠더 관련 불공정을 치유하고 화해하는 젠더 협력 과정으로 발전하고 있다. 이 과정은 사랑과 용서라는 보편적 원리에 기반해 심리치료 기법, 명상 훈련, 체험 실습, 초자아 영적 접근법 등 다양한 방법론을 촘촘하게 활용하고 있다. 이 작업이 성공하기 위해서는 반드시 다양한 방법이 활용되어야 한다. 젠더 치유 과정에 인지적 방법이나 대화법 등에 국한된 방법으로만 접근하면 과정 중에 이탈이 생길 수 있고, 더 근본적 변화로 가는 길의 장애물이 될 수도 있다. 남성과 여성이 남녀라는 이중성에서 비롯된 긴장과 분열이 공동의 정서적, 심리적, 영적 진전을 통해 더 높은 차원의 화합으로 나아갈 때 더 근본적 변혁이 일어난다.

사티야나 인스티튜트가 설립되기 전부터 지금까지 15년간 '젠더 화해'를 탐험하기 위해 40회 이상 여성과 남성이 모였다.

이 모임 대부분은 5일간 상주하며 진행되는 집중 워크숍이었다. 단기 워크숍으로는 주말 워크숍, 종일 워크숍, 학회 모임 등이 있었다. 이 모임들에서는 독특한 포럼이 진행된다. 이 포럼은 남녀가 함께 젠더 부조화라는 현실을 직면하고, 외견상 다루기 힘들고 쉽게 갈등이 촉발될 것처럼 보이는 젠더 이슈들에 관해 대화하고 치유할 수 있는 과정에 참여하도록 하기 위한 것이다. 이러한 과정은 부유한 서구 국가나 인도, 남아프리카공화국 같은 심각한 젠더 불균형 국가 등 모든 나라에서 동일하게 잘 작동하는 것으로 밝혀졌다. 이 책에는 그러한 모임들에서 우리가 경험하고 배운 것들이 담겨 있다. 지금까지 목격한 유용한 결과들을 바탕으로 더 발전된 연구가 이어지기를 바라는 마음으로 우리의 경험과 배움을 공유한다.

남녀 모두 젠더 불평등의 영향을 받고 있다. 진정하고 완전한 치유와 화해를 위해서는 남녀가 서로 필요로 한다는 것이 사티야나의 젠더 화해 작업의 기본 전제다. 지난 수십 년간 여성과 남성의 양 진영이 이뤄낸 중요한 진전들도 있지만 어느 한 집단의 활동만으로는 사회의 젠더 균형을 이뤄내지 못했다. 젠더 균형을 위해서는 실험적이고 변혁적인 새로운 형태의 방법들을 과감하게 활용하면서 모든 성별이 함께 작업해야 한다. 전통의 사회적, 정치적 개혁 방법들을 넘어서는 완전히 새로운 접근법이 필요하다.

이 책에서 사용되는 '젠더 화해gender reconciliation' 또는 '젠더 치유gender healing'라는 용어는 (참가자들의 성적 지향과 관계없이) 여성과 남성을 위한 특별한 형태의 치유와 화해 작업에 대한 기록을 지칭하는 것이다. '젠더 화해'라는 용어는 인터넷을 검색하면 알 수 있듯이 상당히 낯선 용어다. 어쩌면 이 용어는 다양하게 해석될 수 있고 다른 맥락에서는 다른 의미를 가질 수도 있다. 때로는 이 용어를 듣고 이 용어가 개인의 젠더 정체성에 관한 갈등과 화해와 관련이 있는 것으로 추측하기도 한다. 이 책에서 사용되는 의미는 아니다. 우리는 '젠더 화해'라는 용어를 이 책에서 설명하는 여성과 남성 사이의 치유 작업의 특별한 형태를 지칭하는 용어로 사용한다.

젠더 화해의 목적은 다양한 차원, 즉 개인 차원, 대인 관계 차원, 더 넓게는 사회 차원에 뿌리박힌 젠더 불균형을 변화시키는 것이다. 젠더 화해 작업에서는 안전하고 자연스럽게 대화를 촉진할 수 있는 포럼이 열린다. 남녀가 함께 젠더와 섹슈얼리티를 둘러싼 문화적 조건화의 미묘한 부분들을 살펴보기 위해서고, 서로 지지하면서 부정적 젠더 역학의 뿌리를 치유하기 위해서며, 젠더 조건화와 상관 관계가 있는 전 세계의 불평등과 불공평을 다루기 위해서다. 집단 과정은 세심한 설계에 따라 진행되며, 거의 제대로 언급된 적이 없는 이슈들을 공개적으로 공유하고, 모두 함께 다룬다. 그 과정에서 마음과 가슴으로 진실을 말할 때 생기는 힘이 생겨난다. 이 힘은 다정한 목격과 용서, 공명하는 존재의 신비로운 은총과 연결되어 근본적 치유와 화해를 촉진한다. 사티야나 인스티튜트의 젠더 화해 프로그램의 구성과 과정에 대한 상세한 내용은 부록 A에 있다.

젠더 화해 워크숍에서 발생하는 젠더 이슈와 역동 그 자체는 새로운 것이 아니다. 젠더 불공평은 오랫동안 만연됐다. 그리고 핵심 젠더 이슈들은 여성 집단과 남성 집단이 각각 분리된 상태에서, 사회의 은폐된 젠더 불균형을 공론화하려는 과정에서 자주 다뤄졌다. 여성 집단과 남성 집단으로 분리된 상태에서만 다뤄진 것은 역사적으로 보면 당연하다. 어떠한 방식으로도 진정한 젠더 치유 작업이 시작되지 않았기 때문이다. 그래서 젠더 치유 작업은 계속되어야 한다.

이제 다음 단계인 상호적 젠더 치유를 위해 남녀가 창의적으로 협력하는 방법을 어떻게 구축하는지 살펴보자. 혼성 집단에서 드러내기 어려운 젠더 이슈들을 진실하고 섬세하게 직면할 때 이 변혁적 작업의 새로운 차원이 열릴 수 있다.

이 책에 소개된 작업은 남녀가 함께 협력해서 젠더 상처를 치유하고자 하는 조직적이고 지속적인 노력 중 하나고, 이러한 사례는 거의 없다. 사티야나의 작업과 관련이 있는 다른 젠더 치유 작업에서는 다양한 방법을 사용한다. 다양한 형태의 대화 방법이 사용된다. 그 사례로는 근본적 평화 만들기Essential Peacemaking라는 이름의 남녀를 위한 주말 워크숍 과정이 있다. 이것은 1990년대 다나안 패리Danaan Parry와 제를린 브루소Jerilyn Brusseau가 개발했다. 패리는 1996년에 안타깝게도 요절했다.[1] 또 다른 젠더 대화 워크숍 과정은 매사추세츠주 웨슬리시에 있는 스톤센터가 개발했으며, 사무엘 솀Samuel Shem과 자넷 서레이Janet Surrey의 책 『우리 이야기 좀 해We Have to Talk』에서 그 내용을 망라해 다루고 있다.[2] 매리언 우드맨Marion Woodman과 로버트 블리Robert Bly는 남녀를 위한 신화적 워크숍 체험 과정을 진행했고, 『최초의 왕, 남성성과 여성성의 재결합The Maiden King: The Reunion of Masculine and Feminine』을 공동으로 저술했다.[3] 애론 키프니스Aaron Kipnis와 엘리자베스 헤론Elizabeth Herron은 『여성과 남성이 정말로 원하는 것What Women and Men Really Want』이라는 책에 캠핑 여행 형식으로 진행한 1주일간의 흥미로운 젠더 대화 실험을 기록했다.[4] 리안 에슬러Riane Eisler와 데이비드 로이David Loye는 책 『파트너가 되는 방법The Partnership Way』에서 젠더 관계의 '파트너십' 모형을 제시했다.[5] 물론 이외에도 젠더와 연인 관계에 관한 수많은 대중서가 있다. 이 대부분은 존 그레이John Gray의 『화성에서 온 남자, 금성에서 온 여자Men Are from Mars, Women Are from Venus』 시리즈와 데보라 태넌Deborah Tannen의 젠더 커뮤니케이션 스타일 관련 도서들처럼 우리 연구와는 직접적 관련성이 적다. 미란다 쇼Miranda Shaw, 게오르그 포이에르슈타인Georg Feuerstein, 배리 롱Barry Long, 데이비드 데이다David Deida, 아마라난다 베라반^{Amarananda Bhairavan}과 같은 작가들의 의식적 섹슈얼리티에 관한 몇몇 저서는 상당한 도움이 되고, 우리 연구와 관련 있는 도서들은 다양한 측면에서 인용될 것이다.

이 책에서 소개된 작업은 분석적이거나 이론적이기보다 실제적이고 경험적이다. 그럼에도 작업의 결과는 이론적이고 철학적인 맥락에 폭넓게 적용할 수 있다. 성적 차이의 특성에 관한 많은 이론이 있으며, 물론 그러한 이론들은 종종 서로 모순되기도 한다. 예를 들어 본질주의 이론은 여성과 남성의 기본 특성이 근본적으로, 즉 생물학적, 심리학적, 정신적으로 다르다고 말한다. 반면 구조주의 이론은 남녀는 사회 구조로부터 발생하는 외견상 차이들을 가지고 있을 뿐 근본적으로는 같다고 말한다. 우리의 연구에서는 젠더나 관련 문제들의 특성에 관한 독자의 이론적, 철학적, 정신적 관점이 무엇이든 별로 중요하지 않다. 독자들은 이 책에 소개된 작업이 특정 철학적 관점이나 정신적 지향에 의존하지 않는다는 것을 발견하게 될 것이다.

'젠더 전쟁'의 사상자

이 책이 낙관적이고 긍정적인 메시지를 제시하기는 하지만 그럼에도 오늘날 우리 사회에 만연한 젠더 불평등의 고통을 인정하며 시작하는 것이 중요하다. 많은 이가 젠더 폭력의 현실에 익숙하기는 하지만 몇몇 통계를 살펴보면 다시금 각성하게 된다. 특히 다양한 하위 집단들이 시달리는 특정한 방식에 초점을 맞춘 내용들을 살펴보는 것이 도움이 될 것이다.

여성의 젠더 트라우마 통계

○미국에서는 보통 1분당 여성 한 명이 친구나 지인에게 강간이나 성폭행을 당한다. 5명 중 한 명이 강간의 희생자가 된다. 전 세계적으로 성폭행의 40~60퍼센트는 지역이나 문화권과 관계없이 15세 이하 소녀들을 대상으로 행해진다.

○전 세계 15~44세 여성의 상해와 사망의 주요 원인은 가정폭력이다. 전 세계에서 여성과 소녀 3명 중 최소 한 명은 구타나 성학대를 당한다. 이 비율은 아프리카, 라틴 아메리카, 아시아에서 더 높다. UN 통계에 따르면 이 지역의 여성 중 신체폭력을 경험한 여성은 58퍼센트에 이른다.

○모든 여성 살인 피해자의 40~70퍼센트는 가까운 연인에게 살해 당한다. 미국 FBI 데이터에 따르면 미국에서 1990년 살해 당한 5,328명 여성 중 최소 절반은 남편이나 남자 친구에게 살해 당했다.

○남성 가족 구성원들이 행한 '명예 살인'이 매년 힌두, 중동,

아시아 문화권의 수천 명 소녀와 여성들의 목숨을 앗아간다.

○남편이나 시부모가 기름을 부어 태워 죽인 인도 여성들의 수는 연간 약 25,000명에 달한다. 이처럼 고통스런 살인 행위는 가부장적 사법 제도에 의해 주방 사고로 둔갑돼 기각되는 것이 일반적이다.

○미국에서는 남성보다 거의 두 배 이상의 여성들이(1,240만 명) 우울증을 겪는다.

남성의 젠더 트라우마 통계

○남성의 폭력 희생자들은 대부분 다른 남성들이며 남성 폭력의 80퍼센트를 차지한다.

○남성의 자살은 여성의 자살보다 4배 더 많다.

○미국에서는 연간 640만 명의 남성들이 우울증을 겪는다.

○남성의 우울증은 인지되지 않는 경우도 많고 치료 받지 못하는 경우는 더 자주 발생한다.

○2007년 전미 보이스카우트협회가 처음으로 성학대를 한

스카우트 지도자들에 관한 자체 기밀문서를 법률에 의해 강제로 공개하게 되면서 어린 스카우트 학생들에게 자행된 소아성애의 거대한 역사가 드러났다. 1946년 이후 최소 5,100명의 스카우트 지도자가 해고 요구를 받았다.

○10대 남성의 자살 시도 중 무려 90퍼센트가 성공했다. 이 통계는 성년을 앞둔 젊은 남성들이 받는 압박의 크기를 말해준다.

○15개의 모든 주요 사망 원인을 보면 남성이 여성보다 더 높은 사망률을 보인다.

○남성이 교통사고 사망자의 60퍼센트, 살인 희생자의 79퍼센트, 직장 내 사망자의 95퍼센트, 무장 전투 사망자의 99.993퍼센트를 차지한다.

○남성의 평균 수명은 여성보다 11퍼센트 더 짧다. 스트레스가 결정적 요인이다.

레즈비언/게이/양성애자/트랜스젠더 트라우마 통계

○미국의 16개 도시에서 신고된 폭력 사건 중 레즈비언/게이/양성애자/트랜스젠더에 대한 사건은 최근 1년간 평균 242

퍼센트 증가했다. 트렌스젠더 희생자들에 대한 경찰의 추가 괴롭힘과 학대 사건은 같은 기간에 155퍼센트 증가했다. (NCAVP 연구)

○ 2007년 나이로비에서 열린 세계사회포럼World Social Forum은 아프리카 내 트렌스젠더를 대상으로 한 폭력을 주요 우려 사항으로 강조했다. 국제인권감시기구Human Rights Watch는 최근 남아프리카공화국에서 레즈비언 대상 폭력이 급증한다고 보고했다.

이러한 통계는 젠더 불평등과 이와 관련된 인권 침해의 암울한 현실을 반영한다. 또한 여성과 남성을 여성성, 남성성이라는 해로운 틀에 가둬 고유의 힘을 빼앗는 문화적 압력들을 반영한다. 전 세계 사회에서 남성과 여성, 그리고 모든 젠더 정체성은 협소하게 규정된 역할에 갇혀 있고, 대부분 국가에서는 이렇게 견고한 규제들을 '감히' 넘어서려고 하는 이들을 향한 강력한 보복이 행해진다. 이 압력들 때문에 광범위한 자아 갈등과 젠더 갈등이 필연적으로 생겨나고, 사회 전체에 헤아릴 수 없이 막대한 타격을 가한다. 여성이 해방됐다고 여겨지는 서구에서조차 남성의 편을 들며 남성적 가치들을 일방적으로 지지하는 강력한 문화적 영향력과 압력이 존재한다. 따라서 서구 사회도 젠더 균형과는 거리가 멀 뿐 아니라 서구 사회가 젠더 균형 사회라고 하는 가식은 전진을 막는 장애물 중 하나다.

집에서 겪는 비극, 가정 폭력

오늘날 테러는 전 세계 많은 국가에 널리 퍼진 위협이다. 하지만 테러의 위험은 가정 폭력이라는 일상적 테러와 비교하면 사소하며, 가정 폭력은 전 세계에서 최소한 세 가정 중 한 가정에서 자행되고 있다. 예를 들어 오늘날 미국의 대중은 해외 테러리스트들의 잠재적 위협에 사로잡혀 있다. 그러나 순수한 통계적 측면에서 보면 시민 대부분은 테러리스트보다 가까운 파트너나 가족 구성원에 의해 살해 당하거나 공격 당할 가능성이 훨씬 더 크다. 이에 대한 대중의 분노는 어디에 있는가? 테러보다 훨씬 더 많은 생명을 앗아가는 훨씬 더 긴박한 위협을 완화하기 위해 미국인들은 어떻게 결집하고 있는가?

어떤 전쟁이든 부상자 수가 사망자 수를 항상 능가한다. 얼마나 많은 사망자가 나왔든 항상 부상자 수가 보통 10배 이상 더 많다. 그리고 심리적 피해나 고통을 겪는 사람의 수는 부상자의 수보다 훨씬 많다.

이 사실이 가정 폭력이라는 '젠더 전쟁'에서 무엇을 의미하는지 생각해봐야 한다. 앞선 통계에서 살펴본 것처럼 가정 폭력은 미국 내 여성 살해의 주요 원인이다. 유사한 유형이 전 세계 다른 대부분 국가에서도 나타난다. 그 자체가 비극인 이러한 죽음은 젠더 갈등에서 비롯된 가장 비참한 형태의 사망이다. 이러한 '전사자들' 이외에도 그들을 가장 사랑하는 이들에 의해 신체적, 성적 학대를 당해 부상을 입는 수천 수백만의 사람들이 매년 생겨난다. 또한 이 '부상자들' 이외에도 심리적 피해, 우울증, 고통을 겪는 수백만 또는 심지어 수십억 명이 있다. 그들은 자신이 속한 가정과 공동체의 억압적이고 위협적인 환경 속에서 살고 있다. 결국 어마어마한 수의 사람들이 가장 가깝고 친밀한 가족 관계에서 심각한 고통을 겪고 있는 것이다.

우리가 가정 폭력이라 부르는 것은 수십억 명을 괴롭히는 거대한 고통 중 단지 빙산의 일각일 뿐이며, 이러한 현상을 '가정의 비극'이라 부를 수 있을 것이다. 가장 사랑 받고 인정 받고 있다고 느껴야 하는 가족 관계에서 많은 사람이 가장 비참하고 취약한 상태에 놓이게 된다. 가정에서의 비참함은 대부분 여성과 남성 사이의 망가진 관계에 의해 만들어지고 유지되며, 종종 사회의 억압적 젠더 정체성과 사회종교적 조건화에 의해 고착되고, 불운한 희생자들은 탈출 방법을 알지 못한다.

이러한 거대한 집단적 비참함은 가정 밖으로 투사돼 사회 제도와 국가 관계에서도 그에 상응하는 형태의 불행과 억압이 유지되도록 하는 불쏘시개 역할을 한다. "평화는 집에서 시작된다."는 말은 상투적이지만 사실이다. 하지만 수십억 명은 '집'에서 진정한 평화를 경험하지 못하고 있을 것이다. 마하트마 간디가 강조한 것처럼 바깥 세상에서는 사랑과 비폭력을 실천하면서 일상의 가정 생활에서는 사랑과 비폭력을 보여주지 않는다면 바깥 세상에서 이룬 성공은 모두 키메라(괴물)인 것이다.

이러한 모든 상황이 가리키는 것은 '올바른 관계'는 전 세계적 위기에 처해 있고, 그 위험의 크기는 상상할 수도 없을 정도로 엄청나다는 것이다. 이러한 위기에는 대대적인 사회적 대응이 필요하지만 고통 받는 사람의 수와 비교해보면 그 관심은 상당히 부족해 보인다. 가정 폭력이 우리의 공동체를 갈라놓고 있음에도 우리는 가정 폭력이 거의 없는 것처럼 살고 있다. 너무 커서 모든 사람이 당연시하고, 심지어 인식조차 못하는 거대한 산 옆에 살고 있는 것처럼.

설명하기 힘든 사랑의 힘

무엇 때문에 모든 가정에서 이러한 비참함이 고착됐는지 그 원인은 공론화되지 않고 있다. 개인, 가정, 사회가 이 거대한 고통을 은폐하는 데 공모하고 있다. 예를 들어 수년에 걸친 젠더 화해 작업 과정에서 드러난 핵심 교훈은 남성에 대한 여성의 인식과 여성에 대한 남성의 인식 사이에 넓고도 결정적인 간극이 존재한다는 것이다. 사회에 존재하는 모든 종류의 금기와 대화의 주제로 부적절하게 여겨지는 것에 대해 질문을 금지하는 풍토가 이러한 인식의 간극을 고착한다. 남녀 혼성 집단에서도 그렇지만, 특히 각 젠더 집단 내에서도 그렇다. 그 결과 남성은 여성이 인내하는 고통의 깊이와 본질을 깨닫지 못하며, 여성은 남성이 겪는 고통의 본질과 깊이를 깨닫지 못한다. 또한 이성애자들은 트렌스젠더 집단이 겪는 고통의 본질과 크기를 깨닫지 못한다. 여성은 소년과 남성이 '진짜 남자'가 되기 위해 조건화되면서 겪는 파괴적 고통과 무력감을 알아차리지 못한다. 학교, 가정, 교회, 군대, 직장 등에서 남성의 감정이 얼마나 억압되는지, 남성 내면의 감수성이 남성적 경쟁 안에서 얼마나 손상되는지, 남성의 섹슈얼리티가 남성 조건화를 통해 얼마나 학대 받고 세속화되는지를. 남성 역시 여성과 소녀가 겪는 고통의 크기를 인식하지 못한다. 몇 가지 예를 들면 강간, 신체적 학대, 심리적 폭력에 대한 끊임없는 위협이나 경험, 소녀와 여성의 진실한 목소리와 직관력이 부정당하는 것, 여성적 아름다움에 관한 억압적 조건화, 신체 이미지 관련 두려움, 직장 내 성희롱과 유리 천장이라는 고통스러운 현실들을. 모든 사회의 남녀는 이러한 경험을 하는 일상을 참도록, 이러한 감춰진 공동의 경험이 지속되도록, 사회의 다른 구성원과 공모하도록 조건화되어 있다. 트렌스젠더 집단이 겪는 고통과 관련해서도 유사한 패턴이 나타나며, 이에 대해 이성애자 집단은 거의 무관심하다.

그러나 이러한 금기의 영역에 용기와 연민의 빛을 비추면 사회적 젠더 조건화를 근본적으로 치유하고 확실한 변화를 이끌어낼 수 있다. 마틴 루터 킹이 강조한 것처럼 부패와 불의를 숨기는 것이 아니라 사랑의 힘으로 어둠을 직면할 때 사회 변화는 이뤄진다. 때로는 도전적 과정이 이어진다 할지라도 우리 내면의 빛과 사랑은 항상 어둠과 무지를 제거할 수 있는 힘을 가지고 있다. 이러한 과정은 마음에서 우러나오는 가장 고귀한 것을 불러낸다. (사실 그러한 것을 요구한다.) 더 적절한 용어가 있으면 좋겠지만 우리는 이것을 인종, 문화, 종교와 관계없이 모든 인간의 내면 깊숙이 존재하는 어떤 것, 즉 '신성에 대한 깨달음'이라고 이름 붙일 수 있을 것이다. 이러한 신성에 대한 자각은 모든 인간적 약점, 어둠, 모호성을 초월하는 보편적 사랑, 즉 아가페의 각성을 통해 나타난다. 젠더 치유와 화해는 마음에서 올라오는 이러한 보편적 사랑을 의식적으로 불러일으킨다. 그 결과 보편적 사랑을 통해 문자 그대로 수천 년간 인간 사회를 괴롭혀온 실제적이며 위협적인 젠더 억압과 불평등을 극복할 힘이 생겨난다. 킹은 "인간 본성에 관한 비관론과 신성에 관한 낙관론이 균형을 이루지 못한다면" 우리는 그때 "은총의 치유를 간과하게 된다."고 말한다. 사랑의 힘이 이 은총을 불러일으키고, 그러한 은총이 근본적 치유를 촉진하고 진정한 사회 변화를 조성한다. 의식적으로 사랑을 키우지 않는다면 은총은 없을 것이고, 사회의 치유도 지속되지 않을 것이다.

킹이 기독교 용어들로 이 과정에 대해 이야기했다면, 간디는 힌두 단어 한 쌍인 아힘사^{ahimsa}와 사티아그라하^{satyagraha}로 정확히 동일한 과정을 말했다. 간디는 아힘사와 사티아그라하가 이를 실천하는 이들에게 '무적의 보편적 힘'을 준다고 강조했다. 사티야나의 젠더 화해 작업은 이러한 보편적인 영적 원칙들에 기반한다. 이처럼 우리의 작업은 다양한 영적 전통에서 도출된 것으로 어느 하나의 전통에 기대는 것은 아니다. 이러한 영적 지향은 이어지는 내용을 통해 좀 더 상세히 논의될 것이다.

젠더 화해의 연금술

이러한 보편적 사랑의 힘이 실제로 어떻게 환기되고 어떻게 활성화되는 것일까? 우리는 젠더 치유의 전개 과정을 설명하기 위해 '집단 연금술'이라는 개념을 사용한다. 현대 사회에서 고대의 연금술 전통은 납을 황금으로 바꾸기 위한 비밀스런 물리학으로 잘못 묘사돼 불신의 대상이 되었다. 하지만 연금술의 근본적 의미는 물리적 변형과는 거의 관계없으며, 인간 정신의 '납' 정신과 마음속에 있는 내면의 어둠과 억압된 '독('제1질료'라 불림)'을 직면해 황금빛의 사랑으로 변형하는 영적 과정을 의미한다. 영적 전통의 여러 현자가 단언한 것처럼 거짓 자기의 찌꺼기가 타오를 때 그 찌꺼기는 빛의 일부가 된다. 연금술은 이러한 과정을 말하며 불가해한 사랑의 힘에 의해 작동한다. 이러한 과정이 다양한 전통의 영적 스승들에 의해 오래전부터 알려졌지만 상대적으로 최근이라고 할 수 있는 칼 융[Karl Jung] 같은 선구자들의 연구를 통해 연금술의 정당성이 서구 사회에서 인정 받고 있다.

전통적으로 연금술은 한 개인의 내면에서 일어나는 영적 변화의 과정을 말한다. 수피교 스승이자 융 심리학자인 르웰린 본-리의 설명처럼 이 과정에서 영혼의 신성한 빛 또는 불꽃은 개인의 폐쇄된 인식이나 무의식 영역으로 향한다. 영혼의 빛이 내면으로 향하면서 내면의 어둠을 비추는 동시에 궁극적으로 그 어둠을 제거한다. 이 과정의 초기에는 억압되고 배척된 의식 영역에 도달하게 된다. 이것은 때로는 정말 고통스러우면서도 초라해지는 과정이다. 일반적으로 그 과정을 통해 개인의 의식 안에 내재된 불편한 '그림자'가 드러나기 때문이다. 하지만 이 어둠 속 깊은 곳에는 누구나 지니고 태어난 선천적 빛이 있으며, 융은 이를 '자연의 빛[lumen natura]'이라고 부른다. 연금술 과정이 지속되면서 잠재된 내면의 빛이 깨어나고, 시간이 흐를수록 한 사람이 하나의 빛의 존재로 완전히 변화된다. 이 설명이 지나치게 단순하기는 하지만 그 본질은 내면의 어둠이 빛과 사랑으로 변화한다는 것이다.[6]

젠더 치유 작업에서는 유사한 과정이 집단이나 공동체 차원에서 발생한다. 참가자들은 다양한 그룹으로 모여 작업의 목적을 공유하고 공간의 안전함을 확인한다. 그후 자신의 경험 중 젠더와 관련해 일상에서 회피해야 했거나 이해 받지 못한 영역들을 자연스럽게 탐색하기 시작한다. 젠더 조건화, 섹슈얼리티, 고대부터 이어온 여성 억압과 관련해서 사회에 존재하는 집단적 어둠을 직면한다. 처음에는 이 과정이 고통스럽다. 이러한 과정을 보통은 회피해왔고 혹은 직면하는 과정을 경험했다 하더라도 그 이상으로는 거의 나아가지 못했기 때문이다. 젠더 치유 작업에서는 주저하지 않고 지속적으로 나아가지만 남성과 여성으로서 연민을 가지고 핵심 이슈들을 직접적이고 공개적으로 고찰한다. 그렇게 함으로써 오랫동안 무시되고 억압 받은 인류 고통의 어두운 회랑에 개인과 사회의 의식의 빛을 비출 수 있게 된다. 과정이 계속되면서 머지 않아 놀라운 일이 발생하기 시작한다. 새로운 빛에 대한 자각이 생기고, 예상하지 못했던 치유의 에너지와 은총이 다양한 형태로 생겨난다. 많은 참가자가 이러한 경험에 놀라게 된다. 종종 집단이 전혀 해결할 수 없을 것 같았거나 희망이라고는 전혀 없어 보이는 영역, 우리의 수용 범위를 완전히 넘어서는 것처럼 보이는 영역에 발을 들이기 시작한 바로 그때 개개인을 사랑으로 가득 채우고, 하나의 집단으로 함께 가는 새로운 문을 여는 치유와 은총이 생겨나기 때문이다. 이러한 것들이 이 집단 연금술의 '황금'을 구성하는 치유, 화해, 용서에 관한 강력한 집단적 체험으로 안내한다.

집단 연금술 과정을 이해하기 위해서는 시간이 필요하며 깊은 이해를 위해서는 반복적으로 경험하고 목격하는 것이 필요하다. 집단 연금술은 집단 내에서 작동하고, 강력한 치유 요소를 포함하지만 집단 심리상담 같은 집단 치료와는 근본적으로 다르다. 집단 치료에서 치료사는 임상적 권위를 가진 훈련 받은 전문가며 집단 치료 과정이 진행되면서 각 개인을 치료한다. 치료사의 역할은 개개인에게 필요한 치료가 무엇인지 특정하고, 각 개인의 치료 과정에 관한 '전문가'가 되는 것이다.

젠더 화해 작업에 '치료사'가 존재한다면 그것은 집단 자체의 지혜일 것이다. 어떤 이가 집단이나 공동체의 다른 사람들 앞에서 자신의 영혼을 드러낼 때, 한 개인의 사연과 경험을 분석하는 것은 퍼실리테이터나 다른 참가자들의 역할이 아니다. 오히려 집단 내 모든 이가 그 이야기의 증인이 되어 이야기를 수용하게 되며, 이것이 집단 내 다른 이들이 마음을 열고 자신의 경험을 공유할 수 있도록 한다. 이후 과정은 집단 안에서 무수히 많은 창조적 방향으로 펼쳐지도록 하는 시너지 모멘텀을 형성하는 동시에 유기적으로 전개된다. 시간이 흘러 공동체 안에 신뢰가 쌓이면 개인적 고백을 통해 훨씬 더 취약한 진실이나 감추기만 했던 비밀들이 드러나기 시작하며, 공동체가 그것에 주의를 기울일수록 그 과정의 연금술적 본질의 진면목이 드러난다. 피할 수 없었던 어둠과 고통에서부터 빛은 빛나기 시작한다.

이것은 수피교에서 '빛을 밝히는 빛'이라고 부르는 과정과 유사하다. 그 과정에서 인간 내면의 영혼의 빛은 신에게서 나온 빛을 만나 확장된다. 인도 사상가 아우로빈도 고시Aurobindo Ghosh는 그의 통합 요가에서 이와 동일한 과정을 설명하면서 인간의 마음에서 '상승'하는 은총에 대한 영적 염원은 신성 차원에서 '하강'하는 영적 은총과 만나 크게 확장된다. 젠더 화해 작업에서 이러한 과정은 한 개인 내면의 영적 여정보다는 집단 또는 공동체 안에서 발생한다.

사람들이 느끼게 되는 초반의 충격과 분노는 자신의 내적 취약성과 감춰진 비밀을 향해 사람들이 집단적 관심이라는 빛을 비출 때 진실을 직면함으로써 나타나는 지속적이고 깊은 안도감으로 머지않아 변화한다. 이후 현실감이 지배하기 시작하며, 사람들은 공유하게 된 비밀이나 부서진 꿈이 무엇이든지 그것들을 수치스러워하기보다는 드러난 진실을 통해 위안을 받고 심지어 힘을 얻기도 한다. 젠더 화해 작업의 힘은 어둠이 빛으로 전환되는 이 연금술 과정을 통해 나타나며, 그 힘 덕분에 엄격한 사회 구조와 위험한 문화 조건화를 유지하기 위해 갇혀버린 에너지가 자유롭게 방출된다.

이 연금술 과정은 모든 종류의 집단 화해 작업의 특징이지만, 특히 젠더 이슈 관련 작업에서 강하게 나타난다. 젠더와 섹슈얼리티 안에 담긴 친밀함은 육체와 정신과 관련되어 있기 때문이다. 젠더 고통 안에 감춰진 것은 인간이 지닌 사랑과 친밀함에 대한 열망이다. 이 열망은 사랑하는 파트너나 배우자에 대한 것부터 하느님이나 신에 대한 보편적 형태의 사랑에 이르기까지 모든 차원을 포함한다.

젠더 화해 작업이 모든 이에게 효과가 있는 것은 아니다. 이 작업은 자신에게 도전하고, 자신의 비밀을 드러내고, 자신의 취약성을 드러내는, 상당한 수준의 자발성을 요구한다. 모든 사람이 이러한 것들에 열려 있고 준비가 된 것은 아니다. "내가 젠더 화해 작업을 하느니 차라리 벌거벗고 전갈 구덩이에 누워버리겠어."라고 냉소적으로 말하며 멋쩍게 웃었던 어느 친구이자 동료처럼 말이다. 하지만 준비된 이들은 일반적으로 이 과정을 통해 커다란 변화와 해방의 힘을 경험하며 보람을 느끼게 된다.

남성성, 여성성, 젠더

우리는 젠더 화해 작업 과정에서 특정 이론을 내세우지 않기 때문에 모든 영적, 철학적 관점에 내재하는 본질적 가치를 열린 마음으로 대하고자 노력한다. 그럼에도 우리가 저자로서 이 작업과 관련한 철학적, 심리적, 성적, 영적 지향과 편향을 명확히 밝히는 것은 중요하다. 우리는 동서양의 영적 신비주의 전통의 가르침과 지혜에 융과 자아초월심리학의 요소들을 결합해 우리의 지향점을 향해 가고 있다. 성별의 차이에 따른 특성에 관해서는 남성성과 여성성의 상호 보완성을 긍정하면서 신-도교주의Neo-Taoism 관점에 기대고 있으며, 육체적 성性은 보편적 상호 보완성의 구체적 표현으로 여기고 있다. 이는 일반화된 음양 접근법으로도 생각할 수 있다. 이러한 관점은 모든 사람이 자신의 조건화에 상관없이, 자신이 어떤 성의 몸을 가지고 있는지와 관계없이 자신의 내면에 상호 보완적 남성과 여성의 원리와 특성을 모두 가지고 있음을 의미한다. 우리는 이러한 관점을 부드럽게 다룬다.

이러한 관점의 결론은 개인, 관계, 사회가 건강하게 기능하기 위해서는 남성과 여성의 원리와 특성 사이에 동적 균형이 필요하다는 것이다. 3,000년 이상 이어온 서구 문화의 사례처럼 남성과 여성 사이에 조직적 불균형이 존재할 때 심각한 사회적 문제가 필연적으로 나타나며, 이것이 오늘날 우리 사회의 상태다.

일상에서 남성과 여성 사이의 건강한 균형은 고정되거나 정적이지 않으며 유동적이고 동적이다. 때로는 남성적이라 생각되는 원리가, 때로는 여성적이라 생각되는 원리가 우세하다. 그리고 두 에너지는 남성과 여성의 영원한 춤사위 속에서 상호적으로 스며들고 상호적으로 수용한다. 밀교에서는 남성성과 여성성의 에너지는 권력 투쟁이 아니라 거리낌 없는 깊은 사랑

안에서 함께 연결된다.

대중적으로는 여성성과 남성성 사이의 역동적 균형은 가장 깊은 고독을 경험하는 개인 차원에서부터 가족과 공동체 차원까지, 그리고 문화와 문명이라는 가장 광범위한 영역들까지 다양한 차원에서 동시에 나타난다. 새가 조화롭고 역동적인 균형 상태의 양 날개로만 날 수 있는 것처럼 인류는 여성과 남성 사이의 조화로운 균형이 실현될 때에만 인류의 온전한 잠재력을 끌어내 지속적인 평화 속에서 살 수 있을 것이다.

우리는 젠더와 성적 지향 개념이 남과 여라는 극단적이고 협소한 개념을 초월하는 광범위한 가능성과 표현들을 포괄하는 것으로 본다. 일반적으로 '성별 차이'는 생물학적으로 결정된 신체 특징과 생리적 차이를 지칭하는 것으로, '젠더'는 사회적으로 구성된 다양한 구분과 관련된 것으로 본다. 저자는 개인으로서는 이성애자지만 젠더 작업 자체는 레즈비언, 게이, 양성애자, 트랜스젠더를 포함한 다양한 성적 지향을 가진 사람들과 함께했다. 우리는 이 모든 다양한 성적 지향을 높이 평가하며, 자세히 논의할 것이다. 흥미로운 점은 젠더 화해 작업의 실제적 결과들이 다양한 철학적, 성적, 영적 배경의 사람들에게 대체로 유사한 패턴을 보이며 전개된다는 것이다. 이 작업의 핵심은 마음의 내면 작업이다. 이것은 성적 지향, 신체 동일시, 라이프 스타일, 철학적 관점의 차이를 초월한다.

사티야나 젠더 화해 작업의 목적은 젠더 특성을 분석하고 차이를 이론화하는 것이 아니라 남성과 여성 각자의 경험에 대해 열린 마음으로 대화하고 본질적으로 탐색할 수 있는 장을 여는 것이다. 창의적이고 역동적인 상호 작용을 통해 상호적 치유, 용서, 화해의 장소로 나아가는 것이다.

변화에 대한 욕구

이 책에서 소개된 작업이 시작 단계에 지나지 않는다는 것은 두말할 필요가 없다. 남녀의 치유와 균형의 회복은 그 필요성이 거대하고 다차원적이어서 사실상 전 세계 모든 사회로 확대되어야 한다. 여성과 남성 사이의 젠더 불균형에 관한 핵심 이슈들은 심각하고, 오래됐으며 복잡하다. 이 이슈들은 인류의 모든 문명과 시대에 걸쳐 있으며 전형적으로 구조화되었다. 분명 조화로운 젠더 균형을 성취하려면 깊고 넓은 변화가 필요하고, 어떤 하나의 프로젝트만으로 포괄할 수 있는 범위를 훨씬 넘어선다.

상당히 벅찬 도전인 것도 분명하지만 그럼에도 이 책은 남녀 사이의 사회적, 문화적 치유라는 큰 목표를 향해 나아가는 첫 단계의 윤곽 정도를 드러내고 있으며, 이것이 시작에 불과하다는 것도 겸손히 인정한다. 궁극적으로 전체적인 치유가 어떻게 전개될지는 정확히 알 수 없지만 우리가 적절한 시작점을 발견한 것은 분명하다.

도전적이거나 다루기 힘든 문제들에 관해 성실하게 소통하고 정직하게 대화하는 그 자체가 변혁적인 경험이 될 수 있다. 철학자 마르틴 부버Martin Buber의 말처럼 진정한 대화에는 관련 당사자가 대화 과정 그 자체에 의해 변화하고자 하는 자발성이 필요하다. 변화는 참가자들이 새로운 의미를 함께 창조해낼 때 생기며, 새로운 의미는 참가자들의 상호 작용을 통해 새롭게 발견된다. 따라서 이러한 상호 교류를 거친 참가자들은 상호 교류 이전과는 다른 사람이 되며, 그 변화의 의미는 특정한 참가자 개인의 것이 아니라 전체와 공유된다. 이러한 것을 위해 이 과정을 통해 변화하고자 하는 자발성이 필수 조건이다. 자발성 없이는 진정한 대화가 일어나지 않는다.

젠더 화해 작업의 목적은 치유와 화해가 가능한 대화와 젠더와 관련된 교류가 생길 수 있는 모임을 만드는 것이다. 이러한 모임만으로 근본적 치유와 화해를 항상 경험할 수 있다고 말하는 것은 아니다. 깨달음을 공유하고 집단 자각에 이르는 순간은 강요할 수도 없고, 예정할 수도 없다. 우리가 할 수 있는 최선은 진정한 치유와 화해가 일어날 수 있는 환경을 만들고 그곳으로 초대하는 것이다. 이후에 생기는 일은 수많은 요소의 영향을 받는다. 특히 참가자들의 의도와 준비에 많은 영향을 받는다.

젠더 불공평의 집단 치유

문화적 젠더 조건화에 따른 고통과 부당함에서 도망칠 수 있는 사람은 아무도 없다. 젠더 조건화는 만연해 있고 일반적이고 필수적인 삶의 일부처럼 여겨지고 있다. 대부분의 사람은 사회가 여성보다 남성을 높이 평가하는 경향을 최소한 막연하게라도 의식하고 있지만 이러한 불균형이 순간마다 일상의 개인, 가족, 사회를 현실적으로 얼마나 강력하게 구속하는지 자각하는 사람은 많지 않다. 젠더와 섹슈얼리티와 관련한 구조적 불공평이 수천 년 동안 이어진 지금, 이 문화적 불균형을 적절히 다루기 위한 체계적 치유와 변화는 불균형이 발생한 사회 내에서, 오직 집단 내에서만 이뤄질 수 있다.

하지만 우리 문화에는 일정 수준 이상의 치유를 위한 포럼이나 수단이 없기 때문에 그에 따른 모든 부담이 사회적, 개인적 인간 관계뿐 아니라 부부 관계와 연인 관계의 당사자들에게 전적으로 지워지고 있다. 이러한 현실이 개인의 잘못은 아니지만 끔찍할 정도로 그 관계의 성 역할에 따르는 부적절한 부담을 준다. 예를 들어 이성애자 부부의 침실 속에는 '성 대결'이라는 전형적이고 역사적인 드라마가 있다. 모든 부부는 그들 스스로 변화시키는 것은 말할 것도 없고, 인식하기도 이해하기도 거의 불가능한 부담을 짊어지고 있다. 부부는 이러한 집단적 인간 고통에 대해 거의 또는 전혀 인식하지 못하면서도 그것의 힘과 부정적 영향력을 경험하게 된다. 일반적으로 부부는 그들 사이에 발생하는 갈등과 긴장이 자신들의 특정 상황에서 비롯된 특별한 것이 아니라 인류의 집단적 고통이 자신들을 통해 구체적으로 드러난다는 것을 인식하지 못한다.

각자 고립되어 고통 받는 무거운 짐에서 벗어나기 위해 젠더 치유라는 화해의 관점은 그 부담이 있는 장소에 필요하다. 즉 치유가 필요한 의식이 있는 공동체에서 함께 노력하는 여성과 남성이 모인 집단 속에 화해의 관점을 내려놓아야 한다. 이러한 집단 치유는 아직은 제대로 경험해보지 못한 변화의 힘을 갖고 있다. 우리 사회가 공동체 내에서의 집단 젠더 치유라는 이 과제를 진지하게 수용했더라면 상상하기 어려울 정도의 자유와 에너지가 방출되었을 것이다. 사회의 기본 구조가 해체되었다가 새롭게 조직되었을 것이다. 외모나 성적 지향과 상관없이 여성과 남성이 혼자서도 안전하게 거리를 걷고, 아이들은 학교와 가정에서 젠더 다양성이라는 신비로운 신성함을 존중 받으며 자라났을 것이다. 섹슈얼리티는 조화와 균형이라는 큰 문화적 맥락에서 보면 부부와 연인이 사랑의 경험을 통해 궁극의 영적 교감과 신성함에 이를 수 있도록 서로를 지지하는 환경 속에서 친밀함을 공유하고 표현하면서 해방되었을 것이다. 그러나 이러한 사회적 젠더 치유의 기회가 없었기 때문에 단발적이고 예외적인 몇몇 행운아의 개인적 경험 말고는 의미 있는 변화가 생기기 어려웠다.

그래서 우리 사회는 젠더 치유와 변화를 향한 새로운 모험을 시작해야 한다. 수십 년간 진행된 개별적인 여성 운동과 남성 운동은 그 나름의 가치는 있었지만 이후의 또 다른 단계가 필요하다. 여성과 남성이 조화로운 젠더 문화를 만들기 위해 함께 힘을 합칠 때가 되었다. 관계 인식, 용기 있는 진실 말하기, 동정적 경청, 공감, 상호 치유의 새로운 가능성을 가늠하기 위해 남녀가 함께 모여야 한다. 우리 사회에는 이러한 형태의 젠더 작업이 거의 없고, 진보적인 사회 변화 운동과 고도의 영적 공동체에도 거의 없다. 여전히 모든 성적 지향 중에서도 여성과 남성이라는 지향에만 강한 열망이 존재한다. 그마저도 여성 그룹과 남성 그룹이 분리해서 오랫동안 각자의 작업을 수행해왔다. 이제 함께하는 다음 단계로 나아가야 한다.

화해, 갈등 해결 그 너머로

오늘날 화해가 새롭게 부각되고 있으며 관련 연구도 많아지고 있다. 화해는 갈등 해결을 넘어서는 핵심 단계로서 인식되고 있다. 그러한 연구에 대한 자세한 소개는 이 책의 범위 밖이기에 여기에서는 젠더 치유 영역에서 화해를 촉진하는 실용적 사례를 제시하고자 한다. 다만, 화해에 관한 주목할 만한 요약 정도는 살펴볼 것이다.

화해는 갈등 해결을 넘어서는 영역이다. 전통적으로 정의되고 실행된 갈등 해결 방식만으로는 장기간 지속된 갈등을 극복하고 진정한 치유, 조화, 효과적인 공동체로 나아가기에는 부족하다. 화해 작업은 대립하는 지도자 사이의 협정이나 합의를 넘어서는 근본적 수준의 공동체 치유와 유대감 형성을 전제로 한다. 오랫동안 갈등 관계에 있는 당사자들의 상호적 성장을 지원하기 위해서는 새로운 관계 통로를 만들고 상처를 치유할 수 있는 다른 종류의 리더십이 요구된다.

화해에 관한 연구에서 드러난 하나의 현상은 이 새로운 분야의 리더들은 협상과 분쟁 해결에서 성과를 낸 리더들과는 유사점이 거의 없다는 것이다. 초기의 젠더 화해 영역에서도 유사한 현상이 나타났다. 이미 어느 정도 예상했겠지만 젠더 화해의 주요 리더십은 여성 운동이나 남성 운동의 리더에게서 나온 것이 아니다. 오히려 여성 운동과 남성 운동의 프레임과 어젠다 너머로 나아가 젠더 분리를 전례 없는 수준의 치유와 화해로 이끄는 소그룹의 남녀로부터 젠더 화해 리더십이 출현했다. 이 남녀들은 단순한 갈등 해결이나 '상대편'에게 양보를 받아내는 데 관심이 없으며, 언젠가 인류가 남녀 간 균형 있게 교감하는 마법을 회복할 수 있도록 완전히 새로운 수준의 온전한 조화가 이뤄지는 것에 관심이 있다. 젠더 화해의 새로운 리더들은 태생적으로 당파적 이해관계를 멀리하며, 그 대신 모든 사람의 통합과 교감에 대한 열정에서 힘을 얻는다. 많은 신생 리더는 여성 운동이나 남성 운동과 강하게 결부된 적이 전혀 없으며, 그러한 운동에 참여한 많은 이는 양쪽의 목소리는 온전히 듣지 않고 한쪽으로 치우쳐 싸우는 것에 지쳐가는 것을 관찰했다. 한편 기존의 여성 운동과 남성 운동 리더들은 그 방향성에는 동의하면서도 젠더 화해 작업은 주저하기도 했다. 하나의 이유는 이 리더들이 자신의 이익을 대변해주기를 바라는 기득권 유권자들의 신세를 지고 있기 때문이다.

화해를 추구하는 새로운 리더에게는 자신의 개인적, 직업적 삶에서 영적 변화를 위해 노력해야 할 책임이 있다. 또 모두를 위한 조화로운 사회라는 통합적 비전을 실현해야 할 커다란 책임이 있다. 이들은 젠더, 인종, 종교, 국가, 신념, 계층과 같은 모든 분리를 가로지르는 전 인류의 실제적 통합과 통일을 위해 노력하고 있다. 모든 종교에서 공통적으로 나타나는, 가장 고귀한 가르침인 보편적 영성은 많은 사람을 움직이게 하지만 특정 종교나 영적 전통에 의해 보급된 고정된 교리나 배타적 신념은 사람들의 비난을 받는다.

새로운 리더들은 전문 자격증의 기준과 업적이 아니라 윤리적 가치, 동기, 인류애, 개인의 진실성과 같은 최고의 기준을 바탕으로 주요 조직 관계와 전문적 과업을 수립하려고 한다. 그리고 그 순간에 함께할 수 있는 이들과 협력한다. 이들은 실제적 지도와 의사 결정의 주요 수단으로 자신의 지능과 전문 기술에 의존하지 않으며, 광활한 보편적 지혜에서 나오는 섬세한 단서를 포착할 수 있는 통찰의 힘을 사용하고 내면에서는 깊은 침묵을 기른다. 마지막으로 이들은 성차, 성적 지향, 인종, 계층 등과 관계없이 모든 인간에게는 본질적으로 차이보다는 유사점이 훨씬 많으며, 모든 형태의 이기심을 극복하고 차이를 넘어 통합하는 것이 평화로운 인류로 나아가는 유일한 길이라는 것을 인정한다. 이들은 모든 인간을 그들의 형제자매로 여기며, 어떤 집단 또는 분파에 특권을 부여하는 사회, 종교, 경제적 관행들을 멀리하려고 한다.

화해 과정에 관한 잘 알려진 사례는 남아프리카공화국의 아파르트헤이트 이후 진행된 진실과 화해 위원회Truth and Reconciliation Commission(TRC)다. 대주교 데스몬드 투투Desmond Tutu가 이끄는 TRC는 인류 역사상 가장 독특한 실험 중 하나인 전국 규모의 화해와 용서 작업을 분명하게 보여주었다. 그 과정이 완전 무결한 것은 아니었을지라도 TRC는 제도적인 인종 폭력 때문에 심각하게 상처 입은 한 나라에서 의미 있는 치유가 가능하도록 했다. TRC의 임무는 진실 발견뿐 아니라 그 발견 너머에 있는 "과거의 분쟁과 분열을 초월하는 이해의 정신으로 국가적 통합과 화해를 고양"하는 것이었다. TRC의 경험을 분석한 중요한 저서들이 최근 출간됐으니 여기에서 TRC의 과정을 상세히 다룰 필요는 없을 것이다. 그렇지만 TRC가 화해에 접근하는 방법이 종교를 통해 종교적 색채가 가미된 형태였다는 것을 확인하는 것은 중요하다. 또한 그러한 접근을 통해 남아프리카공화국 내에서 인종 통합을 위한 의미 있는 시작을 알리는 기본적 치유 경험이 촉진되었다는 것도 중요하다.

화해 과정은 본질적으로 통합적이고 영적인 과정이다. 교섭과 타협 같은 전통적 갈등 해결 방법론을 무시하는 것은 아니지만 화해 과정은 편의주의적 수단을 넘어 연민, 지혜, 용서, 의식의 확장과 영적 원리, 실천에 의지한다. 이 영적 특성은 성인聖人들만 달성할 수 있는 이상적 영역이 아니고 오히려 현실적이고 실제적인 수단으로써 인간 갈등의 전환이라는 전례 없는 결과들을 이뤘다.

남아프리카공화국의 TRC가 강한 종교 원리에 의해 지탱된 것처럼 사티야나의 젠더 화해 작업은 근본적 치유, 화해, 새로운 출발이라는 종교와 무관한 보편적 특성을 영성의 주제로 삼아 그것에 기반해 이뤄진다. 아마도 이것이 남아프리카공화국 정부, 그곳의 신앙 공동체, 행동주의 공동체 리더들이 사티야나 젠더 화해 작업을 적극적으로 수용한 이유 중 하나일 것이다. 화해에 관해 이들이 보여준 선구적 리더십에 비춰 보면 남아프리카공화국 국민은 젠더와 관련해 요구되는 또 다른 수준의 화해를 수용할 준비가 되어 있는 것 같다. 이와 관련된 내용들은 제10장에서 상세히 다루며, 남아프리카공화국에서 진행한 사티야나 인스티튜트의 작업도 소개된다.

변화하는 성적 지향과 젠더 정체성

오늘날의 젊은 세대들, 특히 서구 사회의 젊은 세대들은 전통적 젠더 정체성과 성적 지향에 대해 강한 이의를 제기하며, 기존의 정의는 광범위하게 해체되고 있다. 이성애와 이원적 남녀 이분법의 문화적 지배가 재검토되고 비판을 받으면서 지난 수십 년에 걸쳐 레즈비언, 게이, 양성애자, 트랜스젠더에 관한 담론이 훨씬 많이 공론화되고 있다. 수십 년이라는 짧은 시기에 전통적인 이성애적 가치와 편향을 넘어서는 다양한 성적 지향이 전 세계에 걸쳐 상당히 광범위하게 수용되기 시작한 것이다.

이러한 전면적 변화가 가장 파괴적인 형태의 젠더 조건화 일부를 제거하는 데 기여했다. 전통적으로 굳건했던 남녀 성 역할에 대한 대안들이 나타나고 있으며, 개인에게는 더 많은 자유가 부여되고, 자신의 고유성을 표현하고 이성애적 규범을 넘어서는 새로운 형태의 젠더 정체성이 탐색되고 있다. 동성애에 대한 금기가 철폐되고 있으며, 몇몇 국가는 동성 결혼이나 시민 결합을 허용하는 선구적 입법을 이뤘다.

남녀라는 별개의 두 생물학적 범주로 모든 인간을 분리하는 전통적 방식에 대한 과학적 의문도 제기되고 있다. 신생아 1,500명당 한 명은 '간성intersexed'이며, 이것은 이들의 성기가 다수의 남성이나 여성의 해부학적 구조와 일치하지 않음을 의미한다. 19세기 이후에는 간성 유아들이 자신을 남성 또는 여성으로 만드는(보통 후자) 외과 수술을 받고 있으나 이러한 관행은 심한 비판을 받고 있다. 성인이 된 간성인이 자신의 성 정체성과 다른 성체성을 의료진에게 강제로 시술 당했다고 느끼는 경우가 종종 있기 때문이다. 이러한 논쟁을 통해 남녀의 생태해부학적 구조에 관해 새로운 과학적, 의학적 의문들이 제기되고 있다.

사회적 분위기는 트렌스젠더를 수용하는 쪽으로 향하고 있다고는 하지만 트렌스젠더 정체성을 가졌다는 이유만으로 선진국이라고 여겨지는 서구 국가를 포함해 (전 세계 모든 나라에서는 아니지만) 대부분 사회에서 심각한 혐오와 차별을 받아왔다. 트렌스젠더 인구는 증가하는 '증오 범죄', 호모포비아의 표적인 동시에 기본적 인권마저도 조직적으로 침해 당하는 오랜 차별 정책의 표적이 되어 왔다. 수십 년간 미디어와 언론을 통해 보도되는 이러한 인권 유린 사례가 늘어나고 있으며, 취약 집단을 보호하기 위한 입법은 대부분의 국가에서 느리게 진행되고 있다. 2007년 5월 미국 하원 의회가 '젠더 다양성'을 포함한 증오 범죄 예방 법안을 통과시켰다. 현재 미국 9개 주와 워싱턴 D.C.에는 트랜스젠더를 보호하는 차별금지법이 있으며, 추가적으로 3개 주에서는 법안이 계류 중이다. 남아프리카공화국 같은 일부 국가에서는 젠더 정의가 권리장전에 명시된 모든 시민을 위한 기본권으로 보장되어 있으며, 이 기본권에는 성적 지향의 선택권도 포함되어 있다. 그러나 헌법의 이상이 사회에서 실제로 실현되기 위해서는 갈 길이 멀다.

몇 년간 진행된 사티야나 젠더 화해 작업에 참가한 참가자 대다수는 비록 이성애자지만 우리는 모든 성적 지향의 참가자들과 함께 작업해왔다. 또한 양성애자, 레즈비언, 게이의 성적 정체성을 지닌 공동 퍼실리테이터와 객원 교수들이 협력해왔다. 서문에서 언급한 레즈비언과 게이 참가자들과 함께한 6년간의 집중 치유 작업을 통해 트렌스젠더에 관한 저자의 감수성이 크게 확장되었다. 수년에 걸친 사티야나 인스티튜트의 젠더 화해 전문가 훈련 과정에서 훈련생 33명 중 11명이 양성애자(7명), 레즈비언(2명), 게이(1명), 트랜스젠더(1명)의 정체성을 가지고 있었다. 이는 젠더 화해 작업에서 배움의 깊이를 더해주는 매우 소중한 경험이다. 사티야나 인스티튜트는 항상 우리의 프로그램에 트렌스젠더가 참여하는 것을 환영해왔고, 트렌스젠더 이슈들의 중요성과 정당성을 지지하고 있다. 그럼에도 몇 년간 진행한 젠더 화해 프로그램에서 약 700명의 참가자 중 80퍼센트 이상은 이성애자의 정체성을 가지고 있었다. 사티야나의 젠더 화해 모델이 양성애자, 레즈비언, 게이 참가자들에게도 제대로 작동하지만 당연히 트렌스젠더 참가자 중 일부는 트렌스젠더 이슈에만 초점을 맞춘 또 다른 형태의 젠더 작업 방식을 원한다. 사티야나 젠더 화해 모델이 여성이나 남성의 정체성을 가지지 않은 트랜스젠더 참가자들에게 이상적으로 딱 들어맞는 것은 아니다. 단 참가자 중 상당수가 트랜스젠더인 경우에는 의미 있는 결과를 얻을 수 있도록 프로그램을 완전히 재구성한다. 이러한 상황을 반영한 프로그램의 수정 사항은 부록 A에서 자세히 다뤘다.

요약하자면 다양한 젠더가 함께하는 집단 안에는 창조적 긴장의 원천이 될 수 있는 잠재적 역동이 있으며, 이것이 적절히 다뤄진다면 모든 참가자가 각성하고 치유되며 전환 학습이라는 강력한 경험으로 나아가는 데 도움이 될 것이다. 이성애자와 트랜스젠더 참가자가 결합한 대부분의 사티야나 인스티튜트 집단에서는 다양한 집단이 아니라면 발생하지 않았을 심오한 수준의 젠더 치유 작업이 가능했다.

젠더 화해의 영적 기초

인간의 의식과 인간 사회의 영적 차원이 젠더 치유와 화해의 기초가 된다. 이러한 전제의 뿌리는 특정 종교 사상이나 영적 철학에 있는 것이 아니다. 오히려 우리는 특정 전통과 결합된 것이 아닌 진정한 모든 영적 전통을 지지하는 보편적인 영적 가치를 환기하려고 한다. 이러한 통합적 관점에서는 인간 사회의 영성에 대한 이해가 중요하게 여겨진다. 이러한 이해는 때로는 '영원의 철학', '종교를 초월하는 영성', '통합적 영성',

'영원한 지혜'라는 이름으로 불린다. 이는 여러 문화의 영적 지혜 속에 담긴 보편적 진리를 광범위하게 종합한 용어들이다. 물론 세계의 지혜 전통을 종합하는 것이 새로운 것은 아니지만 새로운 차원의 세계 인식과 인류 통합의 시급함과 중요성을 보여주는 것이다.

이 책은 이론서가 아니다. 우리의 목적은 어떤 하나의 철학적, 영적 프레임을 다른 것 이상으로 주장하는 것이 아니다. 단지 우리는 전 세계의 지혜 전통에 반영된 최고의 도구인 영성^{Spirit}에 의존해 진정한 젠더 화해를 위해서는 개인, 가족, 사회, 문화적 수준 여부와 관계없이 인간 의식의 영적 차원이 반드시 포함되어야 한다고 주장하는 것이다. 영성을 의식적으로 배제하거나 인간 존재를 변혁적 차원으로 불러내지 않는다면 수천 년간 전 세계 인간 사회를 괴롭힌 젠더 불화와 불균형의 딜레마는 결코 해결되지 않을 것이다. 정신적, 사회적 개혁만으로는 법적, 정치적, 신학적 형태가 어떻든 간에 충분치 않을 것이다.

사티야나 젠더 화해 작업에서는 젠더 화해라는 땅을 개간하고자 하는 목적에 맞게 다양한 영적 전통과 그 수행법이 적절히 활용된다. 가장 고대에서부터 가장 산업화됐거나 가장 밀교적인 시대에 이르기까지 모든 문화와 사회는 남성과 여성이라는 극단성과 상호보완성 사이에서 씨름해왔고, 각각 중요한 통찰을 제공하기도 하고 실천을 행하기도 했다. 따라서 우리는 다양한 전통과 관점으로부터 특별한 도움을 받고 있다. 예를 들어 위파사나 명상과 같은 침묵 명상 수행, 도교의 음양 이원법, 수피교의 사랑하고 사랑 받는 법, 힌두교와 불교 전통의 시대를 초월한 지혜, 기독교의 신비 상징주의, 여신 전통들, 아메리카 원주민 전통, (남녀를 초월한 제3 또는 제4의 젠더인) 베르다쉬 전통 등으로부터 적절한 도움을 받고 있다.

남녀 양극성과 역동적 통합에 관한 특정한 원형적 표현들, 예를 들어 힌두 신비주의에 속하는 아르다나리슈바라 Ardhranarishvara의 반남half-male/반녀half-female 신, 연금술의 대극의 합일conjunctio oppositorum, 혼례 신비주의의 크리스천 전통, 힌두 신화 속 마하바라타의 풍부한 상징주의, 토착민 금언에 등장하는 어머니 대지와 아버지 하늘, 유대교 카발라 분파의 생명의 나무, 그노시스파 복음에 나오는 남녀에 대한 표현들, 히에로스 가모스(신성한 결혼), 힌두교와 밀교에 등장하는 남신들과 여신들의 탄트라 결합 등이 때로는 젠더 화해 작업에서 특별한 가치를 지니기도 한다. 우리는 영적 지혜 그 자체도 진화한다는 것을 알고 있기 때문에 성문화된 전통에 우리 자신을 가두지 않는다. 새로운 통찰이 항상 새롭게 출현한다.

이 과정에서 우리는 특정한 통찰을 적용하거나 특별한 원형을 불러온다. 그러한 것들이 작업을 통해 자연스럽게 발생하거나 우리의 목적을 명백히 드러내고자 하는 지점에서 신중하게 사용한다. 하지만 결코 특정 관점을 강요하지 않는다. 남성성과 여성성을 영성 차원으로 이해하기 위한 보편적이고 포괄적인 하나의 프레임을 개발하거나 제안하는 것은 우리의 목표가 아니다. 반대로 우리가 감지한 것은 존재의 남성적 측면과 여성적 측면이 궁극적으로는 훨씬 더 커다란 신비와 통하는 문이며, 이러한 신비의 가장 깊은 뿌리는 완전히 성스러운 것이며, 개념적 모형이나 프레임으로 표현된 것과는 상당한 거리가 있다는 것이다. 따라서 '젠더'는 단일성과 이중성, 현현과 신성, 존재와 비존재, 순간성과 영원성 사이의 거대한 내면의 세계인 궁극적 관계로 이어지는 통로인 것이다.

우리는 이러한 다방면에 걸친 영적 접근법이 실제로 잘 작동한다는 것을 발견했고, 어떠한 모델이나 프레임의 독단에 빠지지 않는 통합적 다원론을 적용하고 있다. "모든 모델은 틀렸지만 일부는 유용하다."는 유명한 말처럼 우리는 보편적 모델들을 잠재적 통찰을 지닌 프레임으로 사용하지만 젠더 화해 작업의 시작 전부터 수용해야만 하는 보편적 진실 보따리처럼 강요하지는 않는다.

젠더 화해 작업은 이론적이거나 개념적이지 않으며 실천적이고 경험적이다. 참가자들이 함께 젠더 치유 작업에 참가한다고 하여도 공통의 영적 프레임이 필요한 것은 아니다. 우리는 견실한 가톨릭 신자들, 독실한 무슬림 신자들, 선종 명상가들, 비종교적 휴머니스트들, 서구 과학자들, 다양한 교파의 성직자들, 뉴에이지 몽상가들 또는 이 모든 사람이 혼합된 집단에서도 동질의 작업을 편안하게 수행했다. 모든 사람이 경험하는 젠더 조건화는 이러한 범주 전역에 영향을 미치며, 우리를 결속된 인간으로서 공동 작업에 임하게 한다. 이러한 것들을 기반으로 젠더 치유 작업이 자연스럽게 진행된다.

강한 영적 배경이나 지향이 없는 참가자들에게는 젠더 화해 작업이 영적 통찰력을 깨닫게 해주는 자연스러운 통로가 되기도 한다. 예를 들어 남녀 공동체가 젠더 역학을 함께 탐색할 때 모순되는 진실과 인식들이 등장하기도 한다. 혼성 집단에서도 그렇고 개별 성별 집단에서도 그렇다. 공동체 내에 교착 상태가 명확해질 때 돌파구를 위한 의미 있는 기회들이 생겨난다. 공동체가 모순에 따른 불편한 긴장 상태에 놓임으로해서 참가자 개인은 그들 자신의 경험처럼 '타인'의 진실을 인지하기 시작한다. 궁극적으로는 '타자'가 존재하지 않는다는 깊은 인식이 발생해 대립하는 지점에 있던 양극성이 해소되기도 한다. 우리는 모두 하나다. 이 놀라운 깨달음은 단순한 개념이나 철학적 원리가 아니라 직접 지각하는 것으로 젠더 치유 작업 동안 자주 발생한다. 그러므로 '젠더'는 변혁적 통찰과 인식을 일깨우는 강력한 도구의 역할을 할 수 있다.

실제로 젠더 화해를 지지하는 보편적인 영적 가치들에 기초한 작업은 남녀 참가자들이 갈등에서의 '승리'가 아니라 젠더 갈등을 변화시킨다는 목표를 수용하는 데 도움을 주며, 혼란스럽고 신비한 요소들이 많은 과정에 대한 깊은 신뢰가 생겨나도록 돕는다. 또한 사람들이 젠더 화해 작업에서 필연적으로 발생하는 상호 침투적인 영적, 문화적, 심리적 역동과 복잡 미묘함 등을 포용하는 데도 도움을 준다. 파스칼의 "마음에는 이성으로 알 수 없는 이유들이 있다."는 유명한 격언은 젠더 화해 작업에서 영적 차원의 특징을 적절히 보여준다.

이제 위대한 신비주의 시인 자네시와르의 기도를 읽으면서 우리의 작업을 시작해보자.

우주의 영원한 부모
남신과 여신을 찬미합니다.
얼마나 아름다운가요! 똑같은 꿀로 빚어진 두 존재,
똑같은 음식을 공유합니다.

궁극의 사랑으로,
서로 삼켜버리고,
그러다 다시 떨어집니다.
둘이 되는 기쁨을 위해서입니다.

그들이 완전히 같은 것은 아닙니다.
그러나 그들은 다른 것도 아닙니다.
그 누구도 그들이 무엇인지 정확히 말하지 못합니다.

그들의 사랑은 얼마나 달콤한가요!
이들을 담기에는 우주 전체가 너무도 작습니다.
그러나 가장 조그만 티끌 안에서,
그리고 모든 존재의 마음속에서
그들은 행복하게 함께 살아갑니다.
둘은 빛으로 된 의복을 입고,
함께 머물고 있습니다.
그들이 함께 있었던 태곳적부터
자신들만의 최고의 사랑을 즐기면서….[7]

Chapter 2
연민의 회복, 젠더 화해의 모든 것

너희가 둘을 하나로 만들 때, 그리고 너희가 남자와 여자를 하나 된 사람으로 만들어 남자는 남자 아닌 것이 되고, 여자는 여자 아닌 것이 될 때 그러면 너희는 천국에 들어가게 될 것이다. - 토마스 복음서(어록 22)

자이나교의 영적 전통에는 심한 병을 앓은 남자에 관한 우화가 있다. 그의 아내는 남편을 지극 정성으로 돌보았다. 영양식과 전신 마사지를 해주는 등 모든 신체적 욕구에 주의를 기울이고 보살폈다. 의사가 진료를 왔다. 다른 가족들도 찾아와 그를 사랑스럽게 돌보았다. 그런데도 그의 병세는 악화되었다. 그러던 어느 날 그는 신의 현존에 대한 강렬한 체험을 하면서 마음이 열렸다. 그러자 그때 그의 병이 나았다. 그가 빠르게 회복되자 그를 돌본 모든 이는 자신들의 정성스런 돌봄이 마침내 결실을 맺었다고 생각했다. 의사는 의술의 효과를 확신하며 미소를 지었고, 아내는 사랑이 담긴 건강식과 마사지 덕분이라고 확신했다. 하지만 이들은 모두 치유를 자신 덕으로 돌리는 오류를 범하고 있다. 실제로 치유가 일어난 이유는 남성이 마음 깊은 곳에서 영적 존재에게 마음을 열었기 때문이다.

치유의 본질에 대해 설명하는 이 우화는 분명 인간의 인지적 관점으로 보자면 신비한 이야기다. 우리는 치유가 어떻게 '작동'하는지 알지 못한다. 치유는 우리가 이성적으로 이해할 수 있는 범위 밖에서 일어난다. 그래서 우리가 치유를 명령하지는 못해도 치유의 전개 과정에는 참여할 수 있는 것이다. 치유 이론들을 발전시키고 치유 진행 과정들을 인식하게 되는 것이다. 우리가 할 수 있는 최선은 실제 치유 과정에 담긴 지혜를 깊게 살펴보는 것이다. 우리가 치유를 초대하며 염원하고 지지한다면 치유는 치유 자체의 과정에 따라 저절로 일어나게 된다.

몸에 상처가 났을 때 상처가 아무는 방법은 상처가 스스로 아는 것처럼 인간의 정신도 정신을 치유하는 방법을 본능적으로 알고 있다. 이 원리가 젠더 치유 작업의 기본이며, 아마도 모든 치유 작업의 원리일 것이다. 그 원리는 치유를 책임지는 더 큰 힘이나 신비로운 존재가 드러나도록 하는 것과 같다. 젠더 화해 작업에서 우리의 역할은 이러한 신비로운 치유가 치유 자체의 유기적이고 자연스러운 방식으로 일어나도록 하는 것이다. 즉 우리의 역할은 치유를 지시하는 것이 아니라 치유 과정 속에서 젠더 화해 작업의 방향을 찾아 나아가는 것이다.

상처에 대한 비유는 적절하다. 자상이나 열상이 생기면 상처를 깨끗이 하고 먼지가 들어가지 않도록 덮는다. 그러면 자상은 저절로 치유된다. 우리가 직접 치유하는 것이 아니다. 심지어 우리는 혈관에게 재접합 방법을 알려줄 수도 없고, 피부에게 재생 방법을 알려줄 수도 없다. 우리가 할 수 있는 최선은 치유에 도움이 되는 환경을 만들어주는 것이다. 우리의 정신이 아니라 우리의 몸이 자신의 치유를 위해 필요한 것이 무엇인지를 알고 있다.

남성과 여성을 괴롭히는 상처들을 포함해 개인 내면과 남녀 사이의 정신을 치유하는 과정도 거의 동일하다. 우리가 치유 과정에 참여한다고 해서 그 과정의 미묘하고 복잡한 것들을 모두 의식하고 이해할 필요는 없다. 또한 애써 노력하거나 관리하는 등의 익숙한 의식 차원의 방법으로는 치유 과정을 통제할 수도 없다. 이 치유 과정의 보이지 않는 자원은 진심 어린 연민과 사랑이다. 그리고 집단이 성실한 마음과 의도를 가지고 그 과정에 임하는 것이다.

젠더 화해의 원칙

다섯 가지 기본 주제가 수년에 걸친 젠더 화해 작업 과정에서 생겨났다. 이 핵심 내용들은 관찰과 경험을 통해 얻은 것이다. 이 개념들이 작업의 철학적 토대를 이루며, 작업이 실제로 진행되는 동기가 된다. 다섯 가지 모두 우리가 반복해 목격하고 경험한 패턴과 어려움이 반영된 것이다. 종합하면 이 다섯 가지 원칙이 남녀가 함께하는 작업에 관한 새로운 관점을 제시해주었고, 젠더 화해의 전반적 전개 과정에도 기여했다. 이 원칙들은 최종의 진리나 공식이 아니며, 젠더 화해를 처음 시도한 이후 다양한 과정을 거치면서 얻게 된 일종의 가이드라인이다.

1. 젠더 화해는 영적 토대를 필요로 한다.

젠더 불균형은 근본적으로 집단의 영적 위기다. 그러므로 보편적이고 비종교적인 영적 원칙과 실천이 젠더 관계를 변화시키기 위해 반드시 필요하다. 우리는 '영적 토대' 또는 '신성 의식'을 통해 모든 생명과 존재의 근간을 이루는 더 높은 차원의 지혜와 더 커다란 존재가 어떤 형태로든 존재한다는 것을 인정하고자 한다. 이는 인간 정신으로 직접 이해할 수 있는 범위 밖에 있지만 그렇다고 해서 있는 것이 없는 것이 되는 것은 아니다. 남신이든 여신이든, 신, 도道, 영혼, 우주든지 간에 어떤 이름을 붙이든 내적 의식과 창조적 천재성, 그리고 모든 존재를 아우르는 보편적 사랑이 본질적 신비로서 존재한다. 우리는 젠더 화해 작업에서 말로 표현하기 힘든 이 신비를 의식적으로 염원하고 수용하며, 의지하고 지지한다.

모든 종교 전통에는 신비에 대한 특정 형태들이 있다. '저 너머' 또는 '여기에' 존재하는 무엇인가가 있다. 그것은 어디에나 존재하며, 전능한 힘을 지닌다. 그리고 우리가 우리 자신을 도구 삼아 인류에 영향을 미치는 해로운 역학 관계를 변화시키고자 한다면 그것은 틀림 없이 우리의 안내자가 될 것이다. 이 감춰진 신비를 무시하고 오직 인간의 전략에만 의존한다면 우리는 근시안적 비전을 갖게 될 것이고, 우리의 작업은 효과가 없거나 불완전해질 것이다.

이러한 보편적인 의식 또는 지혜에 대해 주목할 만한 현대적 표현이 스노매스 회의Snowmass Conference라는 선구적 단체의 연구를 통해 나타났다. 스노매스 회의는 세계의 주요 9대 종교의 영적 지도자로 구성되었다. 베네딕트회 수사 토마스 키팅Thomas Keating이 설립해 20년간 모임을 이어오고 있다. 개신교, 가톨릭, 동방정교회, 이슬람, 유대교, 북미 원주민 종교, 힌두교, 테라바다 불교, 티베트 불교를 포함해 다양한 종교 리더들로 구성되어 있다. 이 단체는 모든 종교가 공유하는 보편적 합의 목록을 만들었다. 그중 첫 번째가 전통마다 다양한 이름으로 불리지만 하나의 이름이나 개념으로 정의할 수 없는 궁극적 실재ultimate reality가 존재하며, 이것이 모든 인간이 지닌 무한한 잠재성과 실현 가능성의 원천이라는 것이다. 고통, 무지, 약점, 환상은 우리가 이 궁극적 진실과 분리된 상태로 인간의 조건을 경험한 결과다.

토마스 베리Thomas Berry는 이 원칙을 반복해 언급하며, 지구를 집어삼키는 파괴적 상황에 효과적으로 대응하기 위해서는 '보편성Universe에 기대야' 한다고 말한다. 이는 '내 뜻이 아니라 당신의 뜻을'이라는 또 다른 표현이며, 모든 존재가 생겨나게 한 힘의 광대한 지혜를 따를 것을 요구한다. 지속 가능한 진정한 치유나 긍정적 변화를 위한 길을 찾으려면 인간을 초월한 무언가가 존재한다는 것을 수용해야 한다.

이러한 원칙이 불가지론자들, 무신론자들, 자신을 '영성 없는' 자로 간주하는 이들은 젠더 화해 작업에 참여할 수 없거나 이 작업으로부터 아무것도 얻지 못한다는 말은 아니다. 일반적으로 작업 자체는 열린 마음을 필요로 하고, 열린 마음은 그 자체의 언어로 근본적이고 보편적인 경험에 말을 건다. 키팅의 스노매스 회의는 "궁극적 실재는 종교적 실천뿐 아니라 자연, 예술, 인간 관계, 그리고 타인에 대한 봉사를 통해 경험할 수 있다."고 주장한다. '성장 공동체'에 참여하는 것이 촉매제가 되어 깊은 통찰이나 깨달음을 처음으로 경험하는 사례가 다양한 전통에서 나타나며, 젠더 화해 작업에서도 이러한 경험을 하게 되는 것이다.

아마도 인간 존재에게 가장 근본적인 이중성은 남성과 여성일 것이다. 남녀 공동 작업은 남녀라는 이중성을 가로질러 깊은 교감을 가능하게 하고, 진실하게 이해하고 그 이해를 공유하는 경험을 통해 깨달음을 얻을 수 있도록 한다. 따라서 젠더 화해는 '자아 동일시' 상태에서 일종의 '타자'와의 공감적 관계로, 그리고 궁극적으로는 '하나 됨^{Oneness}'으로 나아가는 경험을 시작하는 훈련 형태를 취한다.

사회, 심리, 정치 개혁만으로는 성별 사이의 영구적 조화가 이뤄질 수 없다. 이러한 방식들이 젠더 평등의 실현을 위해 가치도 있고 필요도 하지만 그것만으로는 충분치 않다. 젠더 화해는 본질적으로 영적 차원을 수반하기 때문이다. 젠더 부조화는 광범위하게 퍼져 있고, 그 징후들은 전 세계 모든 문화권에서 다양한 방식으로 명확히 드러난다. 우리는 진정한 젠더 화해를 위해 전통적 사회 변화 방식들도 포함하기는 하지만 이를 초월하는 포괄적 접근법을 열망하며, 더 커다란 보편적 지성이나 은총을 염원한다. 이를 위해 의식적으로 우리 자신을 더 커다란 지혜와 연결되도록 해야 한다.

신약 성서에는 그리스도가 지나갈 때 손을 뻗은 병든 여인에 관한 우화가 있다. 병든 여인이 예수의 옷단을 만지자 그가 몸을 돌려 말했다. "누가 내게 손을 대었느냐? 내 힘이 빠져나갔구나." 그러자 그 여인이 떨면서 자신의 행동을 설명했는데 여인은 이미 치유가 되어 있었다. 여인은 이러한 치유가 어떻게 일어났는지 알지 못했다. 예수는 여인 가까이 지나갔을 뿐이며, 여인은 자신의 유일한 바람인 치유를 염원하며 그에게 손을 뻗은 것이다. 예수의 옷이 아니라 여인의 행동, 신앙, 확신이 여인을 치유한 것이다.

우리는 젠더 치유와 화해의 참가자를 모집할 때 집단 차원에서 비슷한 행동을 한다. 우리는 우리의 능력 너머에 있지만 우리의 손이 닿는 곳에 있는 더 큰 의식과 은총을 향한다. 이러한 행동과 체험은 신비주의자들이 신과의 결합에 따른 '내'가 완전히 용해되어 고차원적 체험 통합체로 융합되는 자아의 소멸을 언급할 때 이야기하는 것과 관련이 있다. 진정한 치유자들은 최고 상태의 치유가 진행될 때에는 이기적 자아가 작동하지 않으며, 오히려 단순하게 치유가 이뤄지는데 마치 지상에서 영혼이나 신이 움직이는 것과 같다는 것을 알고 있다. 젠더 화해 집단에서는 우리의 능력이나 이해를 초월하는 치유가 가능하도록 하는 미지의 힘과 은총을 향해 집단 전체가 손을 뻗는다. 우리는 초월적이고 보편적인 무언가가 우리에게 적용될 수 있고 정말 그렇게 작동한다는 것을 경험을 통해 알고 있기 때문에, 그리고 그 무언가는 인간의 치유와 사고 메커니즘을, 치유 대상을 재구성하는 인간의 메커니즘을 초월한다는 것을 경험을 통해 알고 있기 때문에, 이러한 힘과 존재를 초대하는 것이다. 모든 영적 치유와 마찬가지로 젠더 상처는 언젠가 치유될 것이다. 우리가 그 치유 방법을 알아서가 아니라 그 과정에 대한 집단의 동의와 열린 마음이 담긴 치유 그 자체의 신비한 능력 덕분일 것이다.

2. 젠더 치유와 화해를 위해서는 여성성과 남성성에 평등한 가치를 부여해야 하고, 성별에 따른 본질적 경험의 차이가 인정되고

존중되어야 한다.

젠더 화해 작업의 핵심은 남성성과 여성성에 대한 인식 사이에 유동적 균형을 유지하고, 상대 성을 향한 제도적 편견에서 벗어나는 것이다. 남녀 모두 상처를 입고 있으며, 진실로 온전한 치유를 위해서는 서로 필요로 한다. 젠더 균형을 유지한다는 것은 성별에 따른 관점에 동일한 종류의 정보나 인식이 제공되어야 한다는 것을 의미하는 것은 아니다. 젠더 화해 작업의 본질적 측면은 융의 언급처럼 "대립물들의 긴장을 유지"하는 것이다. 이것이 의미하는 바는 다르거나 대립하는 견해들이 집단이라는 그릇 안에서 동등한 지지를 받아 대립물들이 연금술을 통해 창조적 마법을 일으킬 수 있도록 하는 것이다. 실제로 남성과 여성에 대한 관점들은 종종 근본적으로 다르다. 그렇기 때문에 하나의 관점만으로는 성취할 수 없는 것을 탄생시키고 시너지를 만드는 깊이와 명료함이 생겨난다. 물리학자 닐스 보어^{Niels Bohr}는 이러한 원리를 "심오한 진리의 반대는 또 다른 심오한 진리일 수 있다."고 표현했다.

남성성과 여성성에 대한 편견이 이 작업 속으로 슬며시 들어올 수 있다. 지난 수십 년간 우리 문화에 대한 페미니스트적 비판 등을 통해 드러난 많은 일이 있었지만 이러한 비판은 의도치 않게 남성들에게 가해진 피해도 있다는 것을 인식하지 못하도록 했을 수도 있다. 우리는 종종 젠더 워크숍에서 여성 운동과 남성 운동 사이에 존재하는 교착 상태의 반영을 목격하기도 한다. 양측 모두 자신의 목소리가 상대에게 들리길 원하는데 들린 것처럼 느껴지지 않으면 양측 모두 동일한 지점들만 반복해 말한다. 이러한 교착 상태를 벗어나기 위해, 각 집단의 집단 정신에 녹아 있는 젠더 편향이나 의제를 제거해야 하고 상대를 받아들이기 위해 상대의 목소리를 온전히 들어야만 한다.

남녀가 대화할 때 단순한 인지적 정보 교환에 머물고, 자신의 젠더 편향과 조건화를 필터로 삼아 상대의 이야기를 듣고, 상대방의 말에 진정으로 귀 기울이지 않고 무시하고 끝나는 경우가 자주 있다. 그러나 남녀가 마음으로 들을 때 집단적으로 해방되거나 정화되는 과정이 생기며, 변혁적인 무언가가 양 당사자 사이에서 생겨나 대화로 이어진다.

개인의 성장과 영적 작업에서는 자신의 '그림자'를 알아차리는 과정이 반드시 필요하며, 그러한 알아차림은 변화를 위한 재료가 된다. 마찬가지로 젠더의 그림자에 대한 집단적 의식은 젠더 화해라는 변화를 위한 필수 재료다. 거부하거나 방어적 태도 없이 이러한 그림자를 바라보는 것이 중요하다. 여성과 남성, 이성애자, 레즈비언, 게이가 모두 서로의 말을 진지하고 진심으로 듣는 방법을 반드시 배워야 한다. 그러기 위해 우리는 우리가 집단 안으로 가지고 들어온 그림자를 함께 살펴보아야 하고, 당연히 공유하고 싶지 않은 개인적 부분들도 검토해봐야 한다. 이러한 공유가 가능한 대화의 장이 열릴 수 있다면, 판단하거나 비난하지 않는 환경에서 포럼이 진행될 수 있다면 우리는 시급한 젠더 의식을 집단적으로 변화시킬 수 있는 조건들을 만들 수 있을 것이다.

모든 사람은 남성적 특성과 여성적 특성을 모두 지니고 있다. 각 개인이 온전한 존재가 되기 위해서는 이러한 특성들의 균형 잡힌 통합이 궁극적으로 필요하고, 그러한 통합이 그 개인의 고유한 특성이 된다. 우리 사회에서 태어난 몸의 모양이 남성인지 여성인지에 따라 오로지 남성성만을 지녀야 하고, 여성성만을 지녀야 한다는 그릇된 이상이 여전히 자리 잡고 있는 것은 슬픈 일이다. 그것은 가능하지도 바람직하지도 않다. 융을 비롯한 많은 이가 강조한 것처럼 모든 사람에게는 '본질적' 남성성에서부터 '본질적' 여성성에 이르기까지 광범위한 스펙트럼에서 도출된 성격 특성들이 통합되어 있다. 개인마다 남성적 특성과 여성적 특성이 다양하게 통합되어 있기 때문에 이러한 복합적 조합들로 구성된 혼성 집단이나 공동체가 역동적 시너지를 내는 진화의 과정에서 풍부한 다양성과 집단적 힘이 생겨나게 된다.

진정한 남자 또는 진정한 여자가 된다는 것은 그야말로 온전한 인간이 되는 것을 의미해야 한다. 그리고 이것은 전통적 여성성과 남성성 사이의 역동적 균형을 이뤄야 가능하다. 일반적으로 표현하자면 남성은 연민, 감성, 양육과 같은 전통적으로 여성성과 관련된 특성들을 통합할 필요가 있고, 여성은 리더십, 자기 주장, 위험 감수와 같은 전통적으로 남성성과 관련된 특성들을 통합할 필요가 있다. 이러한 특성들이 모든 개인의 내면에서 균형을 이루게 된다면 그 결과로 역량이 강화되고 창조성이 커지고 삶의 질이 극적으로 향상될 것이다.

아이를 낳기 위해 남녀가 결합해야 하는 것처럼 남성성과 여성성은 온전한 인류를 위해 통합되어야 한다. 게르다 러너Gerda Lerner는 "한쪽 눈으로만 보면 시야의 범위가 제한되고 심도가 사라진다."고 지적했다. 시력이 두 눈을 통해 들어오는 정보의 통합을 통해 완성되는 것처럼 인간 경험의 깊이도 남성성과 여성성이라는 선물을 통합함으로써 생겨난다.

3. 문화적 토대가 되어버린 젠더 불균형은 집단과 공동체에서 가장 쉽고 혁신적으로 바뀔 수 있다.

오늘날 인간 관계 속에서 도전적 젠더 이슈와 맞닥트리게 되면 일반적으로 자신이나 상대방 수준에서 갈등을 해결하고자 한다. 개인적 이슈로 여기거나 자신의 실수를 돌아보고 또는 상대방이나 친구들의 실수에 초점을 맞추며, 부부 관계 치료를 시작하기도 한다. 이 과정에서 우리는 상황을 개인적 영역으로 축소하고, 우리가 사회문화적 젠더 조건화의 영향을 심각하게 받고 있다는 사실에는 충분한 관심을 기울이지 못한다. 이 조건화는 어디에나 존재하기 때문에 우리는 이를 당연시하며, 환경에 너무도 완벽히 녹아 들어 있어서 우리는 그것이 존재한다는 사실 자체도 거의 자각하지 못하고 있다.

젠더 부조화는 사회의 집단 의식에 영향을 끼치는 문화적 불행이기 때문에 젠더 화해는 반드시 집단으로 작업해야 한다. 젠더 화해 작업은 참가자들에게 자신의 개인적 경험을 고찰하도록 할 뿐 아니라 각 개인이 집단으로 가지고 온 다양하고 광범위한 사안을 집단 에너지와 조화를 이뤄 다룰 수 있도록 한다. 참가자들은 집단으로 작업하면서 개인 차원으로 머물던 자신의 경계가 외부로 확장하기 시작한다는 것을 발견하게 되며, 집단적 시너지 등 활기차고 광활한 공간에서 얻는 장점이 많다는 것을 알게 된다. 젠더 이슈가 이러한 맥락에서 소개될 때 개개인은 자신이 싸움 중인 도전적인 많은 젠더 문제가 제도적인 것임을 깨닫기 시작한다. 집단에서 작동하는 은폐된 힘은 개인적 문제나 이해를 넘어서는 것이다. 많은 이에게 이러한 사실은 중대한 계시처럼 다가오며, 유아기 이후 인생의 모든 단계에서 사회화되고 조건화된 것을 깨닫고 충격을 받게 된다.

젠더 조건화를 피할 수 있는 사람은 아무도 없다. 우리 대부분은 자신의 의지와 상관없이 중요한 인간 관계에 젠더에 관한 문화적 그림자를 옮겨 놓는다. 그리고 결국 자기 자신에 관한 문제가 아닌 것을 가지고 파트너, 가족, 친구, 동료들과 싸운다. 남녀가 공동체에서 젠더 화해 작업을 할 때 이들은 이러한 문화적 인습의 힘을 새로운 관점으로 보기 시작한다. 이들은 대단히 중요한 사회적 패턴과 조건화가 자신들의 경험 속에도 만연해 있음을 깨닫게 된다. 그리고 이러한 맥락을 통해 자신의 경험이 자신만의 경험은 아니라는 것을 이해하게 된다. 이것이 전반적으로 수용하게 되는 기본적 통찰이다. 지적 이해만으로는 충분치 않으며 정서적으로, 정신적으로 경험하고 마음의 지혜로 삼아야 한다. 젠더 화해에는 문화적 조건화가 얼마나 커다란 위협이었는지 근본적으로 보게 만드는 힘이 내재되어 있다.

집단이나 공동체에서 젠더 화해 작업이 가장 잘 이뤄지는 중요한 이유 중 하나는 공동체가 인류가 깨어나는 시대를 위한 비옥한 토양이라는 점이다. 베트남의 선불교 스승인 틱낫한은 도래할 부처는 개인이 아니라 공동체의 형태, 다시 말해 다정하고 친절한 마음, 따뜻한 의식으로 함께 살아가는 사람들의 집단적 모습으로 올 것이라고 말했다. 현대의 많은 신비주의자가 이러한 견해를 반복하고 있으며, 수피교의 스승 르웰린 본 리도 그중 한 명이다. 그는 오직 공동체와 집단 안에서만 작동하게 될 새롭고 신성한 에너지가 있으며, 그것이 인류애가 될 것이라고 말한다. 이제 공동체는 새로운 깨달음을 위한 기본적 수단인 것이다.

사실 인간은 시너지를 창출하는 다양한 형태의 협력을 통해서만 생존할 수 있는 지점에 이르렀다. 이러한 자각이 의미하는 것은 여성과 남성이 함께 공동체를 이뤄 젠더 그림자를 드러내는 방법을 찾아야 한다는 것이다. 젠더 화해 작업과 집단의 의도가 지닌 힘은 광범위한 사회에 필요한 치유를 촉진하기 위한 일종의 시련을 겪게 한다.

4. 젠더 화해 과정은 진정한 변혁의 조건들을 만들기 위해 충분한 육체적, 정서적, 지적, 영적 통합을 필요로 한다.

젠더 화해 작업에서 인간성의 본질적 측면이 간과된다면 결과적으로 그러한 변혁에는 진정성도 지속성도 없을 것이다. 우리 사회는 도전적 진실, 딜레마 또는 정서적으로 힘든 표현들을 마주할 때 이를 무시하거나 회피한다. 제도 전체는 이러한 간과를 공식화하고 구체화하는 방향으로 만들어진다. 종교 제도에서 우리 자신의 이 '열등한' 부분을 '초월하기' 위해 시도할 때에 육체적 차원이 무시되는 경우가 빈번하다. 우리의 학문과 정치 제도는 '이성'이나 과학을 추구함으로써 우리의 직관이나 영적 부분을 경시하는 경향이 있다. 대부분의 사회 제도는 우리의 정서적, 예술적 표현들을 억제하고, 인간의 특성을 조직적으로 억압하는 경향도 보인다.

이러한 사회화된 억압은 구조적 젠더 불공평과 불균형을 유지하는 데 도움을 준다. 이러한 것을 바로 잡으려면 분노, 비통, 공포, 슬픔, 수치심, 절망, 취약성과 같은 도전적 감정을 포함해 젠더 조건화된 경험에 관한 광범위한 반응을 목소리 내어 충분히 말하고 표현할 수 있는 건설적 방법을 찾아야만 한다. 실제로 젠더 작업에서는 강렬한 감정적 변화를 자연스럽게 촉진하는 것이 중요하다. 이것은 감정적 변화를 경험하는 과정에서 우리 자신의 취약하거나 잘 '정리'되지 않은 부분들을 합리화하거나 억압하고, 승화하거나 부인하지 않으면서 인간성을 수용하는 것을 의미한다.

우리는 여러 해에 걸쳐 대화나 인지적 방법들만 사용하는 젠더 치유 작업을 상당히 많이 시도하면서 이런 방식의 작업이 일련의 과정을 완전히 왜곡하는 경우가 있다는 것을 알게 되었다. 예를 들어 남녀 심리치료사가 몇 년간 각각 별도의 남녀 단체를 운영했다. 두 치료사는 각각의 두 단체를 통합해 그들의 내담자들을 위한 젠더 화해 과정을 시작하기로 했다. 그런데 그들은 단 두 번 만난 후 전형적 젠더 대립을 경험했고, 프로젝트는 갑자기 중단되었다. 무슨 일이 있었던 것일까? 첫 번째 모임에서 남성 중 한 명이 여성 중 한 명에게 손이 아름답다고 말했다. 여성은 자신의 진정한 모습으로 보이는 것이 아니라 대상화되었다고 느꼈다. 남성은 여성에게 악의 없는 칭찬으로 진지하게 순수한 관심을 표명했다고 생각했다. 양자 간의 언어적 교류는 더 큰 집단으로 확산되었고, 젠더를 경계선으로 집단을 분열시켰다. 갈등은 급속히 확대되었고 결국 미해결로 남았다. 두 번째 모임에서 동일한 불화가 다시 발생했고, 두 단체를 통합하려던 선의가 있는데도 이후 대화는 회복할 수 없는 교착 상태에 빠져 악화되었다. 프로젝트 기획자들은 프로젝트를 완전히 포기하는 것 이외의 다른 선택이 없다고 느꼈다. 우리의 관점으로 보자면 이 결과는 대화와 언어 교류라는 제한된 방법을 사용한 것에서 비롯되었다. 남녀 혼성 집단에서 야기된 긴장 상태는 언어만으로는 도달할 수 없는 심오한 차원의 접근이 필요하다.

또 다른 사례를 보자. 이 책의 저자 중 한 명인 키핀은 언젠가 리 니콜Lee Nichol이 개최한 보옴Bohm 대화법 워크숍에 참석했다. 그는 미국 전역은 물론 해외에서도 대화법 워크숍을 진행한 숙련된 퍼실리테이터였다. 물리학자 데이비드 봄이 개발한 '보옴 대화법'은 집단 내의 집단적 연구와 창조적 커뮤니케이션 지원을 위해 설계된 강력한 기법이다. 이 대화법의 기본 원칙 중 하나는 사전에 정해진 주제 없이 대화가 진행된다는 것이다. 대화의 초점은 집단이 원하는 방향에 따라 어떤 주제로든 자유롭게 이동할 수 있어야 한다. 워크숍이 끝난 후 키핀은 니콜에게 대화 과정만이 아니라 대화의 내용도 중재한 경험이 있는지 물었다. 니콜은 대화의 내용을 포함해 중재하기도 하지만 자신이 중재하지 않는 유일한 영역은 "남성-여성 이슈"라고 대답했다. 니콜은 일부러 의도하지 않더라도 "남성-여성 이슈"는 대화 시도 자체로 집단을 파괴하고 수렁에 빠지게 하는 비건설적 이슈라고 했다.

이 일화가 암시하는 깨달음은 두 가지다. 첫째 '여성-남성 이슈'의 탐색이 완전히 새로운 수준의 집단 의식과 깊이 있는 경험으로 나아가기 위해서는 다수로 구성된 집단에서 정확하게 수행되어야 한다는 것이다. 둘째 대화만으로는 집단이 원하는 곳까지 나아가기에는 충분하지 않다는 것이다.

젠더 화해 작업에서는 강한 감정적 표현과 방출이 다양한 형태로 드러나야 할 때가 있다. 이를 억제하는 것은 화해 과정을 방해하거나 막는 것이다. 과정 중에 발생하는 것들을 기술적으로 해결하기 위해 사색적 침묵, 집단 명상이나 기도, 호흡 요법, 사이코드라마, 자발적 의식이나 기타 비언어적 집단 작업이 반드시 필요한 순간이 있다. 이 책에서 우리는 젠더 치유 작업에서 필연적으로 표면화되는 심리적 장벽과 에너지의 정체를 허무는 데 도움을 주기 위해 인지적, 언어적 차원을 넘어서는 연습법을 소개할 것이다.

집단 작업 과정에서 비언어적 형태의 작업이 필요한 것은 힘든 감정을 배출하기 위한 안전한 공간을 만들고, 의식이 무아경의 차원으로 확장되도록 하기 위해서다. 이러한 작업의 면면이 거대한 치유일 수 있으며, 근본적 집단 작업을 경험한 적이 거의 없는 이들에게는 놀라운 방식일 것이다. 사실 힘든 정서 에너지를 다루는 경험을 하기 위한 적절한 통로가 필요하다. 그 이유는 그 경험 자체가 필요해서가 아니라 그러한 경험을 통해 매우 호의적인 정서적, 영적 에너지를 표출할 수 있는 가능성이 생겨나기 때문이다. 이러한 것들은 깊은 감정적 배출이 이뤄진 직후에 자주 나타난다. 긍정적 에너지는 매우 다양한 방식으로 나타날 수 있으며, 창조적이고 예술적인 표현 또는 황홀함의 표현처럼 감동적이고 영감을 주는 형태를 띠기도 한다. 단순히 영감을 주는 이야기를 말하거나 남녀의 특성과 이들의 영원의 춤을 찬미하는 아름다운 시를 읽는 것으로는 충분하지 않다. 사람들이 실제로 새로운 차원을 직접 경험하고, 서로 삶의 증인이 되고, 지구상의 여성과 남성으로서 우리가 가지는 천부 인권을 온전히 축하하는 경험을 하는 것이 중요하다.

5. 젠더 관계의 변혁은 미지의 영역이다. 전문가도, 지도도, 안내서도 존재하지 않는다.

젠더 부조화는 아주 오래전부터 광범위하게 존재했다. 그리고 그 영향은 인간 사회의 모든 곳에 미치고 있다. 젠더 화해 작업을 주최하고 조직한 우리가 젠더 관계의 변혁을 위한 정답을 요구하는 것은 아니다. 젠더 화해 작업을 촉진해온 지난 15년 동안 우리의 방법론과 접근법은 지속적으로 진화하고 있다. 물론 모든 상황에 적용되는 최종 공식이 있는 것은 아니다. 그러나 우리가 배운 한 가지는 이것이다. 집단과 공동체 안에 있는 젠더의 역동성을 연민을 가지고 위축됨 없이 자각하는 것이 변혁을 위한 효과적 출발점이라는 것이다. 모든 영적 수행과 마찬가지로 깊은 깨달음 그 자체가 변혁이다.

이러한 요점이 자명해 보일 수 있다. 하지만 우리는 남성의 경험에 대한 여성의 기본적 인식에 커다란 간극이 있고, 여성의 경험에 대한 남성들의 인식에 그에 상응하는 간극이 있다는 것을 지속적으로 관찰한다. 남녀는 상대 성이 겪는 다양한 차원의 사회적 현실과 개인적 경험에 대해 정말 무지하다. 그리고 이성애자와 게이, 레즈비언이 경험하는 것에 대한 상호적 인식에도 큰 간극이 있다. 게다가 여성과 남성이 다양한 영역의 젠더 경험을 탐험하는 것을 가로막는 문화 속에는 논의할 수 없는 사회적 금기와 암묵적으로 금지되는 주제들이 존재한다. 혼성 집단뿐 아니라 단일 성별 집단 내에서도 그렇다. 이러한 금기들은 강간과 포르노 같은 이슈들에서부터 근본적 정체성, 섹슈얼리티, 육체적 경험에 이르기까지 광범위한 영역에 펼쳐져 있다.

사회에는 젠더 불공평을 무의식적으로 지지하고 젠더 불공평이 영구적으로 지속되도록 하는 다양한 방식이 있다. 제1장에서는 남녀가 서로 경험하는 사회적 현실을 의식하지 못하는 몇몇 사례를 살펴보았다. 이러한 사례 외에도 남성과 여성 모두 자신의 젠더에 무의식적으로 내면화된 유해한 신념들을 지속하는 방향으로 사회화되었다. 남성은 남성 사이에 은밀히 퍼져 있는 방식들을 살펴봐야 하는데 다음과 같은 조건화를 예로 들 수 있다. 남성은 사회화된 행동과 유머를 습관적으로 이용해 여성을 조롱하거나 지배하고, 여성성에는 거부 반응을 보이고, '마초'적인 가부장적 지배 유형을 신뢰하지 않는 남성에게 보복하는 것 등이다. 그리고 여성은 신체적 아름다움과 성적 매력과 관련된 해로운 문화 규범들을 이용하고 강요하는 것에 스스로 가담하고 있는 것은 아닌지 살펴볼 필요가 있다. 때로는 이러한 에너지를 남성들과 여성들 서로를 조종하는 데 사용해 그 결과 여성들이 벗어나고자 애쓰는 바로 그 대상화를 고착하는 데 오히려 일조하고 있을 수 있다. 그리고 이러한 학습된 사회화 행동들이 일상적으로 만연되어 있기 때문에 때로는 의식도 못하게 된다. 그래서 많은 이가 자신도 모르는 사이에 젠더 부조화를 지속하는 많은 미묘한 방식으로 행동하면서 자기 자신은 젠더 불공평을 확산하는 신실한 공모자가 아니라는 확신을 가지는 것이다.

오늘날 광범위하게 퍼져 있는 젠더 관련 사회적 부조화는 그것이 비록 전 세계에 걸쳐 수천 년간 이어진 제도적 젠더 불공평의 필연적 산물일지라도 인간 사회에 반드시 필요한 것은 아니다. 우리는 다른 경험이 전혀 없기 때문에 젠더와 섹슈얼리티와 관련해 진정으로 통합되고 건강한 사회에서 성장했을 때 우리의 삶이 어떤 모습일지 상상하는 것은 어렵거나 불가능하다. 그런 사회가 있다면 인간 사회의 전체 구조는 오늘날 우리가 아는 것과 매우 다를 것이다. 사회적 상호 작용을 위한 포럼들, 깊은 관계와 친밀함, 가족과 공동체의 안정된 구조와 역할, 사랑에 대한 고귀한 표현과 찬양, 종교 예배와 영적 의식의 특성과 형태 등 이러한 삶의 모든 측면이 오늘날의 문화 규범들이나 사회화된 양식들과는 근본적으로 다를 것이다. 이런 세상은 단지 우리가 추측할 수밖에 없지만 젠더 화해 작업에서 종종 엿보게 되는 풍요롭고 충만한 공동체 생활을 구성하게 될 것이다.

아마도 젠더와 관련해 진정으로 치유된 공동체에서 성장 할 만큼 운이 좋거나 주류 문화에서 멀리 떨어져 고립된 사회의 어딘가에서 사는 희귀한 사람도 소수 있을 것이다. 하지만 우리의 압도적 대다수는 서구인이든 동양인이든, 선진국 출신이든 개도국 출신이든 간에 이러한 조화로운 사회 환경을 경험한 적이 없으며, 마음속 깊은 곳에는 치유되지 않은 인간성에 따른 많은 상처와 혼란을 가지고 있다. 우리는 이러한 어렵고 무거운 짐을 각자의 인생과 사회뿐 아니라 젠더와 섹슈얼리티와 관련해 여러 세대에 걸쳐 유지되고 있는 전형적 고통의 유산 속으로 끌고 들어가고 있다. 이러한 것들이 사회의 젠더와 관련 이슈의 해결과 치유로 연결된다면 그것은 기적 같은 도전으로 이어질 것이다.

청년들에게 이러한 도전은 나이가 들면서 도처에서 일어나는 일을 어떻게 이해하고 어떻게 살아야 하는지 이해하기 위해 노력하기 시작하면서 특히 버거워진다. 젠더와 섹슈얼리티에 관한 그들의 딜레마를 티베트의 드왈 쿨^{Djwhal Khul}이 적절히 설명했다.[1]

우리의 청년들, 특히 이상주의적이고 명료한 사고를 하는 소년과 소녀들은 자신들의 노력을 좌절시키는 상황에 직면했을 것이다. 청년들은 어떻게 생각하고, 무엇을 믿어야 하는지 알지 못하는 상황이 혼란스러웠을 것이다. 한쪽에서는 합법적 결혼으로 사회적으로 정당성을 확보한 가정을 보고 자라며, 일부는 그러한 가정을 이루지만 큰 차원에서 보면 불행, 합법적 성매매, 질병, 불륜, 아동 유기, 원치 않는 임신, 잘못된 결혼에 따른 불화, 이혼 이외에는 아무것도 찾지 못하는 경우가 대부분이다. 또한 그 시간 동안 많은 심오하고 지적인 질문에 대한 답도 전혀 얻지 못한다. 그러면 이제 다른 곳을 바라보며, 결혼의 책임을 회피하는 것 같은 사람들의 삶을 살펴보며 불만, 수많은 비밀과 감춰진 성생활, 선천적 본능의 좌절에 따른 질병, 최악의 정신질환, 사생아, 성도착증 등을 만나게 된다. … 그들은 세상에 해법과 도움을 청해보지만 명확한 답이나 견고한 철학, 근본적 가르침은 결국 얻지 못한다. 그들이 과거의 도덕에 계속 주목하면 그들이 찬미하는 '올바른 삶'이라는 미덕을 발견할 수도 있다. 하지만 진정한 해결책은 얻을 수 없으며, 그들의 문제에 어떠한 빛도 비춰지지 않는다. 종교인을 찾아가면 착한 사람이 되라는 말을 들을 것이다. 성인들의 사례가 인용되기도 하며, 때로는 개인적 편견과 편애에 기초한 불만족스러운 설명과 청교도적 명령, 진부하고 정의로운 스토리의 홍수에 빠지게 된다. 하지만 맑은 선율은 거의 들리지 않으며, 위대한 모세의 율법 중 "~을 하지 말지어다Thou shalt not" 이상의 말을 듣는 것은 거의 불가능하다. 누가 그들에게 보편적 문제에 대한 진정한 지혜와 이해를 들려줄 수 있는가? 누가 성생활의 중요성과 인생 전체에서 그것의 위상, 그리고 성과 성 사이의 관계를 진정으로 이해하고 있는가? 다음의 진화 단계는 무엇이 될지, 인간은 어디로 가고 있는지와 같은 진정한 비전을 누가 말할 수 있는가? 젠더와 관련된 것을 외면하고 싶어 하는 것은 빠져나오기 힘든 늪과 같은 문화 유산인데도 우리가 치유를 위해 필요한 것이 무엇인지 알고 있는 전문가라는 점 역시 사실이다. 그것은 우리가 불평등과 불공평에 관한 직접적이고 개인적인 경험을 가지고 있기 때문이다. 조안나 메이시Joanna Macy의 말처럼 "우리의 상처가 곧 우리의 자격증이다." 사실 우리는 변화를 필요로 하는 도전적이고 미묘한 사안들에 매우 민감하다. 하지만 정확히 말하면 우리가 젠더 치유 사회에서 살아본 적이 없기 때문에 이 사회가 실제로 어떻게 보이는지, 사회 조직과 대인 관계들이 어떤 새로운 형태들을 취할 수 있는지에 대해 우리는 전문가가 아니다. 또는 우리는 그곳에 이르기 위한 치유와 변혁을 성취하는 방법도 잘 모른다. 즉 우리는 무엇이 필요한지는 알고 있지만 그것을 해내는 방법은 모르고 있다.

이러한 이유들 때문에 젠더 화해 전문가가 없다는 인식을 가지고 젠더 화해 작업을 함께 시작해야 한다. (속어를 빌리자면) "내가 해봐서 아는데been there, done that"라고 말할 수 있는 사람은 아직 아무도 없기 때문이다. 이는 이 책의 저자들도 마찬가지다. 우리는 젠더 화해를 위한 결정적 '해답'을 찾았다고 주장하는 것이 아니며, 우리 자신을 이 새로운 분야의 '전문가'가 아니라 초보자로 인식한다. 현재 그러한 전문가가 존재하지 않는다는 것이 우리의 관점이다. 젠더 불공평의 밀림에서 나와 건강한 젠더 조화 사회라는 약속의 땅으로 우리를 이끌 수 있는 지도나 안내서는 없다.

그럼에도 우리는 이 과정을 시작할 방법을 발견했다고 믿는다. 또한 우리는 이 과정이 궁극적으로 우리를 인도하게 될 곳에 대해 상세히 알고 싶지도 않고, 사전에 알 필요도 없다고 생각한다. 중요한 것은 이 일에 참여하는 것이며, 젠더 치유 과정이 진행될 때 온전한 진정성을 가지고 임하는 것이다.

미지의 것들이 그렇게 많은데 어떻게 그러한 진정성을 담보할 수 있을까? 실전에서는 어떻게 진행해야 할까? 이 질문에 대한 답은 정말 단순하다. 자신의 진실 말하기, 연민의 마음으로 바라보기, 과정 전체에 참여하기, 환희뿐 아니라 고통도 함께 견디기, 어려운 현실에 위축되지 않기, 공동체의 지혜를 믿기, 진지한 참가자들을 포함해 어떤 것도 배제하지 않기 등과 같은 도전들을 이따금 실행하기만 하면 된다. 그리고 무엇보다도 인간의 영혼에 대한 흔들리지 않는 신념을 유지하기만 하면 된다. 퍼실리테이터와 조직자인 우리는 수년에 걸쳐 이 작업 중에 여러 도전을 경험했다. 그러나 치유의 순간은 항상 난관을 넘어서 영감과 확신을 제공한다. 이 영감과 확신이 우리가 열망하고 인간으로서 지니는 우리의 천부 인권인 화해와 조화의 길로 향하도록 돕는다.

윤리적 지침과 합의 사항

실제로 위에서 언급된 젠더 화해 원칙들을 실천하는 데 도움을 주기 위해 일련의 윤리적 지침들과 합의 내용을 정하게 되었고, 참가자들에게 젠더 화해 작업이 진행되는 동안 이것들을 지켜줄 것을 요청한다. 이러한 약속이나 공동체 규칙들이 젠더 화해 과정의 진실성을 지속하며, 집단 작업에 참여하도록 하는 안전하고 효과적인 '그릇container'을 확보하는 데 도움을 준다. 워크숍이나 훈련 등록 시 참가자에게 작업 진행 기간에 공동체의 합의 내용을 충실히 따라줄 것을 요청한다.

우리의 지침과 합의 내용 대부분은 작업 집단에서 자주 발견되는 체험적 치유나 집단 과정의 유형들을 반영한다. 그 내용에는 워크숍 기간에 발생한 일에 대해 비밀 지키기, 자신의 경험에 대해 책임지기, 타인의 경험을 존중하기, 자신의 소통 방식을 의식하기, 타인과 나눌 수 있는 마음의 공간을 마련하기, 작업 기간에 현재에 머무르기 등이 포함된다.

이러한 일반적 합의 외에도 작업 기간에 참가자들로 하여금 우리에게 맡기도록 부탁하는 이 작업 고유의 합의 사항과 실천 사항들이 있다. 이 내용에는 침묵의 힘을 존중하는 것과 침묵의 순간들을 통해 근본적 의미와 섬세함이 생겨난다는 것을 알아차리는 것 등이 포함된다. 우리는 젠더 화해 작업이 누구에게나 미지의 영역이며, 따라서 진행 과정에서 모호함과 불확실성을 허용하는 것이 반드시 필요하고, 상황의 해결이나 '바로잡기' 위해 달려들지 않고 불편한 상태로 앉아서 '대립의 긴장을 유지하는 법'을 배우는 것도 반드시 필요하다는 것을 참가자들에게 주지하려고 한다.

마지막으로 오랫동안 서로 헌신해온 기존 연인들을 제외한 참가자들에게 젠더 화해 워크숍 동안 연애나 성관계를 삼갈것을 특별히 부탁한다. 성관계나 친밀한 관계를 둘러싼 문화적 조건화의 강한 힘 앞에서는 경험할 수 없는 친밀함이 있고, 그것에 관해 알아야 할 것이 많이 있다. 연애와 성관계에 따라오는 사회적 불문율을 일시적으로 정지하는 것은 참가자들이 습관적 행동과 익숙한 영역을 넘어 완전히 다른 어딘가에 들어가는 데 도움을 준다.

이러한 일시적인 성적 모라토리엄의 목적은 어떠한 의미로든 성행위를 부인하거나 폄훼하려는 것이 아니다. 오히려 그 반대로 젠더와 섹슈얼리티에 관해 매우 미묘하고 취약한 문제들에 관해 편안하게 이야기하고 집단으로 탐구하기 위한 안전하고 친밀한 환경을 만들기 위한 것이다. 또한 강력한 삶의 영역을 깊게 알아가기 위한 것이다. 한 무리의 사람들이 성적 에너지와 성관계를 둘러싼 습관적인 문화적 조건화로부터 한 걸음 물러서는 것을 의식적으로 선택하면 주류 사회에 만연한 성적인 비아냥과 낭만적 상상이 일상을 얼마나 파괴하고 심각한 영향을 주는지 목격할 수 있는 놀라운 기회가 찾아온다.

태양이 지지 않는다면 우리는 우주의 거대한 깊이를 지각하지 못할 것이다. 우주의 깊이는 밝은 햇빛에 의해 보이지 않았던 것을 볼 수 있게 되는 밤에만 보이기 때문이다. 이와 마찬가지로 우리는 일상 속에 가려진 친밀함과 미묘함의 드러나지 않은 깊이를 발견하기 위해 젠더 화해 작업 기간에 성행위를 삼가는 것이다. 수년에 걸쳐 우리는 이러한 합의 사항을 준수하는 집단 작업이 다른 평범한 사회 환경에서는 거의 경험할 수 없는 차원에서 새로운 방식들로 친밀함을 공유하고, 상호 탐구하며, 집단의 치유를 촉진한다는 것을 발견했다.

이러한 지침과 합의 사항들은 젠더 화해 과정을 탄탄하게 만드는 역할을 했으며, 집단 내 위기나 갈등 상황이 발생했을 때 특히 중요했다. 그러한 순간들에 우리는 공유한 합의 사항들에 상당히 의존한다. 이 사항들은 우리가 까다롭고 잠재적인 분열 이슈를 조심스럽게 탐색할 때 공동체의 진정성을 유지하는 토대가 된다.

젠더 치유에 관한 참고 사항을 다룬 이번 장을 마무리하면서 신비주의 시인 라이너 마리아 릴케Rainer Maria Rilke를 인용하고자 한다. 그는 우리의 젠더 화해 작업을 뒷받침해주는 일반적 원리를 다음과 같은 아름다운 문장으로 표현했다. "마음속 풀리지 않는 모든 것에 인내를 가져보라. 그리고 질문들 그 자체를 사랑하고 그 답을 찾지 마라. 지금 당신에게 주어지지 않는 그 답은 당신이 그 답을 살아낼 수 없을 것이기 때문에." 릴케의 말 속에 젠더 화해 작업의 진정한 목적이 담겨 있다. 젠더와 섹슈얼리티 관련해 답을 찾으려 하거나 치유가 필요한 모든 것을 고치려고 하지 말자. 우리를 괴롭게 하는 많은 질병을 다루는 법을 안다고 가정하지도 말자. 그 대신 어려운 문제들을 직면하고, 문제들 그 자체를 사랑하기 위해 공동체로 함께 모이자. 릴케가 암시한 것처럼 "아마도 미래의 언젠가 당신도 모르는 사이에 서서히 그 답 속에서 살아가고 있을 것이다."

Chapter 3
젠더 상처의 증언

성과 관련된 오늘날의 상황이 너무 심각해 얼마나 똑똑하고 박식한지와 상관없이 해결책을 알고 있거나 현 난국의 탈출구를 찾았다는 사상가는 없다. – 쥬왈 쿨

2002년 6월 크로아티아 두브로브니크에서 '평화를 위한 연금술The Alchemy of Peacebuilding'이라는 국제 회의가 열렸다. 여러 나라의 활동가, 정치인, 학자, 시민들이 평화를 위한 새로운 길을 모색하기 위해 모였다. 참가자 중에는 발칸 지역 인근 출신의 청년 대표단과 LA 와츠 지역 출신의 청년 대표단이 있었다. 그중 상당수가 전쟁이나 내란을 직접 경험했다. 그들의 이야기를 들으면서 겸허해졌고 평화로운 세상을 구현하기 위한 그들의 헌신에 감동 받았다.

우리는 약 200명의 모임 참가자에게 앉은 자리에서 일어나 같은 젠더끼리 모여 앉도록 요청했다. 참가자들이 일어나 자신과 같은 젠더가 있는 방향으로 걸어가기 전에 잠깐의 소란이 일어나기도 했다. 우리는 남녀로 나뉘어 어색하게 허공만 보고 있는 약 200명에게 의자를 돌려 연단이 아니라 반대편 다른 집단을 마주보도록 추가로 요청했다. 남성과 여성을 분리해 모이도록 하는 것만으로도 어떤 전형적 긴장 에너지가 감지된다.

공간의 에너지 수준이 높아지면서 참가자들은 호기심과 함께 가벼운 전율을 느꼈다. 젠더 작업이 시작되면 항상 경험하는 일이다. 우리는 이 집단에게 일반적인 오프닝 소개 대신에 젠더 불공평이 광범위하게 만연한 문화와 그 역사적 프레임만 간략하게 소개했다. 2시간 30분이라는 제한된 시간 내에 진심 어린 마음으로 이곳에 온 이들이 젠더 화해 과정이라는 세계 평화 구축의 한 요소를 조금이라도 경험할 수 있게 하는 것이 목표였다.

여성과 남성이 서로 마주보게 되면 관객으로 있던 사람이 공동체의 구성원이 되는 미묘한 변화가 일어나고, 긴장도 고조되면서 친밀감도 깊어지는 역설적 변화가 일어난다. 우리는 각자가 '자신의 성별'을 의식하면서 앉아 있는 것이 어떤 느낌인지에 주의를 기울이면서 이 집단에서 서로 마주보며 앉아 있는 것이 일으키는 감정을 있는 그대로 알아차릴 것을 부탁한다. 또한 자신의 타고난 성별 집단 안에서 편안한지 여부를 살펴보고, 각 집단 안에도 상당한 수준의 젠더 다양성이 있음을 의식하고, 각 집단이 경험한 광범위한 인생 경험, 성적 지향, 생물학적 몸을 인정해달라고 부탁한다.

이어서 우리는 참가자들에게 자신만의 고유한 신체적 특징, 섹슈얼리티, 젠더 정체성, 영적 지향도 포함해 세상에서 자신의 몸과 마음으로 경험한 것들에 대해 눈을 감고 내면으로 성찰해보도록 했다. 이 침묵의 시간을 통해 자신의 내면에서 일어나는 어떤 의식이나 말들에 주목하면서 자신의 가장 사적이며 개인적 감정들, 즉 내면에 주의를 기울이도록 서서히 유도한다. 그러면 깊은 침묵이 이어지고, 우리는 참가자들에게 그들이 편안함을 느끼는 침묵이나 명상 또는 사색을 시작할 수 있도록 안내한다.

함께 앉아 몇 분간 침묵의 시간을 보낸 후 우리는 신성한 남녀의 결합을 찬미하는 인도 시인 자네시와르의 시(제1장의 마지막에 인용됨)를 읽었다. 그렇게 몇 분이 지난 후 눈을 뜨고 함께 있는 서로를 둘러보도록 요청했다. 그때 우리가 전쟁으로 지친 세계를 평화로운 곳으로 만들기 위해, 다양성과 차이를 극복할 수 있는 다리를 놓을 방법을 모색하기 위해 모인 진지한 남녀 집단이라는 것을 분명히 인식할 수 있게 되었다. 그리고 이러한 기본 차이, 즉 남성 아니면 여성의 몸을 타고난 존재라는 이중성이 우리 사이에 존재하며, 이러한 차이는 고대와 현대의 모든 문화권의 모든 인류에게 보편적인 것이다.

침묵의 증인

이제 이 공동체는 '침묵의 증인'이라고 이름 붙인 단계로 나아가기 위한 준비가 되었다. 이 단계에서는 젠더, 그리고 성과 관련된 조건화 과정에서 목격해야만 했던 힘들었던 경험에 관한 복잡한 감정적 에너지, 기억, 통찰 등이 일어난다. 침묵의 증인을 통해 인류의 젠더 조건화가 현실이라는 공통적 인식과 근거 없는 기이한 정보가 상당히 많이 드러난다.

침묵의 증인은 남성과 여성으로 경험한 것에 관해 질문을 제기하는 연습이다. 먼저 우리는 한쪽의 젠더 집단에게 질문하고, 그 다음 다른 젠더 집단에게 질문한다. 질문을 받은 참가자는 자신의 삶에 비춰 질문에 대한 답이 "예스^{Yes}"라면 말없이 일어서달라는 부탁을 받는다. 앉아 있는 집단의 나머지 사람은 일어선 사람들에게 조용히 감사를 표하며, 모든 사람은 자신의 감정과 반응에 주의를 기울여달라는 안내를 받는다. 일어선 이들은 퍼실리테이터가 "고맙습니다$^{Thank\ you}$"라고 말할 때까지 잠시 서 있다가 다시 앉는다. 이후 다음 질문이 이어지며 질문들이 끝날 때까지 동일한 과정이 반복된다. 이 과정에서 가장 중요한 것은 우리가 희생자로서 일어선 것이 아니라 우리의 삶과 세계 전반에 존재하는 젠더 불공평에 대한 증인으로 일어선다는 사실이다. 일어선 사람들의 삶 이면에는 저마다의 사연이 있으며, 우리는 사연의 세부 내용을 모르는 상태에서도 개인의 경험을 인식하게 된다. 또한 일어선 사람은 자신뿐 아니라 유사한 경험을 했는데도 증언할 수 있는 기회를 갖지 못하는 수많은 사람을 위해 일어선 것이다. 따라서 일어선 개인은 동일하거나 유사한 경험을 가진 수백 만의 타인을 위해 증언하는 것이기도 하다.

이 과정에서 때로는 여성들에게, 때로는 남성들에게 먼저 질문한다. 질문은 가장 단순형의 젠더 불평등에 관한 것으로 시작한다. "(여성들에게) 당신의 욕구보다 남성의 욕구가 우선시된다고 느낀 적이 있나요?" 또는 "(남성들에게) 당신의 욕구보다 여성의 욕구가 우선시된다고 느낀 적이 있나요?" 이어서 더 도전적이고 핵심적인 질문들이 이어진다. 여성들에게는 자신이 여성이기 때문에 혼자 길을 걷는 것이 무서웠던 적이 있는지 질문한다. 남성들에게도 유사한 질문이 이어진다. 희생자의 관점에서도, 가해자의 관점에서도, 목격자의 관점에서도 폭력과 섹슈얼리티에 관한 다양한 질문을 한다. "여러분의 가정 안에서 자신의 생명이나 신체적 안전을 걱정해본 적이 있나요?", "남성에게 (또는 여성에게) 맞았거나 신체적 학대를 당한 적이 있나요?" 남성을 (또는 여성을) 때리거나 남성에게 (또는 여성에게) 신체적 학대를 가한 적이 있나요?" 과정이 진행될수록 더 구체적인 질문과 답변이 이어진다.

크로아티아에서 진행된 모임에서 "자신의 의사와 다르게 성적 강요를 받은 적이 있나요?"라는 질문을 했을 때 세 남성과 거의 절반에 가까운 여성이 일어섰다. 일어서는 사람들에 대한 감사의 마음을 가지고 앉아 있던 남성들은 자신 앞에 서 있는 100여 명 여성과 세 남성이 보여주는 뿌리 깊은 폭력을 목격하자 침묵 속에서도 어떤 감정이 흐르게 되었다. 미국과 그밖의 몇몇 국가에서 진행된 작업들을 보면서 우리는 이 냉혹

한 현실이 특별한 것이 아님을 발견했다. 일반적으로 자신의 의사와 다르게 성적 강요를 받은 적이 있냐는 질문에 참가 여성 중 1/3에서 1/2 정도가 일어서며, 2/3 이상이 일어서는 것도 드문 경우가 아니다. 크로아티아에서 "군대에서 조국을 위해 싸우다 죽을 수도 있다는 걱정을 해본 적이 있나요?"라는 질문에 남성은 모두 일어섰지만 여성은 두 명만이 일어섰다. 그리고 "전쟁에서 전투를 해본 적이 있나요?"라는 질문에는 최소 십여 명 남성이 일어섰지만 여성은 없었다.

이러한 질문들에 그렇게 많은 사람이 일어서는 것을 목격하는 것은 집단에 큰 울림을 만들어낸다. 이어지는 침묵 속에서는 슬픔과 연민의 물결을 감지할 수 있다. 우리는 먼저 사람들에게 자신의 젠더 집단 내에서 자신의 옆 사람과 자신이 경험한 것을 공유하도록 했다. 일반적으로는 젠더의 구분을 떠나 남녀 모두 아픔과 고통을 공유하는 상황에 놀라움을 표현한다. 예를 들어 이 과정에서 그동안 익숙했던 여성의 고통이 다시 논의되기를 바랐던 여성들은 남성들의 고통을 목격하고 놀라워한다. 남성들은 희생자가 신문 기사나 통계 속에만 있는 것이 아니라 자신들과 같은 공간에 있는 여성들이 실제 성폭력을 경험한 사람들이라는 것에 놀란다. 추상적으로 여겼던 성폭력의 실상이 모든 사람에게 구체적으로 드러나 알게 되는 것, 이러한 인식 자체가 바로 변혁이다.

이어서 같은 젠더 집단별로 이 경험에 대한 느낌을 나눈 후에 각 집단이 성찰한 내용을 전체 혼성 집단에서 공유한다. 평화 구축 회의에서 나타난 통찰은 다른 젠더 화해 프로그램들에서 나타나는 통찰들과 유사했다. 이 공동체 안에서도 집단적 연민이 탄생했고 그와 더불어 집단 안에 다정한 온화함이 생겨났다. 남녀는 그 공간에서 경험한 고통과 피해에 놀라워했고, 젠더의 구분을 넘어서는 공감적 연대감이 생겨났다.

침묵의 증인 과정의 마지막 단계에서는 참가자들에게 공간의 가장자리를 천천히 돌도록 했고, 남녀가 다시 섞이도록 했다. 그리고 공동체가 변화하면서 느껴지는 미묘한 에너지와 감정에 주의를 기울이도록 했다. 그런 다음 남녀가 짝을 이뤄 자신이 일어섰던 질문 중 한 질문에 관한 개인적 사연을 자신의 짝과 공유하도록 유도했다. 몇 분간 계속해서 자신의 이야기를 하고 상대방은 이야기를 들었다. 각자의 사연을 말하고 듣는 것이 공동체 안의 친밀함과 연민을 한층 더 풍성하게 했으며, 상호적으로 연결하는 과정은 서로 축복을 빌어주고, 진심을 알아주는 것으로 마무리되었다.

오전 세션을 마무리하기 위해 집단 전체가 큰 원으로 모여 기꺼이 서로 손을 잡았고, 간단한 치유의 노래를 불렀다. 전에는 없었던 상호적 연결이 강해졌고, 젠더에 관한 사회적 치유와 문화적 변화가 우리 시대에 필요하다는 것도 조금 더 깊이 각성하게 되었다. 참가자들이 자연스럽게 열리는 마음을 경험했고, 사회가 필요로 하는 변화들이 실제로 가능하다는 것을 느끼게 되었다.

작은 집단에서 침묵의 증인

이와 같은 침묵의 증인은 젠더 화해 과정의 기본 프로그램으로 모든 젠더 화해 과정에서 진행된다. 15명에서 25명으로 구성된 그룹에서 침묵의 증인은 매우 효과적이며, 사적이고, 쉽게 타인의 경험을 자신의 일처럼 받아들이게 된다. 소집단에서는 질문을 듣고 일어선 사람들이 자신을 보고 있는 증인들과 물리적으로 상당히 가까운 거리에 있게 된다. 사람들은 다른 사람들의 표정과 몸의 뉘앙스를 명료하게 볼 수 있고, 정서적으로도 가깝게 느끼게 된다. 질문을 듣고 일어서는 것은 비밀을 넌지시 드러내는 표현이며, 나와 다른 젠더 집단이 특정 질문에 대다수 또는 전부가 일어서는 모습을 보며 충격을 받기도 한다. 물론 특정 질문에 모든 참가자가 앉아 있는 모습을 보는 것도 마찬가지다.

참가자들은 이 과정에서 다양한 교훈을 얻는다. 남아프리카공화국의 케이프타운에서 진행된 젠더 화해 워크숍 이후에 한 여성이 다음과 같이 말했다. "침묵의 증인 과정이 강렬하게 다가왔으며, 내가 겪은 것들을 인정하고 그것들에 맞서 '일

어설 수 있는' 기회가 되었습니다. 그 과정은 내게 "이제 괜찮
아"라고 말하는 것 같았습니다.

또 다른 이에게 침묵의 증인은 나와 다른 젠더의 고통에 대해
새로운 차원에서 인식하고 공감할 수 있는 기회가 되었다. 여
성들은 남성들이 겪는 젠더 조건화와 관련된 상처와 폭력에
놀란다. 남성들은 얼마나 많은 여성이 다양한 형태의 학대나
성폭력을 경험했는지 알고 놀란다.

동시에 이 과정을 통해 참가자들의 행동과 인생 경험의 차이
가 드러나기도 한다. 이 과정을 통해 모든 남성(또는 모든 여
성)을 하나의 젠더 집단으로 묶어 일률적으로 다뤄서는 안 된
다는 것을 상기하게 되었다고 말하는 사람들도 있다. 여성들
은 성적 강압과 조종, 거리에서 겪게 되는 천박한 비아냥처럼
여성들만 겪는 것이라고 여겼던 것들을 남성들도 경험한다는
것에 놀란다. 이와 마찬가지로 여성들이 모든 남성에게 적용
된다고 믿고 있는 행동들에 대한 질문에 남성들이 항상 일어
서는 것은 아니며, 이는 여성 경우에도 동일하다. 한 참가자는
이것과 관련해 다음과 같이 말했다. "우리는 각자를 한 개인
으로 바라보면서 나와 다른 젠더 집단에 속한 모든 사람이 한
가지 특정 방식으로 행동하는 집단으로 치부하지 말아야 한
다는 것을 깨달았고, 실제로 그렇게 치부할 수 없다는 것도 깨
달았습니다."

수천 년간 이어온 경험

다양한 연령의 성인으로 구성된 스무 명에서 서른 명 정도 규모의 일반적 워크숍 집단 안에는 약 1,200년 전에서 800년 전 이상 이어진 인류의 경험이 존재하며, 참가자들은 그러한 공간에 앉아 있게 된다. 이러한 관점에서 보면 모든 집단에는 젠더 조건화와 젠더 경험에 관한 모든 '기록'이 존재하는 것이다. 따라서 모여 있는 집단은 치유와 변혁을 위해 무엇이 필요한지 매우 잘 알고 있으며, 집단 그 자체를 연금술의 세계로 만들 수 있는 지혜와 치유력을 가지고 있다. 젠더 화해 워크숍이 진행될수록 모든 집단은 젠더 작업을 통해 드러나는 '그림자'뿐 아니라 그 집단 고유의 역동적이고 정신적인 에너지들을 펼쳐낸다. 물론 나타나는 세부 내용은 집단마다 다르지만 선의의 참가자들로 구성된 대부분의 집단은 집단 치유 과정을 효과적으로 탐색하기 위한 자신들만의 자원과 지혜를 가지고 있다.

전 세계적 차원에서부터 개인적 차원까지, 젠더 조건화의 다양한 차원

앞에서 설명한 침묵의 증인 과정에서 참가자들은 젠더 불공평이 자신이 속한 공동체와 워크숍 집단에 어떤 영향을 끼치는지 보게 된다. 우리는 한 주간 이어지는 침묵의 증인과 그 이후

의 과정을 단계별로 소개하는 과정을 젠더 불공평의 광범위한 사회적, 역사적 맥락을 소개하는 것으로 시작한다. (융의 용어를 빌리자면) 집단적 젠더 그림자라고 이름 붙일 수 있는 것들을 자각하도록 돕는 시간이다. 일반적으로 이러한 입문 단계는 5일간 진행한 워크숍 기준으로 적어도 반나절 정도 지속되며, 남성과 여성이 경험하는 젠더 불공평에 대한 데이터가 포함된다. 그 데이터의 일부를 예로 들면 다음과 같다.

○1993년 UN '비엔나 재판소'의 인권에 관한 요약 프레젠테이션. 여기에는 전 세계 수천 명 여성이 UN에 최초로 증언한 여성들만 경험하는 광범위한 학대에 관한 내용이 담겨 있다. 여성의 권리가 곧 인권이라는 것이 이 발췌록의 주요 명제다. 이 명제는 전 세계에서 체계적으로 부정되거나 무시되었다. 조직활동가 샬롯 번치^{Charlotte Bunch}가 자신의 마무리 발언에서 말한 것처럼 "이것은 특정한 이익 단체의 호소가 아니라 절반의 인류가 조직적으로 부정 당한 기본 인권에 대한 요구다."

○진 킬번^{Jean Kilbourne}의 저서 『끔찍한 설득^{Deadly Persuasion}』과 다큐멘터리 시리즈 〈우리를 부드럽게 죽이는 것^{Killing Us Softly}〉. 여기에는 기업 광고에서 성착취와 성폭행의 대상이 되는 여성의 몸에 대한 적나라한 묘사를 포함해 여성에 대한 부정적 이미지를 퍼트려 얻는 강력하고 유해한 영향들이 담겨 있다.

○남성 운동 진영에 있는 로버트 블리[Robert Bly], 샘 킨[Sam Keen], 기타 리더의 주요 개념들. 특히 독일 심리치료사 알렉산더 미치힐리[Alexander Mitscherlich]의 작업이 관심을 끈다. 그는 전통적 핵가족에서는 아버지의 부재, 즉 아버지가 대부분의 시간을 눈에 보이지 않는 멀리 떨어진 일터에서 보내기 때문에 어린 아들의 정신에 구멍이 생긴다고 주장한다. 블리는 "이 구멍은 아기 사슴 밤비가 차지하는 것이 아니라 악마가 차지하게 된다."고 경고한다.[1] 이 악마 때문에 어린 소년들의 여린 영혼은 주류 문화에 만연한 마초 남성성의 파괴적 이미지들에 취약해진다.

○잰슨 카츠[Jackson Katz]의 〈터프한 옷차림[Tough Guise]〉 같은 다큐멘터리 영상들. 여기에는 남성들이 자신의 진정한 취약성과 무력감을 감추기 위한 가면으로 사용하도록 조건화된 터프함이라는 인위적 가식과 절대 강자라는 허세를 명확히 보여준다.

○남성들의 전쟁 경험 묘사와 해당 영상들. 그리고 남성들이 군의 영역에서 역사적으로 견딘 불균형적 고통. 여성 해방의 '장점' 중 하나는 현재 여성의 전투 참여가 허용되는 것이다.

이 강렬한 멀티미디어 자료들을 통해 전 세계적 차원의 젠더 불공평과 남녀 모두 겪는 다양한 피해의 양상을 보게 된다. 참가자들은 이 프레젠테이션에 대한 반응을 서로 나누면서 자연스럽게 자신의 삶에서 경험한 불공평의 영향들을 살펴보기 시작한다. 짧은 휴식과 묵상 이후 앞에서 설명한 침묵의 증인 과정이 자연스럽게 이어진다.

우리는 구조화된 젠더 화해 작업을 통해 인류의 사회, 문화에 내재한 젠더 불공평을 살펴보고 젠더 역학에 관한 인식을 광범위한 수준으로 키워나가기 시작한다. 젠더 화해 작업의 구조는 젠더 불평등이라는 재료를 살펴보기에 '가장 안전'한 환경이다. 이제 우리는 참가자들의 집단적 경험에서 시작해 앞에서 기술한 침묵의 증인 과정을 거쳤다. 그 이후에는 참가자들의 사적이고 더 은밀하고 더 취약한 영역으로 초점을 맞춰 나간다.

우리는 젠더 화해 작업의 마지막 단계를 위해 참가자들에게 소집단에서 자신의 '젠더 전기gender biographies'를 나누도록 안내한다. 이는 참가자들이 남성의 몸이든 여성의 몸이든 몸과 관련된 자신의 특별한 사연을 탐색하고, 사회적 젠더 조건화와 관련해 자신이 직면했던 저마다의 경험과 애써온 과정을 살펴볼 기회가 된다. 출생부터 아동기, 청소년기, 청년기를 거쳐 현재까지 이어진 단계들을 살펴보며 종종 자신의 삶에서 젠더라는 렌즈를 통해 바라볼 때 두드러지게 반복되는 주제나 특정 패턴들을 발견한다. 우리는 참가자들이 어떤 수준의 깊이와 친밀함이 적절하다고 느끼는 소집단 안에서 자신의 이야기를 공유하도록 유도한다. 많은 사람의 사적이고 특별한 젠더 전기 속에는 자신의 인생에서 가장 은밀하고 고귀하며, 때로는 취약한 경험들이 담겨 있다. 이것은 이어지는 장에서 소개되는 사례들 속에서 명확히 드러날 것이다. 우리는 항상 참가자들에게 각자의 경계를 존중할 것과 개인적이고 사적인 정보는 공유하지 않아도 된다고 안내한다. 동시에 사람들이 현실에서 이러한 공유의 기회를 활용해 평소에 자신이 머물던 안전 지대 밖으로 나올 수 있도록 용기를 북돋는다.

당연한 것이지만 이 과정의 놀라운 결과 중 하나는 특별히 힘들고 고통스러운 개인사를 가진 참가자가 집단 내의 다른 사람도 유사한 문제를 경험했다는 것을 종종 발견한다는 점이다. 이러한 순간은 깊은 연민과 공감을 깨우는 깨달음의 순간이 되기도 한다. 또한 사회에 여전히 만연한 유해한 젠더 역학 관계를 변화시키기 위한 협력과 연대를 이끌어내는 순간일 뿐 아니라 진정한 안도를 느끼는 순간이기도 하다.

Chapter 4
남성과 여성의 목소리

우리는 사물을 있는 그대로 보는 것이 아니라 우리의 모습으로 바라본다. - 탈무드

참가자들은 이전 장들에서 설명한 침묵의 증인 과정을 거치고 나면 그 과정에서 경험한 강렬함과 취약성을 자신의 성별 집단에서 나누고 싶은 바람이 생기기도 하고, 자신의 개인사가 다른 설명 없이 침묵 안에서만 드러난 것 때문에 수치심이나 취약함을 느끼기도 한다. 일부 참가자는 불공평하고 못마땅하지만 다른 사람들과 함께 있기 때문에 참아야 한다고 생각할 수도 있다. 또한 자신과는 무관한 행동들에 잘못 얽혀 있다고 느낄 수도 있다. 그러나 침묵의 증인은 젠더 불공평에 관한 남성과 여성의 고통이 보편적이라는 것, 그리고 개인과 집단을 통해 드러난 모습 속에서 훨씬 높은 수준의 안정감이 필요하다는 것을 단지 보는 것만으로 알게 해주는 강렬한 경험이다. 동성 집단에서는 이러한 안정감을 느끼기도 하고, 혼성 집단에서 다루기 어려울 수 있는 감정을 날 것 그대로 탐색하거나 섬세하게 살펴볼 수 있는 안식처가 만들어질 수 있다.

따라서 전체 집단을 성별 집단으로 나누는 것은 젠더 화해 작업 진행 중에 나타나는 자연스러운 과정이다. 하지만 젠더 화

해 작업의 전체 맥락에서 보자면 이러한 집단의 구분은 그 특성과 기능에 있어 기존의 여성 또는 남성 집단에서의 경험과는 상당히 다르다.

이유는 간단하다. 남성의 존재가 여성 집단의 역동에 상당한 수준의 영향을 미치며, 여성의 존재도 마찬가지다. 남녀가 각자의 집단으로 모여 상대의 말이 전혀 들리지 않는 공간에서 만날지라도 두 집단은 존재만으로도 서로 많은 영향을 준다.

이러한 현상이 만들어내는 차이의 예를 들면 전통적 여성 집단에서 여성들은 남편, 아들, 아버지, 연인 등과 같은 남성과의 관계에 대해 이야기한다. 그렇지만 실제로는 남성이 부재한 집단에서의 대화이기 때문에 남성과의 관계에서는 어떠한 역동적 변화도 생기지 않는다. 반면 젠더 화해 작업에서는 여성 집단이 별도의 모임을 가질 때에도 여성들은 남성들이 실제 있는 곳에서 상대 성을 경험하게 되며, 여성 집단 세션 후에 곧바로 남성들과 함께하는 전체 집단으로 돌아간다. 남성에 관한 여성들의 역동은 워크숍에 참가한 남성들과 함께 있는 바로 그 장소에서 재생산되고, 말보다 행동이 더 큰 목소리를 내는 경향이 생긴다. 물론 이와 동일한 상황이 워크숍 내 남성 사이에서도 발생한다. 따라서 양 집단에서 이성에 관한 뿌리 깊은 습관적 행동들이 자연스럽게 나타나며, 이 행동들을 동성 집단 내의 타인들이 더 잘 관찰하게 된다.

이러한 것들이 젠더 화해 작업 때마다 유용하게 작동하고, 그 유용함은 무수히 다양한 방식으로 드러난다. 때로는 경쟁적 역동이 표면화되기도 한다. 남성 집단에 여성 한 명이 등장하기만 해도, 특히 그 여성이 전통적 남성들의 기준으로 매력적이라면 새로운 역동이 즉각 작동한다. 전통적으로 남성들은 그 여성의 관심을 얻기 위해 경쟁하기 시작하며, 때로는 자신이 다른 남성들보다 돋보이고자 한다는 것도 의식하지 못한다. 젠더 화해 작업에서는 이러한 경쟁이 신체적 능력이나 우월한 지능을 뽐내는 전통적 마초성 경쟁과 다르게 전개될 수도 있다. 어떤 남성들은 자신이 여성들의 어려움을 가장 '민감'하게 느끼고 '연민'을 가지고 있으며, '영웅적' 변호인이라는 것을 보여주기 위해 경쟁하거나 계략을 꾸미기도 한다. 그것은 여성의 숭배와 존경을 얻기 위해서다.

과거에는 여성들만 있는 곳에 남성이 등장하면 유사한 역동이 여성 집단에서 종종 발생했다. 이러한 역동은 결과적으로 남성들의 성향에 영향을 받으며, 다양한 여성 동맹이 존재하는 곳에서는 그 동맹의 영향을 받기도 한다. 여성들은 자신들의 지위를 확인하고 향상하기 위해 남성들과 동맹을 맺도록 사회화되었다. 일반적으로 남성과의 동맹에 능숙한 여성일수록 사회에서 성공할 수 있는 가능성이 더 크다. 혼성 집단에서 어떤 여성들은 집단 내 다른 여성들을 희생시키며 남성과의 동맹을 결성한다. 이것은 또 다른 형태의 경쟁이다. 이후에 다시 여성 집단으로 모여 여성 사이의 충성심을 요구 받거나 기대하게 될 때 새로운 긴장이 생길 수 있다. 어떤 여성이 자매애적 충성에 어느 정도의 가치를 두고 있는지, 그리고 어떤 여성이 남성과의 확고한 동맹을 위해 자매애적 충성을 쉽게 저버리는지 금새 명확해지기도 한다. 그리고 진정한 동맹은 모든 사람이 볼 수 있을 정도로 확연히 드러나게 된다.

요약하면 젠더 화해 작업에서는 복합적 전개가 펼쳐지며, 이러한 복합적 전개 속에서 동일 젠더와 다른 젠더의 영역에 얽힌 상호 작용과 조건화가 드러난다. 둘 또는 그 이상의 젠더 집단이나 그 사이에서 진행되는 작업에서는 풍부하고 눈에 띄는 역동이 훨씬 빨리 표면화되기도 한다. 참가자들의 습관적 행동은 자신도 모르게 다양한 수위로 드러나며, 표출된 행동은 통찰과 학습의 소중한 기회가 된다. 여기에서 기억해야 할 중요한 것은 남녀 사이의 뿌리 깊은 행동과 습관적 상호 작용은 사회적, 문화적으로 학습된 것이며, 해로운 행동 습관을 바꾸기 위한 유일한 출발점은 습관적으로 해당 행동을 한 바로 그 시간, 그 장소에서 그 행동을 단호하고 명확하게 바라보는 것이다. 이 지점이 젠더 치유 작업의 힘과 역량이 자주 드러나는 지점이다.

이어서 동성 집단에서 발생한 두 가지 구체적 사례를 살펴볼 것이다. 남성과 여성 집단 각각에서 일어난 예다. 이 사례들은 각각 다른 워크숍의 사례며, 각각의 사례 모두 동성 집단에서 시작된 과정이 전체 워크숍의 전개와 결과에 중요한 영향을 미쳤다.

남성 집단

첫 번째 사례는 넓은 목장 주택에서 열린 워크숍(허트 피닉스와 제프리 와이즈버그가 주최하고 해리엇 로즈 메이스와 윌리엄 키핀이 공동 퍼실리테이터로 진행함)에서 있었던 일이다. 워크숍 장소나 분위기가 자연스러웠고, 참가자들은 함께 사는 사람들과 있는 듯한 편안함과 친밀함을 느꼈다. 식사 후에는 참가자들이 직접 설거지하고, 부엌과 집안 청소를 도왔다.

이틀간 피정 기간에 여성과 남성 집단의 점심식사 시간에 시차를 두어 다른 젠더 집단과 마주치지 않고 동성 젠더 집단에서만 종일 보내도록 했다. 사건이 발생한 날은 남성들이 여성 다음에 점심식사를 한 후 공동체에 대한 봉사로 설거지와 부엌 청소를 하기로 했다.

남성들이 청소를 마친 후 남성 중 한 명인 샘이 '농담으로' 남자가 부엌을 청소했으니 이제 여자와의 섹스를 기대한다는 메모를 여성들에게 남기고 싶어 했다. 다른 남성 두 명이 샘의 제안에 큰 소리로 웃으면서 신나 했다. 하지만 그 농담조의 제안에 다른 일부 남성들이 곧바로 불편함을 드러냈다. 이들은 특히 젠더 치유 워크숍에서 여성들이 이런 메모를 보고 불쾌해할 것을 염려했다. 샘은 단지 농담일 뿐이고, 오히려 젠더 워크숍이기 때문에 여성들도 당연히 농담으로 받아들일 것이라고 항변하면서 자신의 아이디어를 실행하려고 했다.

그러자 남성 집단의 균열이 순식간에 위기 상황으로 치달았다. 샘과 그를 지지하는 두 명이 한편이 되고, 다른 남성들이 또 다른 한편이 되는 양극화가 진행되었다. 샘의 반대편 남성들의 입장은 사람마다 조금씩 달랐다. 샘은 타협안으로 자신의 편 세 명 이름만 적어 메모를 남기고, 그 메모가 모든 남성의 의사가 아님을 명확히 하자고 제안했다. 하지만 몇몇 남성이 반대했다. 반대하는 남성들은 그 메모가 워크숍 전 과정에 계속 영향을 끼칠 것이며, 여성들이 메모를 본다면 그 메모를 배신 행위로 여길 것이고, 많은 여성이 남성과의 관계에서 숱하게 경험한 전형의 반복이라고 생각했다. 또한 남성들이 모두 메모에 서명하지 않는다고 하여도 하나의 집단으로 있는 남성 모두 더럽혀지는 것이라고 주장했다. 이것은 성별과 관련된 아주 오래된 역동의 재연이다.

퍼실리테이터들에게는 이 이슈를 드러내놓고 다뤄야 한다는 점이 분명해졌다. 그리고 그렇게 하는 것이 그 순간의 남성 집단의 작업 순서가 되었다. 이 이슈가 기존의 어젠다보다 먼저 다뤄져야 했다. 그래서 우리는 이 이슈를 다루기 위해 남성 집단을 다시 소집했다. 샘이 화가 난 것이 눈에 보였다. 그는 그저 메모를 남기고 원래 예정된 기존의 주제를 다루는 다음 세션으로 넘어가길 원했다. 반대편 남성들도 마찬가지로 짜증을 냈고, 그중 몇몇은 소수 남성의 어리석은 이슈를 다루기 위해 남성 집단의 오후 프로그램 전체가 위험에 빠졌다고 생각해 큰 소리로 불만을 표출했다. 이 이슈를 다루는 것에 대한 남성들의 반감은 만장일치에 가까웠지만 우리는 이 이슈를 다루기 위해 남성 집단을 소집했다.

간단한 회의 절차가 시작되었을 때 방 안은 긴장감이 높아졌다. 몇몇 남성은 여성들이 이 메모를 발견하면 어떻게 반응할지 심각하게 걱정하기 시작했다. 한편 샘과 샘의 편은 여성들이 메모를 농담으로 받아들일 것이라는 주장을 계속했다. 그러다 어느 순간 샘이 "여성들이 그걸 못 받아들인다면 못 배워서 그래요!"라고 소리쳤다.

이 말에 남성 두 명이 분노했고, 그들은 "여성들이 정확히 무엇을 못 배웠죠?"라고 물었다.

샘은 "섹스요!"라고 소리쳤다.

반대편 남성들이 계속해서 물었다. "그럼 당신의 메모가 여성들에게 섹스에 관해 무엇을 가르친다는 겁니까?"

이러한 열띤 언쟁과 그에 따른 긴장이 고조되는 것을 보면서
우리는 남성들이 이 갈등을 더 깊이 파고들어 가서 직접 행동
해보자는 아이디어를 냈다. 우리는 몇몇 남성이 메모에 대한
여성들의 다양한 반응을 상상으로 연기해보는 일종의 역할극
을 제안했다. 샘과 샘의 지지자들이 자신의 주장을 뒷받침하
면서 그 메모의 정당성을 주장하면 여성들의 반응을 걱정하는
편의 남성들이 여성들의 역할을 하는 것이다.

남성들은 여성들이 메모를 발견한 후 발생할 것 같은 갈등 상
황을 상상해 설정했다. 샘과 두 지지자는 자신들을 연기했고
다른 남성 6명은 여성 참가자들을 연기했다. 집단의 나머지
사람은 관객이 되었다. 어린 10대 소녀를 연기한 14세 소년을
포함해 후자 6명은 각각 자신이 정확히 표현할 수 있다고 생
각한 집단의 특정 여성 역할을 선택했다. (이 워크숍은 10대
와 성인을 포함한 세대 간 작업이었다). 14세 소년은 특히 다
정하고 순수해 보인 9학년 소녀의 모습을 능숙하게 표현했다.
그는 자신이 10대 소녀 역할을 선택한 이유를 자신이 느끼기
에 그러한 종류의 메모는 학교 또래들로부터 항상 듣게 되는
무례한 말과 같은 종류고, 이 워크숍에서는 그러한 종류의 무
례하고 미숙한 남성적 분위기를 경험하지 않아도 되는 곳이라
고 생각했기 때문에 그러한 메모에 소녀들은 몹시 상처 받을

것 같았고, 그래서 그러한 소녀 중 한 명을 선택한 것이라고 했다. 다른 남성은 격분한 페미니스트 활동가를 연기했다. 그는 "나는 몹시 화났어요!"라고 소리치며 역할에 몰입했다. 또 다른 남성은 신중한 인물인 나이 든 퍼실리테이터를 연기했다. 어떤 관점에서는 농담으로 이해할 수도 있지만 그러한 농담이 잠재적으로는 해롭다는 것을 알고 있다고 말했다. 그는 그녀가 모든 대립되는 의견들을 조화롭게 조정하기 위해 노력한다고 생각했다. 남성 3~4명은 "다시는 그런 짓 하지마! 우리는 새롭고 지금까지와는 다른 형태의 젠더 치유 작업을 위해 이곳에 온 것이고, 진지한 젠더 치유 없이는 동일한 학대와 가부장제를 또다시 우리 눈으로 보게 되는 것이 정말 싫어!"라고 말하는 화난 여성들을 연기했다.

즉흥 역할극이 진행될수록 퍼실리테이터들은 대립하는 양편을 지원하면서 모든 생각과 감정이 충분히 표현되도록 북돋았다. 샘과 샘의 편은 단호하게 자신들의 역할을 연기했으며, 메모는 '무해하며 악의 없는 장난일 뿐'이라고 주장했다. 반면 반대편은 메모 때문에 얼마나 불쾌감을 느꼈는지 말하며 맞섰다. 양측이 격렬하게 주장하면서 상황은 가열되었다. 샘은 여성들이 메모의 재미를 모른다면 여성들은 성적 문제에 관해 "너그러워져야 할" 필요가 있다고 주장했다. 이 말은 남성들이 연기한 많은 '여성'을 분노하게 만들었고, 그들은 샘에게 말의 철회와 사과를 요구했으며, 남성들이 여성들에게 가한 수세기에 걸친 성폭행, 강간 등의 학대들에 대해 이야기했다.

논쟁이 진행될수록 '여성들'의 반응은 다채로운 색상의 조각보 같았다. 많은 이의 목소리에 분노가 담겼고, 그중 두 명은 이러한 가부장적 학대를 응징할 것을 요구했다. 어떤 사람은 샘의 메모가 재미있었다고 했지만 여성들이 어떻게 느낄지에 대해서는 걱정했다. 일부는 젠더 화해 작업에서 희망이 완전히 사라진 것 같다고 말하기도 했다. 그 이유는 이 사건이 남성들이 여성들에게 항상 행하던 행동의 반복이었기 때문이다. 신중하고 지혜로운 나이 든 여성은 갈등의 모든 면을 살피면서 공동체 안에서 조화롭게 해결하고 회복하고자 노력했다.

시간이 흐르자 샘의 지지자들은 자신들의 주장을 서서히 누그러트리기 시작했고, 적어도 어떤 여성들은 메모를 보면 강하게 반응할 수도 있고, 자연스럽게 배반 당한 감정을 느낀다는 것을 깨달았다. 샘의 편 중 한 명은 이러한 위험을 무릅쓸 가치가 없다고 판단한 후 즉흥 역할극이 절반쯤 진행되었을 때 진영을 바꾸었다. 즉흥 역할극이 마무리될 무렵 샘의 또 다른 지지자가 선택을 바꾸었고, 샘 혼자 자신의 주장을 이어가게 되었다. 결과적으로는 샘도 메모를 남기는 것은 좋은 생각이 아니며 그것이 본인의 '무해한' 의도와 상관없이 '유해한' 위기를 불러올 위험성을 가지고 있다는 생각에 이르렀다. 마침내 샘은 자신의 제안을 완전히 철회했을 뿐 아니라 그 과정에서 자신이 미처 생각하지 못했던 것을 깊게 배우게 된 것에 대해 고마움을 표현했다.

남성들이 이 경험에 대해 피드백을 나눌 때 상호 과정을 통해 감사의 감정과 근본적 배움이 생겨났다고 하면서 자신의 역할에 몰입해 여성들의 관점에서 상황을 바라보기 시작하자 진정으로 공감할 수 있게 되었다고 했다. 많은 남성은 자신들이 역할을 한 여성과 자신을 그토록 강하게 동일시했다는 것과 정의로움에 대한 열망이 자신들을 고무시키고 힘을 준다는 것에 놀라워했다. 결국 모든 남성은 잠재적 위험을 남성 집단 안에서 다룬 것과 여성들에 대한 깊은 통찰과 연민을 얻는 것으로 이 과정을 마무리했다는 것에 성취감과 감사함을 느꼈다.

그날 저녁 혼성 집단으로 돌아왔을 때 남성들은 밝게 빛났고, 남성 사이의 감정은 워크숍이 끝날 때까지 지속되었다. 여성들도 남성들의 긍정 에너지를 느낄 수 있었다. 남성 집단에 강하게 흐르는 온화함과 애정, 주의력과 존재감이 어디서 비롯되었는지 알고 싶어 했다. 그러나 남성들은 이미 비밀 유지를 약속했다. 그것은 샘과 샘의 지지자들을 보호하기 위한 것이기도 하면서 동시에 남성 그룹과 워크숍 그 자체의 진실성을 유지하기 위한 것이었다.

마지막 날 아침에 샘은 무슨 일이 있었는지 밝히기로 했고, 샘의 고백 덕분에 나머지 남성도 공유할 수 있는 여지가 생겼다. 여성들은 남성들의 이야기에 깊은 감동을 받았다. 남성 집단에서 비롯된 긍정 에너지가 전체 집단으로 확산되는 것을 쉽게 느낄 수 있을 정도였고, 여성들은 워크숍 내내 이 에너지로 긍정적 영향을 받았다. 워크숍이 끝날 무렵 여성들이 감사함을 표현했다. 여성들은 남성들이 상황을 다룬 방식과 그들이 여성들의 어려움을 정서적으로 공감하며 여성들과 동일시했다는 것에 깊은 감명을 받았다. 남성들의 진지한 작업이 워크숍 전체에 큰 공헌을 했으며, 불쾌한 성차별의 전형적 재연일 수 있었던 사건을 높은 수준의 감성, 돌봄, 집단적 친밀함으로, 집단 전체에 영감을 불어넣는 강력한 치유의 워크숍으로 변화시켰다.

다음 사례로 넘어가기 전에 남성 집단에서 발생한 일에 대해 성찰해볼 필요가 있다. 대부분의 남성 집단과 마찬가지로 이 사례의 남성들도 혼성 공동체에 대해 책임감을 느끼지 않았다. 그래서 샘의 메모 제안 농담을 깊은 차원으로 다루기가 어려웠을 것이다. 일반적으로 남성 사이에서 노골적이고 무의식적인 성적 농담이 행해질 때 재미있다고 느끼는 이들은 크게 웃는 반면, 불쾌한 이들은 웃는 척하거나 침묵하고 또는 그곳에서 벗어나고 싶어 하며 숨죽여 혼잣말을 한다. 이러한 반응을 넘어서는 어떠한 대화나 진지한 접근들이 거의 발생하지 않기 때문에 오래된 습관들이 아무런 반성 없이 고착된다. 젠더 화해의 맥락이 존재하지 않았다면 이와 같은 반응이 워크숍 내 남성 집단에서도 발생했을 것이다. 사실 샘과 그의 반대편은 이 이슈를 진지하게 다루고 싶어 하지 않았고, 아마도 양측 모두 피할 수만 있었다면 회피했을 것이다. 하지만 여성들에 대한 책임과 여성들과의 통합을 원했기 때문에 위와 같은 작업을 하게 되었고, 이는 이후 과정에서 예측하지 못한 힘을 만들어내고 연금술의 황금을 발견하는 것으로 이어졌다.

여성 집단

"거의 죽을 뻔했어요!" 캐롤린이 더듬거리며 이야기했다. "그것을 잊을 수가 없어요. 제가 유일한 사람이 아니라는 것을 알고 있거든요. 극단적으로 들리겠지만 사람들이 알아야 해요. 저는 거의 죽을 뻔했고, 만약 그것이 포르노와 관련된 것이 아니었다면 내가 한 행동들에 대해 그렇게까지 화가 나지는 않았을 거예요."

캐롤린은 포르노의 영향(제6장에서 자세히 설명함)을 다룬 집단 세션 후에 자신의 포르노그래피 경험을 공유하기 시작했다. 예리한 통찰력을 가진 활기찬 40대의 전문직 여성인 캐롤린은 과거 어떤 집단에서도 이 내용을 공유한 적이 없고, 누구에게도 이것에 대해서는 말한 적이 없다.

"나는 갑옷으로 이것을 감추고 있었어요. 내가 나를 위해 갑옷을 벗어버릴 수 있는 곳은 젠더 화해 워크숍 이외에는 없을 것 같아요. 포르노는 우리가 가벼운 농담거리로 삼을 수 있는 사소한 것이 아닙니다. 그것은 정말 거대하고, 많은 사람의 삶에 부정적 영향을 엄청나게 많이 끼치고 있어요. "우리가 포르노에 관해 우리 머릿속에 있는 것들을, 우리가 원하는 모든 것을 여기에서 말할 수도 있어요. 하지만 핵심은 사람들이 포르노 때문에 죽어간다는 거예요." 극단적으로 들린다는 것도 알지만 이것이 내 경험인 것도 사실입니다."

캐롤린은 포르노그래피 관련 세션 후 포르노 관련 용어를 어떻게 알게 되었는지 말하는 몇몇 여성의 이야기를 들었다. "그 사람들은 포르노를 교육용으로 사용한다고 말했어요. 그들은 포르노가 인간적 수준에서는 우리에게 어떠한 충격도 주지 않는 하나의 기관, 하나의 큰 교육 기관인 것처럼 이야기했어요. 나는 그 이야기를 들을 때 떨렸어요. 말 그대로 정말 덜덜 떨고 있었어요. 난 내가 이것에 대해 말해야 한다고 생각해요. 내가 살아 있다는 것은 행운이기 때문입니다. 그런데 과거에는 살아 있는 것이 아니었어요. 포르노는 우리 사회가 절대적으로 수용해버린 오랫동안 천천히 진행되는 자살의 과정이었어요."

그녀는 잠시 멈췄다가 이야기를 이어갔다. "만약 남자들이 포르노에 대해 이야기한다면 나는 내가 어딘가로 도망칠 수도 있고, 어딘가에서는 지지를 받을 수도 있다고 느꼈을 거예요. 하지만 포르노를 지지하는 여성들을 만나면 그때는 정말 두 배로 당황스러워요. 이것에 대해 어떻게 생각해야 하는지 혼란스럽지만 여성들이 포르노를 옹호하는 이야기를 들을 때면 사람들이 포르노의 유해성에 대해 정말 잘 알아야 한다는 것을 깨닫게 됩니다."

그렇게 캐롤린은 깊은 숨을 쉬고 이야기를 이어갔다. 그녀는 20대 초반에 젊은 미국 공군 장교와 결혼해 그가 전투기 조종사 훈련을 받고 있던 미국 남부의 한 공군 기지로 이주했다. 그녀가 남편을 만난 것은 스텔스 폭격기를 시험하는 군사기밀 장소에서 민간 기업이 운영하는 휴양 시설에서 일할 때였다. "나는 조종사들이 어떤 사람들인지 알고 있었어요. 바텐더였기 때문에 상황을 알 수 있었지요. 그곳에는 정말 포르노가 넘쳐났어요. 사람들이 바에 와서 포르노를 봤지만 별로 영향을 받지는 않았어요. 내 남편도 그런 종류의 남자로 보이지 않았어요. 그 사람은 다정하고 재미있는 사람이었고 우리는 장난도 많이 쳤습니다. 우리가 함께 있는 것을 본 사람들은 "두 분 잘 어울려요."라고 말했어요. 그 사람은 내 베스트 프렌드였어요."

"그래서 그가 집에 포르노를 처음 가지고 왔을 때 나는 '잠깐,

이게 뭔가요? 이게 뭐냐고요?'라고 물었어요. 그러고는 그가 이해하길 기대했습니다." 당시 캐롤린과 그녀의 남편은 젊은 신혼 부부였고 기지에서 살기 시작한 지 겨우 한 달째였다. "갑자기 폭탄을 맞은 것처럼 쾅! 남편이 포르노를 집으로 모두 가져 왔고 충격을 받았어요. 나는 정말 "이것들을 집안에 들여 놓지 말아요. 미안해요. 이건 안 돼요."라고 단호하게 말했습니다. 나는 정말 강한 태도를 보였고, 나를 사랑한다면, 훌륭한 남편이라면 "그래, 알겠어."라고 말하고, 자신의 잘못을 깨달을 거라고 생각했습니다. 하지만 정반대의 상황이 벌어졌어요. 남편은 바닥에 있던 러그를 집어 던졌는데 지금도 그 순간이 하나하나 생생해요. 내가 입었던 옷, 내가 서 있던 곳, 모든 것을 정확히 말할 수 있어요. 그 순간이 바로 내가 가치가 없다는 것, 내가 중요하지 않다는 것을 깨달은 순간이기 때문입니다. 그 사람에게는 나보다 포르노가 훨씬 더 중요했어요."

사실 캐롤린의 남편은 자신의 아내나 자신의 결혼 생활보다 포르노를 통한 재미가 더 중요했다. 이것은 당시에 훈련 중인 모든 조종사가 체계적으로 체화하는 행동의 일부였다. "그 사람은 우리 집에 포르노가 필요한 이유는 자신이 조종사 훈련 중에 있고, 탑 클래스를 유지하고 싶기 때문이라고 설명했습니다. 자신의 클래스를 유지하기 위해 모든 남자는 매주 자신이 찾을 수 있는 가장 역겨운 사진을 오려 그것을 1달러 지폐

위에 코팅해 제출했습니다. 가장 역겨운 사진이나 가장 자극적인 사진을 제출한 사람이 추가 비행 시간을 획득했고, 당연히 추가 비행 시간을 가진다면 더 빨리 우수한 조종사가 되는 것입니다." 매주 젊은 견습 조종사들이 코팅해 제출한 포르노 지폐는 그들의 선배, 고위 장교들에게 전달되고, 그들의 판정 결과에 따라 추가 비행 훈련 시간이 정식으로 부여되었다. 캐롤린의 남편은 때로는 추가 비행 시간을 얻기도 했지만 그 대가로 포르노에 대한 집착이 커졌다. "그 사람은 항상 잡지들을 열심히 살펴봤어요. 맘에 드는 사진을 찾을 때까지 몇 번씩 잡지들을 봤습니다. 그래서 집 어디에나 잡지들이 있었어요. 『플레이보이』, 『펜트하우스』, 『허슬러』뿐 아니라 유명하지 않은 잡지들도 있었어요. 남편은 이것들을 구입하기 위해 더 다양한 종류의 잡지가 있는 기지 밖 옆 마을로 차를 몰고 갔습니다."

모든 견습 조종사는 1주일에 두 번 정도 캐롤린의 집에 모여 잡지들을 조사했고, 자신만의 달러 지폐를 코팅했다. "남편이 잡지에 둘러싸여 친구들과 함께 앉아 '오, 이것 좀 봐! 아, 이것 좀 봐!'라고 말하는 것을 듣는 것이 힘들었습니다. 내가 당시 생각할 수 있는 전부는 '남편이 잡지 속 여성들을 보듯 내게 관심을 갖고 바라보게 하려면 내가 무엇을 해야 할까?'였습니다. 그 생각에 많은 시간을 쏟았습니다."

캐롤린은 다른 아내들을 포함해 "모든 이가 그것을 재미있는 것으로 생각했다."고 회상했다. 캐롤린이 다른 여자들과 자신의 불편함에 대해 논의하려고 하면 그녀들은 "진정해요. 캐롤린. 별일 아니에요."라고 이야기했다. 여성들의 의견은 일치했다. 캐롤린이 지속적으로 불편함을 표현하자 일부 여성은 그녀와 절교했다. 어느 날 밤에 남자들이 자신만의 지폐를 만들기 위해 모였을 때 아내들이 다량의 『플레이걸』 잡지를 가지고 캐롤린의 집으로 와서 캐롤린에게 "당신이 기운을 차리도록 도우려고 왔어요. 우리는 여기에서 우리만의 달러 지폐를 만들 거예요."라고 말했다.

"생각해보면 여자들이 내게 와서 기운이 나도록 해주겠다며 별일이 아니라고 말하는 것을 듣는 것이 가장 힘든 일이었어요." 시간이 흐르면서 캐롤린은 분명한 경고를 받았다. 보조를 맞추는 팀 플레이어가 되라는 것이었다. "동료의 압력이 너무 커서 비록 남편이 포르노 잡지 탐색이 내게 해롭다는 것을 깨닫고 참여하지 않으려 했다 해도 남편의 클래스가 바닥으로 떨어졌을 것이고, 그러면 남편의 공군 커리어 생활 전체에 영향을 끼쳤을 거예요. 그건 분명해요. 동료들은 남편을 찾아와 나에 관해 그를 질책했습니다. 그에게 보내는 메시지는 매우 분명했습니다.", "선을 지켜야 해. 너는 우리 탑 클래스 중 한 명이고, 우리는 네가 우리 중 한 명이길 바란다. 심지어 너는 조기에 대령으로 승진할 수도 있어. 하지만 네 아내를 통제할 수 있어야 해."

캐롤린의 남편은 자신의 입장을 확실히 했다. "그는 그냥 내입을 막았습니다. 사납게 한 것도 아니고, 우리는 싸우지도 않았습니다. 그 사람은 그냥 집안의 모든 곳에 잡지들을 두고 '당신이 견뎌야 해. 당신이 극복해야 한다고. 이건 내가 해야 할 일이야.' 라고 말했습니다. 그래서 난 아무 말도 못했어요. 하지만 힘들었습니다. 우리는 결혼 전에는 함께 어울리고 일을 하는 친구였지만 결혼 후에는 이제 함께 외출할 수 없었어요. 아내들의 외출은 권장되는 것이 아니었기 때문입니다. 우리가 친구였을 때는 외출할 수 있었지만 이후 모든 것이 변했고 갑자기 나는 소외되었습니다. 이것이 그가 원하는 방식은 아니었지만 예상된 것이었습니다. 그는 잘하고 싶어 했고, 최고가 되길 원했습니다."

캐롤린은 포르노에 반대한다는 이유뿐 아니라 남편의 상관인 대령이 수영장에서 수영복 입은 캐롤린을 넋 놓고 바라보며 시간을 허비한다는 것을 대령의 부인이 알았을 때에도 비난을 받았다. 캐롤린은 그곳 수영장의 인명구조원으로 일했다. 이러한 일은 장교의 아내로서는 '부적절한' 것으로 여겨졌다. 그래서 그녀의 남편은 캐롤린이 일을 그만두게 하라는 내부의 압력을 받았고, 그 압력은 캐롤린에게 그대로 전해졌다. 캐롤린이 말했다. "나는 내가 '잘못'하고 있는 것처럼 여겨지는 일이 너무 많아 혼란스러웠습니다. 하지만 제 입장에서는 올바른 일이었습니다. 포르노가 곧 추가 비행 시간 획득을 의미하고, 그것이 우리의 모든 시간을 쏟는 대상이 된 것은 잘못된 것이기 때문입니다."

캐롤린은 불안정해졌다. "그를 잃는 것, 내가 충분히 착하지 않고 충분히 예쁘지 않은 것, 그에게 줄 것이 아무것도 없다는 것이 너무 두려웠습니다. 남편이 특수 임무나 임시 임무를 수행할 때 여자들을 꼬시고 스트립 클럽에서 시간을 보낸다는 것을 알고 있었습니다. 그것이 그들의 일상적 행동입니다." 그리고 어느 날 그녀는 우연히 그의 가방에서 이를 확인해주는 사진들을 발견했다.

캐롤린은 남편의 사랑을 지키기 위해 자신에게 부족한 것들을 포르노 모델들이 가지고 있다고 믿게 되면서 포르노 모델들에게 빠져들었다. "나는 내 몸매가 그 정도로 완벽하다면 남편을 잃지는 않을 것이고, 그러면 괜찮은 거라고 생각했습니다." 그녀는 에어로빅을 가르치는 일을 구해 하루에 5회씩 수업을 진행했다. "틈틈이 자전거를 타거나 달렸습니다. 종일 운동하며 보내기 시작했습니다. 내 입으로 들어가는 모든 것의 칼로리와 지방량을 계산하고, 먹은 것을 상쇄하기 위해 운동을 얼마나 해야 하는지 알고 있었습니다. 처음에는 식사했지만 곧 먹지 않았고, 하루에 4리터의 다이어트 닥터 페퍼를 먹기 시작했습니다. 그것이 내 몸에 넣는 전부였습니다. '문제점을 찾기 위해' 계속 거울을 바라보고, 내 자신과 사진들을 비교하며, 나 자신을 분석했고, 내 자신을 진실하게 바라보지 않았습니다. 오직 몸의 부분만을 바라보았습니다."

이러한 패턴은 이후 몇 달간 지속적으로 발전했다. "나는 잡지를 가져와서 내 자신과 비교하면서 스스로 다양한 포즈를 취해보고, 잡지 속에 있는 매력이 무엇인지 찾으려 하고, 내 자신에게 여전히 매력이 있는지를 확인하고자 했던 기억이 납니다. 적어도 하루에 네다섯 번은 그렇게 했습니다. 남편이 출근하고 없는 낮과 그가 여행 중인 주말마다 매일매일 그렇게 했습니다. 그러고는 체중계에 올라가 몸무게가 얼마인지와 얼마나 더 살을 빼야 하는지를 살펴봤습니다."

그즈음 카페인을 너무 많이 마셔 캐롤린은 이제 몸의 감각을 느낄 수 없었다. "아무것도 느낄 수 없었어요. 어느 날 밤에는 어떻게든 몸무게가 제로가 되어 다시 시작할 수 있기를, 그렇게 된다면 몸을 재구성해서 완벽한 몸을 만들 수 있기를 기도했던 기억이 납니다. 이것이 내가 하고 있던 모든 일에 영향을 끼쳤습니다. 그것이 지금은 말도 안 되는 생각이라고 여기지만 당시는 몸무게가 제로가 될 수 있다면 더 없이 좋을 것 같았습니다."

신장 175센티미터에 체중이 44킬로그램까지 내려간 어느 날에 캐롤린에게 순간적 깨달음이 왔다. 그녀는 거울 속에서 자신의 진짜 모습을 보았다. "갈비뼈와 척추가 드러나 보였습니다. 눈을 한 번 감았다 뜨고 다시 바라보려 했지만 더는 볼 수 없었어요". 그 순간 갑자기 공황이 찾아와 어머니에게 전화해 자신을 데리러 와달라고 부탁했다. "나는 2분 후에 어머니에게 다시 전화를 걸어 그냥 농담이었고, 걱정하지 말라고 말했습니다." 다행스럽게도 캐롤린의 어머니는 뭔가 이상하다는 것을 깨달았고 멀리 있는 딸을 보기 위해 즉시 비행기표를 예약했다.

이틀 후 캐롤린과 어머니는 집으로 돌아왔다. "검진 시 체중은 42킬로그램이었습니다. 심장에는 이상음이 있었고, 신장 중 하나는 30퍼센트, 다른 하나는 70퍼센트만 작동했습니다. 결국 신장 하나는 잃었습니다. 그리고 온갖 종류의 질병이 진행되고 있었습니다. 의사는 몸의 기능이 저하되고 있고, 지속된다면 죽게 될 것이라고 말했습니다. 의사는 내가 몸을 돌보기 전까지는 계속해서 기능 저하가 진행될 것이라고 말했습니다. 그는 당신을 죽게 하는 것은 굶주림이 아니라 신체 시스템의 기능 정지라고 말했습니다. 나는 진단서에 적힌 그러한 내용을 확인하고 울기 시작했어요. '내가 내 자신에게 무슨 짓을 한 거야? 내 자신에게 무슨 짓을 하고 있는 거야?'라고 생각하게 되었습니다."

캐롤린은 처음으로 4개월간 병원에 입원했다. 간호사는 그녀가 든든한 식사를 자주 할 수 있도록 했고, 이것은 그녀에게는 정말 어려운 일이었다. 퇴원하기까지 4개월이 걸린 것도 이것 때문이었다. 캐롤린은 말했다. "병원에서 나와 친구와 쇼핑몰에 가는 실수를 했어요. 내 자신이 마치 걸어다니는 상처 덩어리 같았어요. 우리는 몰로 들어갔고, 몰이 어떤 곳인지 여러분도 알죠. 아름답고 성공적인 사람으로 보이기 위해 무엇이 필요한지 보여주는 수없이 많은 사진이 쇼핑몰 전체에 있었습니다. 감정을 조절할 수 없었어요. 도무지 조절할 수 없었습니다. 다시 화가 났고, 그곳의 모든 사진을 보며 '제기랄, 난 아름다워야 해! 나는 아름다울 권리가 있어. 나는 그렇게 보일 권리가 있다고. 나 자신을 추하게 만들려고 하는 사람들, 나 자신을 수용할 수 없게 만드는 이 사람들은 과연 누구일까?'라고 생각했습니다. 그리고 다시 거식증에 걸렸습니다. 심지어 지금도 이따금 일이 제대로 풀리지 않으면 여전히 반사적 반응이 나타납니다. 이것은 내가 내 인생에서 우연히 한 번 발생한 사건을 말하는 것이 아닙니다."

캐롤린은 한 달 보름 만에 병원에 다시 입원하게 되었다. 두 차례의 입원 기간에 그녀의 남편은 한 번도 찾아오지 않았다. 캐롤린은 자신의 결혼 생활이 끝났음을 알았다. 이혼 소송을 제기하고 독일로 여행을 떠났다. 그곳에서 4년간 살게 되었다. 독일은 여성의 몸을 부각하는 것이 미국보다 덜 했고, 그녀는 자신의 몸과 음식에 관해 더 확실하고 분명한 선택을 할 수 있게 되었다. 하지만 그녀가 지적한 것처럼 거식증은 뇌의 화학 작용을 변화시키기 때문에 거식증을 경험한 사람은 지속적이고 광범위한 심리적 증상들과 마주하게 된다. 그녀는 우리에게 "나는 운이 좋은 편이에요. 많은 거식증 여성은 성공하지 못해요. 거식증에서 벗어나지 못하고 결국에는 죽게 됩니다."라고 말했다.

캐롤린은 포르노그래피와 거식증에 관해 "이러한 종류의 정보를 외면하는 것보다는 직면하는 것이 상황을 변화시킬 수 있기 때문에 이야기를 했고, 내 이야기가 끝난 뒤에는 집단에 불편한 분위기가 생겼습니다."라고 말했다. "많은 것이 위기에 처했어요. 남편도 역시 많은 위기를 겪고 있었어요. 그도 그 위기를 현실적으로 바라봐야 했기 때문에 인간으로서의 자신을 재평가해야 했을 것이고, 그러한 것들이 그에게는 정말 버거웠을 거예요. 그는 이러한 맥락으로는 접근할 수 없었을 거예요. 어떤 지원도 받을 수 없었을 거고요. 그 사람이 속한 그 작은 집단에 많은 활동이 있고, 특히 고위 장교와 조종사들이 중심이 됩니다. 그들은 거의 어려움을 겪지 않습니다. 그들이 고위 엘리트 계층이 될수록 겪어야 하는 어려움도 적어지고, 그들에게 허락되는 일탈도 더 많을 것입니다."

캐롤린은 이야기를 이어갔다. "내가 테스트 실험장에서 일하고 있을 때 기지 사령관이 미혼 여성 한 명을 강간했습니다. 그러나 그녀가 정의를 위해 찾아갈 곳은 어디에도 없었습니다. 그녀가 헌병대로 가자 헌병들은 그녀에게 "우리가 무엇을 해주길 바라나요? 그는 기지 사령관입니다. 그 사람은 자신이 그렇게 해도 괜찮고, 무사히 빠져나갈 수 있다는 것을 알기 때문에 그렇게 한 겁니다. 그 사람은 서로 즐긴 거라고 생각할 거예요."라는 식으로 말했습니다. 그래서 그녀는 "남부의 경찰국으로 가겠어요."라고 말했다. 그러자 헌병은 그녀에게 "그렇게 하면 이곳 일급 비밀 기지로 올 때 맹세한 서약 위반이며, 즉시 감옥에 가게 될 것입니다."라고 말했습니다. 우리는 일급 비밀 기지에 있었습니다. 우리 모두 일급 비밀 인가증을 갖고 있었고, 법적으로 서약했습니다. 비밀 기지가 그곳에 있는 것을 결코 밝히지 않겠다는 동의도 그 서약의 일부였습니다. 그래서 그들이 그녀가 남부의 경찰국에 가면 감옥에 가게 될 것이라고 이야기한 것입니다. 그녀는 강간 당한 것에 관해 어떤 말도 할 수 없었고, 어떤 것도 할 수 없었습니다."

"내 남편은 괜찮은 남자였습니다. 언젠가 운전해서 워싱턴에 있는 한 캠프에 그를 내려준 적이 있습니다. 그곳은 군사 기밀을 누설하지 않고 적의 고문에 대처하는 방법을 장교들에게 훈련시키는 곳이었습니다. 특히 그가 그곳에서 겪은 일을 이야기할 때 힘들었습니다. 그 사람이 우는 것을 본 적은 없지만 그곳에 관해 이야기할 때 감정이 거칠어져 소리 지르는 모습을 여러 번 보았습니다. 나는 몹시 화가 났습니다. 그 캠프에서 사람들을 채용하고 훈련시키는 일을 하는 사람들에 관해 생각했던 것이 기억이 납니다. 내 세금으로 월급을 주는 그 사람들, 그들의 일은 누군가를 고문하고 정신을 다치게 하는 것입니다. 나는 너무 분했지만 할 수 있는 것은 아무것도 없었습니다. 그의 회복에 너무도 오랜 시간이 걸려 정말 가슴이 아팠습니다."

이 사연의 뒷이야기가 10년 뒤로 이어졌다. 몇 년간 연락이 단절됐던 캐롤린과 전 남편이 우여곡절 끝에 오랜만에 만나 점심식사를 함께하게 되었다. 이라크 전쟁이 벌어지기 몇 주 전인 2003년 초 겨울이었다. 캐롤린은 그와 마주했을 때 지난 몇 년 동안 그가 어떻게 변하고 성장했는지 궁금했다. 둘은 편하게 대화를 나누기 시작했다. 캐롤린은 전쟁이 임박한 상황에서 그가 전쟁에 대해 아무런 말도 하지 않는 것에 놀랐고, 그가 전쟁에 대해 어떻게 느끼고 있는지 궁금해졌다. 그녀는 마음속에서 가장 가까운 친구로 함께 웃던 옛 시절의 기억이 떠올라 잠시 망설였다. 순수한 영혼을 지닌 온화하고 아름다웠던 그의 젊은 시절 모습을 회상했다. 이후 목소리를 낮추고 조심스럽게 주제를 바꿔 현 정치 상황과 임박한 전쟁에 대해 어떻게 느끼는지 물었다. 그는 무심하게도 "나는 지금 벌어지고 있는 모든 일이 정말 기뻐."라고 답했다.

이 말에 충격을 받은 캐롤릴이 이유를 물었다.

"그건 내가 비행을 더 많이 하게 된다는 것이잖아." 그는 무미
건조하게 대답했다.

포르노 달러 지폐의 '승리'에서부터 인생 친구를 잃기까지, 이
어서 이혼에 이를 때까지 조국이 전쟁을 앞둔 상황에서도 상
황이 어떻든 비행만 더 많이 하게 된다면 그에게는 모두 좋은
것이었다. 더 많은 비행을 위해 더 많이 희생할 준비가 되었다
는 것을 제외하고 그는 조금도 변하지 않았다.

Chapter 5
은총의 치유, 화해의 연금술

증오는 증오를 멈출 수 없으며, 오직 사랑만이 증오를 멈출 수 있다. 이것
은 오랜 보편적 법칙이다. - 법구경

남성들은 힘겹게 시작하고 있었다. 처음 몇 분 동안 이들이 할
수 있었던 것은 자신들의 이야기를 조용히 듣고 있는 여성들
에 둘러싸여 원형으로 앉아 있는 것에 대한 절망감이나 분노
를 표현하는 것이 전부였다. 이 모임에 앞서 남성들의 비상 회
의가 소집되었다. 그 회의는 일부 남성이 '남성들의 진실 포럼'
에 대해 표현한 강한 저항감을 살피는 자리였다. 다양한 종류
의 비밀이 포함된 복잡한 역동이 있었고, 비밀 중 일부는 공동
체의 특정 개인과 관련된 것이었다. 남성 세 명이 남성 집단에
서 자신들이 공유한 비밀을 여성 목격자가 있는 낯선 상황에
서는 반드시 지켜달라고 부탁했다. 그래서 남성들에게는 비밀
을 지켜야 하는 신뢰가 필요해졌고, 불안정한 상호적 신뢰는
취약성을 만들어낸다. 더구나 남성들의 진실 포럼을 여성들보
다 먼저 한다는 것도 긴장을 더하는 요소였다. 대부분의 남성
에게는 여성들 없이 보낸 오후 내내 말했던 방식과 유사하게
말하는 것조차 상상할 수 없는 일이었다. 진실 포럼의 안내문
에는 여성 참가자들이 남성들 주변에 앉아 마치 없는 사람처
럼 조용히 남성 집단의 이야기를 경청해야 한다는 항목이 있

다. 남성들은 그러한 상황이 무척 부자연스러울 것이라고 확신했다. 진정성 있는 이야기는 나오지 않고 나온다 해도 전형적 이야기에 그칠 수도 있다. 남성들은 피상적 껍데기의 덫에 갇혔다고 느낄 수도 있다. 분명 이 젠더 화해 과정에서는 아무것도 하지 않는 것보다 불편하게 포럼에 계속 참여하는 것이 더 해롭다고 생각할 수도 있다.

그러나 남성 집단에서 토킹 스틱talking stick(아메리카 인디언의 대화 방식이다. 스틱을 든 사람만이 발언권을 가지고 발언이 끝나면 다음 사람이 토킹 스틱을 받아 발언한다.-역주)이 돌아가자 저항감이 덜했던 일부 남성이 진정성 있는 이야기를 공유하기 시작했다. 서로 낸 용기에 의지해 몇몇 남성이 섹스와 여성들에 대한 자신들의 일반적 태도에 대해 말하기 시작했다. 남성 집단에서 이전에 논의했던 주제들이 이어졌다. 성욕과 욕망에 대해 말하기 시작하자 남성들은 더 솔직해졌고, 여성의 신체와 육체적 아름다움에 관한 자신들의 편견을 인정했다. 그랬다. 남성들은 길을 지나거나 술집에서 본 예쁜 여자들과의 섹스를 상상했으며, 파티와 모임에서는 가장 '가지고 싶은' 여성에서부터 고를 수 있는 여자가 세상에 한 명뿐인 경우 받아들일 수 있는 여성 순으로 여자들의 순위를 매겼다. 그렇다. 남성들에게 중요한 것은 큰 가슴이나 탄력 있는 엉덩이를 상상하는 것이고, 거기에 우아한 코나 더 커다란 눈을 추가하는 것이다.

일부 남성은 자신들이 여성과의 만남을 습관적으로 성적 대상화하고, 은연중에 여성과의 모든 상호 작용의 가치를 여성에게 받는 성적 자극만을 기준으로 판단한다는 것을 인정했다. 법대 학생 찰스는 "매력은 합리적 선택의 문제가 아닙니다. 그건 생물학적 문제입니다. 남자들은 매력 있는 여자들에게 성적으로 반응하도록 고착되어 있어요."라고 소리쳤다. 그는 열정적으로 그리고 진지하게 결론을 내렸다. "그건 이론의 여지가 없는 삶의 팩트입니다." 다른 이들은 유사한 주제에 대해 설명하면서 자신들도 어쩔 수 없이 실제로 만난 여자들과 미디어 이미지들을 어떻게 비교하는지에 대해 이야기했다. 하지만 반드시 미디어를 비난할 필요는 없었다. 그들의 설명에 의하면 미디어는 남성들이 본능적으로 이미 아는 것을 단순하게 반영하는 것이기 때문이다. 완벽한 몸의 여성, 젊음과 아름다움은 남성들의 관심을 끌고 남성들의 욕망을 자극한다는 사실 말이다. 사려 깊은 한 남성이 억울해하며 이야기했다. "남자들이 여성들을 뒤쫓아가는 것이 남성의 성적 욕망이 당연하다는 것을 전제로 하는 것이라면 사실 이러한 '젠더 화해' 시도는 고상하게 들리기는 하지만 완벽한 시간 낭비일 것 입니다."

몇몇 남성은 동의하듯 머리를 끄덕였지만 다른 이들은 발언 기회를 기다리며 자신들의 마음을 바꾸기 시작했다. 원 밖에서 바라보는 여성들은 완벽하진 않았지만 침묵을 지키며 있었다. 여성들에게는 마음을 다해 진지하게 듣고, 남성들이 공유하는 모습을 조용히 지켜봐달라고 부탁했다. 진지한 경청이 남성들의 진실 포럼이 진행되는 동안 여성들에게 주어진 유일한 과제였으며, 여성들이 마음으로 들을수록 그 존재의 에너지가 남성들로 하여금 자신들의 마음 더 깊은 곳으로 갈 수 있도록 해주는 힘이 될 것이라고 조언했다. 그것은 쉬운 일은 아니었지만 방 안의 모든 여성이 깊은 감동을 받고, 정말 솔직하고 정직하게 남성의 이야기가 공유된 것에 대해 반가워했다. 남성들이 그처럼 솔직하게 말하는 것을 들어본 적이 없다고 했다. 다른 한편으로 많은 여성은 남성들이 공유하는 이야기를 듣는 것이 매우 힘들었고, 남성에 대해 자신들이 가진 끔찍한 이미지가 강화된다고 했다. 이후 한 여성은 젠더 분열은 너무 광범위하고, 진정한 화해는 가망 없는 망상이라고 생각했다고 했다.

하지만 이어서 진정성이 얼마나 힘있는 것이지 확인해주는 일이 일어났다. 집단 내 유일한 게이 남성인 존은 계속 침묵하다가 갑자기 말했다. "나는 게이로서 내 경험에 관해 말하고 싶습니다." 그는 마음을 가라앉히기 위해 잠시 멈췄고 자신이 험난한 바닷속으로 들어가고 있음을 확실하게 알아차렸다. 그는 신중히 말하기 시작했다. "나는 여러분이 여성과 관련해 말하는 것과 동일한 성욕이 넘치는 남성들에게 항상 평가를 받았습니다." 존은 남성 집단을 둘러보면서 이야기를 이어가기 위한 침묵의 동의를 구했고, 무의식적으로 성욕에 빠진 남성들에 관한 문제를 탐색하는 이야기를 이어갔다. 존이 설명했다. "게이 문화에서는 남자들의 성적 욕망 가능성을 '성욕 유발 지수Fuckability Quotient(상대의 육체적 아름다움에 대한 특징들을 요소로 삼아 성관계 상대로서의 바람직함을 평가하는 지수-역주)'로 알려진 원색적 용어를 사용해 측정합니다. 많은 게이 남성은 정말 단순한 만남에서조차 뒤쫓아갈 사람을 결정하기 위해 만나는 모든 남성의 성욕 유발 지수를 금새 평가합니다. 단순하고 진솔한 만남은 거의 없습니다. 만남의 거의 모든 뉘앙스는 계산된 유혹이거나 계산된 거절입니다."

존이 다른 사람들의 시선을 의식하지 않고 솔직하게 말을 이어갔다. "게다가 매우 구체적 요소들로 FQ를 결정합니다. 그중 어떤 것도 개인의 영혼이나 진정한 자아와는 관련이 없습니다. 훌륭한 외모, 훌륭한 옷차림, 탁월한 신체 비율, 얼마나 단단하고 근육질인지 또는 성적 눈빛에 어떤 화답을 보내는지에 따라 높은 평가를 받게 됩니다." 존의 설명에 따르면 FQ는 확연히 드러나는 신체 부위나 기타 사회적 지위와 성공의 상징들이 있으면 높아진다. "핵심은 구체적 '불문율'이 게이 문화의 다양한 영역에서 작동한다는 것입니다. 이 기준에 적합할수록 FQ는 높아지고, 더 많은 관심을 끌고, 따라서 연인을 선택할 가능성, 사회적 기회를 얻을 가능성, 심지어 전문적 기회를 가질 가능성이 더 커집니다."

존이 이야기할 때 몇몇 남성은 경직되었고, 일부 여성은 더 주의 깊게 듣기 위해 위해 앞쪽으로 당겨 앉았다. 존이 집단 내 이성애 남성들에게 이의를 제기하며 억제되지 않은 남성의 원초적인 성적 에너지의 천박함에 대한 경멸을 표현했을 때 방 안 모든 이의 관심은 이 외로운 남성에게 고정되었다. 존은 계속 이야기했다. "우리가 이성애자든 동성애자든 간에 성적 친밀함을 추구하는 것에 대해 이렇게 바보 같은 틀을 가지는 것은 전적으로 잘못된 것이고, 관련된 모든 당사자에게 모욕적 고통을 줍니다. 개인적으로 가장 바라는 것은 진정한 친밀함을 발견하는 것이며, 내가 확실하게 아는 것은 성관계에는 육체적 욕망의 작동과 체액의 기능적 배출을 초월하는 심오함이 있다는 것입니다."

존이 이야기할 때 방 안의 에너지는 변화하기 시작했다. 우리는 이 남성이 다른 사람들도 정말 많이 경험한 것에 이름을 붙여주고 있다는 사실에 감사하며, 방 안의 여성들이 "그렇지!"라고 소리치고 싶어 하는 것을 알 수 있었다. 그의 말을 통해 성적 대상화의 무례함이 드러났다. 대상화가 진행되는 구체적 내용들도 드러났다. 이러한 경험을 게이 남성이 말했다는 것이 큰 영향을 주었다. 그가 게이라는 것이 독특한 방식으로 공간을 열어주었다. 존의 태도와 솔직한 고백 속에는 무엇인가가 있었다. 한 남성은 여기에서 "나는 착취적 남성 섹슈얼리티가 해롭다는 것을, 진정한 친밀함의 참된 목적과 약속을 우스꽝스럽게 만든다는 것을 경험을 통해 알게 되었습니다."라고 말했다.

존의 도전은 다른 남성들이 깊은 차원에서 정직하게, 그리고 비판적으로 각자 자신을 성찰할 수 있는 공간을 열어주었다. 일부 남성은 이런 종류의 행동에 있어 자신들도 공모자임을 인정했다. 그리고 일부 남성은 '남자는 원래 다 그렇기 때문에 아무것도 할 수 없다.'는 식의 합리화와 싸워온 방식들까지 고찰하고 탐색하기 시작했다. 일부 남성은 남성의 섹슈얼리티를 앞에서 설명한 노골적 방식들로 생각하도록 어떻게 조건화되었는지를 이야기했다. 다른 사람들은 '남자가 되는 것'이 무엇인지 배우는 소년기 의식인 학교 탈의실에서 벌어지는 비공식적 신고식에 대해 이야기했다.

진실 포럼 시간 대부분에 침묵하던 키가 작은 편인 제리가 갑자기 마음을 열고 자신의 통찰을 꺼냈다. 그는 과거 몇 년간 '신화 창조적' 남성 운동에서 많은 활동을 했고, 그 운동에서 많은 도움을 받았다고 설명했다. 하지만 그는 섹슈얼리티를 포함해 남성 운동에서 적절히 다뤄지지 않은 남성 경험의 양상들이 존재한다고 말했다. 제리는 청소년기 소년들이 학교에서 돌려보는 포르노 사진들의 영향들에 대해 말했다.

"남자 청소년들이 포르노 사진이나 잡지를 보면서 자위 행위를 하는 것은 성에 관해 잘못된 각인을 심어줍니다. 청소년의 순수한 정신에 파괴적 인격이 형성되는 순간이 그러한 순간입니다. 그 결과 어린 소년들은 섹스가 어떤 느낌인지, 여성을 어떻게 바라봐야 하는지, 여성에게 어떻게 행동해야 하는지 등 모든 것을 알고 있다고 착각하게 됩니다. 실제로 구체적 단서는 하나도 없으면서 말입니다. 그리고 이러한 모든 욕망 에너지와 기대가 쌓여서 실제로 소녀나 여성과의 첫 경험을 위해 여성을 만나고 싶어 합니다. 젊은 남성은 첫사랑에 빠질 때조차 포르노에 완전히 조건화된 상태입니다. 자신이 잘못된 생각을 가졌다는 것도 깨닫지 못하고 첫사랑에 빠집니다. 이것은 청년으로서 첫 성경험을 하기 훨씬 전에 순결과 순수에 대한 일종의 오염이자 능욕을 경험하는 것입니다. 물론 이러한 것들은 걸음마 때부터 보게 된 미디어와 TV를 통해, 그리고 학교 생활 과정에서 지속적으로 강화됩니다. 외부의 영향을 쉽게 받는 젊은 남성에게는 진지하게 배울 기회가 없습니다. 성과 관련해 아동기에 시작되는 은밀한 마음속에는 강한 독성이 존재하며, 이는 청소년기에 상당히 강화됩니다. 그리고 많은 남성의 경우 마음속에 각인되고, 치유할 생각조차 들지 않게 됩니다. 많은 청소년기 남성이 여전히 그런 틀에 억압되어 있어요. 이것이 그토록 많은 남성이 전 생애에 걸쳐 젊은 여성의 나체에 지속적으로 강박을 갖는 이유 중에 하나라고 생각합니다."

많은 남성이 고개를 끄떡였고, 방 안은 고요해졌다. 퍼실리테이터는 이 공간의 열정적 기운을 존중하고 유지하기 위해 침묵 상태로 몇 분을 보낸 후 차임 벨을 울렸다. 남성들의 이야기가 다시 시작되었을 때 남성들은 새로운 렌즈를 통해 자신들의 성에 대한 역사를 천천히, 그리고 더 깊이 고찰하기 시작했다. 몇몇 남성이 소년 시절 평가 절하 당하고 상처 받은 경험의 느낌들을 공유했을 때 처음으로 '상처 받은wounded'이라는 단어가 대화 안에 들어왔다. 함께하는 공간의 정서적 에너지는 더 부드러워지고 다정하게 변했다.

하워드가 천천히 이야기를 시작했다. 하워드는 전국 남성 프로젝트의 수석 리더로 남성을 위한 작업에 매우 적극적이고, 존경 받는 40대 중반이었다. "8살이었을 때 어머니가 '성'을 무서워했습니다. 부모님, 여동생과 다 함께 성에 관해 이야기한 적이 없습니다. 어느 날 아이들과 뒤뜰에서 노는데 잠시 후 다른 친구들이 모두 떠나고 어린 소녀 재니스만 남았습니다. 우리는 계속 놀았고 잠시 후 그 게임을 시작했습니다. 있잖아요. 그걸 뭐라고 부르죠? '내가 내 것을 보여주면 너는 네 것을 보여줘.' 게임말입니다. 재미있었습니다. 그리고 우리 둘 다 이유는 모르겠지만 아무에게도 들키지 않기 위해 조심해야 한다는 것을 알고 있었던 것 같아요. 그래서 뜰 뒤쪽의 덤불로 갔고, 우리끼리만 있었습니다. 그런데 그곳에 오래 있지는 못했습니다. 갑자기 엄청나게 화가 난 어머니가 우리 머리 위로

난데없이 불쑥 솟아올라왔기 때문입니다. 어머니는 재니스를 부랴부랴 집으로 돌아가게 했고, 다시는 그런 짓을 하지 말라고 소리쳤습니다. 그런 다음 어머니는 나를 집 안으로 데리고 가서 정말로 한바탕 해댔습니다."

하워드는 고통스런 기억들이 다시 올라와 입술을 떨었고, 목소리는 낮아졌다. "어머니는 전에도 나를 때린 적이 있었지만 이번에는 바지를 벗게 하고, 아버지의 굵은 가죽 벨트로 벌거벗은 내 엉덩이를 때렸습니다. "다시는! 그런 짓! 하지마!" 한 단어를 말할 때마다 그에 맞춰 벨트의 찰싹 소리가 났고, 어머니는 계속 반복해 소리치며 나를 때렸습니다."

하워드는 잠시 조용히 앉아 있었다. 그의 떨리는 얼굴로 커다란 눈물이 흘러내리기 시작했다. 옆에 있던 남자가 손을 뻗어 하워드의 어깨에 부드럽게 놓았다. 이 몸짓은 하워드의 슬픔에 대해 침묵으로 동의하는 것이었다. 하워드는 흐느꼈지만 곧바로 다시 차분해졌고, 깊게 숨을 들이쉬었다.

하워드는 이야기를 이어갔다. "이것과 관련해 많은 치료를 받았지만 그 고통이 여전히 내 안에 있다는 것이 놀랍습니다." 그는 잠시 이야기를 멈추고 시선을 아래로 떨궜다. "이 경험이 이후 여성들과의 관계에서 내 자신을 심리적으로 취약하게 만드는 주된 원인이 되었습니다. 무엇보다도 첫 번째 결혼 생활을 제대로 할 수 없었습니다. 그리고 지금까지도 어머니와 나는 그것에 관한 이야기를 전혀 할 수 없습니다. 어머니는 그것을 직면할 수 없고, 결국 나는 노력을 포기했습니다."

하워드의 이야기가 각자의 아픈 곳을 건드렸고 남성들의 두려움과 자의식을 녹였다. 남성들이 좀 더 솔직해졌고, 다른 이야기들도 나오기 시작했다. 여성들은 훨씬 더 집중해 들었고, 몇몇은 조용히 훌쩍거리거나 눈물을 참았다. '진짜 남자와 애송이'를 구분한답시고 지저분한 농담을 사용하는 야구 코치에 관한 이야기도, 여자 아이들과 함께 노는 것을 좋아해 누나와 부모에게 반복해 핀잔을 듣는 한 소년의 이야기도, 중학교 때 사제에게 성폭행 당한 이야기도 있었다. 성폭행 당한 사람은 최근에야 이를 받아들이게 되었다고 했다.

활기찬 운동선수인 마크가 토킹 스틱을 잡기 위해 손을 내밀었다. "나는 8학년 때 첫 여자 친구와 '정식으로 사귀기' 시작했습니다. 부모님은 걱정했고 진지하게 대화하자며 나를 앉혔습니다. 나는 가톨릭 신자로 자랐고 그들은 '욕정'과 같은 내가 전혀 이해할 수 없는 거창한 단어들을 사용하며 종교적 가치들에 관해 이야기했습니다. 하지만 메시지는 명확했습니다. 어머니는 우리 같은 크리스천에게 섹스는 더럽고 품위를 떨어트리는 것이며, 적절치 않은 행동이라고 말하며 걱정했습니다. 이어서 아버지는 '나이가 들고 아내와 사랑에 빠지면 다르다.'

고 이야기했습니다. 그런데 분명한 것은 부모님 모두 이러한 대화가 전혀 자연스럽지 않았고, 두 사람 사이에서도 전혀 편하지 않았다는 것입니다. 정말 기이했습니다. 나는 부모님이 내게 솔직하게 말하지 않는다는 것을 알고 있었습니다."

갑자기 마크가 머리를 흔들면서 키득키득 웃기 시작했다. 그의 얼굴이 갑자기 빛났고 눈은 즐거운 듯 반짝거렸다. "불합리한 이중 메시지는 이것이었습니다." 그는 음울한 선언을 엄숙하게 발표하는 사람 흉내를 냈다. "섹스는 역겹고 불쾌하며 비도덕적이다. 그러므로 당신이 진정으로 사랑하는 이를 위해 섹스를 남겨두라!!" 큰 웃음이 방 안을 채웠다. 모두가 긴장한 상태에서 반가운 안도의 물결이었다.

한 남성의 폭로는 또 다른 폭로를 이끌었고, 개개인의 사연이 지닌 힘은 다른 이의 사연이 지닌 힘에 의해 증폭되었다. 주제는 섹슈얼리티 이상으로 확장됐고 다른 이슈들을 포함하게 되었다. 많은 남성은 자신이 군대에서는 총알받이일 뿐 아니라 사회에서는 (아버지가 아닌) 돈 벌어다 주는 사람, 정자 기증자, 자녀 부양자처럼 기능적이고 일회성 역할을 수행하도록 내몰리고 있다고 느꼈다. 말과 말 사이에 놓인 짙은 침묵은 역설과 서로에 대한 이해로 가득 채워져 있었다. 확실히 선명해진 것은 남성들이 소년으로서, 그리고 남성으로서 자신의 삶에서 겪는 거대한 조건화였다. 집단의 남성 대부분은 어떤 식으로든 문화에 의해 이용 당하거나 조종 당하고 있다고 느꼈다. 그 문화는 자신의 아동기 경험이나 부모의 훈육에서뿐 아니라 또래들과의 경험이나 성인기에 받는 사회적 영향에서 비롯되는 것이다.

남성들의 진실 포럼 시간이 끝났을 때 여성들에게 들은 이야기들을 성찰할 기회가 주어졌다. 그들은 남성들에 대한 존중으로 시작했다. 많은 여성에게 이러한 경험은 최초였고, 그들은 남성들이 섹슈얼리티와 조건화의 양상들에 관해 그토록 솔직하게, 진심으로, 그리고 신랄하게 이야기하는 것을 목격한 것은 소중한 경험이라고 말했다. 남성들은 여성들의 피드백에 진심으로 놀라고 감동 받았다. 남성들은 여성들이 고마워할 것이라고는 전혀 기대치 않았고, 심판이나 비판 받을 준비를 하고 있었다. 그렇게 마음을 여는 것이 자신들에게는 선물과 같은 느낌이었다고 여성들이 이야기했을 때 집단의 모든 사람이 남성과 여성 사이에 필요한 작업에 대해 이야기하기 시작했다. 남성들은 남성 포럼에서 유의미한 무언가를 성취했다고 느꼈고, 우리는 치유 작업의 중요한 한 부분이 집단적으로 시작되었다는 것을 알게 되었다.

하지만 역설적이게도 많은 여성은 남성들이 공유한 내용을 통해 남성들의 성관념에 관한 여성들의 우려를 사실로 확인하고 충격을 받았다. 이것은 이중적 역설이다. 이러한 확인이 가능한 것은 남성들이 솔직히 공유하면서 자신의 취약성을 드러냈기 때문이다. 30대 중반의 열정적 여성 줄리아가 이 역설에 대해 표현했다. 그녀는 남성들이 자신의 행동을 서로 정당화해주는 모습에 두려움을 느낀다고 신중하면서 단호하게 이야기했다. "나는 여성으로서 내 진정한 존재를 피상적 욕망의 대상으로 사소하게 취급하는 방식을 스스로 보정해야 합니다. 나를 욕망하는 남성들에게는 내 FQ가 충분하기 때문에 사실 내게 그들은 어떠한 방식으로든 거의 쓸모가 없습니다." 그녀는 절제되지 않은 남성의 성적 에너지는 결국에는 폭력이 된다고 했다. 그녀는 남성들의 진실 포럼이 남성 섹슈얼리티를, 그것이 조건화되었든 생물학적이든 간에 여성들이 그저 수용해야 하는, 이의를 제기할 수 없는 현실이라고 결론을 내리는 것처럼 보여 몹시 괴롭다고 했다. "나는 남성들의 마음과 페니스 사이에 근본적 연관성이 없다고 믿기는 어렵습니다."라고 말했다. 그녀의 결론은 갑작스럽고 직설적 표현이었다. 다른 이들이 반응하기 시작했지만 시간이 늦었기 때문에 퍼실리테이터들은 침묵 명상으로 하루를 마무리하면서 집단이 수행 중인 작업의 독특함과 난해한 특성에 대해 존중을 부탁했다. 우리는 우리가 집단으로 있을 때 섬세한 지점에 존재한다는 것을 존중하고, 앞으로 더 깊게 진행될 통합 작업을 지지하기 위한 방법으로서 모든 참가자가 다음날 다시 만날 때까지 서로 말을 하지 않고, 침묵 안에서 지내기로 합의했다.

여성들의 진실 포럼

아침이 되자 여성들이 안쪽 원에 앉을 차례가 되었고, 남성들은 방의 가장자리에 둘러앉아 침묵으로 증언을 들었다. 여성들의 진실 포럼을 위해 여성과 남성의 역할이 어제와 바뀌었다. 토킹 스틱을 받은 많은 여성이 어젯밤에 느낀 힘과 그 힘을 통해 경험한 감사, 그리고 신랄함과 분노 등 복잡한 심경을 이야기했다. 그리고 자신감 넘치는 20대 후반의 여성 수잔이 자신의 생각을 말했다.

"나는 일부 남성과 완전히 동일시되었습니다. 그들이 순전히 여성의 외모를 기준으로 여성들을 평가하는 것을 당연시했을 때 나는 이것이 정말 자연스러운 것이라고 생각하고, 나 자신도 항상 남성이나 여성들에 대해 그렇게 하고 있습니다. 종종 거리에서 남성이나 여성을 보며 그들과 섹스하면 어떨지 상상합니다. 나는 배우자 감을 평가하는 것이 완전한 정상이고 인간의 기본적 행동이라고 생각합니다. 나는 남자들이 내게 그렇게 하는 것도 상관없고, 내 그런 행동도 잘못이라고 느끼지 않습니다."

우아한 모습으로 나이 든 해리엇이 발끈하면서 양성이 상대를 성적 대상화하는 것에 대해 분노하며 이의를 제기했다. 그녀는 소리쳤다. "나는 그것이 건강하지 않고 비인간적이라고 생각해요. 그리고 나는 그것이 배우자를 선택하는 기준이라는 생각을 믿지 않아요." 해리엇은 FQ가 남성과 여성을 조종하고, 서로 조종하도록 강요하는 시스템을 좀 더 정확하게 설명해준다고 말했다. "우리는 상품이 되었어요. 우리는 섹스, 권력, 지위, 돈 같은 것들과 바람직성 지수Quotient of desirability를 교환해버렸어요."

"바람직성 지수는 돈과 유사한 일종의 통화입니다." 그녀는 목소리를 높여 앞에서 이야기한 수잔에게 "당신이 그러한 시스템을 키우고 있습니다. 당신은 당신 자신을 착취하는 공모자입니다. 당신이 매력 있어 보여서 게임을 계속하는 것이 이롭겠지만 항상 그렇지는 않을 거에요. 결국 당신의 FQ는 노화로 하락할 겁니다. 그때는 어떻게 할 건가요?"라고 말했다.

여성 사이에 긴장이 생겼다. 긴장의 정도가 상당하자 퍼실리테이터 중 한 명이 현재에 머물기 위해 천천히 심호흡을 하고 서로 손을 잡도록 있도록 안내했다. 침묵 후 긴장이 가라앉자 자신을 페미니스트라고 칭하는 30대의 샐리가 토킹 스틱을 들었다. 그녀는 성의 판매력에 집착하는 사회가 만든 결과물을 주의 깊게 바라봐야 한다고 절실하게 말했다. 첫날 시청한 영상 UN 인권 재판소에서 발표된 강간과 성폭력 관련 증언들을 언급하는 그녀의 생각은 확고했다. "남성들이 이야기하고 있고, 우리 중 일부가 낭만적으로 여기는 성적 대상화로부터 강간이 생겨납니다. 남성들이 한 여성과 개인적으로 실제 맺는 관계를 상상하면서 습관적으로 흥분하는 것은 아닙니다. 그들을 습관적으로 그리고 강박적으로 흥분시키는 것은 정확히 말하자면 '여성의 몸을 소유할 수 있는 사물처럼 바라보는 행위'입니다."

샐리의 말이 충분히 전달되면서 몇 분간 침묵이 이어졌다. 이어서 전날 저녁 세션이 끝날 무렵 실망감을 표현한 줄리아가 팔을 뻗어 토킹 스틱을 움켜쥐었다. "낸시 래인^{Nancy Raine}은 『침묵한 후에 강간과 내 여정^{After SilenceRape and My Journey Back}』이라는 책을 썼습니다. 이 책은 암을 갖고 살아가는 사람들처럼 공포와 함께 살아가는 삶에 관한 것입니다." 줄리아의 시선이 바닥을 향했다. "나는 그녀가 무슨 이야기를 하고 있는지 정확히 알고 있습니다."

줄리아는 수년 전 잠든 밤중에 한 남성이 자신의 아파트에 침입해 옷으로 자신의 얼굴을 왜 가리고 제압했는지 설명하기 시작했다. 그녀에게 처음 들었던 생각은 끔직한 악몽에서 깨어나기 위해 싸워야 한다는 것이었다. 하지만 곧이어 이것이 현실이라는 것을 깨달았다. "잠에서 깨어나기 위해 했던 모든 것이 실제로 현실에서 벌어지고 있었습니다. 나는 온 힘을 다해 그 사람의 머리를 움켜쥐고, 침을 뱉고, 씩씩거리며 싸웠고, 몸을 일으키려고 했습니다. 볼 수는 없었지만 내 몸이 침대 옆

낮은 창틀에 닿은 것을 느낄 수 있었습니다. 그것은 사물과 내 첫 접촉이자 기준점이 되었습니다. 그렇습니다. 나는 지구라는 행성의 미국 안에 있는 캘리포니아주 오클랜드시의 내 아파트, 내 침대에서 그날 밤에 그렇게 깨어났습니다."

그녀는 간신히 조금 일어나 앉았지만 베개에 눌린 얼굴과 머리를 빼낼 수 없었다. 남성이 그녀의 생명을 위협하는 말을 할 때까지 그녀는 자신이 누구와 왜 싸우고 있는지 확신하지 못했다. "그만 덤벼! 그렇지 않으면 죽여버릴 거야!" 줄리아는 거의 비명에 가까운 목소리로 그의 위협을 반복해 말했다. 모든 관심이 그녀에게 집중되었다. 그녀가 깊게 심호흡을 하는 데 그 짧은 침묵도 견딜 수가 없었다.

"그가 말을 했을 때 비로소 한 남자가 내 침실에 있으며, 그가 나를 붙잡고 무언가로 얼굴을 누르고 있고, 나는 빠져나가기 위해 싸우고 있으며, 그가 손과 팔로 나를 짓누르고 있는 상황을 이해하게 되었습니다. 아무것도 보이지 않았습니다. 어둠 속에 갇힌 채로 성폭행을 당했습니다. 일련의 사건 전체가 너무도 갑작스럽고, 예기치 못한 것이었고, 고통스럽고 이해할 수 없었습니다. 그렇게 성폭행은 순식간에 모든 것을 바꾸었고, 내 삶은 간단하게 제압 당했습니다. 내 내면은 무너졌습니다. 강간에 관한 모든 것이 그렇듯이 내가 굴복했다는 느낌은 말로 설명하기 어렵습니다. 척추 사이 사이의 공간이 무너지는 것 같았고, 몸이 절반으로 마구 구겨지는 느낌이었습니다. 이해하기 어렵겠지만 나는 그 사람에게 고분고분하고 협조하게 되어 축 늘어졌습니다. 그 이후 몇 분은 여전히 내 안에 생생하게 남아 있습니다. 밤중에 어떤 이유로든 잠에서 깨면 심장은 고동치고 몸은 뻣뻣해지기 때문에 그 경험이 여전히 내 몸에 남아 있다는 것을 알고 있습니다."

줄리아는 말을 멈추고 긴 심호흡을 했다. "나는 항상 여기서 이야기를 중단하고 싶어 해요. 그 다음 발생한 것은 정말이지 말하고 싶지 않습니다. 그의 페니스에 대해 또는 베개에 얼굴이 파묻혀 숨이 막혔던 느낌에 대해 말하고 싶지 않습니다. 나를 공격한 사람이 인간이라는 것을 알았을 때 느낀 이상한 안도감으로 이야기를 마치고 싶습니다." 줄리아는 잠시 침묵했다. 이어서 눈을 감는 것으로는 부족한 듯 손으로 얼굴을 가리고 자신이 경험한 강간과 심리적 몰락에 관한 전체 과정을 말하기 시작했다. 이야기할수록 그녀의 분노는 커졌다. 그녀는 강간은 완벽한 소멸의 경험이라고 했다. 어떠한 표현으로도 자신의 신체가 그러한 식으로 완전히 침해되면서 겪는 탈인간화의 충격을 옮길 수 없을 것이다. 그녀는 어떻게 산산이 조각난 자아의 상실을 이야기할 수 있었을까? 그 남자가 마치 그곳의 유일한 사람, 유일한 실제 인물처럼 느껴졌다고 했다. 그녀는 눈을 뜨고 주위를 공격적으로 둘러보았다.

"하지만 나는 그곳에 있었어요! 나는 존재했고, 중요한 사람이었어요! 그 사람은 그걸 몰랐습니다. 나는 그에게 심리적으로 접근하고자 했습니다. 그건 일종의 본능적인 것이었다고 생각해요. 나는 그가 내가 있다는 것을, 내 존재를 느낄 수 있다면 친절하게 바뀔 수 있다고 생각했습니다. 나는 그가 삽입하기 전에 나라는 사람을 만지거나 인간으로서 관계를 맺는 것은 전혀 없이 오로지 삽입에만 얼마나 몰두하는지 이해하지 못했습니다."

그날 밤 줄리아를 모욕한 강간범은 한 명이 아니었다. 그가 도주한 후 그녀는 경찰을 불렀다. 오클랜드 경찰서에서 두 남성 경찰관이 그녀의 아파트로 왔다. 경찰관들은 그녀에게 질문하는 동안 섹스에 관한 농담을 주고 받았고, 세세히 알아야 하는 것처럼 강조하면서 포르노처럼 은근한 관음증적 뉘앙스로 강간에 관해 질문했다. 두 경찰관은 서로 윙크를 하고 눈썹을 치켜올리는 신호를 교환하며 취조했다. 경찰은 아파트 현장 수사를 마친 후 낯선 건물로 그녀를 데리고 갔다. 그곳은 경찰서가 아니라 영안실과 더 유사했다. 그곳에서 그녀가 만난 유일한 사람은 또 다른 남성이었고, 그는 법의학자였다. 두 경찰관은 검진 테이블의 모서리에 서서 '검진'을 지켜보며 성적 농담과 빈정거림을 주고 받았다. '의사'는 줄리아의 질을 검사했고, 정액이나 부상의 증거를 찾았다. 그들은 줄리아를 눕혀둔 채로 아무 생각 없이 웃으며 농담을 주고 받았다. 그리

177
젠더의 아름다움

고 마침내 그는 쾌활하게 "맞네요. 그녀는 강간 당한 게 맞습니다."라고 경찰관들에게 확인해주었다.

"나는 병원으로 이송되지도 않았고, 병원으로 가는 선택권도 없었어요." 줄리아는 계속 이야기했다. "어떤 여성의 지원도 받지 못했고, 어떤 위로도 받지 못했습니다. 내가 알기로는 강간에 대한 수사는 그것으로 끝났습니다. 기소된 사람도 없었어요. 사실 당일 밤 만남이 경찰과의 유일한 접촉이었습니다. 나는 또다시 강간 당한 느낌이었어요. 그들에게서는 내 침대 시트를 더럽힌 정액의 냄새처럼 부패한 냄새가 났습니다."

줄리아가 이야기를 끝냈을 때 쥐 죽은 듯한 침묵이 방 안을 채웠다. 모든 사람이 몇 분간 이 가슴 아픈 정적 속에 앉아 있었다. 그리고 그녀가 겪은 경험의 충격을 함께 흡수했다. 그 이후 모든 참가자는 전체 세션으로 다시 모이기 전까지 침묵 속에서 휴식을 취했다.

남성들이 여성들의 진실 포럼에 대한 자신들의 피드백을 시작했을 때 많은 남성은 여성들이 그처럼 솔직하게 강간 피해에 대해 말하는 것을 들어본 적이 없으며, 특히 그토록 신체적, 심리적 차원의 생생한 경험이 담긴 이야기를 듣는 것은 처음이라고 했다. 남성들이 돌아가면서 한 명씩 이야기할 때 몇몇은 눈물과 비통함을 보였다.

얼굴이 붉게 상기된 남성 마크가 이야기를 시작했다. "앞으로는 '강간'이라는 단어가 지금까지와 완전히 다르게 들릴 것 같고, 전처럼 생각하지도 않을 것입니다. 오늘까지도 나는 그 경험이 어떤 것인지 알지 못했습니다." 다른 이들도 이 말에 공감하며, 그들이 강간의 충격과 공포를 경험하는 것처럼 느꼈다고 말했다.

하워드는 "실제 여자이거나 직접 성폭행을 당하지는 않았지만 듣는 것만으로도 강간과 정말 가까운 경험을 한 느낌입니다."라고 말했다.

나이 든 조용한 남성 짐은 모임 대부분에서 비교적 말이 없었는데 강간 이야기를 하면서는 눈에 띄게 힘겨워했다. 그는 눈물을 목으로 삼키고 머뭇거리며 이야기했다. "나는 딸 다섯 명이 있습니다. 셋째 딸이 19세 때 강간 당했습니다. 적어도 딸 둘은 남편과 남자 친구들에게 신체적, 성적 학대를 당했습니다. 지금까지도 나는 내 딸들이 분명하게 겪었을 것들을 전혀 깨닫지 못했습니다." 그는 마음을 가라앉히기 위해 잠시 이야기를 멈췄다. "나는 항상 생각했어요…." 그는 목소리에 기운이 빠졌고, 완전히 망연자실해 보였다. 남성 퍼실리테이터 중 한 명이 그의 옆으로 가서 팔로 몸을 살짝 감쌌다. 짐은 울기 시작했고 조용히 중얼거렸으며 목소리를 약간 높여 말했다. "지금은 이 일에 관해 길게 말할 수 없다는 것을 알고 있어요.

고마워요. 줄리아. 그리고 모든 여성분에게 고맙습니다. 말로 다 표현할 수 없을 정도로 그저 고맙습니다."

젊은 법학도 찰스는 처음으로 여성들이 지속적인 성폭행의 위협과 함께 사는 것이 어떤 것인지 깨달았다고 말했다. "이건 매우 충격적 깨달음입니다. 나는 결코, 정말로, 이전에는 여성들이 삶의 모든 순간마다 조심하고, 얼마나 경계해야 하는지 이해하지 못했습니다. 마치 사냥감이 되어 도주 중인 야생동물들처럼 평생 여성들의 일상에서 공격의 위협을 얼마나 경험하고 있는지 이해하지 못했습니다."

40대 초반의 또 다른 남성 톰은 모든 이야기를 듣고 자제하기 힘들어했다. 대화가 진행될수록 더 심란해졌고 마침내 대화에 참여했다. "나는 지금 하고 싶은 말이 있어요. 정말 말을 해야만 해요!" 그는 말을 더듬었다. "나는 줄리아가 무슨 말을 하는지 정확히 알고 있어요! 나는 열네 살에 강간 당했습니다. 우리 교회 목사한테요!" 톰의 몸은 떨렸고 얼굴은 붉어졌다. 그는 고함을 쳤다. "항문 성교요! 그것이 무엇인지 아나요? 지금도 그렇고 우리 사회에는 오직 여성들만이 성폭행을 당한다고 생각합니다! 오직 여성들만이 가부장제로부터 고통을 겪는다. 나는 이 말에 넌더리가 납니다! 나는 평생 그것을 감수했습니다. 강간의 고통을 겪는 이들이 단지 여성만은 아닙니다!" 톰의 분노가 공기를 가득 채웠고, 두 퍼실리테이터가 그의 옆으로 가서 더 깊은 정서적 해방으로 들어갈 수 있도록 그를 보호하는 동시에 지지해주었다. 톰은 방 안을 돌아보았고, 모든 이와 눈을 맞췄으며, 다시 비통함을 느끼는지 울기 시작했다. 곧 마음을 가라앉히고 계속 이야기했다. "내 어머니는 신념이 가득한 페미니스트입니다. 여성 운동 리더였는데 내가 단지 남자라는 것 때문에 내 자신을 완벽한 얼간이처럼 느끼도록 나를 키웠습니다. 내 평생 어머니와 그 친구들은 우리 집에서 이런저런 남자들을 헐뜯었고, 항상 남자들이 얼마나 끔찍한지에 관해 세세히 설명했습니다. 나는 내가 남자라는 것에 대해 죄의식과 열등감이 생겼고, 엄마에게 미안한 감정이 계속 커졌습니다. 20대 후반 몇 년간 치료 받고 나서야 나는 내 자신의 남성성을 되찾기 시작했습니다. 그러면서 목사와의 모든 기억이 떠올랐습니다. 그것은 잔인했습니다."

톰의 솔직하고 고통스러운 이야기는 집단 안에 더 깊은 신뢰가 생겨나게 했다. 몇몇은 톰과 줄리아에게 자신들의 이야기를 공유해준 용기와 취약성을 보여준 것에 대해 진심 어린 감사를 표현했다. 줄리아는 일어나 톰에게 걸어갔고, 그에게 귓속말을 했다. 둘은 포옹했고 집단 여기저기에서 눈물이 자연스럽게 흐르기 시작했다. 줄리아와 톰뿐 아니라 강간 또는 성폭행의 극심한 고통을 겪은 세상의 모든 여성과 남성을 떠올리며, 방 안 전체는 공감적 슬픔과 조용하지만 힘있는 치유로 가득 찼다.

상상할 수도 없는 고통이 표출되었지만 집단 안에서의 친밀감은 증가했다. 함께 나눈 모든 이야기, 내면의 깊은 부분을 고백하고 취약성을 드러내는 단계는 집단으로서의 우리를 더 가깝게 만든다. 우리의 고통을 의식적으로, 그리고 연민을 가지고 관심을 표현하는 바로 그 행위, 즉 도전적이면서 동시에 고귀한 경험을 통해 매듭을 풀어내는 바로 그 행위가 우리를 우리의 고통으로부터 한결 자유롭게 해주고 있었다. 이렇게 오랫동안 인간성을 억압한 양상을 드러내고 그 양상을 함께 목격했을 때 우리에게 상호성, 인간적 용서, 진정한 친밀성이라는 독특한 영역들이 깨어나기 시작한다. 우리는 이런 과정을 통해 인간에게 필요한 심층적 치유에 대해 아주 정확하게 인식하게 되었다. 우리는 우리가 여성과 남성으로서 여기에서 함께하는 것이 우리 모두, 남성과 여성, 우리의 아이들, 그리고 지구를 죽이고 있는 문화적 역동에 맞서는 것임을 확신하게 되었다.

화해의 마음

방향을 전환할 시간이 되었다. 지금까지 진행된 모든 집중 작업은 깊이 있는 변화를 일으켰다. 하지만 정서적 부담이 컸고 에너지를 고갈하기도 했다. 이제 모든 참가자가 전혀 다른 체험의 공간으로 이동해야 하는 것이 필수적이다. 우리를 피해자로서만 존재하게 하는 것이 아니라 삶의 주인으로서 생기를 회복하고, 우리의 작업을 구체화해주는 공간으로의 이동이다. 그래서 다음날 오후에는 남성과 여성 서클이 각각 모여 상대방을 위한 상호 존중과 축복의 의식을 구상하고, 저녁에 그 의식을 진행했다.

젠더 화해 작업의 마지막 의식은 상호적으로 이 진지한 과정에 함께해준 고마움을 표현하는 수단이면서 상대방에게 감사와 용서의 축복을 선물하기 위한 수단이다. 의식의 내용과 초점은 각 집단만의 독특함과 그 집단이 작업 중 경험한 특별함에서 나온다. 진정한 의식은 강요나 연출로는 불가능하다. 설계하는 그 자체와 그 설계를 구체화하는 실력은 집단의 힘과 힘을 창조하는 과정을 통해 자연스럽게 만들어진다.

효과적 의식은 의식의 공간 밖 일상의 공간에서 우리가 변화된 태도로 다르게 행동할 수 있도록 돕는 일종의 메타 서사와 같은 기능을 한다. 그 의식은 단순히 보기만 하는 것이 아니라 함께 참여하는 것이다. 시간을 벗어난 특별한 시간이며, 마음 깊숙한 곳에 있는 자아를 불러내고 연주하는 경험이다. 우리는 의식을 통해 새로운 정보와 통찰, 지침을 얻게 된다. 사람들은 유사한 방식으로 꿈에서 얻은 정보를 잠에서 깨어난 삶으로 가져올 수 있다. 젠더 화해 작업에서 의식의 힘과 아름다움은 앞선 치유 작업과 진실 말하기의 진정성과 깊이에 비례한다. 앞에서 소개한 사례의 집단에서는 특별한 치유가 일어났다.

남녀 집단이 서로를 위한 의식을 준비하기 시작하면 모든 참여자가 엄청나게 열정적이고 활기찬 에너지를 뿜어낸다. 두 그룹 모두 참가한 사람만이 느낄 수 있는 고조된 에너지와 창조성, 천진난만한 다정함 등을 경험한다. 참가자들의 열린 마음 덕분에 그들은 며칠 전에는 상상할 수 없었던 방식들로 기꺼이 위험을 감수해 자신을 드러낸다. 모든 참가자는 "젠더 사이의 간극"을 가로질러 다른 이를 존중하고 인정하며 축복하기 위해 실제로 시간을 내고 "수고를 아끼지 않은" 이 경험이 특별한 특권이라는 것을 알게 되었다.

의식을 먼저 시작한 것은 남성이었다. 이번에는 스스로 원했기 때문이다. 이들은 앞에서 진행된 프로그램들을 참조해 구상한 의식을 선물했다. 남성들은 여성들을 아름다운 안식처가 마련된 곳으로 안내했고, 여성들이 남성들을 마주보며 반원 형태로 앉게 했다. 방 안은 양초들로 빛났다. 남성들은 오프닝 노래와 기도 후에 앞으로 나왔고 양초를 들고 여성들 앞에 섰다. 한 번에 한 명씩, 남성들은 자신들이 "가부장제" 강화에 공모한 것에 대해 이야기했다. 이는 거의 무의식적인 것이었다. 모든 남성이 이제는 자신이 수용할 수 없는 행동이나 특징을 이야기했고, 그것을 바꾸겠다고 약속했다. 남성들 개인의 고유한 성격, 성숙도, 개인적 우선순위에 따라 매우 다양한 선언을 했다. 찰스는 "나는 과거에는 결코 깨닫지 못한 여성들의 고통에 관해 이번 주에 많은 것들을 배웠습니다. 올해 학교에서 함께 공부하고 데이트를 했던 여성들에게 내가 얼마나 둔감했는지 깨닫게 되었습니다. 나는 앞으로 여성의 말을 좀 더 깊이 듣고, 열린 마음을 가질 것을 약속합니다."라고 말했다.

모든 남성은 계획한 대로 사전에 자신의 공모 행동을 종이에 적었으며, 모든 남성이 이야기한 후 모든 종이를 의식의 화로에 넣고 태웠다. 태우는 행위는 공모 행동과의 작별을 상징적으로 보여주는 것이고, 스스로 변화하겠다는 자신의 약속을 의식화하는 것이다.

종이를 태운 후 남성들은 자신이 채집한 여름 꽃을 상징적 선물로 주면서 여성들과 함께 새로운 동맹을 맺겠다는 맹세를 했다. 모든 남성이 한 명씩 앞으로 걸어 나와 자신의 맹세를 말했으며, 여성들 앞에서 절을 했고, 향기 나는 물을 담은 수반에 개인적 축복과 함께 꽃을 띄웠다.

하워드의 차례가 되자 그는 머뭇거리며 말하기 시작했지만 말하면서 목소리가 더 커지고 확신에 찼다. "이번 주는… 내게 중요한 돌파구였습니다. 매우 중요한 것을 깨달았습니다. 나는 내가 영적으로 깨어 있다는 착각을 하면서 사실은 계속 잠들어 있었고…." 그는 자신의 말이 충분히 전달되기를 바라며 잠시 멈췄다. "나는 이러한 안락한 잠에서 깨어나는 것에 저항했습니다. 모두 아시는 것처럼 나는 수년에 걸쳐 많은 남성 작업을 수행했고 오랫동안 그 작업을 이끌었습니다. 이번 주까지만 해도 가부장제 때문에 겪는 개인적 충돌을 매우 많이 치유했고, 남성들과의 작업을 통해 그것에 대해 충분한 책임을 지고 있다고 믿었습니다."

그는 잠시 말을 멈추고 모든 여성과 개인적으로 눈을 맞춘 후 말을 이어갔다. "하지만 여기서 깨달은 것은 온전히 수행해야할 또 다른 차원의 작업이 있다는 것입니다. 지금까지 나는 내 자신이 무감각한 가부장제와는 거리가 멀고, 남성이라는 특권을 당연시한 적도 없다고 믿었습니다. 이렇게 애지중지 간직한 신념들 때문에 나는 마음 깊은 곳에서 여전히 작동하고 있는 공모와 거부감이 있다는 것을 알 수 없었습니다. 나는 내 자신이 여전히 가부장제의 역기능이 영속하도록 돕고 있는 미묘한 지점들을 보지 못했습니다. 그리고 이제 '감수성과 의식을 겸비한 남자' 같은 남자가 내가 유일하다고 생각하지 않습니다. 굉장히 주의 깊게 그리고 감수성을 가지고 … 탐색해야 하는 거대한 미지의 영역이 여기에 있습니다. 그리고 이 영역은 남성과 여성이 치유 작업을 함께 수행할 것을 요구하고 있습니다. 나는 이 작업이 남성 운동에서 필요한 다음 단계라고 믿게 되었습니다. 그리고 남녀의 이 상호적 치유 작업을 남성

커뮤니티에 도입할 방법들을 찾겠다고 여러분 앞에서 맹세합니다."

하워드는 조용히 자신의 가슴에 꽃을 댄 후 그것을 다른 이들과 함께 물에 천천히 띄웠다. 모든 남성의 이야기가 끝난 후 그들은 그릇 주위에 모여 여성들에게 다가갔다. 각각의 남성은 각각의 여성에게 물을 발라주면서 그녀의 이름을 불렀고, 그녀의 영혼의 깊이와 아름다움에 대해 구체적으로 표현했다. 이후 남성들은 여성들 앞에 함께 서서 절을 했으며, 땅에 엎드렸다.

많은 여성이 울었다. 남성들의 의식은 놀라웠고 아름다웠다. 여성들은 여성들이 일상적으로 여성들이 싸우도록 만드는 고통스러운 젠더 역학이 문화적 조건화 때문에 생겨났다는 것을 남성들이 인정하고 있다고 생각했다. 남성들은 이러한 의식을 통해 그러한 현실에 대해 자각하게 되었다는 것을 표현했다. 그리고 그들은 사과 이상의 것을 주었다. 그들은 개인적 공모 행동을 변화하는데 노력할 것이며, 사회의 남성과 여성 간 치유의 도구가 되겠다는 약속을 했다.

깊은 감동을 받고 마음을 활짝 연 여성들이 남성들을 위한 의식을 시작했다. 모든 남성은 꽃과 양초로 장식된 공간 양쪽 측면에 선 여성들의 호위를 받았다. 여성들은 남성들이 원을 지어 앉게 했고, 그들에게 들고 있을 꽃을 주었다. 이어서 연민과 사랑의 노래를 부르기 시작했고, 노래는 의식 내내 이어졌다.

여성들은 노래를 부르며 원 주위를 돌았다. 각각의 여성이 각각의 남성 앞에 멈춰 서서 그들을 바라보며, 그 남성의 미덕, 재능, 아름다움에 대해 조용히 말하면서 개별적 감사를 표현했다. 여성들은 자신에게 편안한 방식으로 상대 남성에게 개별적 헌정 행동을 했다. 감사의 말 속삭이기, 손 잡기, 따뜻하게 포옹하기, 오누이처럼 볼에 뽀뽀하기, 절하기, 단순히 그의 눈을 충분하고 즐겁게 바라보기 등으로 남성에게 자신의 존경과 애정, 그리고 존중을 표현했다. 조화로움과 존경심이 한층 깊어지는 상황에 맞춰 언어와 생각도 변해갔다. 향이 타오르며 퍼지는 향긋한 장미 향은 방 안을 가득 채워 모든 이의 마음에 소중한 공감의 정신을 일깨워주는 사랑의 현존에 대한 작은 비유일 뿐이었다. 남성과 여성 양쪽에서 눈물이 자연스럽게 흘러내렸다.

이 의식들을 통해 우리가 함께 수행한 치유 작업의 깊이가 한층 더 깊어졌다. 나중에 하워드가 "이 집단 워크숍에서의 절정이 집단 의식이었다는 것은 의심할 여지가 없습니다. 나는 새로운 방식으로 신을, 여신을 실제로 본 느낌이었습니다." 라고 말했다.

제리는 다음과 같이 말했다. "여성들을 위한 우리의 의식은 매우 열정적이었습니다. 나는 눈물을 흘리고 있는 내 자신을 발견했습니다. 나는 이러한 의지의 표출이 우리가 모든 남성 젠더 화해 작업에 참여한 이들이나 아직 참여할 준비가 되지 않은 이들을 대표해 할 수 있는 최소한의 것일 수도 있다고 진심으로 느꼈습니다. 그리고 그때 여성들이 남성들을 예우하는 의식은 장엄했습니다. 변화된 의식의 상태에 관해 말하는 것입니다! 돌봄을 제공하는 여성의 에너지는 공간을 가득 채웠고, 나는 자신만의 방식으로 내게 감사를 표현하는 모든 여성이 신이 형상화된 화신처럼 느껴졌습니다. 의식을 통해 거룩한 여성성에 대한 장엄하고 강렬한 아름다운 재현을 경험했습니다. 그것은 진정한 초월적 경험이었습니다."

워크숍 기간에 너무 "흥분했던" 해리엇은 마무리 시간에 그녀가 경험한 의식에 대해 설명했다. "나는 내 안의 해결되지 않은 모든 이슈를 느낄 수 있었습니다. 그리고 마지막 날 의식에서 남성들이 우리 앞에 엎드렸을 때 모든 모순이 해체되고 마음이 열리는 것을 보았습니다. 우리 중 많은 이는 말이 없었습니다. 이 집단 침묵에는 믿을 수 없는 힘과 진지함이 있었습니다. 그리고 이후 나는 여성들이 남성들에게 경의를 표하며 돌았을 때 남성들의 눈에서 눈물을 보았습니다. 우리의 의견 불일치와 대립의 잿더미에서 다시 신성한 남성과 신성한 여성이 살아났습니다."

이 워크숍에서 은밀하게 서로를 돌봤던 여성들과 남성들은 젠더 화해의 본질을 발견했고, 이를 구체화했다. 그들은 진정한 치유의 '연금술적' 본질에 자신의 마음을 열었고, 그들이 황홀한 사랑의 교감이라는 '황금'에 이를 때까지 인간의 집단 정신 깊숙이 묻혀 있던 쓰디쓴 고통을 인내했다.

틱낫한 스님은 생태계 위기와 관련해 "우리가 가장 실천해야 하는 것은 우리 내면으로 지구의 울음 소리를 듣는 것이다."라고 말했다. 젠더 화해 과정은 유사한 방식으로 작동한다. 우리가 우리 자신의 고통과 괴로움을 느낄 뿐 아니라 우리의 마음속에서 다른 젠더들의 눈물을 함께 경험할 때 젠더 화해의 신비한 연금술이 시작된다. 이는 정신은 혼란스럽게 하면서 마음은 고결하게 하는 깊이를 헤아릴 수 없는 지혜를 통해 펼쳐진다. 시인 루미는 그 결과를 아름답게 묘사했다.[1]

말로 표현되지 않는 신비로움을 가슴으로 들어보세요!
이해할 수 없는 것들을 이해해 보세요!
완전히 어두운 마음속에서 불꽃이 타오릅니다.
불꽃은 마음의 뿌리와 토대까지 모든 장막을 불사르고,
장막이 모두 불에 타 사라질 때
마음은 온전히 이해하게 될 것입니다.
고대부터 사랑은 언제나 새로운 형태로 전개된다는 것을.

Chapter 6
사랑의 포옹, 세속적 섹슈얼리티에서 신성한 교감으로

우리 의지대로 하는 행동은 대부분 우리 자신을 해롭게 한다. - 테레사 데 헤수스, 영혼의 성

인도의 고대 서사시 중 하나인 「마하바라타Mahabharata」에는 젊은 왕자 판두Pandu의 이야기가 있다. 그는 사냥 도중에 짝짓기 중인 두 마리의 사슴을 죽인다. 그가 쏜 화살 다섯 발이 빠르게 날아가 무방비 상태로 기쁨을 즐기는 사슴들의 심장을 가볍게 관통했다. 수사슴이 죽어가며 판두를 향해 말한다. 자신은 평범한 수사슴이 아니고, 사실 성인 킨다마Kindama며, 지극히 순수한 상태에서 성행위를 하기 위해 자신과 자신의 아내가 야생 사슴으로 변신했다는 것이다. 신성한 킨다마는 살생 때문이 아니라 인생의 가장 소중한 결합을 더럽힌 죄로 그에게 저주를 내린다. "너는 모든 생명에 영원성을 부여하고 기쁨을 주는 신성한 결합의 이로움을 이용했다. 그래서 너는 저주 받을 것이다. 네가 여인과 동침하는 순간이 네가 죽는 순간일 것이다!"

「마하바라타」의 이 이야기는 성행위는 보호 받고 존중되어야 할 신성한 것이며, 인간의 경험 중 가장 다정한 경험을 악용하는 것은 우리를 죽음으로 이끌 수도 있음을 상기한다. 이러한

죽음의 사례들을 찾기 위해 멀리 내다볼 필요도 없다. 가톨릭 성당에서부터 미국 의회, 다국적기업, 진보적 사회 단체들에 이르기까지, 걱정스러운 성관계의 징후들은 도처에서 나타난다. 우리가 살고 있는 환경 속의 섹슈얼리티는 때로는 사소한 것으로, 때로는 더러운 것으로 취급된다. 정서적 깊이를 잃었으며, 그 신성한 뿌리에서도 멀어져버렸다. 이러한 일들은 우리 사회 전역에서 다양한 방식으로 일어나며, 특히 포르노는 복잡하고 도전적인 영역 중 하나다. 이제 우리는 포르노를 자세히 살펴볼 것이다.

포르노와의 싸움

포르노와 관련된 이슈는 참가자들의 개인적 경험에 있어 중요한 요소로 젠더 화해 작업 동안 자주 등장한다. 많은 참가자가 포르노 산업이 자신의 삶에 강한 영향을 미친다고 이야기했다. 그 결과 우리는 이 격렬한 사안을 실질적이고 통찰력 있게 다루는 방식을 찾기 시작했다.

오늘날 포르노 산업은 급속히 성장 중이다. 미국에서만 1970년대 약 천만 달러에서 현재에는 백억 달러 규모로, 약 천 배 정도 급성장했다.[1] 인터넷을 통해 관련 산업이 확산됐으며, 현재 포르노 전용 인터넷 사이트는 만 여 개 이상이다. 도발적이고 성적인 이미지들은 사이버 공간을 통해 그 어느 때보다 더 광범위하고, 더 어린 미성년자들에게 퍼지고 있다. 또한 이전에는 포르노에 거의 노출되지 않았던 다양한 유형의 사람에게도 그러한 이미지가 전파되고 있다. 이 현상에 대한 평가는 분석가에 따라 나뉘기도 하지만 사회에 끼치는 영향이 심각하다는 것에 대한 이견은 없다.

2003년 미국 가족법변호사협회[AAML]의 회의에서 참석 변호사 중 2/3는 온라인 포르노가 이혼의 중요한 요인이 되고 있다고 말했다. 하지만 칸디다 로열[Candida Royalle(미국을 중심으로 활동하는 커플 중심 포르노와 섹스 교육자, 섹스 양성 페미니스트이자 포르노 배우-역주), 칼리 밀네[Carly Milne(캐나다 작가. 캐나다 최초 여성 중심의 콘텐츠 포털 Moxie.ca를 제작했다. 미국의 유명 포르노 배우 론 제레미와 함께 〈Metro Interactive〉를 편집하며 포르노 콘텐츠를 꾸준히 제작한다.-역주)와 같은 옹호자들은 포르노가 생활에 건강한 활력을 준다고 주장하며, 로열은 2006년 토론토 페미니스트 포르노 어워드에서 자신의 작품으로 공로상을 받았다.[2] 다른 한편으로 작가 파멜라 폴[Pamela Paul은 2005년 저서 『포르노화化 Pornified』(포르노화: 외설물이 어떻게 우리의 삶, 관계, 가족을 변화시키는지를 의미하는 용어-역주)에서 성인 남성이든 청소년 남성이든 인터넷상에서 강박적으로 포르노를 탐색하는 것은 여성과 섹슈얼리티에 대한 개념에 대혼란을 일으키며, 전통적 섹스에 무감각하도록 만들고, 현실의 파트너에게는 조바심을 일으키도록 한다고 보고했다.[3]

여성 운동과 남성 운동의 리더들과 기타 사회 변화 전문가들을 위한 젠더 화해 워크숍에서 우리는 집단으로 포르노를 탐색해보는 훈련을 시도해보았다. 이 훈련법은 존 스톨텐베르그John Stoltenberg(미국의 페미니스트 운동가, 작가, 잡지 편집자, 안드레아 드워킨의 파트너-역주)가 개발한 것으로 논란의 여지가 있다. 스톨텐베르그는 『남자 되기를 거부한다: 섹스와 정의에 관한 에세이Refusing to Be a Man: Essays on Sex and Justice』와 『포르노를 섹시하게 만드는 것What Makes Pornography Sexy』의 저자다. 이는 '포르노 체험 작업'을 위한 책들이다.[4] 이 훈련을 젠더 화해 워크숍에 도입한 목적은 포르노가 사회에 어떻게 영향을 끼치는지 섹슈얼리티, 육체적 아름다움, 성행위, 사회적으로 수용 가능한 행동에 관한 무의식적인 태도 형성에 어떤 영향을 미치는지 체험하는 과정을 집단으로 경험하기 위한 것이다. 우리는 젠더 화해 작업 퍼실리테이터를 위한 전문 훈련 프로그램 1년 과정에서 이와 동일한 훈련을 포함해 작업했다.

스톨텐베르그의 훈련에서는 몇몇 남성의 자원을 받아 그들에게 포르노 잡지 속 여성들이 취하는 포즈를 취해보도록 한다. 참가자들은 남성 자원자들이 포르노 사진 모델의 실제 신체 위치와 얼굴 표정을 가능한 정확히 재현할 수 있도록 조언하는 역할을 한다. 자원자들은 옷을 입고 있기는 하지만 포즈를 취할 때 정서적 취약성을 느낀다고 했다. 또한 포르노 모델 포즈 경험이 모욕적이며 심리적 불안감을 주기도 한다고 설명한다. 포즈를 취하는 것만으로도 포즈를 취하는 이에게 포르노의 착취적 본질을 몸의 경험을 통해 일깨워준다.

우리는 이 실험을 조심스럽게 시작했다. 훈련의 목적과 변수들을 안내한 후 남성 지원자를 받았다. 우리는 스톨텐베르그의 훈련 설계를 수정해 멀리서 지켜보는 관찰자에서부터 포즈를 도와주는 조언팀의 일원 또는 포르노 모델까지 참가자들이 자유롭게 자신의 참여 정도를 선택할 수 있도록 했다. 세 남성이 모델에 자원했다. 각각 남성에게 『플레이보이』 또는 유사한 잡지의 사진을 한 장 주었고, 각 자원자의 포즈를 지도해주는 세 남녀 조언팀이 만들어졌다. 조언 집단과 모델들이 함께 작업을 진행할수록 미묘한 긴장감과 기이한 침묵이 금새 만들어졌다.

이 훈련을 통해 개인의 삶과 사회에 걸쳐 있는 포르노에 관한 많은 도전적 이슈와 정서적 반응 등을 끌어낼 수 있었다. 훈련 후 집단의 반응은 긴장, 모호함, 배신감 또는 무감각 등 복합적으로 나타났고, 포르노에 관한 여성과 남성의 차이들이 현저하게 드러났다. 일부 여성은 사진을 보지 않았고, 뒤로 물러선 채 이 훈련에 참여하는 것을 거부했다. 훈련에 적극적으로 참가한 여성 중에는 훈련이 끝난 후에 자신들이 참가한 것에 대해 혼란이나 배신감이 느껴지기도 했다고 말했다. 또 다른 소수는 그 훈련이 좋았다고 표현했다.

남성들 역시 다양한 반응을 보였다. 일부 남성 자원자는 포즈를 취하면서 경험한 신체적 고통에 충격을 받았다. 또 다른 일부 남성은 과거 또는 현재에 포르노를 소비하는 자신에 대한 수치심을 느꼈다. 각자의 개인적 경험에 따라 남녀에게서 무수히 많은 기억과 이미지가 떠올랐다. 훈련은 우리가 포르노의 강력한 영향을 받고 있다는 것을 다양한 방식으로 분명히 보여주었다. 포르노의 강력한 영향은 상점에서 돈을 내고 포르노 잡지를 사서 들고 가는 사람에게만 국한되는 것이 아니다. 우리 문화 전체가 영향을 받는다.

집단으로 이 훈련을 계속 진행할 때 여성들의 일차적 반응은 혼란스러움과 취약성이다. 몇몇 여성은 훈련 때문에 멍한 느낌을 받았다고 했다. 특히 직접 잡지를 이용하는 역할에 지원했던 여성들이 그랬다. 또 다른 여성들은 에너지의 파도에 마음이 흔들리고, 균형을 잃은 것 같다고 했다. 그리고 거의 모든 여성이 공통적으로 이 훈련은 여성 자신에게 자신의 힘을 의식하면서 머무는 싸움을 하도록 만드는 것 같다고 했다. 한 여성은 이 포르노 작업 훈련이 남성들에게 진정으로 의미가 있으려면 사진 속 여성들처럼 남성들이 실제로 옷을 벗고 나체로 포즈를 취해야 한다고 했다. 많은 여성은 마치 세상의 모든 남성이, 그리고 집단의 모든 남성이 똑같다는 듯이 '남자'에 대한 대화에 빠졌다. 소수 여성은 합의된 성관계에 대한 사전 준비의 일부로써 사적 관계에서의 포르노 이용을 옹호했다. 일부는 포르노가 과거부터 존재하는 문화적으로 '필요한 것'이라고 하면서 포르노의 합법화가 유해성을 감소할 것이라고 주장했다. 또 다른 이들은 포르노를 용인하는 것에 강력히 반대했다.

한 여성은 자신의 애인을 포르노 잡지 속 여성들과 공유하는 것처럼 느꼈고, 말 그대로 애인이 바람을 피우는 것 같은 기분이라고 했다. 그녀의 설명에 따르면 애인은 수동적이며 말도 없지만 포토샵 보정을 거친 모델들과 자신을 비교하면서 자신의 부족한 점을 찾아냈다. 그 모델들은 말대꾸를 하는 법도 없고, 전희를 요구하는 적도 없었다.

여성들의 대화는 불화와 갈등으로 가득 찼다. 두 진영이 생겨났다. 하나는 자칭 탁월한 성적 '세련됨'을 갖춘 진영이고, 다른 하나는 엄격한 도덕성을 지닌 진영이었다. 그러나 모든 여성은 그 훈련이 자신들을 자신의 성적 매력에 대해 스스로 비판하게 만드는 질문을 이끌어내는 환경으로 밀어 넣었다는 것에 동의했다. 이미지들은 필연적으로, 그리고 의지와 상관없이 비교를 촉발시켰다. 여성들은 사진에 묘사된 자신이 보았거나 상상했던 표준들과 자신의 몸매를 비교했다. 사진이 포토샵 보정을 거쳐 꾸며졌다는 것은 거의 중요하지 않았다. 사진은 모든 여성이 동경하는 것으로 여겨지는 아름다움의 '이상향'을 상징했다.

게다가 포르노 이미지 때문에 여성들은 사진 속 여성뿐 아니라 같은 공간에 있는 다른 모든 여성과 자신을 비교하게 되었다. 참가자들은 한 여성이 눈물을 흘리며 이제 여성 집단이나 공동체에서 안전함을 느끼지 못할 것 같다는 말을 할 때까지 포르노에 관한 개인의 입장과 관계없이 포르노에 의해 촉발된 문화적 역동이 얼마나 강력한지를 인지하지 못했다.

남성들의 반응 역시 다양하고 복잡했다. 일부는 처음 보는 듯이 있었고, 다른 이들은 새로운 통찰 덕분에 깊은 감동을 받았으며, 어떤 이들은 전체 훈련 과정에 저항했다. 일부는 자신의 포르노 경험뿐 아니라 포르노와 자신의 섹슈얼리티와의 관계를 솔직히 공유했다. 한 남성은 포르노와 광고 산업이 남성들을 근본적으로 조종하고 있다고 이야기했다. "남성들은 여성들의 아름다움과 매력에 취약합니다. 이러한 것들이 매우 정교한 방식으로 우리를 조종하고 통제하는 데 이용됩니다." 그는 자신이 여성들을 바라보는 방식에 포르노가 영향을 끼치고 있었기 때문에 포르노 보는 것을 완전히 그만둬야 했다고 말했다. "나를 조종하는 보이지 않는 핸들이 있는 것 같았어요. 그런데 그 핸들은 내 의지와는 반대로 나를 조종할 수 있었습니다." 그가 이야기할 때 남성들이 적극적으로 고개를 끄덕이며 인정과 동의를 표현했다. "그래서 나는 포르노 이미지 즐기는 것을 멈춰야 했습니다. 일상 생활을 할 때 내 의지에 반해 그 핸들에 의해 조종 당하고 있다는 것을 알았기 때문입니다. 항상 그랬습니다! 거리에서도, 식료품점에서도, 모든 곳에서 그랬어요."

한 남성은 포르노가 어떻게 자신의 삶에서 힘을 가지게 되었고, 배우자와 아이들 몰래 어떻게 포르노 인터넷 사이트에 집착하는 집요한 습관을 가지게 되었는지 이야기했다. 또 다른 남성은 그 상황의 특징을 이렇게 설명했다. "광고주와 포르노 산업은 이러한 에너지를 이용해 남성들을 쉽게 조정할 수 있다는 것을 매우 잘 알고 있습니다. 그런데 우리를 조종하는 정도가 얼마나 심각한지 의식하는 이들은 우리 중 극소수입니다. 성장기에 있는 취약한 청년들에게 이러한 일이 일어나는 것은 심각한 일이라고 말하지만 사실 우리 문화에서는 일상적인 일입니다. 우리는 그것에 중독되고도 그것을 알지 못합니다. 그렇게 이 불쾌한 녀석들을 끝까지 졸졸 따라다니고 있습니다."

이러한 이야기를 꺼내는 것이 쉬운 것은 아니었다. 우리는 젠더 이슈와 사회 변화에 적극적으로 참여하는 지적이고 박식한 사람들이 모인 집단에서조차도 잘못된 고정관념이나 위험한 일반화의 실수를 범하는 우리 자신의 모습을 발견한다. 작업이 진행될수록 집단 안에는 긴장감이 밀려왔다 밀려갔으며 남성과 여성이 다시는 서로에 대한 신뢰를 회복하지 못할 것처럼 느껴지는 순간들도 있었다.

한 남성은 포르노가 정당한 성적 표현 방법이라며 옹호했고, 이 훈련에 내재된 접근법은 포르노에 대한 공정하지 않은 방법이며, 그것은 포르노의 실제 가치를 왜곡하는 것이라고 했다. 일부는 이 훈련이 매우 불편한 느낌을 준다고 했고, 일부는 인간의 섹슈얼리티를 가지고 씨름하고 싶지 않다고 했다. 그 이유는 너무 고통스럽거나 아니면 자신들과는 개인적으로 아무런 관련이 없다고 생각했기 때문이었다.

하지만 결과적으로 이 경험을 통해 집단의 모두가 상당히 섬세한 영역으로 들어갔으며, 유익한 배움을 얻었음은 물론 서로에 대한 훨씬 깊은 연민을 가지게 되었다. 우리는 집단적 치유를 경험했다. 이것은 개인적 치유보다 훨씬 큰 경험이다. 우리 모두 변했다. 워크숍이 끝날 무렵 우리는 감동적 경험을 말로 표현하기 힘들 때 찾아오는 침묵을 경험했다. 마무리 서클에서 남성 중 한 명은 조용하지만 확고하게 다시는 포르노를 탐닉하지 않겠다고 선언했다. 그는 정말 너무 값비싼 대가를 치렀다고 말했다.

열정과 독

우리는 이 훈련을 수용하는 것이 쉽지 않다는 점을 고려해 더는 나아가지는 않았다. 그리고 일반인을 대상으로 하는 5일간 젠더 화해 프로그램에는 이 훈련을 포함하지 않는다. 하지만 이 훈련을 통한 배움은 소중했고 포르노를 정면으로 다루면서 근본적 치유의 순간들이 찾아왔다. 사실 전문가 그룹을 위한 워크숍 기간에 포르노의 영향과 관련해 우리가 들었던 놀라운 이야기 중에서 공유하고 싶은 두 사람의 이야기가 있어 이 책에 공유했다. 여성과 남성 각각 한 명의 사연이다. 두 사람 모두 누구와도, 어떠한 집단에서도 자신의 이야기를 공유한 적이 없다고 했다. 젠더 훈련 공동체에서 이 이야기를 꺼내기 위해서는 커다란 용기가 필요했고, 두 이야기 덕분에 집단 전체가 더 깊은 수준의 정직함, 취약성, 친밀함을 향해 나아가게 되었다. 첫 번째 이야기는 제5장에서 소개한 캐롤린의 사연이며, 두 번째 이야기는 지금 소개할 짐의 사연이다.

짐의 이야기, 배반부터 사랑까지

40대 중반의 심리치료사 짐은 사연을 이야기하기에 앞서 스톨텐베르그 훈련을 돌아보면서 우리에게 이렇게 물었다. "내가 왜 사진을 가지게 된 거죠?"

우리는 "당신이 자원했기 때문입니다."라고 상기해주었다.

"아, 그렇군요." 그는 기억하면서 놀라워했다. "맞아요. 내가 자원했어요. 사진을 받고 보자마자 무심코 "아, 내가 아는 사람이군!"이라는 말이 흘러나왔습니다. 그 말이 내 입에서 자연스럽게 흘러나왔습니다. 그 말을 참을 수 있었다면 그렇게 했을 거예요. 나는 생각 없이 그 말을 하자마자 집단에서 놀림 감이 되었다는 것을 알았습니다. 왜냐하면 내 말이 사람들에 게 퍼질 것을 알았으니까요. 하지만 그건 사실입니다. 사진 속 그녀는 30여 년 동안 내가 소장하고 있는 벌거벗은 수천 명 여 성들의 상징과도 같습니다. 그녀는 일반적인 섹시한 여자입니 다. 그녀에게는 매우 무례한 말이지만 사실입니다. 그녀는 전 형적인 '섹시한 여자'입니다. 나는 혼잣말을 했어요. '오 마이 갓! 나는 이 훈련을 해야 해.' 비록 아직 명확하게 깨달은 것은 아니지만 그래도 내 사연을 말해야 한다고 생각했습니다."

포르노 훈련 과정에서 시작한 짐의 이야기는 이후 며칠 동안 소규모 집단 훈련에 이르기까지 지속적으로 이어졌다. 짐은 집 거실에서 『에스콰이어』, 『GQ』, 『플레이보이』와 같은 잡지 를 일상적으로 볼 수 있는 '전형적인 미국 가정'에서 성장했다. "아버지의 책꽂이에서 그런 잡지를 찾을 수 있었고, 열 살 무 렵 거실에 앉아 『플레이보이』를 읽을 수 있었습니다."

짐의 아버지와 삼촌들은 그들이 존경하고 닮고 싶은 세련된 '잘 나가는 남성'들의 필수품 중 하나가 포르노라고 생각하는 부유층 사업가였다. 짐의 설명에 따르면 그들은 포르노를 하 나의 '멋'으로, 즉 섹스와 권력에 관해 자신들 사이에서만 공 유되는 '눈빛 교환' 문화 정도로 간주했다. 그는 생각에 잠겨 말했다. 그들은 "가능한 많은 권력과 돈, 재산을 모으는 것에 사로잡혀 있었습니다. 그리고 그러한 소유물 중 하나가 여자였습니다. 목표는 가능한 많은 여성을 소유하는 것이었습니다." 짐은 포르노 시청이 소년 시절 자신이 받은 유일한 성교육이었다고 말했다.

짐은 머지않아 포르노를 구입하는 자신을 발견했다. "포르노 구입은 계획한 것을 실행에 옮기는 시작이었습니다. 나는 포르노를 살 수 있었습니다. 혼자서도 사진을 살 수 있었고, 사진을 보면 어떤 감정들이 올라왔는데 멋졌어요. 나는 하고 싶을 때마다 사진들을 보며 자위를 했습니다. 그렇게 이 여성들과의 강렬한 판타지 관계를 발전시켰습니다. 그녀들의 이름을 알고 있었고, 그녀들의 생활과 취향에 관한 글을 읽었습니다. 그리고 그녀들이 어떤 식으로든 나와 공존하고 있다고 생각했습니다. 물론 나는 자동차도 좋아했고 자동차 잡지들도 갖고 있었습니다. 여성 잡지들도 가지고 있었고, 이러한 모든 것이 평범하고 정상적인 것처럼 보였습니다."

그가 열세 살 무렵 짐의 부모가 이혼했다. 그것이 그에게는 트라우마가 되었다. "포르노가 도피처가 되었습니다. 판타지 관계들이 위안이 되었습니다." 그는 10대 시절의 혼란에 대해 상세히 이야기했다. 그는 브룩스 브라더스Brooks Brothers(미국에서 가장 오래된 남성복 브랜드. 뉴욕시 맨해튼의 매드슨가에 본사가 있다.-역주)의 옷으로 가득 찬

트렁크를 고급 스포츠카에 싣고 등록금이 비싼 유명 대학으로 갔다. 하지만 1학년 크리스마스에 비싼 옷들을 모두 팔아 마약을 샀고, 수염을 덥수룩하게 기르고 공허하게 느껴지는 세상에서 의미를 찾고자 히치 하이킹을 시작했다. 때마침 여자 친구를 만났고, 그들은 결혼했다.

결혼 생활은 금새 실패했다. "잘되지 않았어요. 3년 6개월 만에 끝났습니다. 물론 나는 가정을 꾸렸지만 원가족에서 제대로 다루지 않았던 일들이 전부 내 가정에서 일어났습니다. 나는 새로운 내 가정을 꾸려놓고, 그것을 파괴해버렸습니다. 그리고 그렇게 파괴되도록 그냥 있었습니다. 그녀와 이혼했고, 어느 추운 10월에 뉴햄프셔에 있는 그녀의 집을 떠났습니다. 살이 에이는 추운 날이었어요. 이제 우울할 수 없었습니다. 잿빛 하늘에 나뭇잎들은 모두 떨어졌습니다. 내 짐은 군용 녹색 더블백 하나밖에 없었습니다. 그레이하운드 버스를 타고 마이애미에 사는 어머니에게 가기로 결정했습니다. 그곳이 모든 것이 시작된 곳입니다. 나는 스물네 살이었습니다. 아무 일도 처리하지 못했어요. 어떤 것도요. 아무런 느낌도 없었고 심리 상담을 받지도 않았습니다. 잠시 멈춰 반성하는 시간도 없었습니다. 전혀 없었어요. 진짜 문제는 거기에 있었습니다."

스물네 살에 중요한 관계에서 실패한 후 다시 일어서려고 하던 짐은 자기 자신이 "외롭고, 슬프고 화나 있다."는 것을 알았다. 그러나 그는 고급 콘도에서 주차원으로 일했기 때문에 그의 주머니에는 부유한 사업가들이 주는 팁이 현금으로 많이 있었다. 그는 다시 포르노를 사기 시작했고, 이어서 인근 스트립쇼 극장으로 향했다. "나체의 여성들이 바로 내 얼굴 앞에 있었어요." 돌이켜보니 짐은 그 장면이 그에게 공포였음을 깨달았다. 그는 자신이 '아이'처럼 느껴졌고 '용기를 북돋기' 위해 술을 마시기 시작했다. 그는 여자들에게 자신을 위한 춤을 요청하지 않았다. 그는 단지 그녀들과 대화하고 싶었다. 그는 단골이 되었고 그 중 한 여성에게 반했고, 그녀에게 꽃을 선물하기 시작했다. 그는 판타지 관계를 맺고 있었다. 그들은 대화를 나눴고, 그녀는 꽃을 받았지만 그게 전부였다. 클럽에서만 이뤄지는 제한적 관계였다. 절대로 함께 외출하지 않았고, 그녀는 남자 친구가 있었다.

그는 스트립 클럽 현장의 이면에 마약과 성매매가 존재한다는 것을 알게 되었다. 마약에는 관심이 없었지만 성매매에는 매료되었다. "나는 외로웠고, 애정에 굶주렸어요. 그리고 현금이 있었죠. 그게 아니었다면 성매매는 절대 하지 못했을 겁니다."

어느 날 밤에 한 클럽에서 남성 스트리퍼들이 나오는 '숙녀들을 위한 밤' 이벤트가 열렸다. 짐과 대화를 나누던 여자들이 짐에게 춤추고 싶은지 물었다. 그 이벤트에는 정말 많은 사람이 왔다. "모든 사람이 비명을 지르고 소리쳤어요. 여자들은 정말 열광적이었습니다." 짐은 그 순간 자기 자신이 욕망의 대상이라는 것을 알게 되었다. 그리고 "대상화에 대한 불편한 느낌"을 받았다. 여성들은 그에게 그가 얼마나 섹시한지 말하며 섹스를 요구하기도 했다. 며칠 뒤에는 에스코트 서비스를 운영하는 한 나이 든 부부가 그에게 접근해 짐이 '편하게 많은 돈을 벌 수 있는 직업에 완벽하게 어울리는 사람'이라고 말했다.

그는 말했다. "그 순간 나는 완전히 다른 세계로 들어갔습니다. 그들은 내가 여성들과 함께 외출하고, 친절하게 대해주며 그녀들과 즐거운 시간을 보내기만 하면 된다고 말했습니다. 다른 요구는 없었습니다." 짐은 여자들이 자신을 찾을 거라는 생각에 흥분했다. 기분이 좋았다. "내가 상상했던 것 이상이었습니다. 고통을 잊을 수 있는 완벽한 방법이었어요." 그는 멋진 옷을 사고 훨씬 더 많은 돈을 벌기 시작했다. 에스코트로서 그는 말했다. "섹스를 할 필요는 없었지만 여자들은 모두 섹스를 원했습니다. 나는 낮 11시부터 5시까지는 주차 일을 했고, 일을 마치면 해변으로 달려갔습니다. 썬텐을 하고 과식은 하지 않았지만 술을 마셨어요. 그 후에 외출을 했습니다. 돈을 위해 다양한 섹스를 했습니다. 나는 남성 에스코트, 남성 성매매 노동자였어요. 내 사회 생활은 스트립 클럽을 중심으로 돌아갔습니다. 스물네 살의 나는 그렇게 길을 잃었습니다. 정말로 그곳에서 길을 완전히 잃어버렸습니다. 여성 고객 대부분은 나와 한 일에 관해 나쁘게 생각했습니다. 대부분 기혼이었기 때문입니다. 내 일의 많은 부분은 불행한 기혼여성을 행복하게 만들기 위해 노력하는 것이었습니다. 하나의 비즈니스가 모든 이의 불행과 병적 행동이 뒤섞여 탄생했다는 것이 참으로 기이했습니다."

"어느 날 내가 주차 중인 곳에 메르세데스 한 대가 멈췄습니다. 나는 항상 하던 것처럼 문으로 손을 뻗었는데 갑자기 그 자리에서 얼어붙었습니다. 아버지였습니다! 아버지는 짐에게 아무런 연락도 없이 2,000마일 떨어진 곳에서 비행기를 타고 도착했습니다. "뭐하고 있니?" 아버지가 물었습니다. "아버지는 정말로 무슨 일이 일어나고 있는지는 알지 못했지만 일단 자신의 아들이 주차 일을 하며 살길 바라지는 않으셨습니다."

짐에게는 아버지의 관심과 애정이 대단히 중요했다. 이틀 후 그는 아버지와 함께 다시 그의 고향으로 돌아갔고, 삶이 정상화되기 시작했다. 그는 목수일을 배우기 시작했고 "비교적 행복했습니다."라고 말했지만 이내 고개를 저으며 문제는 플로리다에서 일어났던 모든 것을 외면했던 것이라고 했다. "나는 그 일에서 순식간에 빠져나왔고 뒤를 돌아보지 않았습니다. 어떤 경험도 다루지 않았고 어느 누구에게도 아무 말도 하지 않았습니다. 그 경험 모두를 지하에 숨겨놓고 외면했습니다.

힘든 경험에 대해 말하지 않는다면, 직접 직면하지 않는다면, 그것을 공유하고 처리하지 않는다면 아무것도 변하지 않는다는 것이 진짜 문제입니다."

어느 날 그의 아버지는 사업가 친구 세 명과 함께 건설 중인 도미니카공화국에 있는 신발 공장의 일자리를 짐에게 주었다. 짐은 약 6,000평방미터 신발 공장에서 바느질과 제단 기계의 작업대와 의자를 만드는 목수 일을 하게 되었다. 1980년대 초였고, 미국에서의 신발 제작 단가는 너무 비쌌다. 아버지는 그에게 목수 일을 마친 후 잠시 머물며 공장 건축과 운영을 도와달라고 했다.

짐은 '이것이 아버지와의 관계를 유지하는 방법'이라고 생각해 머물게 되었고, 모든 유명 신발 제조사들의 생산 담당자들과 거래했다. 그는 스페인어를 하지 못했지만 스페인어를 쓰는 고용인 250명이 있는 공장을 운영하게 되었다.

"미국인 백인 사업가들은 실제로 이 나라에서 토템 폴^{totem pole}(계급 제도의 비유적 표현-역주)의 상위에 있습니다. 정치인들이 최상위에 있고, 그 다음은 군 장성, 그 다음이 미국인 사업가들입니다. 이는 나는 곧 신! 기본적으로 내가 원하는 모든 것을 할 수 있다는 것을 의미합니다. 여기에서 나는 다시 기이한 역학 관계 속에 놓이게 되었습니다. 그곳의 나는 제3세계에 있는 돈 있는 백인 남성이며, 현지인들은 절망적 상황에 있었습니다. 사실 그건 완전한 절망입니다. 그들과 달리 나는 공장 근처의 훌륭한 집을 다른 남성과 공유하며 살고 있었습니다. 그 집에는 수영장이 있고, 풀 보이(pool boy, 수영장 청소하는 소년들-역주)들이 딸려 있습니다. 해안 도로가에 있는 집으로 전직 장군이 살던 집이었습니다."

하지만 짐은 매일 아침 공장에 도착할 때마다 매우 다른 현실을 마주했다. "매일 아침 8시에 내 차에서 내려 공장 정문으로 걸어 들어가려면 일자리든 무엇이든 구걸하기 위해 서 있는 50~100여 명을 지나쳐야 했습니다. 그들은 "내 어머니, 여동생이 죽어가고 있어요. 나는 아이가 있어요. 나는 이런 사정이 있어요. 나는 저런 사정이 있어요."라며 애원했다.

짐은 어떻게 해야 할지 몰랐다. 그는 그곳에서 두 미국 사업가와 함께 무역을 배우고 있었다. 처음에는 그가 줄 수 있는 것은 전부 구걸하는 사람들에게 주었지만 이후에는 비정해졌고 그가 받는 수많은 요구를 현실적으로는 충족해줄 수 없다는 사실에 압도되었다. "나는 어떻게 처리해야 할지 몰랐어요. 무엇을 해야 할지 몰랐습니다. 이에 대해 내게 조언을 해주는 사람도 없었습니다. 다른 두 사람의 미국인도 돈이 전부였습니다."

약 6개월 후 짐은 산타 도밍고에 혼자만의 아파트를 얻었다. "고층 빌딩의 펜트하우스였습니다. 침실 4개, 가정부용 숙소, 대리석 바닥, 360도 전망을 가졌는데 월 250달러였습니다. 새 차를 구입했고 해변에 집도 한 채 갖고 있었습니다." 짐은 생산 관리자들이 오면 그들을 저녁식사에 데리고 갔고, 그들은 짐이 즐거운 시간을 만들어줄 것을 기대했습니다. 짐은 "처음에 즐거운 시간이 무엇을 의미하는지 몰랐습니다. 정말로 몰랐습니다."라고 했다. 하지만 그들은 알고 있었다. 그들은 도미니카공화국이나 브라질과 같은 제3세계 국가에서 사업상 이해관계를 맺을 때마다 한동안 즐거운 시간을 가졌다. 짐이 이야기한 것처럼 "이 남자들은 쉰 살이 넘었고, 배가 나왔고 흰머리가 났습니다. 가족이 있고 아이들 사진을 보여주었죠. 그들은 동부 출신으로 산타 도밍고에 머물고 있었습니다."

짐이 이 남성들과 처음으로 동행했을 때 그들에게는 가고 싶은 클럽이 있었다. 그들은 짐이 스트립 클럽으로 가기를 원했고, 짐을 스트립 무대 바로 앞으로 떠밀었다. "남자들은 웃으면서 요란하게 즐거운 시간을 보냈습니다. 나는 그것에 동조했는데 세련된 남자가 되기 위해 노력 중이었기 때문입니다." 스트립 클럽을 나오자 그들은 당연하게 '섹스'를 원했다. 그들은 성매매 업소들이 어디에 있는지 알고 있었고, 짐에게 윙크를 하며 함께 가야 한다고 했다. "입구에 마담이 서 있는 진짜 성매매 업소였습니다. 소파에 앉으면 여자들이 모두 벽에 기대 있었습니다. 나는 믿을 수 없었어요. 여자들은 젊었고 다양한 연령대가 있었지만 대부분은 아이처럼 너무 어렸습니다. … 절망적이고 끔찍했습니다."

짐은 회상했다. "지옥 같은 밤이었습니다. 정말로 지옥이었어요." 남성들은 그들의 방이 있었고 그들은 섹스를 마치면 옆방으로 여자들을 넘겼다. "나는 내 옆 방에서 나는 그들의 소리를 들을 수 있었어요. 생지옥이었습니다."

다음 날 짐은 매우 혼란스러워하며 고통 속에 해변을 걷고 있었다. 그는 우리에게 이야기했다. "비참했습니다. 그건 내 아버지의 세계였어요. 내가 동참하고 싶어 하는 세계였고, 아버지와 아버지가 신뢰하는 친구들, 그들의 동업자들이 내게 가르치는 세상이었습니다. 나는 무엇을 어떻게 해야 할지 몰랐어요." 괴로웠던 짐은 아버지에게 전화했고 귀국하고 싶다고 말했다. 아버지는 주저했지만 곧 동의했다. 짐은 미국으로 돌아왔지만 어떤 방식으로도 아버지와 정서적으로 연결할 수 없었다. 그는 몇 차례 대화 시도가 효과가 없자 관계를 완전히 포기했다.

하지만 이 시점부터 짐의 포르노 이용은 더욱 심각해졌고 강박적이 되었으며 "꾸준하고 능동적 관계"가 되었다. 포르노 잡지와 자위가 그의 정신 안에서 강하게 뒤얽혔고, 그는 마흔 살에 이르기까지 지속적으로 포르노에 탐닉하는 패턴을 보였다. 그가 얼마간 한 여성과 친밀한 관계를 가졌을 때 그것이 포르노에 대한 강박에서 벗어나는 데 도움을 주었지만 관계가 끝나면 즉시 포르노를 이용하는 패턴으로 돌아갔다.

"나는 젠더 작업에서 이 모든 것이 논의된다는 것을 알고 있었습니다. 이러한 이야기를 큰 소리로 말하는 것이 치유의 일부라는 점을 알고 있었고, 그래서 참여하기가 두려웠습니다. 정말로 이 이야기를 하는 것이 두려웠어요. 사람들이 어떻게 받아들일지 모르겠습니다. 하지만 나는 이 이야기를 말해야 한다는 것을 알고 있었고, 포르노는 여성들뿐 아니라 남성들에게도 해를 끼치고 있다는 의미에서 다른 사람들도 제 이야기를 들어야 한다는 것도 알고 있었습니다. 포르노가 내게 미친 영향은 마약 중독과 같았습니다."

중독에서 벗어나는 짐의 여정은 '남성 작업'과 함께 시작되었고, 짐은 자신의 아버지와 관련된 자신의 고통을 다룰 수 있었다. 그는 치료도 받았고 결국에는 그 자신이 치료사가 되었다. 하지만 짐이 가장 극적으로 변하게 된 계기는 그가 신뢰하는 스승이 운영하는 영적 피정 센터에서 보낸 한 달이었다. 그곳에서의 수행이 "중독의 기저에, 행동의 바탕에 무엇이 있는지를 이해하는 데 도움을 주었습니다. 그는 비이원론적 아드

바이타 베단타^{The nondual advaita Vedanta}(힌두철학학교-역주) 전통의 스승이 었습니다." 짐은 이 전통에 따른 집중 훈련을 시작했다. "나는 순간과 마음을 깊게 들여다보기 시작했습니다. 나는 나 자신으로 있어야 했습니다. 탈출구는 없었어요. 이러한 것들이 내게 매우 심오하고 계시적으로 다가왔습니다. 나는 내가 갈망하는 것의 더 깊고 고차원적인 의미를 알아차리기 시작했고, 이것은 내가 무언가를 갈망한다는 알아차림으로 이어졌습니다. 가정에 대한 갈망, 섹스와 관련해 작동하는 뿌리와 깊게 연결되고 싶은 갈망이었습니다."

짐은 그의 갈망이 "신성한 내면의 짝 또는 우리가 사랑하는 사람이라고 부르는 존재"에 대한 것임을 깨닫기 시작했다. "나는 내가 그것을 잡지와 여자들에게서, 그리고 댄서들에게서, 하지만 왜곡된 방식으로 찾고 있었다는 것을 깨달았습니다." 그는 중독의 더 깊은, 근원적인 영적 의미를 알기 시작했고, 이러한 깨달음이 그가 변화할 수 있도록 도왔다. "이것이 내 회복에 있어 가장 중요한 부분입니다. 심오한 의미를 깨닫고 그 의미를 수용하는 방법을 배운 것 말입니다. 나는 여전히 작업 중에 있습니다. 완전히 끝난 일이 아니에요. 내가 여자들을 경험하는 방식, 여성 신체를 경험하는 방식은 바뀌었지만 포르노의 각인은 여전히 깊이 남아 있습니다. 바로 내 안에 있습니다. 나와 포르노는 오랜 역사를 갖고 있고, 일종의 관계를 이루고 있습니다."

짐은 "포르노를 지속적 지배와 분리가 생겨나게 하고, 우리의 섹슈얼리티가 마음과 영혼에서 분리된 상태로 유지되도록 하는 전략의 일부"로 보게 되었다고 설명했다. 그는 포르노가 "우리의 분리, 경멸, 양극화, 소외의 오랜 역사에 맞춰 사람을 대체 가능하며 사용 가능한 상품으로 만든다."는 점을 강조했다. 그가 덧붙이기를 "하지만 잡지 표지 하단에 인쇄된 내용의 이면을 본다면, 즉 무엇이 포르노를 부추기고, 누구의 돈이 어떤 사람들이 어떤 정치적, 사회경제적 세력들이 포르노를 조종하는지 본다면 그것은 완전히 다른 이야기"라고 했다. 그리고 자본 권력, 사회 권력, 정신 권력이 연결된 겉으로 드러나지 않는 그것이 "당신이 잡지 가판대를 향해 걸어갈 때마다 당신을 빨아먹을 준비를 하고 바로 그곳에 있습니다."

짐은 현재 약 10년간 심리치료사로 일하고 있으며 이제는 젠더 화해 워크숍을 열기 위해 동료들과 협력하고 있다. 그의 사례는 포르노 중독 과정에 대한 한 남성의 이야기며, 그는 집중적인 심리적, 영적 작업을 통해 마침내 회복되었다.

우리가 이 책에서 포르노를 살펴본 이유는 포르노가 젠더 치유 작업 과정에서 반복적으로 등장하기 때문이다. 참가자들은 개인의 사생활에 포르노가 미치는 강력한 영향력과 그 결과를 반복해 비슷하게 설명하고 있다. 그러한 사연 대부분은 해롭고 고통스러우며, 파괴적인 특성을 보이고 있다. 소수 참

가자는 자신들의 삶에서 포르노는 중립적이거나 무관한 것이
라고 말하며, 또 다른 소수 참가자는 포르노가 이로운 영향을
끼친다고 생각했다.

이전 장에서 논의한 것처럼 우리 문화의 '섹스의 부정적'인 가
치들을 비난하는 사람들이 가진 합법적 논거가 있다. 하지만
포르노가 치료제가 아니라는 점은 확실하며, 실제로 우리가
젠더 화해 작업에서 목격한 것에 기반하더라도 포르노는 하
나의 증상 이상인 것 같다.

신성한 섹슈얼리티와 탄트라

오늘날 주류 미디어나 반문화 미디어 모두에서 '탄트라'와 신
성한 섹슈얼리티에 관해 이야기하고 있으며, 섹슈얼리티와 영
성에 관해서는 과하다 싶을 정도로 많은 도서와 논문, 워크숍
들이 있다. 특히 힌두교와 불교의 탄트라 전통은 영성과 섹슈
얼리티를 결합하는 기초로 자주 인용되고 있으며, 오늘날에는
오랫동안 감춰진 수행법들을 교육하는 다양한 종류의 세미나
가 있다. 이러한 강좌들에 대한 자세한 리뷰나 분석은 이 책
의 범위를 넘어서는 것이지만 영성과 섹슈얼리티에 관한 기본
정보를 요약해보는 것은 몇 가지 이유로 의미가 있을 것이다.
첫째 섹슈얼리티는 젠더 화해 작업의 근간이 된다. 그리고 섹
슈얼리티는 사티야나 인스티튜트가 주최하는 젠더 화해 워크

숍에 참가한 많은 사람의 경험에서 주요 부분을 차지한다. 둘째, 섹슈얼리티의 영적 측면은 자기 자신과 친밀한 관계를 맺고 있는 사람들이 유해한 성적 조건화로부터 치유되기를 바라는 젠더 화해 워크숍에서 특히 중요하다. 마지막으로 영성과 '탄트라 섹슈얼리티'에 대해 상당한 혼란과 오용, 틀린 정보가 만연해 있다. 그래서 기본적 정보 제공이 중요해 보인다. 이 책의 저자인 우리가 지금 이 분야의 전문가나 능숙한 실무자의 자격으로 말하는 것은 아니며, 여기서 우리가 다루는 것은 표면적 수준이다. 우리의 목적은 이 분야의 심오함에 대한 작은 실마리를 제공하는 것이며, 일부 대중을 현혹시키는 개념들을 제거하고, 관심 있는 독자들이 더 깊은 정보를 찾아보도록 하는 것이다.

성적 조건화는 서구 사회에 극단적이며 파괴적 영향을 끼쳐왔다. 그러한 영향 중 하나는 많은 서구인이 섹슈얼리티에 대한 자신들의 경험과 인식을 전 인류의 보편적 경험과 인식인 것처럼 경솔하게 단정 짓는 결과로 나타났다. 그러나 그렇지 않다. 서구의 섹슈얼리티는 매우 상업화되어 있고, 기독교적 유산은 섹슈얼리티를 억압해왔다. 그리고 섹슈얼리티의 신성한 본질을 왜곡해왔기 때문에 대부분의 서구인에게는 성행위를 신성하고, 종교적이며, 영적인 신비로 생각하는 것은 어렵거나 불가능하다. 서구 문화의 물질주의는 기업과 과도한 부에 국한되는 것이 아니다. 그것은 섹슈얼리티의 탈신성화에도 반영되어 있어 숭배의 형태인 섹슈얼리티를 신체적 욕망과 판타지라는 기계적 성취로 축소해버렸다. 고대와 현대의 다양한 다른 문화권에서는 섹슈얼리티가 완전히 다른 개념적, 경험적 틀 속에서 이해되고 경험된다. 어떤 경우에는 섹슈얼리티가 영적 정화와 깨달음을 위한 중요한 수단이 된다.

아마도 섹슈얼리티의 영적 차원을 존중하는 전통 중 가장 널리 알려진 것은 힌두교와 불교의 탄트라 전통일 것이다. 서구에서 무분별하게 대중화되고 상업화되었을지라도 탄트라 전통의 진정한 본질은 이러한 왜곡된 양상들과는 아무런 관련이 없다. 이는 성경험과 성기능 강화에 초점을 둔 서구의 훈련법이나 워크숍의 효과와 가치를 부인하는 것이 아니라 탄트라가 완전히 다른 것임을 확인하는 것이다. 탄트라는 실제로 수백 가지 경전과 이와 관련된 영적 훈련과 수행들의 복잡한 시스템을 의미하며, 섹슈얼리티와 관련된 것은 극히 일부에 불과하다. 카슈미르 샤이비즘의 탄트라 전통에 대한 다니엘 오디에[Daniel Odier]의 설명처럼 "이는 비할 데 없는 깊이와 미묘함으로 이어지는 통로며, '탄트라'라는 이름으로 서구가 상업화한 산물과는 관련이 없다. 이는 쾌락주의적인 성적 탐색과도, 금욕주의적인 영적 탐색과도 대립된다. 그것이 개인의 전체성을 재통합하기 때문이다."[5]

모든 탄트라 수행의 목표는 영적 해방[moksha] 또는 깨달음이다.

탄트라 수행의 근본 철학은 몸의 감각이 영적 깨달음의 수단으로 활용될 수 있다는 것이다. 탄트라는 결코 성적 영역에 국한되는 것이 아니며, 탄트라 전통들은 신체 경험, 예지적 수행, 명상 훈련, 의식ritual 훈련 등을 통합하는 영적 훈련과 철학, 과학을 광범위하게 포괄한다. 따라서 섹슈얼리티는 탄트라 전통의 다양하고 풍부한 영역 중 한 부분이며, 신뢰할 만한 많은 탄트라 학파 중 실제 성교 수행은 없다.

고대 탄트라 불교의 여성 스승인 사하자요기니친트라Sahajayoginicintra는 탄트라 성 요가의 철학적 본질을 다음과 같이 요약해 보여준다.

저마다 구분할 수 있는 성격을 지닌
인간의 기쁨은
그 특성이 사라질 때
영혼의 무아지경으로 변하고
개념적 생각으로부터 자유로워지고
저절로 생겨나는 지혜의 본질이 되는
바로 그러한 것이다.[6]

그녀는 탄트라 성 요가의 수행을 정체성의 통합을 통해 분리된 자의식을 소멸하는 과정으로 설명하고 있으며, 이 수행에서 "개인은 타자가 누구고 자신 안에서 무슨 일이 일어났는지 알려고 하지 않는다."

불교과 힌두교 탄트라에서, 성 요가 수행은 몸 안의 신성의 깨달음 또는 신성의 현현을 수반하고 있다. 집중적 찬팅과 시각화 훈련들을 통해 탄트라 수행에 입문하고, 문자 그대로 입문자가 되거나 탄트라 수행자와의 통합을 통해 신성을 경험하게 된다. 마이투나^{maithuna(힌두교의 섹스-역주)}로 알려진 제의적 성의식에서는 남녀가 성교로 하나가 되며, 이상적으로는 남녀가 함께 의식을 통해 깨달음에 이르게 된다. 여성은 그녀 자신이 여신이라는 것을 깨닫는다. 여신은 여성이 자신을 드러내는 특별한 형태 중 하나로, 남성은 신성한 어머니의 살아 있는 현신으로서 그녀를 숭배한다.

탄트라 수행의 목적은 관능적 쾌락을 탐닉하거나 영성의 존재를 드러내는 것이 아니라 깨달음에 이르기 위한 수단으로서 역할을 하는 것이다. 탄트라 숙련자들은 한 번의 생에서 완전히 깨달은 부처가 되고자 노력하는데 일반적으로는 깨달은 부처가 되기 위해서는 수많은 생애에 걸친 영적 수행이 필요하다고 믿어지고 있다. 탄트라 수행을 통하면 마음이 아주 깊은 차원에서 열리며, 그에 따라 그릇된 생각, 자기 중심적 감정, 이기적 허영 때문에 생긴 마음속의 모든 매듭, 제약, 강박들로부터 자유로워진다. 이러한 에너지와 두려움들이 표면화되고 그것을 온전히 경험하고 나면 발산되고, 수행자는 그 지배로부터 영원히 자유로워진다.

탄트라 수행에 입문하는 진정한 목적은 다른 파트너가 깨달음에 이르도록 돕는 것이다. 탄트라에서 강렬한 성적 쾌락이나 환희의 경험은 무아지경에 의해 완전히 소멸하는 것이 아니며, 무아지경은 그것의 본질이 공허하다는 성질을 깨달음으로 해서 무아지경이 일어나는 바로 그 순간에 '녹아 사라진다'. 궁극적으로는 성적 결합의 환희에 관한 것은 아무것도 없다. 그 환희는 원천도 없고, 소유자도 없으며 그 자체의 존재도 없다. 탄트라 수행자가 이것을 깨달으면 성적 환희가 지속적으로 고조될 때 성적 환희가 공허하다는 본질을 깨닫게 된다. 수행자는 마침내 보편적이고 광대무변한 인식이라는 거대한 천국을 경험하게 된다.

물론 말로는 이 경험을 설명할 수 없다. 미란다 쇼[Miranda Shaw(미국 저술가. 부처와 불교에 관한 책을 주로 집필-역주)]는 이에 대해 다음과 같이 요약한다.

탄트라 수행에서 수행자는 쾌락을 초월해 나아가며, 쾌락을 통해 쾌락의 뿌리를 찾아간다. 그 뿌리는 마음의 중심이며 순수한 환희로 이뤄져 있다. … 수행자가 이러한 심오한 차원의 환희 속에 있을 때 환희의 대상 또는 환희의 원천 수행자의 파트너에, 그리고 환희 그 자체의 경험에 애착을 느끼기 쉽고,

이 환희는 또 다른 관계의 경험으로 변화하기도 쉽다. 이것이 환희의 경험이 공에 대한 명상과 결합되는 이유다.[7]

탄트라 수행은 책이나 주말 워크숍을 통해 학습할 수 있는 것이 아니다. 이는 수년의 준비, 정화와 집중적 명상 수행을 요하는 최고의, 최상급 수행 중 하나로 여겨진다. 수행의 전제 조건으로 폭넓은 영적 수행과 공에 대한 깨달음, 순수한 동기가 필요하며, 자아가 개별적이며 고립되어 있다는 환상에 대한 극복도 전제 조건에 포함된다. 이러한 준비가 갖춰진 이후에야 수련생은 자신의 깨달음과 탄트라 파트너의 깨달음을 돕는 것을 유일한 목적으로 삼아 탄트라의 길을 시작한다. 달라이라마조차도 배우자와 함께 티베트 성 요가를 수행하기 위한 수준의 영적 성취를 이루지 못했다고 말했다. 일부 대중적인 서구 탄트라 스승 역시도 스스로 고백했다.

탄트라에서 남성이 본인 내면의 신성을 깨닫기 위한 길은 여성 배우자의 신성을 존중하고 숭배하는 것이다. 여성은 깨달음을 위한 변혁 에너지를 위한 통로며, 남성은 그녀를 여신으로서 존경하고 숭배한다. 남성은 '존경하는 여성의 외음부에서 위안을 구하라'는 조언을 받는 신자나 하인이다. 탄트라 수행의 세부 사항들은 비밀이 유지되며, 매우 통제된 상황에서 적합한 수련생들에게만 공유된다. 쇼는 인도와 네팔에서 몇 년간 개인적 연구와 탄트라 수행법을 연구한 후에 자신의

경험을 다음과 같이 설명한다.[8]

나는 내 연구와 학문에서부터 … 심지어 세포 하나하나에 이르기까지 모든 수준에서 근본적으로 변화했다. 육체적으로 완전히 변화해 내 연구의 시작 전에 나를 알았던 사람들은 연구의 마무리 즈음이나 연구 이후의 나를 알아보지 못했다.

나는 여성에 대한 남성의 찬양이 완전한 형태로 존재했다는 것을 알게 되었는데 이전에는 그것을 알지 못했다. 또한 나는 여성의 모습을 한 신성한 이미지들에 둘러싸여 있었고, 서구의 상업적이고 세속적인 맥락이 아니라 종교적인 맥락에서 여성의 벗은 몸을 보는 것은 여성인 나라는 존재를 근본적으로 지지해주는 경험이었다. 남녀 관계에서 가능한 것에 대한 이해와 여성인 나 자신에 대한 이해가 완전히 변화되었다. 나는 서구의 수치심에 기반한 태도들을 내면화하고 있었다. 광범위한 문화에 대한 일반적 태도뿐 아니라 내 인생에서 내게 가해진 특정 형태의 수치심들도 내면화하고 있었다. 그러나 결국에는 그러한 것들로부터 치유될 수 있었다.

나는 여성 존재의 힘과 온전한 성스러움을 만날 수 있었다. 여성은 그 존재도, 모든 세포도, 그 에너지도 본질적으로 순수하고 성스럽다는 탄트라의 가르침 덕분이었다. 이 순수함이나 성스러움은 여성이 이룰 수 있는 무엇이 아니라 존재론적 사실이다.

수피교 스승 르웰린 본 리에 따르면 여성 고유의 영적 순수함은 여성들이 세상에 생명을 불어넣는 창조적 힘과 관련이 있다. 일반적으로는 생리적 출산 능력이 여성의 창조적 힘으로 인식되지만 그보다 훨씬 더 심오하다. 이것은 살아 있는 육체에 인간의 영혼을 담는 영적인 힘이며, 그러한 목적을 위해 여성의 육체적, 영적 중심 에너지는 타고나는 것이다. 그 본질은 완전한 순수며, 신성한 원천^{Source}과 직접 연결되어 있다.

심리적, 영적 변혁과 관련된 탄트라 수행 과정에는 몸의 영적 에너지 중심, 즉 아시아 전통에서 차크라$^{Chakras(차크라는 산스크리트어}$로 바퀴라는 뜻-역주)로 불리는 것을 활성화시키고 정화시키는 비밀스런 교육 과정이 있다. 이는 다양한 요소와 단계로 구성되어 있다. 차크라 중에서는 다음의 일곱 가지가 가장 일반적으로 언급된다. 회음부$^{(물라다라, 뿌리 차크라-역주)}$, 성 중심$^{(스와디스타나, 천골 차크라-역}$주), 배꼽$^{(태양신경총 차크라)(마니푸라-역주)}$, 심장 중심$^{(아나하타-역주)}$, 인후 중심$^{(비슛다-역주)}$, '제3의 눈$^{(눈썹 사이)(아즈나, 미간 차크라-역주)}$', 정수리 차크라$^{(머리}$위)(아즈나-역주). 이 수행 과정은 영적 전통에 따라 다양하게 묘사되며, 각각의 과정을 설명하는 데 상이한 명칭과 개념 체계를 사용하기도 한다.

티베트 쥬왈 쿨의 설명에 의하면 이 과정에는 세 가지 핵심 요소가 있다. 첫 번째는 에너지가 하위 차크라에서 상위 차크라로 이동하는 '상승 흐름'이며, 이것은 하위 차크라의 에너지를 정화하고 정제하는 변성 과정transmutation이라고 불린다. 상승 흐름은 일반적으로 쿤달리니가 활성화되면서 시작된다. 쿤달리니는 일반적으로 척추의 가장 아래쪽 끝에 자리 잡고 잠들어 있는 영적인 '뱀' 에너지로 비유된다. 두 번째는 에너지가 상위 차크라에서 하위 차크라로 향하는 '하강 흐름'이다. 이것은 상위 차크라와 하위 차크라에 활기를 북돋고 정렬하는 변형 과정transformation으로 불린다. 모든 차크라와 미묘한 에너지 통로가 의식적으로 동시에 정렬될 때 세 번째 과정인 변모 과정transfiguration이 생겨난다. 이것은 개인의 존재와 의식이 기존과는 완전한 다른 고차원의 수준으로, 완전히 다른 주파수의 에너지로 변화하기 시작하는 출발점이 된다.

이 과정의 복잡한 내용들은 복합적이고 정교하며 일반적으로는 감춰져 있고, 수행 지망자들의 이해를 완전히 넘어서는 지혜를 통해 전달된다. 그러므로 수행 지망자들이 특정 시기에 자신들이 이 과정의 어느 정도의 단계에 있을지 계획하는 것은 일반적으로 헛된 일이다.

탄트라 섹슈얼리티에 관한 읽을 만한 저서들에는 다니엘 오디에, 미란다 쇼, 게오르그 페르스타인Georg Feuerstein, 리 로조위크Lee Lozowick, 만탁Mantak, 그리고 마니완 치아Maneewan Chia, 배리 롱

Barry Long, 로버트 소보다Robert Svoboda, 앨리스 베일리Alice Bailey(주왈 쿨에 관한 저서) 같은 저자들의 작품이 포함된다.

탄트라 칼리 숭배의 가르침

남인도의 탄트라 성 입문식에 대한 주목할 만한 자전적 이야기가 아마라난다 바이라반Amarananda Bhairavan의 저서 『칼리의 오디야Kali's Odiyya』에서 소개된다. 저자와 그의 파트너는 탄트라의 전문가이자 오디야Odiyya인 프리마Preema라는 저자의 고모로부터 교육과 지도를 받았다.[9] 우리는 영적 섹슈얼리티의 본질과 신성한 어머니에 대한 헌신에 관한 프리마의 가르침의 정수를 요약하는 것으로 이 장을 마무리할 것이다. 아래의 정보와 짧은 인용들은 『칼리의 오디야』에 소개된 프리마와 바이라반 사이의 진지한 대화에서 나온 것이다. 이어지는 내용은 이 가르침들의 풍부함과 깊이를 아주 제한적으로 일부만을 전달하고 있으며, 관심 있는 독자는 『칼리의 오디야』의 전체 이야기를 읽어볼 것을 권장한다. 바이라반은 신간 『빛의 묘약 Medicine of Light』도 출간했다.

프리마도 많은 동서양 영적 전통에서 그러한 것처럼 성적 에너지는 회피하거나 거부해야 하는 대상이 아니라고 말한다. 그녀는 섹슈얼리티는 신성한 어머니의 현현이며, 그러므로 성실한 수행 지망자들이 자신들이 추구하는 신을 부인하는 것은 말이 되지 않는다고 단언한다.

성적 에너지는 순수하며 신성한 에너지다. 신성한 어머니에 대한 겸손함과 사랑이 느껴지지 않는다면 이 에너지는 색욕을 촉진할 것이다. 하지만 마음이 사랑과 이해surrender의 의식으로 가득 찬다면 색욕은 소멸되며, 성적 에너지들은 숭배로 변형될 것이다.(『칼리의 오디야』, 167쪽)

프리마는 성적 에너지의 본질과 탄트라 섹슈얼리티 수행이 수행자들의 몸과 에너지 중심들을 변화시키는 과정을 상세히 설명한다. 그녀는 섹슈얼리티가 일반적으로 의식 이전의 정신 작용을 하는 하위 동물계와 의식적인 정신 작용을 지닌 중간 인간계의 접점인 물라 차크라에 존재한다고 설명한다. 의식 이전의 정신 작용은 어느 정도는 무의식을 넘어서지만 이성이나 고차원적인 정신 작용은 할 수 없는 본질적으로 본능적인 행동 패턴들로 이뤄진다. 물라 차크라는 하위와 중위 세계의 접촉면에 위치하기 때문에 이는 상부와 하부의 대립적 힘에 종속되어 있다. 하부의 마력이 더 큰 영향력을 가지는 경우에 섹슈얼리티는 색욕과 폭력으로 오염되는 반면, 천상의 에너지가 물라 차크라에 더 강력한 지배력을 가지는 경우에는 섹슈얼리티는 사랑과 숭배로 가득 찬다. 그러므로 섹슈얼리티에 접근하는 태도는 모두 중요하다. 프리마는 이것을 다음과 같이 강조했다.

서로 최대한 겸손하게 경배하는 것이 … 섹스를 통해 신성한 쿤달리니를 깨울 수 있는 유일한 방법이다. 섹스가 다른 방식으로 이용된다면 섹스는 기초적 감정들만 일으키며, 어두운 힘에 발판을 제공한다.(『칼리의 오디야』, 160쪽)

물라 차크라는 남녀에게서 여성적인 신성한 영적 에너지인 쿤달리니가 있는 곳이다. 쿤달리니는 보통 척추 아래쪽 끝에서 잠자고 있으며, 종종 똬리를 틀고 있는 뱀의 모습으로 그려진다. 쿤달리니가 차크라들을 통해 상승할 때 의식도 함께 상승하며 실체적인 마음에 대한 의식은 미묘하고도 비현실적인 정신이나 환상으로 용해된다. 수행 지망자는 섹스 의식 동안 자신의 쿤달리니를 깨우지 않는다. 오히려 상대방의 쿤달리니를 깨우기 위해 수행한다.

쿤달리니의 상승이 성적인 생각과 욕구로부터 자신을 자유롭게 할 수 있으며, 상승이 완수될 때 개인은 섹슈얼리티로부터 완전히 자유로워진다. 쿤달리니가 상승을 마무리할 때 물라 차크라 위에는 에너지를 타락시킬 악령들이 없으며 오직 쿤달리니를 찬양하는 천사들만이 존재한다. 그러므로 하위 세계의 영향력이 사라지며, 업보에서 자유로워진다. 프리마는 그 이후에 무슨 일이 일어나는지 다음과 같이 설명한다.

대부분의 사례에서 쿤달리니는 다시 물라 차크라로 내려오는데 더는 그 어떤 악령도 쿤달리니를 무너트릴 수 없다. 이제 상승 경로는 명확해졌으며 쿤달리니 에너지는 천상계로 끌어올려진다. 하지만 쿤달리니의 빛은 옛 지하 세계의 '바닥'까지 비춘다. 단일하고 거대한 초월적 정신을 형성하기 위해 무의식과 상위계를 결합시킨다. 이제 우리는 정신이 분리되지 않는 비법을 전수 받은 자, 즉 오디야가 되었다. 이것은 하나의, 단일한 의식을 초월한 인식을 말한다. … 깨달음 전에 실제로 이다^{ida}, 즉 여성적인 달의 환상적 통로와 핑갈라^{pingala}, 즉 남성적인 태양의 환상적 통로의 개방과 정화가 선행된다.(『칼리의 오디야』, 171쪽)

영혼의 양성성은 섹스를 적합한 태도로 수행할 때 경험할 수 있다. 남녀 에너지의 결합은 남녀에서 발생하지만, 다른 방식으로 발생한다. 남성에게 쿤달리니 깨어남은 자신의 표출된 남성성과 내면에서 억압된 여성성의 결합과 관련이 있다. 남성의 신체적 의식은 양성적으로 변하며, 이것이 이중적인 성적 정체성을 결합시키고, 그리하여 본능적 차원들을 정화하며, 정신이 상위계로 상승할 수 있는 준비를 한다. 여성에게도 동일하고 기본적인 현상이 발생하지만 양성성에 추가로 오디야들은 표출된 여성성이 내면의 억압된 남성성과 결합하는 '완벽한 여성성을' 알아차리게 된다.(『칼리의 오디야』, 171쪽)

이다(의식과 관련된 뇌의 부분들-역주)와 핑갈라(체내의 생명력과 관련된 뇌의 부분들-역주)

관련 통로들이 개방되고 정화되며, 쿤달리니가 깨어날 때 깨달은 여성은 살아 있는 여신, 쿤달리니 자신이 된다.

내 영적 스승 중 한 분이 강조한 것처럼 남성과 여성의 밀교적 신비는 신성하고 비밀스러운 것이기 때문에 이를 조심스럽게 말하는 것조차 삼간다. 프리마도 유사한 충고를 한다. 섹슈얼리티 의식의 과정은 오직 이타적으로 깨달은 스승들만이 진정으로 안내하고 보호할 수 있는 비밀이라고 말한다. 그렇지 않은 경우에는 이 심오한 에너지들이 타락하거나 남용되어 이기적인 목적으로 사용될 가능성이 크다.

진정한 탄트라의 독특한 특성 중 하나는 수행자들이 그들 자신이 아니라 자신의 탄트라 파트너 또는 배우자를 위한 성행위에 참여한다는 것이다. 이것이 보통의 일반적인 섹슈얼리티와 대조되는 점이다. 프리마는 탄트라 수행 자원자들의 높은 순수성에 대해 다음과 같이 설명한다.

이들의 이타심은 정말 극진하며 이들은 서로의 성적 에너지를 상호적인 해방 상태로 이끌어줄 준비가 되어 있다. 스승의 지속적인 지도 아래 이들은 정신을 정화하기 위한 엄격한 수행을 하며, 그렇기 때문에 그들은 자신의 파트너가 자유의 깨달음을 얻도록 하기에 적합한 존재들이다. 이 의식의 준비에 수반된 모든 역경과 위험은 오직 파트너가 자유를 깨닫도록 하

기 위한 것이다!(『칼리의 오디야』, 172쪽)

탄트릭 수행의 가장 중요한 요소는 신성^{Divine}에 대한 진정한 수용과 헌신이다. 이것이 신비로운 전체 과정이 일어나게 하는 것이다. 프리마는 다음과 같이 말한다.

… 신성한 어머니에 대한 헌신이 핵심이다. 헌신은 신비한 에너지의 안전한 발산을 가능하게 하고, 헌신의 초점은 순수한 의도에 대한 알아차림에 맞춰져 있다. 헌신이 없다면 이 에너지들은 끔직해진다.(『칼리의 오디야』, 188쪽)

프리마에 의하면 마음의 평화는 신성한 어머니를 받아들이는 것에서 시작한다. 인생의 모든 행위는 이러한 받아들임을 자각한 상태에서 행해져야 한다. 이렇게 새로운 업보가 생기는 것이 중단되면 기존의 업은 사라진다. 이후 수행 참가자들은 자유로워진다. 이러한 자유를 욕망과 자아의 충동으로 정신이 파편화된 사람은 이해할 수 없다. 신성을 받아들임으로 해서 숭배의 능력이 생겨난다.

숭배는 받아들임에서 시작한다. 오직 받아들임만이 숭배가 드러나도록 한다. 열정의 행위들은 신성화되면서 숭배의 순간들로 변형될 수 있다. 욕망, 열정, 애착 등은 사랑의 정제되지 않은 형태며, 그것의 최고 표현은 숭배다.(『칼리의 오디야』,

190쪽)

탄트라 섹슈얼리티에 대한 핵심 가이드라인 중 하나는 진정한 스승 또는 교사의 지도 아래에서만 성공적으로 수행할 수 있다는 것이다. 이것은 다른 여러 영적 수행에서도 마찬가지지만 탄트라 수행의 경우에는 더욱 그렇다. 기본적으로 자기기만, 자아만족 또는 성적 타락의 가능성이 있기 때문이다. 스승은 크나큰 영적 사랑과 확장된 의식을 보여준다. 학생이나 제자는 모든 저항을 그만두고 자신의 의도와 스승의 의도를 통합하기만 하면 된다. 이런 것은 법과 규칙들로 학생의 생활을 통제하거나 학생을 조건화하는 스승과는 관련이 없다. 오히려 스승과 제자 간 사랑은 심오하며 종종 다수의 화신에 걸쳐 확장한다.

오직 여러 생애 걸친 투쟁과 열정적 탐색을 통해 제자와 스승은 거대한 존재의 시냇물에서 욕망의 흐름에 의해 분리되었던 서로를 발견한다. 허위, 규칙, 그리고 명령이 있을 이유가 없다. 오직 사랑만 있을 뿐이다.(『칼리의 오디야』, 187쪽)

올바른 스승뿐 아니라 올바른 파트너를 가지는 것도 탄트라 수행의 핵심이다. 그렇지 않다면 탄트라 성 수행 참여는 두 파트너를 격상시키는 것이 아니라 몰락시킬 수 있다. 탄트라 수행 지망자들은 쿤달리니의 상승을 위해 수행 참가 전 엄격한 자기정화에 깊이 전념해야 한다. 그렇지 않다면 한 사람 또는 파트너를 이룬 두 사람은 이 의식 동안 교류되는 강력한 에너지와 인상에 속박될 수 있다.

이러한 가르침이 영감을 주기는 하지만 진정한 탄트라 수행은 힘들고 까다로운 특성과 조건 때문에 일반인들이 접근하기는 쉽지 않다. 하지만 이것이 문제가 될 이유는 없다. 이 수행의 가르침은 대부분의 사람이 경험하는 성행위의 아름다움과 풍요로움을 부인하지 않기 때문이다. 반면 탄트라 전통 연구는 섹슈얼리티의 영적이며 신성한 차원들을 밝히고 강화시키는 데 도움을 줄 수 있을 것이다. 그렇지만 만약 우리가 가장 열망하는 것이 신성한 사랑에 대한 것이라면 이런 방식이든 아니면 다른 방식으로라도 그러한 열망은 실현될 것이다. 힌두 신비주의 전통의 가르침들에 공명하며 프리마는 신성한 사랑에 대한 욕망은 궁극적으로 모든 다른 욕망들을 신성한 욕망들로 변화시킨다고 주장한다.

우리가 우리의 삶에서 신성한 섹슈얼리티를 되찾기 위해 탄트라 수행자가 될 필요는 없다. 우리는 한편으로는 오랫동안 섹슈얼리티를 비하하고 억압해왔으며, 다른 한편으로는 외견상 하찮고 강박적인 방식으로 섹슈얼리티를 찬미하는 문화의 마수로부터 에로틱을 되찾아 정화하는 역할을 담당할 수 있다. 신성한 섹슈얼리티의 복합적 차원들, 그리고 이 다양한 차원을 포함하는 이용 가능한 무수히 많은 훈련과 워크숍이 있으며 그것들은 저마다의 위치가 있다. 탄트라 전통에 대한 간단한 공부만으로도 에로틱의 성스러운 영역을 존중하고 주의 깊은 마음으로 에로틱이라는 영역으로 다시 입장하는 데 도움이 될 수 있다. 그리고 우리의 삶에서 성을 포함한 모든 면에서 신성함을 키우는 데에도 도움을 줄 수 있다.

Chapter 7
황금을 수확하는 연금술

여러분 자신을 위한 보물을 땅에 쌓아두지 마세요.

땅에서는 좀 먹고 녹슬어 사라지고,

도둑이 들어와 훔쳐 갑니다.

여러분 자신을 위한 보물은 하늘에 쌓아두세요.

여러분의 보물이 있는 그곳에

여러분의 마음도 있기 때문입니다. - 마태복음 6:19~21

젠더 치유 작업은 필연적으로 내면의 깊은 탐구로 이어지고, 그 여정을 충분히 따라간다면 궁극적으로 참가자들은 모든 것을 포용하는 드넓은 사랑을 깨닫게 된다. 어떤 전통에서는 이것을 '사랑과의 만남'이라고 부르기도 한다. 이것은 신비한 형태의 사랑이다. 드넓은 사랑의 깨달음, 이것이 젠더 화해 작업의 궁극적인 지향점이지만 처음부터 그러한 것을 추구하는 사람은 거의 없을 것이다. 따라서 젠더 화해 작업은 영적이고 신비한 길에 비유할 수 있다. 초심자들은 베일에 가려져 있는 신성한 끌림에 의해 그 길에 들어서고, 시간이 흐른 후에야 그 길이 어떤 길이었는지 알게 된다.

지금까지의 경험에 비춰보면 젠더 화해 작업에 참여하는 사람들의 동기는 다양하다. 어떤 이들은 과거의 상처를 치유하기 위해 온다. 임상치료사, 성직자, 교육자 등은 그들의 전문성을 키우기 위해 온다. 반면 어떤 이들은 퍼실리테이터 훈련을 받고자 오기도 한다. 처음의 동기가 무엇이든지 간에 젠더 화해 작업에 반복해 참여하면 이 작업의 심연을 발견하게 되고, 참가자 자신과 작업과의 관계도 진화한다.

젠더 화해 작업의 배경이 되는 영적 과정과 수피교의 트릭스터trickster 신비 설화는 유사점이 있다. 의심 없는 나그네들은 자신들의 집착 때문에 그 길로 들어서게 되거나 미끼를 꿴 낚시바늘에 걸려 그 길에 들어선다. '사랑'은 이 미끼들을 이용해 나그네들을 끌고 가고, 미끼들은 하나씩 사라진다. 그리고 여행이 지속되면서 사랑은 미끼의 소멸을 뛰어넘는 해체 과정으로 이어지고 개인을, 자신의 에고를, 나라는 인식을 분해하기 시작한다. 이것이 온전히 진행되었을 때 마침내 그 개인에게는 어떠한 방해도 장애도 없는 빛나는 사랑의 마음만 남는다. 젠더 화해 작업을 장기간 지속한 경우 이 과정과 유사한 효과가 나타난다. 최고의 결과는 이 과정이 하나의 길이 되어 그릇된 욕망과 동일시에서 깨어나 자아가 점진적으로 해체되는 것이며, 궁극적으로는 보편적 사랑을 온전히 수용할 수 있는 힘이 생겨나는 것이다.

젠더 화해 작업에는 깊게 감춰져 모호했던 신비가 갑자기 드러난다. 자비, 영성, 사랑이라는 전지전능하고 내재된 힘이 드러나는 순간이 있다. 이것이 젠더 작업의 핵심이 되는 힘이자 빛이다. 이때 참가자의 마음을 움직이게 만드는, 말로 설명하기 어려운 에너지가 생기며, 참가자들의 마음에는 일상적인 이기적 집착을 넘어서는 이타적이며 보편적인 연민의 마음이 생겨난다. 이러한 일이 일어날 때마다 젠더 작업이 새로워지며, 참여자들은 어떠한 방식으로든 영감을 받고 변화하며, 신성한 사랑의 경험을 공유하며 함께 연결된다.

이 설명이 조금은 극적으로 들릴 수 있지만 이러한 경험은 실제하며, 적절한 조건이 갖춰지면 자연스럽고 필연적으로 일어난다. 집단 연금술이 실제로 작동하는 순간이 있으며, 그렇게 공동체는 집단적인 신비와 변화를 경험하는 지점에 이르게 된다. 이러한 신비와 변화가 생겨날 때 신비한 영성과 사랑이 집단이나 공동체를 통해 일어난다. 사랑은 집단이나 공동체 속 개인의 내면에 반영되며, 참석자들이 이 사랑을 자각하는 동시에 서로 내적으로 연결되는 특별한 순간들이 있다. 우리는 이 순간을 '다이아몬드 포인트^{diamond points}'라고 부른다. 이 순간은 모든 이가 경험하는 눈에 띄는 현상, 경이로움, 마법이 존재하는 시간이다. 이 마법을 통해 전체 집단은 보편적인 사랑을 마음으로 수용되는 경험을 한다. 이러한 경험은 인류의 천부적 권리 중 하나며, 베일이 걷힐 때 우리는 '무대 뒤에서' 이 작업을 촉진하며, 모든 참석자에게서 따뜻함과 치유, 빛을 발산하는 영적인 불꽃을 포착하게 된다. 이는 우리를 분리시키는 장벽과 환영을 태워버리는 사랑의 불꽃, 특정 개인 사이의 모든 상호 작용을 초월하는 사랑의 불꽃이다. 그것은 깊고 보편적인 사랑이며, 초월적이고 내재적이며, 정교하고 실질적이며, 자양분이 되며 신비롭다.

이번 장에서는 이러한 경험의 힘과 타당성을 전달하기 위해 근본적인 변혁의 순간들을 제시할 것이다. 집단은 이러한 순간들을 실제로 경험하기 때문에 이러한 순간들은 전체 인류와 인류 사회에서도 근본적 변화가 가능하다는 영감을 주는 경험이자 혼란의 시대를 밝히는 등대가 된다. 이러한 것이 다이아몬드 포인트이자 특별한 은총의 순간이며, 특정 개인의 덕분이라고 말할 수 없는 순간이지만 그 순간에 신성이 가장 분명하게 드러나며, 가장 이해하기 힘든 동시적인 현상이며 가장 극적인 마법이 발생하는 순간이다.

멜트다운, 집단 무의식의 힘

젠더 치유 작업에서 경험하게 되는 도전적 상황 중에는 집단 작업의 조직적 붕괴를 가져오는 특정 유형의 위기들이 있다. 우리는 이러한 상황을 '멜트다운'이라고 부른다. 그 이유는 이때 집단 작업의 완전한 해체가 이뤄지고, 그러한 해체를 통해 기존의 상황이나 맥락이 완전히 다른 것으로 탈바꿈하기 때문이다. 이러한 변화는 수분 정도의 짧은 시간에 갑자기 발생할 수 있다. 서로의 목소리에 귀 기울이고 따뜻한 마음으로 앉아 있던 다정한 사람들의 집단이 집단적 고통과 괴로움을 공유하면서 정서적으로 끓어오르는 용광로로 변하게 된다. 멜트다운은 예측이 불가능하며 때로는 카타르시스를 주기도 하고, 치유의 특별한 잠재력과 영적인 힘이 결합하는 접점이 되기도 한다. 이 순간들은 복잡한 젠더 이슈 사이의 모범적인 균형을 찾아가는 집단적 변화를 일으키는 행운의 순간이다.

멜트다운의 성격을 말로 설명하기는 어렵다. 멜트다운은 순간적으로 강렬하게 일어나는 경험으로, 짧게는 15분에서 길게는 한나절까지 지속된다. 이후에도 초월적이거나 신비한 특성이 계속 유지되기도 한다. 이러한 특성 때문에 참가자는 인류와 영적 여정 사이의 신성한 통합을 분명히 의식한 상태에서 겸손함과 감사함을 느끼면서 워크숍을 마무리하게 된다. 멜트다운은 사전에 계획되거나 조율되지 않으며 그렇게 할 수도 없다. 오히려 자연스러운 위기에서 멜트다운이 발생한다. 이것은 퍼실리테이터들에게도 의미 있는 도전이다. 그들은 고유한 용기와 신뢰를 가지고, 드러난 것을 존중하는 마음으로 발생한 상황에 임해야 한다. 또한 그룹 내에서 제기되는 현장의 욕구를 다루기 위해 우선 순위를 정해 접근하는 방법도 동시에 병행되어야 한다. 이러한 과정에 있는 퍼실리테이터들에게는 고도의 신념, 기술, 감수성이 요구된다.

여성의 고통, 남성의 고통

5일간 워크숍 중 4일째 날 오전 일찍 멜트다운이 발생했다. 안나는 불안한 꿈에서 울면서 깨어나자마자 자신이 쓴 일기를 전체와 공유했다. 그녀의 일기는 자신의 꿈에 대해 그리고 앞선 4일간 수행한 작업에 대해 전체에게 쓴 '편지' 형식이었다.

관련자들에게.

다른 이들이 나보다 더 잘 치유되고 더 풍요롭기를 바라는 것이 비합리적이라는 것을 알고 있습니다. 내가 나 자신에게서 벗어나 다른 이를 향해 가는 것이 얼마나 어려운지 알고 있습니다. 내게 기적이 필요하다는 것을 알고 있습니다. 내 파괴된 자아 이미지만으로는 내 감각을 치유할 수 없다는 것을 알고 있습니다. 나는 거울을 볼 수도 없고, 아름다움을 볼 수도 없습니다. 나는 추하고 매력 없는 여자로 자신을 생각하도록 교육 받았어요. 지식인처럼 생각을 명확하게 표현하고 제시할 수 있을 때를 제외하고는 가치 없는 텅 빈 껍데기 여성으로 내 자신을 보도록 교육 받았습니다. 여성인 내 몸은 텅 빈 시체가 된 느낌입니다. 나는 여러 해 동안 성적인 접촉도, 친밀한 접촉도 없이 살고 있습니다. 남편은 여러 이유를 들어 우리 관계를 끝내면서 내가 여성으로 심각하게 부족한 여자라는 이유를 댔습니다. 모욕감을 느꼈고 아름답게 보이고 싶은 마지막 희망을 버렸습니다. 나는 오랜 세월 동안 아내의 매력을 느낄 수 있는 능력이 있다고 자신을 속이는 한 남자와 살았습니다.

'대화에서 소외된' 나 자신을 발견하자 모든 것이 암흑 속에 잠겼습니다. 꿈속의 나는 건물에서 뛰어내리는 것을 원하고 있습니다. 참을성 있게 내려오는 대신 뛰어내릴지도 모른다는 불안감이 듭니다. 내려가기도 전에 너무 늦어버릴 것 같아 두렵습니다. 어쨌든 매력은 사라지고, 성격은 고약해지고, 정서적으로 불안하고, 너무 가난하고, 너무 평범해지는 것이 두렵습니다. 나 자신이 너무 두렵습니다. 너무 벗어나고 싶어 뛰어내릴 것 같아 두렵습니다.

나는 심각하게 불안정한 상태입니다. 육체적 공격에 대한 두려움뿐 아니라 정서적 공격, 굴욕, 반복된 거절 등 좌절 경험에 대한 두려움 때문입니다. 어떤 남성이 마음을 움직여 "그래, 그녀는 진짜야. 그녀는 지금 무언가를 원하고 있어. 그녀는 만남을 원해."라고 말하는 순간 남성들의 눈에 형편없는 존재로 보일까 봐 두렵습니다. 그리고 그때 거짓말이 시작됩니다. 지난 4일간 배운 것은 내 진실을 분명하게 이야기하는 방법입니다. 다시는 거짓말을 듣고 싶지 않다고 말했을 때, 친밀함을 용기 있게 나눌 수 있는 남성 동맹이 필요하다고 말했을 때 나는 내 진실을 말하고 있었습니다. 내게 여전히 진정성이 남아 있다는 것을 알고 마음이 놓였습니다.

내가 겪은 대부분의 폭력이 정서적 폭력, 존재를 부정 당하는 폭력, 거부 당하는 폭력이었다고 생각합니다. 내가 왜 그토록 내 엄마에게 화가 났는지, 어린 시절 거의 익사할 뻔한 경험에 대한 분노의 대상이 왜 엄마가 되었는지 궁금했습니다. 지금은 알고 있습니다. 그 순간 내 마지막 희망이 엄마였기 때문이고, 나를 마지막까지 보고 있던 사람이 엄마였기 때문입니다. 하지만 엄마는 화장품에 관심을 쏟으며 기뻐하고 있었습니다. 관심이 자기 자신에게 집중되어 있을 때에는 외부의 존재에 무관심하거나 짜증을 내고 아니면 두려움을 갖기 쉽습니다. 관심이 외부에 있을 때는 아무것도 존재하지 않습니다. 나는 내가 쓴 글의 모든 내용이 외부 세계에 대한 것임을 알고 있습니다. 나는 내가 절망적인 이유를 알고 있습니다. 오늘 아침 울며 깨어난 이유를 알고 있습니다. 나는 여자 혼자 자는 것은 수치라고 생각했기 때문에 늙은 마을 여성을 사랑한 희랍인 조르바처럼 불경한 누군가가 필요합니다.

내가 이번 치유 기회에서, 이 워크숍에서 진실로 원하는 것을 가질 수 있다면 성적 치유를 요구할 거예요. 내 몸을 사랑하고 나를 애무함으로써 나를 도와 줄 누군가가 필요합니다. 내 소외감은 구체적입니다. 자신을 괴물같이 느끼는 내 상태에 압도 당하고 있어요. 내가 선택할 수 있다면 욕망의 화염에 불타는 것보다 투신하는 것이 더 좋다는 것을 알고 있기 때문에 천천히 내려가는 길을 찾기 전에 뛰어내릴 것 같아 두렵습니다. 내가 경험한 고립 속에서도 정서적으로 버틸 수 있는 내 자신의 능력에 놀라면서 살아가고 있습니다.

나는 입양되었고 생모는 19세였습니다. 생후 첫 3주간 이름도 없었고, 아무런 준비가 되지 않은 가정에 보내졌습니다. 아동기 내내 정서적으로 문제가 있었고, 내 조숙한 성격을 부끄러워했습니다. 어머니는 성경험에 대한 내 욕구를 자신의 잘못이라고 믿었습니다. 그녀는 성욕의 발생을 막기 위한 작전을 실행했습니다. 그것은 임의적인 것도, 우연한 것도 아니었습니다. 그건 하나의 전략이었고 그 전략 아래에서 성장했고 세뇌당했습니다. 그건 성적 학대보다 더 나쁜 것이었습니다. 나는 절대적인 공포와 수치심을 경험했습니다.

내가 지금과 같이 변한 상태에서 다시 떠올리는 '기억들'이 '사실'인지 모르겠습니다. 하지만 내가 여섯 살 때 여드름투성이의 이상한 10대 소년에게 성적 학대를 당했던 것은 사실입니다. 그는 자신에게 관심을 줄 또래 소녀를 찾지 못했습니다. 그는 강제로 내 손을 자신의 성기에 닿게 했습니다. 나는 병원 진료실의 차가운 불빛 속에서 성폭행을 두 번 당했습니다. 내 오빠는 자신의 외모가 나와 같다면 침대 밑에 숨었을 거라고 말했고, 엄마는 내가 살을 빼지 않으면 실패한 인생을 살게 될 것이라고 말했기 때문에 이제 말하고 싶지도 않았습니다. 그리고 아버지는 내 첫 남자 친구를 '끔찍한 놈'이라는 별명으로 불렀습니다. 이런 단편들로 충분합니다. 나는 가족에게 받은 메시지들을 사실로 믿도록 주입됐습니다.

나는 내게 베풀 수 있는 놀라운 재능이 있다는 것을 알고 있습니다. 나를 치유하고, 영감과 통찰력을 줄 수 있는 용기와 지혜, 능력이 내게 있다는 것을 알고 있습니다. 내 영혼이 앞을 바라보고 있으며, 이곳의 리더십에 참여할 의지가 있다는 것을 알고 있습니다. 하지만 너무 자주 그러한 힘을 잃어버립니다. 너무 자주 겁이 많고, 부적절하고, 여성스럽지 않은 너무 부족한 여자가 됩니다. 혼자서는 해낼 수 없습니다. 형제자매가 지속적으로 용기를 주지 않는다면 굶어 죽게 될 것입니다. 당신들이 나를 소외시킨 대화로 돌아와서 당신들이 내게 어떻게 했는지 볼 것을 요구합니다. 그것은 단지 나만을 위한 것이 아니라 여러분이 상상하는 예쁜 외모에 부합하지 않는 모든 여성을 위한 것입니다. 그렇지 않으면 당신들은 나를 잃게 될 것이고 나는 나 자신을 잃게 될 것입니다. 이 행성은 나를 잃을 거예요. 그리고 우리는 우아하고 아름다운 최고로 특별한 작품을 잃게 될 거예요. 나는 사라질 것입니다.

이 편지를 내 친구들에게 쓰고 있다고 생각했지만 정말로 그들에게 보내는 것인지는 모르겠습니다. 하느님, 당신에게 쓴 것이라고 생각합니다. 이 편지를 당신의 발 아래에 두고 싶습니다. 나는 당신의 자녀입니다. 나는 당신의 포도나무 열매며, 당신의 나뭇가지입니다.

안나가 오랫동안 감췄던 고통의 진실을 드러냈을 때 그 공간에는 깊고 충만한 침묵이 가득했다. 많은 이가 그녀의 이야기에 눈물을 닦았다. 한 여성이 안나의 사연에 천천히 반응하기 시작했다. 이야기가 진행될수록 떨리는 목소리와 흐느낌이 들렸다. 그녀의 흐느낌을 시작으로 몇몇 여성이 하나 둘씩 흐느끼거나 조용히 눈물을 흘렸다. 비통함이 집단에 물결처럼 퍼지기 시작했고, 1~2분이 지난 후 전체 집단은 보이지 않던 경계를 뛰어넘는 강력한 카타르시스적 해방 과정에 들어섰다. 여러 참가자가 깊은 슬픔을 느꼈고, 다른 이들은 그들을 위로했다. 몇몇은 정화와 순수한 불꽃으로 가득한 용광로와 같은 그곳을 돌보는 퍼실리테이터들을 도왔다.

안나의 고통은 그녀만의 것이 아니었다. 비록 그 사연은 개인적인 것이지만 그 사연에 내재된 정서는 너무나 근본적이고 많은 여성이 가진 전형적인 것이었다. 이는 에크하르트 톨레가 집단적 여성의 고통체$^{pain\text{-}body}$라고 명명한 것을 정확히 드러내고 있다. 여기에서 고통체란 수세대를 거치면서 개인 의식과 집단 의식의 깊은 층에 얼어붙어 있어 여성과 남성이 겪어야 했던 치유되지 않은 고통이 집단적으로 응집된 것을 말한다. 안나의 말에는 수천 년간 여성들이 경험하는 억압과 고통의 특징들이 포함되었기 때문에 거대한 호소력이 있었다.

그 공간의 여성들만 안나의 말에 반응한 것은 아니다. 남성들도 깊은 감동을 받았고 많은 이가 눈물을 흘렸다. 어떤 이들은 고통스럽게 드러난 사연에 대한 슬픔으로 가득 차 있었고, 어떤 이들은 개인적 죄의식, 수치심으로 괴로워하고 있었다. 또 어떤 이들은 여전히 억압자의 역할에 갇힌 자신의 모습에 분노를 느꼈다. 유사한 억압을 경험한 사람들도 있었다. 많은 남성이 수천 년간 젠더 억압의 그늘 아래 살고 있는 모든 인류가 만들어낸 이러한 깊은 고통의 눈물을 흘리며 마주하면서 연대와 연민을 표현하고 있었다.

집단적 카타르시스의 에너지가 공동체에 생겨날 때마다 그 공간의 정서는 바다의 파도처럼 소용돌이치며 오르락내리락했고, 이 사람에게서 저 사람에게로 전달되며 집단 전체의 정서를 자연스럽고 극적으로 상승시켰다. 소집단은 상처를 가장 깊게 받은 이들을 보살피며 옹기종기 모여 있었고, 한 사람의 애도 과정이 끝나면 다른 사람을 애도하기 시작했다. 개인 또는 여러 사람에게서 솟아올랐던 에너지가 정점에 올랐다 천천히 진정이 되면 그 다음 사람이 자신을 표현하면서 감정이 솟아올랐다 진정되는 과정을 되풀이하는 것처럼 보였다. 이와 같은 방식으로 집단 내 거의 모든 사람에게 에너지가 전달되었다.

한 시간 이상이 지난 후에야 이러한 파도가 잦아들기 시작했고, 천천히 소멸되었다. 마지막에는 놀라운 평화가 찾아 왔다. 참가자들은 연민 어린 다정함과 사랑의 포옹으로 서로 다가

갔다. 그 공간은 매우 아름답고 안전한 상태가 되었다. 참가자들은 깊은 영감과 친밀함을 느낄 수 있었다.

이러한 부드러운 분위기 속에서 더그라는 남성이 머뭇거리며 말하기 시작했다. 처음에는 그의 말을 거의 알아들을 수 없었다. 베트남 퇴역 군인인 그는 자신의 사연을 말하기 시작하면서 불안해했고, 통제할 수 없을 정도로 흐느끼기 시작해 눈물 때문에 말을 멈춰야 했다. 그는 말을 중단하고 흔들리는 마음을 진정하기 위해 한동안 침묵을 유지했다. 그가 진정으로 애쓰는 모습이 우리를 하나의 집단으로서 결집시켰다. 몇 분 전만 해도 많은 사람의 마음속에서 집단 에너지가 소용돌이쳤지만 이제 더그에게 모든 관심이 집중되었고, 전체 집단은 고통의 손아귀에 사로잡힌 이 남성을 담기 위한 하나의 성배가 되었다. 퍼실리테이터들은 그에게 다가가 강요하지 않으면서도 지지의 마음을 몸으로 표현했다.

조각 조각 나타난 그의 사연은 베트남전쟁 당시의 이야기였다. 그는 베트남에서 그의 소대와 순찰 중이었다. 그들은 베트콩을 찾기 위해 한 마을을 습격했지만 남자들은 보이지 않았다. 여자들과 아이들, 몇 명의 노인만 있었다. 소대는 매설된 지뢰가 가득해 지나기 두려운 논을 통과해 나아가라는 명령을 받았다. 그들은 상당 수의 마을 여자들을 포로로 잡았다. 마을 밖으로 향하던 중위가 갑자기 여자들에게 논을 통과해 군인들 앞으로 걸어오도록 명령했다. 이 결정의 논리는 간단했다. 논에는 지뢰가 있다. 여자들이 먼저 걸어가면 여성들이 지뢰를 밟아 폭발시켜 지뢰를 제거하거나 지뢰가 없는 안전한 경로가 드러나는 것이다. 어느 쪽이든 소대원들은 여자들의 발자국을 따라가면 안전한 것이다. 이는 중위의 관점에서 합리적 선택이었다. 그가 우선적으로 보호해야 할 대상은 적을 방조한 혐의가 있는 베트남 여자들이 아니라 그의 부하들이었다.

당시 열아홉 살 소년병이었던 더그는 그날 발생한 일에 대한 책임을 느끼고 있었다. 그는 고통으로 몸부림치기 시작하며 자신이 중위에게 이의를 제기했어야 했으며, 그 행위를 중단시키고 명령에 불복종하는 무언가를 했어야 했다고 반복해 이야기했다. 하지만 그는 여자들이 하나씩 논을 통과해 나아가기 시작했을 때 다른 소대원과 함께 지켜보았다. 긴장된 시간이 몇 분 흘렀다. 선두 여성이 발을 잘못 디뎠고, 갑자기 그의 눈 앞에서 터져버려 산산조각이 났다. 곧 모든 여자가 죽을 때까지 두 번째, 세 번째, 네 번째 여성이 쓰러졌고, 피투성이 조각난 시체들이 미국 병사들을 위한 안전한 길을 표시해주었다.

더그는 이 경험을 과거에는 그 누구에게도 말하지 못했다. 그의 이야기에 동반된 가슴을 에는 듯한 슬픔과 분노는 오싹할 정도였다. 그는 모두의 앞에서 구역질하고 몸부림쳤으며 헐떡였다. 심리적 고통뿐 아니라 신체적 고통도 겪는 것처럼 보였다. 기억의 공포 때문에 가슴이 찢어지는 것처럼 손은 머리와 가슴을 움켜쥐었다.

그가 바닥에서 몸부림칠 때 남성 퍼실리테이터 중 한 명이 다가와 더그를 꼭 안았다. 더그의 극심한 고통이 폭발하고 있었다. 두 남성은 거친 레슬링 시합을 하듯이 함께 껴안았고, 남성 퍼실리테이터는 더그가 다치지 않도록 어느 정도 힘을 주며 보호했지만 한편으로는 자연스럽게 고통스런 몸부림을 할 수 있도록 도왔다.

D. H. 로렌스의 소설 『사랑에 빠진 여인들^{Women in Love}』에는 두 남성 주인공이 공격성과 부드러운 애정을 동시에 담아 레슬링 시합을 하는 장면이 나온다. 이 사건은 로렌스가 남성들에 관해 전달하고자 하는 것과 다르지 않다. 남성들이 남성적 강인함에 내재된 날 것 그대로의 극단을 이해하고 다루는 방식이다. 우리는 우리가 조금 전에 공유한 여성들의 고통에 대한 대응물을 목격하고 있었다. 한 남성의 개인적 고통이 있었고, 그의 경험은 개인적인 것이었지만 근본적이고 보편적인 것이어서 신비할 정도로 여성들의 경험과 균형을 이루며 공명하고 있었다. 더그의 고통에 우리 모두의 심장이 마비되었다. 더그의 고통 속에 남성들이 수천 년간 직면해온 억압, 조직적이고

전략적인 인류의 전멸을 수반하는 억압의 특징들이 정확하게 담겨 있었기 때문이다.

안나의 사례와 마찬가지로 이 순간의 슬픔이 그 공간에 있는 모든 이의 마음을 울렸다. 레슬링을 하던 남성들의 힘이 조금씩 빠지기 시작했고, 기운이 다하자 치유가 시작되는 듯 침묵과 허탈함이 찾아왔고 그곳에 있는 모든 사람이 눈물을 흘렸다. 카타르시스가 발산되었다 잦아들자 더그는 바닥에 앉아 벽에 기댔다. 눈물은 여전히 흘러내렸지만 거친 숨소리를 제외하고는 조용해졌다. 누구도 말하지 않았다. 누구도 무슨 말을 해야 할지 몰랐다.

우리는 계속 무거운 침묵 속에 함께 앉아 기다렸고, 취약함과 슬픔을 느끼며 이 남성이 자신을 용서할 수 있는 힘을 갖게 되기를 바랐다. 이 힘은 천사의 모습으로 나타났다. 한 아시아계 여성이 자리에서 일어나 기운이 빠진 더그가 앉아 있는 곳으로 걸어갔다. 그녀는 그 옆에 무릎을 꿇고 부드럽게 그를 안아주면서 그의 눈물을 손으로 닦았다. 그를 안아주는 모습이 마치 당시의 베트남 여성처럼 보였다. 우리는 말로 설명할 수 없는 이 순간의 전율을 침묵 속에서 경험했고, 함께 감사해했으며, 이후 우리는 인류가 지닌 고통의 원형에 접속해 그 고통을 함께 통과하고 있음을 깨달았다. 우리는 지금의 우리보다 우리를 더 성장시킬 수 있는 치유의 순간, 이 순간에 머무는 것이

정말 행운이라고 느끼는 것 이상으로 훨씬 더 성장할 수 있는
치유의 순간을 함께하고 있다는 것을 알고 있었다.

치유의 인사

멜트다운의 또 다른 사례는 참석한 워크숍의 대부분 시간을
조용히 보냈던 젊은 여성과 관련된 것이다. 그녀는 남성들이
여성들에게 가한 오랜 폭력에 대한 아픈 기억으로 괴로워하
고 있었다. 그녀는 개인적 분노와 슬픔을 워크숍에 참석한 특
정 남성들에게 투영하지 않도록 특별한 돌봄을 받았으며, 그
중 누구에게도 개인적 책임을 묻지 않았다. 그럼에도 그 폭력
에 대한 기억은 그녀에게는 분명한 현실이었으며, 그녀가 이
에 대해 이따금 언급하기는 했지만 비교적 담담하고 부드러
운 어조로 말했다. 워크숍의 마지막 날 아침에 남성 중 한 명
이 그녀에게 다가갈 수 있는 행동이나 말이 있는지 부드럽게
질문하자 그녀가 대답했다.

그녀의 말은 신중하고 통찰력이 있었고, 남성들에게 받은 다
양한 방식의 깊은 상처에 관해 이야기했다. 그녀는 이전에 작
은 목소리로 조금씩 이야기했던 것과 달리 명료하고, 설득력
있게 이야기했다. 모든 이가 그녀의 취약성을 드러내는 진정
성에 감동 받았고, 이후 몇몇은 이 여성의 정직과 용기에 진심
어린 존경을 표했다. 남성 중 한 명이 토킹 스틱을 들고 그녀

에게 "나는 당신을 존중하는 마음과 함께 경의를 표하고 싶어요."라고 말했다. 그러고는 그녀 앞에서 큰 절을 하며 이마가 바닥에 닿을 때까지 몸을 숙였다. 그는 자신이 할 수 있는 최고의 진심을 담아 고개를 숙였다. 그녀는 놀라서 말이 없었다. 그녀는 자신에게 생긴 일이 너무 좋아 믿을 수 없었고 의심이 들 정도였다. 그럼에도 자신의 눈앞에서 벌어진 일을 보는 동안 마음이 움직였다. 그리고 그녀의 마음이 열렸다. 남성이 2분을 꽉 채워 절하는 동안 여성은 부드럽게 바라보고 있었는데 불신과 감사의 마음이 교차하는 듯했다.

그녀는 이 남성의 이런 행동을 보고 나서 강간 당한 경험에 대한 더 깊은 이야기를 했다. 워크숍 기간에 그녀가 그 경험에 대해 길게 말한 것은 처음이었다. 이것을 들으면서 여성 중 한 명은 자기도 모르게 소리를 내며 울기 시작했다. 그녀의 흐느낌은 울부짖음이 되었다가 곧이어 고통 가득한 비명이 되었다. 다른 이들도 울기 시작했고 이어서 비명을 지르기 시작했다. 1~2분 사이에 집단 전체가 깊은 슬픔에 빠져 들었다. 많은 이가 서로 안은 상태에서 통제할 수 없이 울거나 흐느꼈다. 이러한 멜트다운 상황이 한 시간 반 지속되었고, 사람들은 깊은 슬픔과 분노에 이르렀으며, 개인적인 동시에 전형적인 고통의 어두운 동굴을 통과하기 위해 서로 지지했다. 퍼실리테이터들은 몇몇 참가자의 도움을 받아 가장 깊은 슬픔을 표출하는 사람들을 정서적으로 지원했다. 마침내 공간을 채웠던 슬픈 에너지들이 사라지기 시작했고, 참가자들은 연약하고 섬세한 자신의 내면 밖으로 나와 사랑과 지지의 마음을 함께 나눴다. 이 경험은 언어를 초월한 것으로써 글로 다 전달할 수 없는 감동을 주었다.

앞에서 언급한 것처럼 우리의 지성보다 더 높은 차원의 무언가가 모든 과정을 조율하는 것 같은 묘한 느낌을 받게 되는데 그것은 참가자들 개인의 고유한 성격에 적합한 방식으로 내면의 이슈가 촉발되기 때문이다. 다층적으로 증폭되어 가는 이 경험을 계획하거나 조정하는 것은 불가능하며, 몇몇 사람은 이 경험 속에서 자신에게 적합한 치유를 위해 필요한 것들을 정확히 얻게 된다. 심오하고 신비한 무언가가 이 과정을 함께하며 이 과정을 이끌어 가는 것이다.

절을 한 남성은 최근 하버드대학교 신학부를 졸업한 젊은 목사다. 자신의 워크숍 경험을 다음과 같이 말했다. "내가 이 워크숍에서 경험한 것이 내 인생의 다른 어떤 단일 경험보다도 더 강한 믿음과 희망과 사랑을 주었습니다. 지난 11년간 내 신앙과 지금까지 집단 작업에 참여하면서 얻은 다양한 경험에 비춰보면 이번의 경험은 작은 알아차림이 아닙니다."

집단 안에서의 동시성

다이아몬드 포인트의 사례는 놀라울 정도로 유사한 개인사를 지닌 남성과 여성을 보여주고, 워크숍이 진행될수록 그러한 사례의 중요성은 더 커진다. 다른 사람에게 알려지지 않은 개인의 사연은 언제든지 폭발할 수 있는 잠재력을 지닌 채 뒤엉켜 있다. 그러한 개인사가 워크숍 기간에 치유되는 다행스런 경우에도 그렇다.

두 참가자 데이비드와 케이시가 오후 세션에서 호흡 체험 작업의 짝이 되었을 때 동시성이 시작되었다. 이 둘은 워크숍 전에는 만난 적이 없고, 임의로 짝이 되었으며, 둘 다 50대의 보건 전문가였다. 호흡 작업 동안 케이시는 자신의 남자 형제들의 친구였던 10대 소년들에게 당한 성폭행 트라우마가 환기되는 강렬한 체험을 했다. 케이시는 특히 이 폭행에서 두 오빠의 역할 때문에 고통을 받았다. 일종의 집단 성폭행이었다. 그녀의 오빠들은 성폭행에 직접 관여하지는 않았지만 성폭행을 막기 위한 어떤 행동도 하지 않았다. 케이시가 열살 때 일어난 일이다.

데이비드는 그녀의 호흡 세션 동안 케이시의 돌봄 파트너였다. 그녀가 아동기 트라우마를 환기하며 강렬한 슬픔과 휘몰아치는 정서적 파도를 헤치며 나아갈 때 그녀의 옆에서 섬세하게 그녀를 돌보았다. 몇 년간 몸 작업을 기반으로 심리치료사가 된 데이비드는 숙련된 실력으로 연민과 지지를 보내면서 케이시를 위한 '마음의 공간을 확보해주었다.' 이러한 상호 작용을 통해 두 사람 사이의 존중과 애정은 강력한 유대감을 형성했다. 이것은 이후에 발생한 일들을 통해 치유 작업에 반드시 필요한 것임이 입증되었다.

이후 며칠에 걸쳐 진행된 워크숍에서 케이시는 전체 집단과 자신의 사연을 공유했다. 두 여성 루스와 수잔도 근친상간과 아동기 성폭행 사연을 밝혔다. 하지만 남성 진실 포럼 동안 데이비드가 약 25년 전 열 살 의붓딸을 강간했다는 충격적인 과거를 고백했을 때 상황이 완전히 변했다. 충격의 파동이 집단에 흘렀고 케이시와 다른 두 여성이 특히 강한 반응을 보였다. 케이시는 너무 혼란스러워서 말을 할 수 없었다. 집단의 정서적 폭발이 급속히 일어났다. 폭발력은 너무나 컸다. 케이시는 극심한 혼란 상태에서 그 장소에서 뛰쳐나갔고, 워크숍을 완전히 떠나기로 결정했다.

집단은 커다란 혼란과 혼돈에 빠져들었다. 격분, 슬픔, 그릇된 투사의 표현들이 퍼져나갔다. 여성 퍼실리테이터 중 한 명은 케이시를 따라 나갔고, 그녀를 압도한 배신과 불신의 감정들을 처리하기 위해 애쓰는 그녀를 도와 개인 작업을 진행했다. 케이시는 분노와 절망으로 어쩔 줄 몰라 했다. 그녀는 데이비드에게 배신감을 느꼈다. 그녀는 자신의 치유 과정 동안 그가 보여준 지지에서 이중성과 위선을 보았다. 그녀는 과거 또는 현재의 가해자가 치유 작업에 참가하지 못하도록 하는 사전 검사 없이 참석자를 받는 젠더 화해 워크숍의 진행 방식에 대한 진실성에 강한 이의를 제기했다.

한편 다른 퍼실리테이터들은 집단에서 작업을 계속했으며 역동의 변화를 다루고 있었다. 루스와 수잔은 데이비드와 케이시만큼 가깝지 않았지만, 케이시의 감정에 깊게 공감하고 있었다. 그들은 데이비드에게 자신의 과거를 집단에 밝힌 이유와 그러한 행동을 언제 어떻게 했는지 물었다. 데이비드는 상처를 주기 위해서가 아니라 치유에 도움을 주고자 고백했다고 설명했다. 그는 다른 이들이 겪은 고통스러운 학대를 들으며 자신이 과거에 공모자였음을 밝힐 도덕적 책임감을 느꼈다고 했다. 데이비드는 자신의 과거 사건을 밝히는 것이 자신에게 얼마나 어려운 일인지 설명했고, 혼성 집단에서는 처음 말하는 것이라고 했다. 그것을 말하지 않는 것은 함께 수행 중인 사람들의 용기에 대한 조롱처럼 느껴져서 용기를 냈다고 했다. 남성 진실 포럼은 이를 다루기에 적절한 순간처럼 보였다. 사실 그는 전날 남성 집단에서 먼저 자신의 사연을 공유했고 안전함을 느꼈다. 그리고 집단 내 여성들, 특히 케이시, 수잔, 루스는 자신의 과거를 알 자격이 있다고 생각했다. 자신이 과거의 잘못을 고백함으로서 집단 내 강간의 상처를 갖고 있는 참가자들의 치유에 도움이 된다면 혹은 미래에 도움이 된다면 그는 "불 속에 서 있을" 준비가 되었다고 말했다.

상당한 시간이 흐른 후 케이시가 마침내 집단으로 돌아왔다. 그녀는 집단의 지지를 받으며, 데이비드에게 직접 자신의 분노와 배신감을 표현하기로 결심했다. 이야기를 시작할 때는 매우 초조해했지만 이야기를 시작하자 아동기 사건들에 관해 오빠들이 자신을 보호해주지 않은 배신, 그리고 이 배신이 자신의 인생을 파괴한 방식에 관한 강렬한 감정들을 표출했다. 그녀는 우리가 함께하는 작업이 얼마나 부서지기 쉬운 것인지 말했고, 서로를 완벽하게 존중해야 한다고 말했다. 이어서 그녀는 데이비드에 관한 혼란스러움을 말했다. 그는 자신에게 친절하고 존중하는 태도를 보였다고 했다. 이야기하면서 그녀의 태도가 변했다. 지금 데이비드의 행동에서는 어떠한 잘못도 찾을 수 없다고 단언했으며, 자신에게 중요한 것은 그의 역사를 아는 것이고, 자신의 역사를 용기 있게 고백함으로써 그녀에게 그의 역사를 알 수 있는 기회를 진실하게 제공한 것도 인정했다. 그녀가 말하는 동안 모순된 감정과 인식들이 충돌해 때로는 울고 소리치기도 하고, 때로는 웃으며 앉아 있었다. 결국 그녀는 데이비드가 자신의 과거를 밝힌 의도가 누군가를 해치기 위한 것이 아니었다는 것과, 그에게도 수행 중인 작업 안으로 자신의 상처와 공모의 경험을 가져올 권리가 있다는 것을 분명히 확인했다.

워크숍에서 이 이슈에서 비롯된 여파는 저녁을 지나 다음 날까지 이어졌다. 마지막 날 저녁에 서로에게 존중을 표현하기 위한 여성과 남성의 의식이 진행되었다. 의식 중 성학대 생존자 중 연장자인 루스가 일어나서 치유 존재로서 누군가 기증한 화분 식물을 들어올렸다. 그녀는 방 안을 가로질러 천천히 데이비드에게 걸어갔고 그 앞에 식물을 놓고 손을 뻗어 그의 손을 잡았다. 그녀는 그의 행위 때문에 깊은 슬픔을 느끼기도 하고, 자신도 또 다른 남성의 손에 그러한 고통을 받았지만 집단에 그 이야기를 드러내고, 과거를 뉘우치고, 치유하고자 하는 용기를 존중한다고 말했다. 그녀는 그에게 이 과거의 죄를 치유하기 위해 분명 개인적으로 많은 노력을 했다는 것을 안다고도 말했다.

이어서 수잔, 그 다음은 케이시가 앞으로 나왔다. 모두 데이비드에게 손을 내밀었고 용서와 이해의 행위가 이어졌다. 모두 그의 용기를 언급하며 이 용기가 그뿐 아니라 자신들의 치유에 끼친 영향에도 경의를 표했다. 모두가 눈물을 흘릴 때 데이비드도 계속 오열했고, 함께 눈물을 흘리며 데이비드와 케이시가 부드럽게 포옹했다. 둘 사이를 흐르는 에너지는 마법과 같았다. 근본적 치유가 가능했던 것은 가해자와 피해자가 함께 앉아 자신들의 고통에 대해 슬퍼하고, 자신들에게 고통을 준 사람들을 용서했기 때문이다.

이 네 명의 존재, 세 생존자와 가해자 한 명이 서로 이야기를 나누며, 대화에 마침표를 찍는 눈물과 웃음을 보이는 모습이 전체 집단에 큰 감동으로 다가왔다. 이 순간 이들의 대화 중 많은 부분은 집단 내 나머지 사람들에게는 들리지 않았지만 이들이 외부로 발산하는 치유의 에너지는 모두에게 강렬히 빛 나고, 모두를 북돋워주었다. 나머지 우리는 네 사람 주위에 원 을 지어 모여 치유와 용서의 노래를 부르기 시작했다.

루스는 3년이 지난 후 다른 워크숍에서 이 젠더 워크숍이 자 신의 삶을 근본적으로 변화시켰고, 그것이 그녀 인생에서 자 신이 한 가장 중요한 일 중 하나였다고 말했다. 케이시도 수년 에 걸쳐 비슷한 말을 했고, 그 이후에도 그녀는 젠더 화해 워 크숍에 반복해 참석했다. 데이비드 역시 깊은 고마움을 표시 했으며 젠더 화해와 관련된 치유 작업에 대해 큰 관심을 표현 하기도 했다.

자발적 용서

이번 장의 마지막 사례에도 놀라운 치유의 경험으로 안내하 는 동시성이 담겨 있다. 이번 사례는 여성 참가자인 쉐런이 남 자 친구에게 당한 데이트 성폭행의 트라우마를 공유하며 시 작되었다. 곧이어 또 다른 여성 참가자 브렌다가 자신의 데이 트 성폭행 경험을 공유했다. 두 경험의 세부 내용은 달랐지만 일반적 패턴은 동일했다. 두 여성 모두 사랑하는 남성 연인에 게 강간을 당했고, 강간 경험 자체뿐 아니라 그 이후의 깊은 배반과 혼란으로 트라우마를 겪고 있었다.

한편 동일 워크숍의 남성 참가자인 마이크는 워크숍이 진행될수록 더 말이 없어지고 기운이 없어 보였다. 결국 호흡 작업 세션을 끝낸 오후에 마이크는 남성 집단 안에서 쉐런과 브렌다에게 발생한 일은 그의 인생 경험 중 일부기도 하다고 밝혔다. 더듬거리는 슬픈 목소리로 말하던 그는 정확히 동일한 방식으로 전 여자 친구뿐 아니라 아내에게도 폭력을 가했다고 말했다. 마이크는 조용히 단언했다. "내가 한 것은 데이트 강간이었습니다. 하지만 나는 쉐런과 브렌다가 말한 사연을 듣기 전까지는 한 번도 그렇게 생각하지 못했습니다." 마이크의 인생에서 처음으로 두 여성에게 데이트 강간을 한 현실의 자신을 직면했다.

몇 시간이 흐른 후 마이크의 깨달음이 불러온 힘이 그를 사로잡았고, 그는 깊은 슬픔과 비통함에 빠져들었다. 집단의 몇몇여성은 그날 저녁 그의 변화된 행동을 알아차렸고, 그에게 무슨 일이 있는지 질문했지만 마이크는 시선을 피할 뿐 답하지 않았다.

잠을 이루지 못하고 뒤척인 마이크는 다음 날 결심했다. 그리고 진실 포럼 동안 전체 집단에서 자신의 깨달음을 공유했다. 마이크가 자신의 사연을 말했을 때 여성 사이에서 침묵의 충격파가 퍼져 나갔다. 그는 자신의 행동을 '내' 여자들에게 하는 마초적 성행위로 여겼으며, 그렇기 때문에 자신의 행위 때문에 괴로워하는 아내나 여자 친구의 항의를 전혀 진지하게 생각하지 않았다며 후회했다. 이야기를 마쳤을 때 마이크는 슬픔의 눈물을 흘렸다.

하루가 흐르고 마이크의 괴로움과 수치심은 더 커지고 극단적이 되었다. 그는 여자들과 눈을 맞추려 하지 않았고, 특히 쉐런과 브렌다의 강력한 보복이 있을까 봐 두려워했다. 남성 참가자들을 비롯한 집단 내 많은 이가 그에게 손을 뻗었다. 마이크가 치유되고 새롭게 깨닫는 과정을 보는 것은 놀라운 경험이었으며, 많은 이가 그의 진심 어린 후회에 마음을 열었다.

워크숍이 끝날 무렵 쉐런이 자발적으로 마이크에게 다가가 그의 슬픔을 위로했을 때 놀라운 일이 일어났다. 마이크는 처음에 충격을 받았고, 쉐런의 위로를 믿지 못하는 것 같았다. 특히 쉐런과 브렌다와의 접촉을 피하고 있었기 때문에 더욱 그랬다. 그는 여전히 과거의 행동에 대한 죄책감과 수치심을 가지고 있었다. 쉐런은 그의 손을 잡고 다음과 같이 설명했다. 자신이 당한 것과 동일한 악행을 저지른 남자와 같은 집단에 있는 것이 고통스럽기는 했지만 자신의 잘못을 스스로 돌아보는 행동은 자신의 남자 친구라면 절대로 할 수 없는 행동이라고 했다. 그래서 자신도 모르게 한 남성이 진심으로 자신의 폭력적 과거를 직면하는 모습을 목격하는 것이 그녀에게 치유가 되었다고 말했다. 그녀는 이렇게 인정하고 통렬하게 후회하는 남성을 결코 본 적이 없다고 하면서 그것에 대해 고마워했다. 브렌다 역시 몇 분 후 유사한 표현을 했다.

마이크는 차원이 다른 수준의 관용과 겸손에 감동을 받아 슬픔과 감사가 뒤섞인 눈물을 흘리며 흐느껴 울었다. 두 여성이 마이크의 옆에 앉아 그의 손을 부드럽게 잡은 채 서로 안고 울었다. 이 세 명은 서로 살며시 포옹했으며, 그들의 자발적인 '용서' 의식을 창조해냈다. 전체 집단은 황홀해하며 이들의 모습을 목격했고, 이 놀라운 치유의 순간이 지닌 아름다움에 뜨겁고 진한 마음의 눈물을 흘렸다.

이처럼 마음의 심연을 치유하는 아름다운 순간은 젠더 치유 과정에서 자연스럽게 나타난다. 이따금 이러한 집단 치유라는 보석은 각 참가자의 개인적 상처가 정화되고 치유된 후에야 집단 안에서 발생할 수 있다고 생각하는 사람들이 있다. 하지만 이는 사실이 아니다. 오히려 치유의 다이아몬드 포인트는 비록 소수일지라도 그 소수가 기꺼이 고난 속으로 뛰어들어 가서 더 큰 지혜와 사랑이 작동하도록 하는 도구가 되고자 할 때 자연스럽게 발생한다. 그리고 이 치유의 순간은 더 큰 집단이나 공동체에 영감을 불어넣고, 연이어 펼쳐질 치유 단계를 위해 필수적인 신뢰와 진실성이 깊어지는 계기가 된다.

따라서 젠더 치유 과정은 유명한 양파 껍질 벗기기의 비유처럼 단계들마다 한 층 더 깊은 것들을 드러내면서 진행된다. 그리고 단계마다 집단의 신뢰와 연대는 깊어지고, 깊어진 신뢰와 연대가 다음 단계로 나아갈 수 있는 조건이 된다. 따라서 쌓여가는 친밀함과 교감은 젠더 화해 과정의 본질적인 부분이며, '마지막'에 발생하는 '선물'이지만 보상이 아니다.

젠더 치유 작업의 놀라운 점은 이 작업의 진정한 토대와 내적 동기가 사랑을 원하는 우리 각자의 마음속에 있다는 것이다. 하지만 이러한 바람은 상당 부분 베일 속에 가려졌기 때문에 남성과 여성이라는 양 극단, 관계의 딜레마, 억압, 힘, 욕망의 역학 등의 다양한 모습으로 나타난다. 우리는 베일에 감춰진 이러한 뒤얽힘을 '문제들'로 경험하고, 이는 세상에서 해결과 치유의 대상이 된다. 그래서 우리는 그것의 해결을 바라며 치유 작업을 추구하고 그리고 그렇게 정말로 치유는 일어난다.

하지만 동시에 우리가 계획한 것 이상의 다른 일이 또 일어난다. 왜냐하면 젠더 작업의 핵심은 근본적이고 복잡한 매듭을 풀고자 하는 것이고, 그 매듭이 풀렸을 때 인간의 욕망에 내재된 깊은 신비한 충동이 드러나기 때문이다. 젠더 작업이 그토록 강렬한 이유는 이 매듭이 모두 함께 뒤얽혀 있는 다수의 원초적 힘들의 집합체라는 사실이다. 이 힘에는 다음과 같은 것들이 포함되어 있다. (a) 억압과 불공평의 가부장적 역학. 이

는 매우 오래된 것이며 인간 정신에 깊이 배어 있다. (b) 사랑
에 대한 마음속 깊은 갈망. (c) 성적 열정과 표현에 대한 욕망,
그리고 (d) 다른 사람, 신성과의 친밀함에 대한 갈망. 이러한
복잡한 매듭이 젠더 다양성 작업과 다른 종류의 다양성 작업
을 구분하게 한다. 그것은 강한 성적 열망과 친밀함에 대한 마
음속 불타는 욕구라는 씨실과, 수천 년에 걸친 구조적 폭력이
라는 날실이 함께 엮여 있기 때문이다.

젠더 작업의 독특함은 인간 마음의 가장 미묘하고 취약한 갈
망들을 권력, 생존, 지배 구조, 문화 정의, 도덕성이라는 복잡
한 이슈의 한 복판으로 가져온다는 점이다. 이런 이유로 우리
는 젠더 매듭 풀기가 우리 사회의 많은 구조적 불공평을 풀어
내는 촉진제가 될 것으로 확신한다. 조화롭지 않은 젠더는 인
간 사회 불공평의 한복판에 있다. 그러므로 젠더 치유는 다양
한 차원에서 우리 사회를 치유하고, 인간 조건의 가장 근본적
인 진실들을 드러내고 변화시키기 위한 기본적 작업이다.

Chapter 8
치유의 말 이상의 변혁적 힘

진실된 모든 것은 침묵 속에서 가고, 침묵 속에서 온다. - 메헤르 바바

젠더 화해 작업에서 참가자들은 정서적 도전과 대인 관계의 도전을 경험하게 되고, 심리적이고 문화적인 뿌리에 기반을 둔 오랫동안 지속된 집단 역동을 경험하게 된다. 때로는 섬세하고, 때로는 예측이 어려운 영역을 효과적으로 안전하게 항해하기 위해서는 언어적 커뮤니케이션과 대화를 넘어서는 집단 작업 과정을 순조롭게 진행하기 위한 숙련된 기법들이 필요하다. 남녀 사이의 진정한 치유와 화해는 단순한 인지적 교류나 대화만으로는 거의 불가능하다. 대화가 중요하기는 하지만 기본으로 언어적 커뮤니케이션은 지속적 치유와 변혁을 촉진하는 부분적인 수단으로만 기능한다. 의식과 감각의 알아차림이라는 다른 차원들도 필요하다. 경험적 방법, 개인의 한계를 초월하는 방법, 사색적 방법 등이 진정한 치유와 변혁을 위해 필요하다. 이번 장에서는 사티야나 젠더 화해 작업에서 사용되는 전문적 기법 일부와 수행법들이 간단히 소개된다.

현대 의식 연구는 인간 의식의 심오한 영역들을 탐색하고 이해하기 위한 새로운 길을 개척하고 있다. 현재 서구의 심리학은 이중 상당히 많은 것을 무시하고 있다. 자아초월 심리학과 같은 새로운 장르의 출현, 영적 수행에 대한 관심의 급증, 대안적 치유 방식들의 등장, 그리고 다양한 문화 전통에서 유래한 제의적 수행들 덕분에 젠더 치유와 화해라는 도전이 기술적으로 가능한 비옥한 토양이 새롭게 만들어지고 있다. 자아초월 심리학의 개척자이자 정신과 의사인 스타니슬로브 그로프Stanislav Grof는 현대 서구 사회가 인간의 심리적, 정신적 딜레마를 그저 말하는 것만으로도 딜레마에서 벗어날 수 있다고 믿는 유일한 문화라는 점을 강조한다. 예를 들어 인지 지향 심리치료가 그렇다. 고대와 현대를 통틀어 서구를 제외한 전 세계 모든 문화는 명상적 의식이나 비범한 의식의 형태가 치유와 변혁 과정에 반드시 필요하다는 것을 알고 있다.

이번 장에서는 젠더 치유 작업에서 활용되는 세 가지 방식, 즉 경험적 호흡법, 명상적 기법, 제의적 수행법을 탐색한다.

호흡 수련

세계의 수많은 영적 전통에는 다양한 종류의 호흡 수행법이 있고, 그 수행법의 역사는 매우 깊다. 많은 문화권에서 의식과 영성을 깊은 수준까지 일깨우는 방법으로 호흡을 강화, 조절하거나 억제하는 특별한 훈련법을 사용해왔다. 쿤달리니 요가와 싯다 요가bastrika, 라자 요가와 크리야 요가pranayama, 티베트 금강승 불교, 수피교, 버마 불교tummo, 도교, 이외 많은 영적 전통에 호흡 수행이 포함되어 있다. 미세한 호흡을 통한 훈련법은 테라바다 불교(위파사나Vipassana), 선종, 도교의 일부, 기독교 수행 등에서 발견된다.

위의 모든 전통에서 호흡에 초점을 두는 훈련(즉 '호흡 작업')은 수행자 내면의 의식적인 알아차림을 각성하는 도구로 활용된다. 일부 호흡 수행은 몸, 마음, 정신 속에 있는 강력한 치유 에너지를 활성화시키며 치유와 변혁이 일어날 수 있는 깊은 수준까지 의식을 변화시킨다. 따라서 호흡 작업을 젠더 치유와 화해 작업에 유용하게 적용할 수 있다. 요가 형태의 호흡 작업은 젠더 작업 중에 강한 정서적 자극이 있더라도 참가자들이 현존할 수 있고 능숙하게 대처할 수 있도록 돕는다. 또한 호흡 작업은 참가자들의 의식의 안정과 변화를 돕고, 그들이 내면의 지혜에 접근할 수 있도록 한다.

사티야나 젠더 화해 작업에서는 다양한 호흡법이 활용된다. 관상적 명상 호흡뿐 아니라 홀로트로픽 호흡 작업Holotropic Breathwork, 환생, BRETH, 툼모 호흡법 등이다. 우리는 홀로트로픽 호흡 작업을 폭넓게 활용한다. 저자는 스타니슬로브와 크리스티나 그로프와 함께 3년간 홀로트로픽 호흡 집중 훈련을 했고, 지도자 인증을 받았다(1990). 그로프 부부와 그들의 동료들은 몇 년간 에살렌 교육원Esalen Institute에서 다양한 호흡법을 수련했다. 이 호흡법들은 영적 전통과 인본주의 심리학의 체험 기법들에서 나온 것이다. 이어서 소개될 홀로트로픽 기법은 그로프 부부가 발전시킨 것으로 이러한 배경 속에서 탄생했다.

호흡 작업에 익숙하지 않은 독자들이 보기에는 단순한 숨쉬기가 무언가에 의미 있는 영향을 끼친다는 것이 상상하기는 어려울 수 있다. 그러나 호흡 수행은 놀라울 정도로 의식과 알아차림을 더 깊은 차원으로 변화시킬 수 있다. 이것이 영적 전통에서 호흡 수행을 광범위하게 사용하는 이유기도 하다. 그로프의 말처럼 "이 과정을 직접 보거나 경험하지 않고, 이론적 근거만으로 이 기법의 힘과 효능을 믿기 어려울 것이다."[1]

홀로트로픽 호흡 작업Holotropic Breathwork

홀로트로픽 호흡 작업의 원리와 수행에 대한 전체 설명은 그로프 부부의 저서들에 소개되어 있다. 따라서 여기에서는 간략한 개요만 제공하고자 한다.[2] 홀로트로픽 기법에서는 연상 음악을 들으며 일정한 리듬의 호흡과 몸에 초점을 둔 작업을 병행한다. 이 과정에서는 폭넓은 체험을 하면서 내면 의식의 공간을 탐색할 수 있도록 안전하고 보호 받을 수 있는 환경이 수련자들에게 제공된다. 수행을 통해 전형적인 '내면 여행' 또는 내면 탐색이 활성화된다. 이 과정에서 호흡하는 사람은 본인 의식의 더 깊은 차원을 알아차리게 된다. 이것은 종종 삶의 중요한 부분과 관련이 있거나 중요성을 가지고 있다. 홀로트로픽 호흡법 수행은 일반적으로 집단 안에서 짝을 지어 진행되며 강화 호흡을 하는 개인에게는 세션 동안 자신에게 주의를 기울이는 전담 '시터sitter(돌보는 사람)'가 있다. 따라서 이 호흡 수행은 일반적으로 두 세션이 연속으로 진행되며, 처음 세션에서 집단의 절반은 '브리더breathers(호흡하는 사람)'고, 절반은 '시터'다. 다음 세션에서는 역할이 바뀐다.

호흡 작업은 수행자들의 유대감 형성을 돕고, 여러 가지 방법으로 수행자들의 작업을 촉진한다. 첫째 이 호흡 작업은 개인의 깊은 내면 작업을 도와주며, 이를 통해 새로운 통찰력을 얻거나 치유를 경험하기도 한다. 둘째, 호흡 작업 과정에서 브리더와 시터 사이의 독특한 유대감과 친밀감이 생기는데 이러한 친밀감은 강력한 체험의 한 형태기도 하다. 셋째, 호흡 작업을 통해 집단 내 모든 참가자가 서로의 내면 작업을 연민의 마음으로 목격할 수 있도록 하는 집단적 자각과 '치유 에너지' 등의 섬세한 장이 형성되며, 때로는 그러한 장이 매우 명료하게 보이기도 한다. 마지막으로 홀로트로픽 호흡 작업의 전통적 수행법에서 파생된 방법으로 우리는 전체 집단에게 호흡 작업에 임할 때 특정한 집단의 의도를 가지고 할 것을 부탁하기도 한다. 예를 들어 젠더 사이의 더 확장된 치유와 화해를 지지한다는 의도와 같은 것이다. 호흡 작업 과정에서는 다양한 수준의 체험과 상호 연결이 복잡한 방식으로 얽히고설켜 동시에 작동해 집단 내에서 강력하고 변혁적인 치유를 경험할 수 있도록 한다.

호흡 작업의 가장 중요한 특징 중 하나는 각자의 경험이 고유하며 자신의 내면의 지혜에서 비롯된다는 점이다. 따라서 참가자 정신의 내적 확장은 방해 없이 자유롭게 자신을 탐색할 수 있도록 하기 위한 것이다. 특히 중요한 것은 집단적으로 공유된 의도가 있을 때조차도 퍼실리테이터들이나 집단 리더들이 어떤 방식으로든 참가자의 체험을 조종하거나 유도하지 않는 것이며, 호흡 작업에서 무엇이 발생'해야만 하는지' 지시하거나 결정하지 않는다. 개인의 체험은 그 순간의 자신에게 적절한 체험으로써 존중 받고 수용된다. 퍼실리테이터들이나 다른 참가자들은 호흡 작업 체험을 심리학적으로 해석하지 않는다. 개인의 체험은 호흡하는 사람의 지혜에서 비롯되어 그 자체로 말하기 때문이다.

그로프는 호흡 작업 중에 일어나는 체험의 범위를 '정신의 지도'라는 개념으로 설명한다. 호흡 작업 체험은 그 질적 특징에 따라 크게 세 가지 영역, 즉 생애 영역, 출산 전후 영역, 자아 초월 영역으로 구분된다. 생애 영역은 개인의 인생 역사를, 출산 전후 영역은 출생과 죽음과 관련된 경험들을, 자아 초월 영역은 신화 또는 영성과 관련된 경험들을 포함해 개인적 정체성을 초월하는 경험들을 말한다. 그러므로 호흡 작업에서 경험하는 영역은 다양하고 넓다. 꿈, 명상, 기도, 그 밖의 관상적, 영적 훈련들에서 경험하는 체험들과 유사하다.

회의적인 독자들은 이러한 기법들의 가치와 효과에 대해 의문을 품을 수 있고, 특히 이러한 것들이 젠더 화해와 치유 작업에 어떻게 적용될 수 있는지 이의를 제기할 수 있다. 특히 서구 과학과 심리학, 정신의학 등이 호흡 작업, 명상, 그 밖의 관상적 훈련들에서 얻을 수 있는 깊은 차원의 영적, 심리적 경험을 여전히 수용하지 않는 것을 고려할 때 이러한 의문은 어쩌면 당연하다. 사실 이러한 체험들은 종종 묵살되거나 임상 병리로 간주되기도 한다. 특히 초월적이거나 영적인 성격의 체험들이 그랬다. 그로프는 반어적으로 다음과 같이 말한다.

정신의학 문헌 중에는 종교사의 수많은 위인에게 가장 적합한 임상 진단이 무엇인지 밝히려는 수없이 많은 논문과 저서들이 있다. 성 십자가의 요한은 '세습 받은 타락한 자'로 불리고 있고, 성 아빌라의 테라사는 중증 히스테리 정신병자라는 이유로 해고될 것이며, 무하마드의 신비 체험들은 뇌전증에서 비롯된 것으로 여겨진다. 붓다, 예수, 라마크리슈나, 라마나 마하르쉬 같은 많은 종교적, 영적 인물이 그들의 예지적 체험과 '망상' 때문에 정신병 환자로 간주되고 있다. … 의식의 홀로트로픽 상태들을 병리화함으로써 서구 과학은 인류의 영적

역사 전체를 병리화하고 있다.[3]

그러나 다양한 보건의료 현장에서 의미 있는 변화가 시작되고 있다. 영성 훈련법, 관상적 훈련법들의 합리성과 가치가 전례 없이 폭넓게 알려지고 있다. 명상과 그 밖의 관상적 수행들을 법률계, 학계, 서비스 기업 등 수많은 비종교 단체가 도입했고, 그 결과가 탁월해 광범위하게 적용하고자 하는 시도가 증가하고 있다.[4] 홀로트로픽 호흡 작업 같은 방법들을 포함한 체험적 방식들은 다른 방법을 통해서는 성취하기 어려운 심오한 수준의 자기탐구, 치유, 심리적 통합을 촉진하는 필수 도구들로 인식되고 있다.

제더 화해 작업에서 호흡 작업

젠더 치유 작업에서 호흡 작업의 가치를 설명하는 최선의 방법은 몇몇 사례를 제시하는 것일 테다. 아래의 일화들은 모두 사티야나 인스티튜트의 젠더 워크숍에서 발생했다.

첫 번째 사례는 한 참가자가 호흡 작업을 통해 자신의 탄생을 경험했고, 이어서 그녀의 마음이 보편적 사랑을 향해 열리는 경험을 보여주었다. 이러한 극적이고 강력한 '마음의 열림'은 호흡 작업에서 특별한 일은 아니다.

나는 몸을 비틀어 뒤집었을 때 항상 앞으로만 나아가는 격렬한 놀이기구를 타는 느낌이었다. 음악이 들렸지만 집단이나 공간과 연결된 느낌은 없었다. 태어나는 것 같은 느낌이 시작되었다. 무척 애를 써서 이 작고 좁은 터널을 통과했다. 이 장소를 통과하는 데 상당히 긴 시간 애를 썼던 것 같다. 그러자 갑자기 지금까지 느껴본 적 없는 최고의 사랑 속으로 빨려들어 가는 것 같았다. 나는 사랑과 깊은 감사의 눈물을 흘렸다. 매우 신성한 느낌이었다. 이곳에서 나는 광대함과 사랑 속에서 편안함을 느꼈다. 신체적 감각은 없었고 오직 사랑만이 있었다.

갑자기 방 안의 음악이 멈췄다는 것을 알게 되었고, 그 이유가 궁금했다. 단지 몇 분이 흐른 것 같았는데 실제로 2시간 반이 흘렀다. 눈을 뜨고 나는 "끝났나요?"라고 질문했다. 방 안은 내가 있었던 찬란한 곳과 비교해 너무 어두웠다. 내 여동생이 그곳에 있었고 나를 따뜻하게 덮어주었다. 정말로 멋진 경험이었다. 이후 이 경험에 대해 명상하며, 나는 그것이 마음을 꿰뚫는 느낌이라는 것을 알게 되었다. … 이제 나는 내 자신이 좀 더 강해졌다는 것을 안다. 나는 좀 더 밝아졌고 삶의 갈등들에 압도 당하지 않는다. 나는 일어난 모든 것에 감사하다.

다음 사례는 여섯 살에 아버지가 사망한 한 여성에 관한 것이다. 아동기의 트라우마는 평생 그녀가 남성들과 관계 맺는 데 부정적 영향을 미쳤고, 그녀는 자신의 삶에서 아버지의 부재에 관한 거대한 슬픔을 털어내기 위해 다양한 심리치료 작업을 수행했다. 이것이 그녀의 강력한 호흡 작업 경험을 위한 길을 열어주었다.

이 경험은 내게 지하 세계로의 여정을 펼쳐 놓았다. 나는 먼저 『이상한 나라의 앨리스』처럼 긴 터널로 떨어졌다. 그 다음 내 머리 위에서 아래로 뻗은 거대한 산기슭들이 있는 어두운 지하 세계를 지나 달리고 있었고, 발아래 땅에는 수천 마리의 커다란 검정 뱀들이 몸을 뒤틀고 있었다.

내 가이드(꿈속에서 그리고 현실의 상상 속에서 전에 만난 적이 있는 사람)인 한 젊은 남성의 도움으로 이 불길한 풍경을 통과해 세상의 중심이 있는 깊은 곳으로 나아갔다. 중앙에 맑은 연못이 있는 커다란 지하 동굴이 나왔다. 이곳에서 10년 전에 죽은 내 친한 친구, 여전히 매우 그리워하는 디노를 만났다. 디노와 내 가이드는 내 아버지와의 만남을 준비했다. 먼저 이유도 말하지 않은 채 디노는 내가 '시터'의 도움을 필요로 하기 때문에 '시터'를 향해 손을 뻗어야 한다고 했다. 나는 망설였지만 그렇게 했고, 그러자마자 아버지가 나타났다. 나는 이것이 정말로 결정적이었다고 생각한다. 손을 뻗는 그 행동이 나를 향해 처음으로 마음이 열리도록 한 행동이었다고 생각하기 때문이다. 내가 내 취약성을 기꺼이 보여주겠다는 첫 번째 신호였기 때문이고, 내가 기꺼이 한 남성의 지원을 필요로 함을, 그리고 그에게 의지할 수 있음을 인정하고 있다는 최초의 신호였기 때문이다.

아버지와의 만남은 놀라운 치유이자 카타르시스였다. 그는 내가 현재 수행 중인 작업에 대해 커다란 관심을 보이며 격려해주었고, 그가 나를 보살피고 돌보고 있다는 느낌을 주었으며, 심지어 내 미래에 관해, 그리고 현재 내가 속한 관계들에 관한 조언도 해주었다. 잠시 이야기한 후 손을 머리 위에 올렸다. 아버지, 친구 디노, 가이드, 그리고 또 다른 남성 친구가 오래된 상처들을 치유하기 위해 내 배와 심장에 그들의 손을 올려 놓았다. … (이것은) 믿을 수 없을 정도로 강력했고, 거대한 정서적 해방감을 불러왔다. 참으로 많은 슬픔이 쏟아져 나왔고, 전에는 결코 경험하지 못했던, 아버지를 적극적으로 그리워하는 수준에 이르렀다.

그러한 접촉이 끝났을 때 아버지는 아름답게 장식된 꽃병 속 붉은 색과 황금색의 액체를 내 심장에 붓기 시작했다. 그건 끝없는 연민의 흐름처럼 보였고, 치유의 기운이 내 전 존재를 가득 채우고 있었고, 그 치유의 기운은 나 자신을 치유하는 동시에 다른 사람도 치유할 수 있는 힘도 내게 주었다. 이렇게 사랑이 흘러 넘치는 가운데 나는 다시금 아버지의 품속에 누워 있는 작은 아이가 된 느낌이었다. … 몇 년간 지녔던 고통과 갈망, 슬픔이 사라진 것 같았다.

여행은 내가 그림에서 본 장소에서 끝났지만 그곳은 항상 평화와 평온의 '완벽한' 장소처럼 느껴왔던 곳이었다. 그곳에는 나무들과 산으로 둘러싸인 아름다운 호수가 있고, 멋진 구름들이 짙푸른 하늘을 채우고 있었다. … 나는 그곳에서 안전과 사랑을 느끼며 휴식을 취했다.

이후 이 여성이 아버지와의 화해 경험에서 비롯된 개인적 통찰들을 통합했을 때 그녀는 이 예언적 만남이 남성들과의 오래된 정서적, 성적 패턴의 치유에도 도움이 되었음을 알게 되었다.

아버지에 대해 내가 경험한 놀라운 마음의 열림은 마치 '심장 절개 수술'과도 같았고, 남성과의 관계에서 취할 수 있는 완전히 새로운 종류의 개방성과 취약성이 생겨났다. 나는 상처, 실망, 버려짐에 대한 두려움 때문에 얼마나 내 정서적 자아를 남성들에게 숨겼는지 깨달았다. … 몇 년간 나는 남성들이 내게 정서적으로 마음을 열지 않는 이유를 궁금해하면서도 남성들과의 관계에서 이 '터프한 아가씨' 페르소나를 (다양하게) 이용했다. 이제 나는 웃을 수밖에 없다. 어떻게 남성들이 그렇게 방어적인 여자에게 마음을 열고 안전함을 느낄 수 있었겠는가? … 나는 오랫동안 내가 가졌던 이 페르소나, 도발적이며 태연한 외면 뒤에 감정을 숨기는 '터프한 아가씨'가 이제 쓸모 없음을 깨달았다. 나는 이제 남성들과 이러한 방식으로 상호 작용하고 싶지 않다.

나는 내 안의 중요한 무언가가 변했다고 솔직하게 말할 수 있다. 나는 여전히 매일 내 아버지의 존재를 느낀다. 그는 나를 떠나지 않았다. 그는 여전히 이곳에 있고, 항상 여기에 있다. 나는 단지 알지 못했다. 내 영적 자아와 관계를 맺을수록 내 인생에서 그의 존재는 더욱 '진정'해지며 힘, 연민, 이해를 받는 원형적 아버지(하느님)와 연결되어 있다고 느끼게 된다.

우리는 호흡 작업에서 촉진된 강력한 치유 경험을 많이 목격했다. 이 경험들의 내용과 세부 사항들은 다르지만 자신들만의 인생 궤적에 따른 고유한 방식으로 새로운 수준의 알아차림을 열어준다는 공통점이 있다. 그리고 이러한 알아차림은 구체적 치유와 통합 과정을 촉진시킨다.

이어지는 사례에서는 연인 관계 이상의 친밀한 관계의 가능성을 보여준다. 이것은 호흡 작업 과정 중에 브리더와 시터 사이에서 자연스럽게 촉진된다. 이 경험을 한 것은 60대 남성 스튜어트다.

나는 호흡 작업 동안 지속적인 성찰을 얻었고 경이로운 경험을 했다. 세션 중간쯤에 내 호흡 파트너인 마리는 내 정수리 근처 에너지장에 그녀의 손을 올려놓았다. 그녀 손의 온기가 전해졌고 갑자기 그녀의 터치를 느끼고 싶은 강한 욕망에 사로잡히는 경험을 했다. 내 등은 자동적으로 휘어졌고 그녀의 손을 향해 내 얼굴을 들이댔다. 나는 급히 말했다. "내 얼굴을 터치하세요. 내 얼굴을 터치하세요!"

그녀는 내 이마와 얼굴을 어루만지기 시작했고, 나는 울기 시작했다. 울음에 슬픔이란 없었다. 그 접촉이 무척 좋았고 적절한 느낌이었다. 나는 그것을 갈망했고 해방감을 느꼈다.

나는 세션을 마무리할 때 마리와의 경험을 공유했다. 이 경험은 여성과의 관계에 대한 평상시 연애 욕망과는 매우 다른 경험이었다. 이 갈망은 더 깊고 더 원형적인 수준에서 내 육체, 내 뼛속 저 깊은 곳에서 올라오는 것 같았다. … 마리와 함께 그 경험을 공유할 때 종종 눈물이 흘렀다. 어느 순간 마지막 눈물이 내 뺨을 타고 흘러내리기 시작했다. 마리는 조용히 티슈로 눈물을 닦아주었다. 이러한 다정한 행동에 또다시 눈물이 흘러내렸고, 그녀는 다시 눈물을 닦고, 그 행동에 또 다른 눈물이 흘러내리고, 그녀는 또다시 닦아주었다. 나는 웃었다. "당신이 눈물을 닦아주는 행동이, 또 다른 눈물이 흐르게 만들어요."

이러한 다정함과 친밀함은 호흡 작업을 하는 브리더와 시터 사이의 관계에서 특별한 것이 아니다. 이 과정은 완벽한 안전과 보호가 가능한 상태에서 친밀함과 치유라는 둘만의 영역으로 들어가는 것을 허락한다. 이러한 맥락 속에서 현대 기술 사회에서는 매우 드물지만 경험해보면 자연스러운 공감의 표현과 다정함이 교환된다. 이것은 모든 인간에게 내재해 있는 조건 없는 사랑의 샘으로부터 자연스럽게 흘러나온다.

닦아 낸 눈물이 또 다른 눈물을 흐르게 하는 이 감동적인 장면에서 영적인 사랑의 심오한 진리가 상징적으로 표현된다. 바로 마음의 고통이 무너진 가슴을 치유하는 약이 된다는 것이다. 이 신비한 치유 과정은 성 십자가의 요한이 아름답게 묘사했다(마지막 장에서 인용됨).

스튜어트는 자신의 경험 속 성찰에 대해 이렇게 이야기했다.

시간이 흐른 후 나는 내 경험이 젠더 치유를 위한 얼마나 멋진 상징인지를 생각했다! 여성이 남성의 눈물을 닦아줄 때마다 그 행동이 또 다른 눈물이 흐르게 한다. 부드러움이 상대를 지속적으로 더 부드럽게 만들고, 역량을 강화시키며, 남성과 여성의 상호적인 성장을 불러온다. 이러한 경험을 통해 남녀가 서로에게 다가갈 때 수반되기도 하는 의심, 불신, 오해에 대해 성찰하게 된다. 우리는 기본적 수준에서 서로를 필요로 하지

만 때로는 거의 의도적으로, 함께 있고자 하는 우리의 깊은 욕
망에 반해 우리 자신을 분리시키기도 한다.

앞서 말한 사례가 보여주는 것처럼 여성들은 남성들을 위해
'그곳에 있을' 수 있으며 또한 남성들 역시 여성들을 위해 '그
곳에 있을' 수 있다. 다음은 젠더 워크숍에 참가한 한 여성의
이야기다.

내게 호흡 작업 동안 가장 강렬했던 부분은 … 대부분의 남성
이 파트너를 위해 어떻게 그곳에 머무는지 관찰하는 것이었
다. 내 경험에서 보자면 대부분의 남성은 감정을 억제하며, 특
히 정서적으로 힘든 상황에 놓일 때 그렇다. 나는 오늘 남성들
의 울음을 보았고, 우는 동안 그들이 서로를 안는 것을 보았
다. 남성들의 다정함, 상냥함, 사랑이 나를 감동시켰다. 나는
오늘 아름다운 새로운 기억들을 받아들였고, 이는 내가 가진
"모든 남자는 나쁘다." 또는 "어떤 남자도 믿을 수 없다."는
견고했던 신념 체계의 문을 닫을 수 있도록 도와주었다.

마지막 사례는 젠더 치유 과정에서 촉진되는 신화적 또는 원
형적 차원들을 활용한 또 다른 수준의 호흡 작업 경험에 대한
설명이다. 이 사례에서는 집단이 사회의 도전적인 젠더 역학
을 집중적으로 처리한 후 한 여성 참가자가 호흡 작업을 경험
하기 시작했다.

우리가 젠더에 초점을 둔 것이 내 호흡 작업에서 발생한 강력한 원형적 에너지들을 작동시킨 것 같다. 호흡 작업 세션을 시작했을 때 내 몸은 거칠고 전투적인 에너지의 반복적인 방출에 초점을 맞추고 있었다. 내가 내 자신의 굴레, 그리고 시간이 흐른 뒤에는 여성들의 굴레를 잘라버렸을 때 나는 거친 모습의 여신이 되었다. 칼리 여신은 힌두교의 창조와 파괴의 신으로, 악마를 죽이는 성적이며 독립적인 여신이다. 또한 인도의 모든 사회적 경계 밖에 존재하는 것처럼 여겨진다. 이러한 칼리 여신의 양 극단의 다른 성격이 내게 나타났다. 완전히 동정적인 어머니와 정의를 위한 격렬한 투사의 모습이 드러났고, 둘이 하나였다.

하지만 그 이상의 것이 있었다. 모든 강인함, 모든 분노, 모든 사랑, 그리고 때로는 성적으로 이어지는 동정의 에너지, 남성들은 이 모든 것을 품을 수도 있고 목격할 수도 있었다. 과거에는 이러한 경험을 한 적이 없다. 그리고 지난 4,000년간 이러한 경험을 한 여성도 거의 없을 것이다. … 나는 새로운 경험을 할 수 있는 힘을 주는 내 안에 있는 여성성과 남성성이라는 새로운 자원들에 눈물을 흘렸다.

앞서 말한 사례는 호흡 작업이 젠더 치유 작업에 기여하는 몇 가지 방식을 요약해 보여준다. 호흡 작업은 작업 중인 집단에 강한 정서적 에너지가 넘치도록 하고, 도전적인 역동이 발생했을 때 그것에서 도망치거나 부정하고 또는 집단 과정에서 이탈하도록 하는 것이 아니라 기술적으로 이러한 역동을 수용하도록 하는 자연스러운 도구가 된다. 호흡 작업은 개인과 집단 수준에서 정서적 혼란에 직면했을 때 안전함을 제공하고, 다른 집단에서는 탐험하려고 하지 않는 도전적인 것들을 향해 나아가도록 도와준다.

젠더 치유에서 호흡 작업의 영향에 대한 추가 사례는 뒤에서 나온다. 특히 최근 남아프리카공화국의 작업에 관한 내용이 제10장에서 소개된다.

관상적 수행

"침묵은 끊임없는 무언의 말을 한다." 인도 현인 라마나 마하르시의 격언을 통해 관상적 수행과 명상의 놀라운 선물을 요약할 수 있다. 퀘이커교 기도회에서는 "침묵을 능가할 수 없다면 말하지 말라."라는 권유를 한다.

젠더 치유 작업의 과정을 섬세하게 촉진하고 심화하기 위해 침묵을 의식적으로 활용한다. 무엇보다도 사람들은 침묵을 통해 마음 깊이 듣게 되며, 이를 통해 자신의 내면의 지혜와도 연결할 수 있다. 마음으로 더 깊이 듣는 법을 배우는 것은 모든 전통에서 발견되는 가장 보편적인 영적 수행 방법일 것이다. 또한 침묵은 참가자들이 복잡하고 대립적인 경험을 통합할 수 있도록 돕는다. 이러한 통합을 통해 때로는 젠더 작업의 성격이 드러난다. 그것은 통합을 통해 외부의 탐색과 내면의 알아차림이 결합되기 때문이다.

명상과 기도

명상은 의식의 깊은 영역을 탐색하고 변형시키는 효과적인 수단으로 인식되면서 확산되고 있다. 명상에 관한 훌륭한 책들이 다양한 전통에 많이 있기 때문에 그 내용을 여기에서 반복하기보다는 명상 수행의 본질을 보여주는 짧은 이야기를 소개하고자 한다.

학생: 명상의 본질은 무엇인가요?
스승: 하나의 생각과 다음 생각 사이에 간격이 존재한다는 것을 알아차린 적이 있는가?
학생: 네….
스승: 간격을 길게 하라.

물론 마음을 고요하게 하는 이 기법은 수많은 명상법 중 하나지만 일반적으로 명상 수행은 마음의 표층에서 생기는 끊임없는 생각의 물결을 쫓는 것을 멈추고 근원적인 의식의 바다로 뛰어드는 것을 필요로 한다. 다양한 영적 전통에는 수많은 형태의 명상이 있다. 어떤 방법은 명상의 대상으로 선택한 것에 초점을 맞추기도 하고, 어떤 방법은 생각을 마음속 사랑의 바다에 용해시키는 것에 초점을 맞추기도 한다. 반면 다른 수행법들은 의식에서 일어나는 것이 무엇이든지, 그것과 자신을 동일시하지 않고 열린 마음으로 온전히 현존하는 것에 집중한다. 명상 수행의 힘은 심오하며, 여기서 간략히 요약할 수 있는 수준을 넘어선다. 이 책의 목적에 부합하는 수준에서 명상의 힘을 표현하자면 명상의 힘은 순간순간의 알아차림, 감각, 내면의 침묵을 강화해 수행자 내면의 지혜와 연민의 본질적 특성을 점진적으로 일깨우는 것 정도가 될 것이다. 침묵 명상은 영적 또는 관상적 피정에서 자주 경험할 수 있는 것처럼 집단 차원에서는 비언어적으로 집단 공동체를 친밀하게 모으고 결합시키는 역할을 한다. 또한 침묵은 진정성 있고 진실된 분위기를 만들고, 개인이 집단에서 자신을 표현하기 이전에 자신의 내면과 깊게 연결될 수 있도록 돕는다. 침묵이나 집단 명상을 적절히 사용하면 꺼내기 민감한 주제들을 다룰 때 또는 고통스러운 경험이나 개인사를 꺼낼 때 특히 도움이 된다. 이와 관련된 수행 중에 베트남의 틱낫한 스님이 폭넓게 사용하는 '마음챙김 벨'이 있다. 어떤 순간 집단에 벨이나 차임이 울리면 모든 이가 하던 것을 멈추고 호흡을 세 번 하는 동안 묵상을 시작한다. 우리는 이러한 마음챙김 벨이 젠더 작업에서도 유용하다는 것을 확인했다.

'기도'라는 용어는 종종 강한 종교적 함의를 지닌 것으로 해석된다. 젠더 작업에는 다양한 종교적 신념을 가진 사람이 많이 참석한다. 어떤 참가자들은 진지하게 기도 수행을 하기도 하고, 어떤 참가자들에게는 종교적 정체성이 전혀 없는 경우도 있다. 그렇기 때문에 우리는 일반적으로 명상이나 간단한 관상적 수행을 침묵 속에서 진행하고, 참가자들에게 개인적 욕구에 맞는 내면 수행이 있다면 그것이 무엇이든지 활용할 것을 권장한다. 젠더 화해 작업은 영성에 관해 종파를 구분하지 않으며, 진정한 모든 영적 전통을 수용한다.

그럼에도 우리가 '기도'를 광의의 의미로 보편적 지혜나 연민에 대한 갈망이나 호소로 정의한다면 기도는 분명 젠더 화해 작업의 핵심 부분이다. 작업을 함께하는 집단에는 작업 중에도 개인의 방식대로 기도하는 다양한 참가자가 있을 뿐 아니라 전체 집단이 미묘한 감각, 취약성, 강한 정서적 반응, '신'과의 아름다운 교감 등의 상태를 집단적으로 경험하는 순간들이 있다. 이때 참석한 사람들의 마음은 완전히 일치되고 섬세하게 뒤얽힌다. 이것을 심오한 집단 기도라고 설명할 수 있을 것이다. 이것은 치유와 변화를 촉진하는 '마음 에너지'를 만들어낸다. 이러한 맥락에서 보면 명상과 기도는 사티야나 젠더 화해 작업의 기초며, 진행 과정에 따라 다양한 역할을 한다.

다양한 전통에서 발전한 명상이나 알아차림 수행에는 있는 그대로 '그냥 앉아 있는 것'이 포함된다. 인도의 현자 크리스나무르티는 이 광범위한 범주의 수행을 지칭하는 '선택하지 않는 알아차림choiceless awareness'이란 용어를 만들었다. 선종의 묵조선shikantaza, 베단타학파의 즈냐나jnana, 티베트 불교의 족첸dzogchen처럼 다양한 접근법에는 전통마다 차이가 있지만 다음과 같은 공통점을 지닌다. 이러한 수행의 본질은 열린 상태로 앉아서 알아차림을 수용하고, 무엇이 일어나든지 의식적으로 집중 상태를 유지하는 것이다. 물론 모든 명상 수행이 그렇듯이 행하는 것은 말처럼 쉽지 않으며, 일반적으로는 몇 년간 정규 수행 과정을 거쳐 감각, 현존, 주의력을 훈련해야 한다. 또한 의식의 어떤 영역도 회피할 수 없고, 선호에 따라 특정 영역을 우선적으로 추구해서도 안 된다. 또한 감각이 알아차림 수행을 통해 아주 정교해지지 않았다면 알아차리지 못했을 극단적으로 미세한 수준의 알아차림이 발생한다. 그래서 때로는 고통스럽고, 때로는 도전적 통찰력이 생긴다. 이러한 것들을 밀어내지 않기 위해 많은 훈련과 용기가 필요하다.

증인으로서의 집단(집단적 목격)

집단 환경에서 수행하는 젠더 화해 작업의 특성 때문에 젠더 화해 작업에는 '선택 없는 알아차림'에 해당하는 형태의 수행이 없는 것처럼 여겨질 수도 있다. 앞서 설명한 명상 수행에서는 개인적 관찰이 선택 없는 알아차림의 형태라면, 젠더 화해 작업에서는 집단적 목격이 선택 없는 알아차림의 형태에 해당한다고 볼 수 있다. 주요 차이를 보면 개인 작업에서는 침묵 상태에서 개인적 관찰을 하는 반면, 집단 작업에서는 집단이 집단 내부의 의사소통을 관찰해야 한다는 점이다.

젠더 치유 작업을 위해 남녀가 집단으로 모이면 이전의 개인적 경험이나 무의식적 지각을 그룹 전체의 알아차림으로 풀어내기 시작하는 힘있는 과정이 전개된다. 고통스럽거나 도전적인 일이 발생할 때 일상이나 사회 생활 중에 그러듯이 그 상황을 회피하거나 적당히 하는 것이 아니라 그것을 직면하고 그 안에 들어가는 것이 집단에게 주어지는 과제다. 예를 들어 한 집중 워크숍에서 어떤 남성 참가자 전체 집단에서 비교적 최근에 그가 한 불륜에 대해 말하며 함께 참석한 그의 아내에게 밝혔다. 그의 고백 때문에 당사자 부부뿐 아니라 전체 집단에 강한 역동이 발생했다. 또 다른 워크숍에서는 한 여성이 자신이 어린 아들을 신체적으로 학대했다는 비밀을 집단에 털어놓으며 울었다. 두 사례에서 중요한 고백이 집단에 전달되면서 공동체는 어떻게든 그 사건에 관심을 갖고, 삶의 증인으로서 공감하고 지혜를 바탕으로 그 사건을 대해야 한다는 요청을 받게 되었다. 이러한 순간에 가장 본질적인 것은 공동체가 개방적이고 수용적인 마음으로 앉아서 무슨 일이 일어나든지 의식적으로 마음의 중심에 잘 연결하는 것이다. 이는 말처럼 쉽지 않다. 한 명 또는 다수의 참가자가 투사, 판단, 두려움, 개인적 욕구 때문에 정서적 자극을 받는 것은 흔히 있는 일이다. 여기에서 가장 중요한 것은 참가자들이 연민의 마음을 가지고 공간에 머물면서 지금 여기서 관찰된 것에 집중하는 것이다. 참가자들이 의식적으로 현존하는 것은 어떠한 통찰이나 해결책이 생기든지 그 사연을 통해 집단 작업이 이뤄질 수 있도록 고통스러운 사연을 꺼낸 이들을 위한 공간을 유지하는 데 도움을 준다. 따라서 집단 과정은 개인이 명상을 통해 개인 내면의 어둠을 맞닥트릴 때 경험하는 것과 유사한 경험을 집단도 하게 된다.

선종의 스승인 버니 글래스먼^{Bernie Glassman}은 이러한 종류의 집단 수행을 '대화 명상^{bearing witness}'이라고 부른다. 글래스먼은 자신이 설립한 피스메이크 오더^{Peacemaker Order}에서 활용한다. 글래스먼은 이 수행을 다음과 같이 설명한다.[5]

우리는 무지에서 출발해 증언하고 치유가 일어난다

증언할 때 우리는 그 상황이 된다. … 우리의 몸과 마음 전체로 경청할 때 사랑의 행위가 일어난다. 그리고 그 행위는 조건화된 반응들에서 풀려나기를 바라고 무지를 꿰뚫어보겠다는 맹세와 함께 무지의 상태에서 시작된다. 증언의 범위가 넓을수록 더 광범위하며 강력한 치유가 일어나게 된다.

어떤 침묵은 도움이 되지 않으며 아프게 한다. 자신의 사연을 말하고, 그 사연 속에서 어떤 상처를 받았는지 말하는 것이 중요하다. 피스메이커 오더에서는 이를 대화 명상이라고 부른다. 상처를 말하지 않는다면 치유도 가능하지 않을 것이다.

젠더와 섹슈얼리티 영역에는 '도움이 되지 않는 침묵'이 많이 있다. 하지만 젠더 화해 작업에서의 침묵들은 안전하며, 기술적 지원을 받아 존중 받을 수 있는 집단 환경에서 표현하고 보일 기회를 가지게 된다. 이러한 가면을 벗는 과정이 전개되면서 내면 깊이 감춰졌던 개인의 사연과 경험들이 나타나기 시작한다. 이것이 집단적 치유의 연금술을 가능하게 한다. 이러한 베일이 벗겨지는 과정을 통해 집단은 훨씬 민감한 수준의 대화로 나아가게 되고, 또한 이러한 진전을 통해 광대한 침묵이 일어나게 된다. 집단이 관상적 수행에 참여함으로 해서 보이지 않는 '마음의 에너지'가 생겨나며, 이 에너지가 더 높은 수준의 의도, 친밀함, 섬세함을 향해 집단이 상호 작용할 수 있도록 독려하고, 치유 과정을 촉진한다.

의식과 축하

의식^{ritual}과 축하는 젠더 화해 작업에서 제3의 필수 요소다. 의식은 근본적 영성의 영역과 일상적인 물질적 영역 사이에서 창조적 상호 작용이 일어나도록 하는 의도적 행위다. 효과적 의식을 통해 집단에 따른 특정 주제나 상황에 적용되는 보편적 이상이나 상징이 창의성과 결합한다. 젠더 화해 작업에서 참가자들은 남성성과 여성성뿐 아니라 '타자성'을 축복하고 존중하는 방법으로 상대방에게 제공하는 제의적 공물을 만든다.

서구에서는 세계의 다양한 문화가 통합되면서 제의적이고 신성한 의식과 관련된 풍부함이나 힘을 상당 부분 상실했다. 서구에서는 개인주의가 마음을 산만하게 만드는 것들과 결합하면서 큰 대가를 치르고 있다. 현대인이 인생의 보편적 신비와 폭넓게, 그리고 창의적으로 연결할 수 있는 방법은 상대적으로 거의 없다. 젠더 치유와 화해 작업이 제공하는 것은 비교적 자연스럽고, 안전한 방식으로 풍요롭고 비옥한 땅을 회복해 나가는 하나의 길이다. 젠더 화해 작업에서 의식이 작동하는 사례는 제5장에서 소개되었다.

의식은 현세의 영적 영역을 기원하고 수용하는 것으로 정의되기도 한다. 이는 다양한 영역의 접촉을 불러오고, 그러한 접촉 속에서 영혼, 정신, 세계는 창조적으로 함께 얽히게 된다. 서구의 수행자 중에는 집단 집중 과정에서 능숙하게 집단의 통합을 이루는 방법을 배우기 위해 아프리카의 말리도나 소메 Malidoma Some(서아프리카 출신의 작가이자 의사-역주)나 소분푸 소메 Sobunfu Some(서아프리카 출신의 작가이자 교사, 말리도나 소메와 부부였음-역주) 같은 전통 의례 연구자들을 찾는 사람이 늘어나고 있다.

의식이 의미를 지니기 위해서는 높은 이상, '원형' 또는 영적 에너지를 상징하는 존재를 불러내야 하고, 그러한 존재나 상징이 실제로, 현실 세계에 드러날 수 있도록 해야 한다. 효과적 의식에서는 자발성과 새로움이라는 요소들이 참가자들의 열린 마음과 결합된다. 의식의 설계는 복잡할 필요가 없다. 사실 효과적 의식의 필수 요소는 정교한 환경이나 복잡한 연출이 아니라 참가자들의 자발적 의도와 열정이다. 젠더 치유 작업에서 우리가 목격한 가장 강력한 의식들은 그 구조 역시 가장 단순했다. 의식은 진정한 내면의 의도를 보여주며, 그 의도가 의식의 과정 중에 맥락에 어울리게 일어나도록 한다.

의식은 공동체가 전체로서 인지적 의사소통 방식을 넘어 나아가도록 하고, 몸의 운동 감각적 지혜뿐 아니라 직관적이거나 창조적 능력을 사용할 수 있도록 한다. 실제로 일반적 의식에는 간단한 서클 댄스, 찬팅, 노래, 리드미컬한 드럼 연주 등이 포함될 수 있다. 또한 세이지향이나 백단향 등의 향초 등으로 의식의 분위기를 더 편안히 만들 수 있다. 또한 발씻김이나 오일 축복과 같은 행동 또는 신성한 우정에 기반해 눈을 가리고 하는 '신뢰 산책' 등이 의식의 분위기를 고취할 수 있다.

젠더 화해에서 의식은 때로는 자연스럽게 발생하기도 하고,

때로는 의도적으로 계획되기도 한다. 참가자들에 따라 다르다. 한 사례로 집단의 어떤 참가자가 너무 도전적이거나 고통스러워서 특정 이슈를 다루는 과정을 즉시 열어야 하는 경우가 종종 있다. 그러한 상황에서는 자발적 치유 과정이나 일종의 집단 활동이 실제 상황에 적절한 창조적 형태의 방식으로 일어난다. 이런 사례가 제4장에서 보여준 남성 서클이다.

젠더 화해 작업에서 가장 보편적으로 의식이 활용되는 것은 워크숍이 끝날 무렵이다. 이때 남성들은 여성들에게, 여성들은 남성들에게 존중을 표현하는 공물이나 선물의 시간을 만들기 위해 모인다. 이러한 형태의 '스스로 만들어낸' 의식은 창조성과 집단 협업이 자연스럽게 일어나게 하는 수단이다. 남성과 여성은 서로에게 일종의 '축복'을 주기 위한 독특한 기회를 얻게 되는 것이다. 이것은 받는 사람들만큼이나 주는 사람들에게도 축복이 되는 과정이다.

공동체 안에서의 친밀함

개인을 초월한 치유와 집단 의식 과정은 집단 안에서의 친밀함을 키운다. 새로운 수준의 상호 존중, 공감, 이해를 이끌어내는 능력을 갖고 있다. 이 과정을 경험하거나 이 과정을 통해 깨달음을 얻은 후에는 집단이 처음 가졌던 비전을 초월해 관련된 모든 사람의 정서적, 육체적 웰빙을 이끄는 자연스러운 지혜와 힘이 생겨난다. 공동체의 젠더 화해와 집단 치유를 위해서는 이러한 강력한 현상들이 반드시 필요하다. 또한 이러한 현상들은 경외감을 불러오고, 생명에 대한 존중의 마음을 근본적으로 회복하게 해준다. 이것은 집단으로 영적 의식이나 제례 의식에 참여하는 관습이 있는 문화에서는 잘 알려진 현상이다. 젠더 화해 작업은 서구 사회가 풍요롭고 건강한 경험을 하도록 하는 자연스러운 길을 열어주고 있다.

Chapter 9
마허-바라타, 인도의 젠더 화해

현자들이 여러 이름으로 부르는 진리는 하나다. - 리그 베다

1991년 인도 푸네시의 평화롭고 화창한 오후. 수녀 루시 쿠리
안은 계속 울려 대는 수녀원 초인종 소리에 현관으로 나갔다.
그곳에는 가까운 아파트에 사는 한 여성이 서 있었다. 정신이
없어 보이는 그 여성은 자신을 레누카라고 소개하고, 들어가
서 수녀들과 이야기할 수 있는지 물었다. 수녀 루시는 수녀원
에는 자기밖에 없다고 말하면서 들어와 차 한 잔 하길 권했다.
레누카는 고마워하며, 자신의 이야기를 하기 시작했다.

레누카의 남편은 최근 몇 달간 더욱 폭력적으로 그녀를 대하
면서, 반복되는 사건들 때문에 그의 분노와 학대는 더 극심해
지고 있었다. 레누카는 수녀 루시에게 일부 타박상과 자상을
보여주었고, 그중 일부는 전날 밤에 생긴 새로운 상처였다. 그
녀는 임신 7개월째였으며, 그녀의 배 위에도 타박상이 있었다.
레누카는 루시에게 피난처를 제공할 수 있는지 물었고, 자신
은 의지할 곳이 없으며, 지금은 죽을 것 같아 걱정이라고 했다.

루시는 무엇을 해야 할지 당황스러웠지만 매우 진지하게 경청

하며 깊은 침묵에 있었고, 이 여성에 대한 연민이 커지면서 마음의 고통은 커졌다. 루시는 수많은 인도 여성이 오랫동안 견디고 있는 부조리한 고통을 알고 있기 때문에 레누카의 이야기가 마음속 깊이 다가왔다. 루시는 인도에서 태어났고, 케랄라주의 인도 가톨릭 가정에서 태어나고 자랐다. 루시는 레누카에게 피난처를 즉시 제공하고 싶었지만 이러한 요청은 전례가 없었고, 루시에게는 어떠한 조치를 취할 권한이 없었다. 수녀원장은 다음날까지 부재였고, 루시가 어떤 행동을 하려면 사전에 수녀원장의 허락을 얻어야 했다. 그래서 그녀는 그저 듣기만 했고, 레누카가 그녀의 이야기를 마치자 루시는 그녀의 결혼 생활이 얼마나 오래됐는지 물었다. 레누카는 결혼 생활 3년간 남편과 계속 함께 살았다고 했다. 수녀 루시는 수녀원장이 돌아오는 내일까지 하루 더 기다리는 것도 괜찮겠다고 생각했고, 레누카에게 다음날 오후 다시 와달라고 요청했다. 레누카가 다시 오면 수녀원장과 면담할 기회를 줄 계획이었다. 루시는 진심으로 그녀를 위로하며 기도가 그녀에게 힘을 줄 것이라는 믿음을 주었다. 긴 시간 따뜻한 포옹을 나누고 레누카가 떠나보냈다.

그날 밤 늦은 시간에 수녀 루시가 저녁 기도 중일 때 가까이에서 들리는 소름 끼치는 비명 소리에 기도가 갑자기 중단되었다. 루시가 무슨 일인지 살펴보기 위해 급히 나갔을 때에도 비명은 계속되었다. 그녀는 소리를 따라 인근 아파트 단지로 갔다. 모퉁이를 돌았을 때 끔찍한 광경을 보았다. 약 20미터 앞에 머리부터 발끝까지 불길에 휩싸인 한 여성이 있었다. 그 여성은 루시에게 "살려주세요! 살려주세요!"라고 외치며 달려오기 시작했다. 루시는 이 사람이 다름 아닌 레누카, 그날 오후에 자신에게 도움을 청한 여성임을 깨달았다. 레누카의 남편은 그녀에게 등유를 붓고 불을 지르고 도망갔다.

레누카는 불길 속에 몸부림치고 비명을 지르며 땅에 쓰러졌다. 루시는 달려갔고 문이 열려 있던 아파트에서 전달 받은 담요를 움켜쥐고 불을 껐다. 그녀는 조심스럽게 레누카의 심하게 탄 몸을 감쌌다. 레누카는 여전히 숨을 쉬고 있었지만 의식이 없었다. 루시는 모여든 군중에게 도움을 청했다. 그들은 함께 레누카를 삼륜 택시에 태우고 병원 응급실로 향했다.

의사들의 검진 결과 레누카는 신체의 90퍼센트 이상이 화상을 입었다. 의사들이 그녀를 위해 할 수 있는 것은 많지 않고, 그녀가 살 수 없을 것이라고 말했다. 루시는 의사들에게 그녀를 살려달라고 간절히 애원했다. 의사들은 레누카를 수술실로 급히 데리고 갔으며, 몇 분 후 태아를 안고 나타났다. 루시는 "내가 내 손으로 받은 것은 말 그대로 '익어버린 아기'였습니다."라고 회상하며 말했다. 엄마와 아기 두 사람은 모두 그날 밤 죽었다.

레누카도 매년 인도 여성 수천 명이 겪는 끔찍한 운명, 즉 제물로 바쳐지는 살인의 대상이 되었다. 이 여성 중 많은 이가 남편이나 시어머니에 의해 불태워진다. 그 이유는 그 여성들이 남편 가족의 지속적인 지참금 지불 요구에 따르지 않거나 아내가 남편 가족의 기대에 부응하지 못한다고 여겨지기 때문이다.

1961년 법으로 금지됐음에도 결혼 전 신부 가족의 지참금은 여전히 인도에서 일반적 관행이다. 지참금 액수가 부족하다고 여겨지거나 지참금을 준비하지 않은 경우에 여성은 학대를 당한다. 이러한 관행이 남편이나 그의 가족이 신부를 산 채로 태우는 정도까지 이어지기도 하며, 보통 신부에게 등유를 부어 태운다. 이 사건들에 관한 공식 기록이 적은 이유는 가족이 대부분 사고나 자살로 신고하기 때문이다.

인도에서 '지참금 살해'의 정확한 통계를 얻기는 어렵다. 추정치는 매우 다르지만 지참금 살해가 최근 몇 년간 극적으로 증가했다는 것이 중론이다. 델리에서는 거의 12시간마다 여성 한 명이 화형을 당한다. 1988년 지참금 관련 사건으로 2,209명의 여성이 살해되었다는 보고가 있고, 1990년에는 4,835명이 죽었다. 1995년 인도 정부의 국가범죄국에서는 연간 약 6,000건의 지참금 살해가 있다고 보고했다.(2019년 기준 인도의 지참금 관련 범죄자 13,297명. 사망 피해자 7,115명.(출

처:인도국가범죄기록국-역주) 하지만 이러한 공식 수치는 실제 상황 보다 엄청나게 과소평가된 것으로 여겨진다. 히멘드라 타쿠르 Himendra Thakur의 1999년 논문에서 인용된 비공식 추정치들은 여성 사망자 수를 연간 25,000명 정도로 추정하며, 그보다 훨씬 많은 여성이 살해 위협 과정에서 장애를 얻게 된다고 알려졌다.

이 사건에 대한 가족의 전형적 해명은 무시무시한 죽음이 부엌 사고나 난방기 폭발로 발생했다는 것이다. 이러한 시나리오를 그럴 듯하게 만들기 위해 희생자에게 등유를 부어 불태우는 참혹한 방식으로 살해하는 것이다. 변명이 너무 믿기 어려우면 그 사건은 자살로 결론난다. 어떤 결론이든 합법적인 처벌이 없으며, 인도에서는 여성을 이러한 기괴한 방식으로 살해하는 것은 비교적 간단하다.

경찰과 사법 당국은 일반적으로 이 사건들을 깊게 조사하지 않는다. 이러한 범죄에 대한 부실한 공식 기록은 델리에서 명확히 드러난다. 델리의 공식 기록에 따르면 여성 화형 사건의 90퍼센트는 사고로, 5퍼센트는 자살로 기록되었다. 단지 나머지 5퍼센트만이 살인으로 기록됐다. 이와 유사하게 1997년 뱅갈루루에서는 1,133건의 '자연사 하지 않은' 여성 사망자가 있었다. 그중 38퍼센트는 '사고', 48퍼센트는 '자살'로 분류되었고, 단지 14퍼센트만이 살인으로 처리되었다. 인권운동가 비모샤나 고라마^{Vimochana V. Gowramma}는 "우리는 1997년 1월부터 9월까지 신고된 550개의 사건 중 형사소송법의 174장에 따라 진행되는 간단한 수사 이후에 71퍼센트가 '주방, 요리 사고' 와 '난방기 폭발'로 종결되었다는 것을 발견했다."고 설명했다. 경찰은 많은 희생자가 그 집의 며느리였다는 사실을 무시하거나 우연으로 처리했다.

특히 심오한 영적 유산을 지닌 문화에서 이렇게 기괴하고 잔인한 살인이 벌어지고 사람이 제물로 바쳐진다는 것은 이해하기 어렵다. 인도는 간디를 배출한 나라며, 인도의 모든 국민은 그들이 사랑하는 간디의 말씀과 그의 아힘사^{ahimsa(비폭력)} 정신, 그리고 사티아그라하^{satyagraha(진리를 찾으려는 노력-역주)} 등의 가르침을 존경하며 숭배한다. 지참금 살해보다 아힘사 정신에 더 노골적으로 반하는 것을 찾기 어렵다. 광범위한 인도 여성 화형 관행, 이 관행을 못 본 척하는 사회의 자발적 공모는 끔찍하다.

수녀 루시는 죽은 레누카 옆에 있었다. 레누카는 그녀에게 찾아와 진지하게 도움을 청했지만 루시는 피난처를 제공할 수 없었다. 루시는 논리적으로 자신의 잘못이 아니라고 생각했지만 레누카의 죽음에 대해 엄청난 책임감을 느꼈다. 그녀의 주변 사회 도처에서 끔찍한 폭력과 학대가 만연해 있었음에도 세속과 분리된 수녀원의 담장 뒤에서 보호 받으며 살아가는 것에 이제 만족할 수 없다는 확신을 들었다. 그녀는 절친한 친구이자 예수회 사제며 인근 노빌리대학교 교수인 프란체스 신부에게 상담을 청했다. 그는 행동하려는 루시를 지지하며 돕고 싶다는 제안을 했다.

루시는 이후 몇 년간 학대와 빈곤에 고통 받는 여성들의 보호와 재활을 돕는 센터를 창립하겠다는 자신의 꿈을 키워나갔다. 그 과정에서 힌두교 지도자들로부터 대중을 기독교로 개종시키려고 한다는 거센 항의뿐 아니라, 그녀가 가톨릭의 교리만을 위해서가 아니라 종교 간 영적 화합을 시도한다는 이유로 가톨릭 신도들과 지역 주교의 비난도 받아야 했다. 결국 그녀는 작은 토지 구입에 도움을 줄 투자자 한 명을 유럽에서 찾았고, 보호소를 위한 단독 건물을 세웠다. 그렇게 1997년 마허 아슈람^{Maher ashram}이 탄생했다.

마허는 현지어인 마라티어로 어머니를 뜻한다. 현재 약 80여 명의 여성과 300여 명의 아이가 마허와 그 주변 7개의 마을에 거주하고 있다.(2022년 현재 UN에 NGO로 공식 등록되었고, 4,000명 이상의 여성과 아이, 남성 노숙인들이 함께 하고 있음. ^(출처:마허 홈페이지-역주)) 여성들의 상담과 재활, 취업을 돕고, 아이들에게 학교 교육에 준하는 교육을 하는 등의 프로그램이 운영되고 있다. 추가적으로 더 큰 사회로 진출할 수 있도록 지원하는 프로그램을 만들고 있으며, 이 보호소에 머무는 여성들이 떠나야만 했던 남성들과 그 가족을 위한 원조, 상담,

재활 프로그램 등도 제공하고 있다.

마허 아슈람 프로젝트를 운영하는 직원과 이사회 구성원이 힌두교, 무슬림, 불교, 자이나교 등 다양한 종교적 배경을 가지고 있다는 점이 이 프로젝트의 핵심이다. 직원들에게는 고엔카^{Goenka}에 의해 확립된 전통을 따르는 위파사나 명상 참석을 위해 10일간 유급 휴가가 1년에 한 번 주어진다. 8세 이상의 모든 아동이 위파사나 명상 교육을 받으며 아이들은 매일 10분간 정기 명상 시간을 가진다. 위파사나 명상은 기초적인 마음 알아차림 수행으로, 모든 전통의 종교적 신념이나 수행과 병행해 수련할 수 있다. 종교 간에 실천적으로 협력하려는 이러한 노력을 통해 종교적 차이에 따른 장기적 투쟁과 폭력을 경험한 인도 사회에서 마허가 학대 받는 여성들을 위한 특별한 집이 되었다. 우리가 아는 범위에서는 이러한 종류의 프로젝트는 인도 전역에서 마허가 유일하다.

마허 공동체는 현지에서 달리트^{Dalit(억압 받는 자, 파괴된 자라는 뜻을 가짐-역주)}라 불리는 불가촉천민 공동체와 토착 '부족'들도 지원하고 있다. 토착 부족들은 인도 정부가 완전히 인정하지 않은 집단으로 심지어 달리트보다도 사회적 지위가 낮다. 또한 마허는 문맹자와 교육을 받지 못한 사람 사이에 광범위하게 퍼져 있는 '미신들'에 맞서기 위한 다양한 '의식 훈련'을 인근 마을 주민 대상으로 하고 있다. 예를 들어 소녀나 여성이 생리 중일 때에는 불결하다는 미신이 있어서 그 시기의 여성은 자신의 집에도 들어갈 수 없다. 그래서 매달 3, 4일은 아무도 만날 수 없고 집에도 들어갈 수 없고, 날씨와 관계없이 무조건 밖에서 자야 한다. 음식을 제공하고 준비하는 사람은 그녀에게 직접 그릇을 건넬 수 없어 멀리 그릇을 두고 가야 한다. 이러한 미신은 불필요한 고통을 많이 일으키며, 사회에 만연한 일반적인 여성 혐오의 원인이 된다.

마허는 학대 가정을 떠나 마허가 제공하는 피난처로 온 아내와 자녀를 분노한 남성들로부터 지속적으로 보호해야 하는 것을 포함해 매일매일 도전과 갈등에 직면했다. 수녀 루시는 여러 번 생명의 위협을 받았다. 한 번은 격분한 남편이 마허의 문 앞에 나타나서 루시를 위협하며, "나는 30분 안에 네가 '세상에서 사라지게' 할 수 있어!"라고 소리쳤다. 루시는 망설임 없이 그에게 대답했다. "그래요. 나는 당신이 그렇게 할 수 있다는 것을 알고 있어요. 그런데 당신이 그렇게 하면 세 가지 일이 일어날 거예요. 첫째, 당신의 아내는 계속 마허에서 보호를 받을 것이며, 그러므로 그녀는 당신에게 돌아가지 않을 거예요. 둘째, 나는 내가 가치 있고 의미 있는 삶을 살았다는 것을 인식하며, 평화로운 죽음을 맞을 거예요. 마지막으로 당신은 앞으로 지금보다 훨씬 큰 고통 속에 살게 될 것입니다." 남성은 깜짝 놀라 말이 없었다. 자신의 협박이 이렇게 완벽히 힘을 잃은 것에 충격을 받았다. 그는 슬그머니 사라졌고 다시는 루시를 괴롭히지 않았다.

인도는 지구상에서 가장 무시무시한 형태의 젠더 폭력과 학대가 벌어지는 본거지다. 『뉴요커』에 발표된 한 논문(Jan. 10, 2000)은 최근의 놀라운 사례 하나를 보여주었다. 인도의 열세 살 소녀는 중매 결혼으로 동갑 소년과 결혼했고, 결혼식 직후 시댁으로 들어갔다. 단지 3주가 지난 후 그녀는 시아버지에게 잔인하게 강간 당했다. 소녀는 트라우마와 엄청난 충격 속에 도움을 구하기 위해 그녀의 원가족에게로 갔다. 하지만 아버지의 대답은 자신의 명예와 가족의 명예를 지키기 위해 그녀가 자살해야 한다고 완고하게 말했다. 다행스럽게도 몇몇 현지 여성 활동가가 이 사건에 관한 소식을 듣고 그녀의 생명을 지키기 위해 때맞춰 개입해주었다. 하지만 비슷한 상황에 놓인 많은 소녀가 그런 행운을 얻지 못한다.

인도에서는 정말 다양한 형태의 여성에 대한 폭력이 있다. 인도의 몇몇 지역에서는 여아 살해가 급속히 확산되고 있다.[1] 일부 농촌 지역들에는 사티Sati라는 고대 풍습이 여전히 행해진다. 사티는 남성이 죽었을 때 아내가 화장용 장작더미에 몸을 던져 죽은 남편 옆에 산 채로 누워서 화장되어 죽는 것이다. 여자가 이것을 거부하면 보통은 강제로 불 속에 던져진다. 이러한 지독한 관행들은 불법일 뿐 아니라 이에 대한 대중의 압력과 전 세계적인 관심의 증가 때문에 보편적이지는 않다. 그럼에도 이 믿기 힘든 끔찍한 관행들은 몇 세기간 여성들을 억압하는 악명 높은 문화의 산물로 있었다. 최근에서야 루시 쿠리엔 같은 용감한 선구자들을 통해 상황이 조금씩 변하기 시작했다.

인도의 젠더 화해 작업

사티야나 인스티튜트는 2002년 인도 뭄바이 인근에 위치한 사드하나 인스티튜트^{Sadhana Institute}로부터 42명 가톨릭 수녀와 사제들을 위한 젠더 화해 프로그램을 진행해달라는 초청을 받았다. 가톨릭 교회의 만연한 성폭행에 대한 폭로들이 이어지는 상황에서 앞에서 언급한 인도 사회의 가부장적 현실을 함께 고려할 때 인도 가톨릭 성직자들에 대한 젠더 치유 작업의 시작은 축하할 일인 동시에 힘겨운 것이었다.

하지만 역설적으로 인도의 영적 유산은 세계의 어떤 문화권보다도 젠더 화해 작업의 영역과 일치한다. 인도 신화와 문화의 영적 차원을 젠더 화해 작업에 풍부하게 적용할 수 있다는 것은 굉장한 일이며, 그러한 영적 차원은 실제로 몇 년간 이 작업의 기본이 되는 핵심 가치에도 적용되어 왔다. 인도에는 여신 없는 남신은 존재하지 않는다. 신화와 종교에서 남신과 여신은 친밀하게 얽혀 있다. 짝을 이룬 신들 시바^{Shiva}/샤키^{Shakti}, 크리슈나^{Krishna}/라다^{Radha}, 라마^{Rama}/시타^{Sita}는 젠더 화해의 힘과 목적 그리고 신비한 깊이를 상징한다. 이 역동적 신들은 수천 년간 그랬던 것처럼 오늘날의 인도에서도 열렬한 숭배의 대상이다.[2] 또한 이 신들은 전 세계 사람들의 영성에 영감을 주고 있다. 인도의 영적 전통보다 여성과 남성 사이의 신성한 교감과 균형이 폭넓게 숭배되고 찬미되는 곳은 없다. 그래서 많은 이에게 다양한 이유로 젠더 화해 작업이 인도에서 시작되는 것이 굉장한 필연처럼 느껴지기도 했다.

인도에서 열린 워크숍 참여자 그룹은 여성 21명과 남성 21명으로 구성되었고, 모두 가톨릭 수녀와 사제들이었다. 많은 이가 인도 남부 출신이었다. 인도 남부는 예수의 제자 중 한 명인 토마스가 묻힌 곳이기도 하다. 우리의 방문을 주최한 사드하나 인스티튜트는 예수회 사제이자 저술가인 앤소니 드 멜로Anthony de Mello가 설립했고, 푸네와 뭄바이 인근에 있는 가톨릭 성직자를 위한 피정 시설이다.

사드하나에서 체류 중인 수녀와 사제들은 인도 전역에서 온다. 이들은 주로 사회복지와 자선 사업에 참여한다. 이들은 자기 자신의 새로운 차원을 탐색하는 자기성찰적, 자아초월적 명상과 연구를 수행하며 사드하나에서 1주일에서 몇 개월을 보낸다. 이곳은 인도의 수녀들과 사제들이 편안한 환경에서 함께 일할 수 있는 얼마 안 되는 장소 중 한 곳으로 대부분 성직자들에게 이성과의 친밀한 공동체를 경험할 수 있는 특별한 기회기도 했다. 우리의 젠더 화해 워크숍은 자기 인식 심화에 초점을 둔 2개월간의 대규모 집중 훈련의 일부로 초대되었고, 1주일의 호흡 작업 체험이 포함되어 있었다.

워크숍의 주최자인 프란시스 파디자레카라Francis Padinjarekara와 셀마 날루어Selma Nalloor는 2주간 우리를 진심으로 환대해주었다. 이때 경험은 인도 자체의 이국적 자연뿐 아니라 사드하나 공동체에 스며 있는 헌신의 정신 덕분에 독특하고 아름다웠다. 우리는 매일 다른 사제가 집전하는 인도 스타일의 간단한 미사에 참석함으로써 아침을 시작했다. 우리는 작고 소박하지만 우아한 예배당의 바닥 위 쿠션에 앉아 진지하고 편안하고 예배하며, 기타 반주에 맞춰 힌디어로 찬송가를 불렀다.

인도와 미국의 환경이 문화적으로나 지리적으로 상당한 격차가 있지만 인도 공동체에서 제기된 젠더 이슈는 미국에서 진행된 워크숍 참가자 사이에서 발견되는 이슈나 미국 가톨릭 성직자들이 겪는 고통과 놀라울 정도로 비슷했다. 불안, 분노, 과거의 상처, 이성 관계와 동료 관계 사이에서의 혼란 등은 평등하고 의미 있는 관계를 형성하는 과정에 내재된 어려움만큼이나 보편적인 것 같았다. 우리는 이들이 경험하는 학대와 트라우마에 대한 이야기를 들을 수 있었다. 이러한 경험은 가톨릭 공동체 내에서의 경험이거나 인도, 일본, 필리핀 등의 다양한 문화권의 봉사 단체와 공동체에 있는 수녀와 사제들이 직면하는 경험이었다. 특히 거의 모든 수녀는 자선 단체에서 교사, 간호사, 사회활동가, 돌봄제공자로 일하고 있다. 그래서 그들은 자신들이 일하는 다양한 마을에서 개인들을, 특히 여성과 아이들을 치유하고 돌보고자 하는 노력을 가로막는 수많은 비극적 경험을 공유하며 슬퍼했다.

젠더 불평등에 관한 이야기가 이 사람들에게 완전히 생소한 것은 아니었지만 혼성 성직자 집단에서 이야기하는 것, 특히 개인적 트라우마 경험과 강간 경험을 말하는 것은 전례가 없었다. 많은 사제는 수녀들과 일부 수사가 경험하는 학대에 관해 알지 못했고, 사제 중 일부는 많은 사연이 나오기 시작하자 진실이라고 믿을 수 없다는 반응을 보였다. 이러한 반응은 미국에서 진행된 워크숍에서도 나오는 보편적인 패턴이다. 피해자가 신문 기사 속의 추상적 인물이 아니라 나와 같은 공간, 바로 옆에 앉아 있는 존재라는 사실에 참가자들은 항상 당황스럽고 불편해한다. 1주일간 진행되는 워크숍을 통해 오랫동안 감춰졌던 고통과 그와 관련된 집단 역학이 드러난다. 또한 이전에는 탐색하지 않은 취약성들을 탐구하기 시작한 여성과 남성 사이의 긴장이 필연적으로 생겨난다.

사제 서클

흥미로운 점은 남성 집단의 커뮤니케이션의 한계가 그 집단의 실상 때문에 드러났다는 것이다. 많은 사제는 자신이 속한 수도회 출신의 다른 사제들 앞에서는 솔직하게 이야기하려고 하지 않았다. 대형 가톨릭 공동체에는 각각의 고유한 특성과 핵심 사상이 있다. 예수회, 베네딕틴, 살레시오, 시토회, 도미니크회 등을 포함한 몇몇 수도회가 대표적이이다. 일반적으로 사제들은 자신과 동일한 수도회 소속의 다른 사제들에게 가장 낮은 신뢰를 보였다. 대부분의 사제는 소그룹에 동일 수도회 소속 사제가 없을 때 더 적극적인 모습을 보였다. 이러한 모습을 통해 소속 공동체 내에서 많은 사제가 서로 의사소통을 할 때 동료들과 미묘한 이슈에 관해 이야기하는 것을 안전하지 않게 느낀다는 중요한 통찰을 얻을 수 있었다. 또한 몇몇 수사 공동체 내에는 상당한 수준의 엄격한 통제와 책임, 징벌이 존재하는 것처럼 보였다.

거의 모든 사제의 주요 관심사는 여성, 즉 교구 내 여성 신도들뿐 아니라 수녀들과 적절한 관계를 유지하는 것이었다. 몇몇은 이러한 관계를 잘 통제하고 절대 발전시키지 않는다고 간단하게 답했다. 많은 사제가 성과 관련된 모순적인 감정들, 자위에 관한 죄책감 등을 공유했다. 일부는 성과 관련해 청소년기 발달에 머무는 것처럼 보였다. 사제 두세 명은 몇 차례의 포르노 탐닉에 대해 말했고, 그것이 중독 양상을 보일 때의 불안을 말하기도 했다.

한 사제는 약 7년간 매우 밀접한 관계를 가졌던 한 여성에 관해 솔직하게 공유했다. 그는 이 경험이 남성으로서 그리고 사제로서 그를 완전히 변화시켰고, 그를 더 잘 공감할 수 있고, 더 다정하고, 더 풍부한 감수성을 지닌 성숙한 사람으로 발전시켰다고 말했다. 그는 그들이 스킨십을 할 정도로 가까워졌으며, 친밀했다고 말했지만 육체적 순결을 유지했다는 점을 암시했다. 그 관계에 대한 정서적, 육체적 질문에 관해서는 세부적으로 말하기를 주저했고, 그 관계가 어떻게, 왜 끝났는지는 말하지 않았다.

또 다른 사제는 자신과 가장 가까운 친구인 한 사제에 관해 이야기했다. 그 친구는 지난 10년간 한 수녀와 연인 관계를 맺었다. 첫 4년간은 호감을 나누는 시기였고, 이후 6년간은 성관계도 가졌다고 했다. 이 사건이 그들의 공동체에 상당한 긴장을 만들었고, 그들의 관계에도 큰 압박이 생겼다. 수녀는 성적 관계를 가지는 것 때문에 다른 수녀들로부터 상당한 압박을 받아 수치심과 죄책감을 느꼈다. 그래서 섹스는 포기하고, 관계는 유지하고 싶어 했다. 그러나 사제는 성관계를 포기하고 싶지 않았고, 둘은 한동안 이것을 두고 갈팡질팡했다. 이 상황이 모든 관련자에게 상당한 고통을 만들었다.

마지막으로 한 사제는 이 책의 저자인 키펀에게 자신을 적극적으로 따라다니는 한 여성과 동침을 생각 중이라고 개인적으로 밝혔다. 그녀의 남편은 폭력적이었고, 사제는 이 가족의 오랜 친구여서 사정을 잘 알고 있었다. 그는 그녀에게 완전히 반한 것 같았고, 그 상황의 잠재된 위험에 대해서는 모르는 것 같았다. 키핀은 조심스럽게 내재된 위험에 대해 강조하며, 지금 사제가 얼마나 취약한 상태인지도 설명했다. 또한 잠언의 관련 구절들에 관해서도 이야기했다. 워크숍이 끝나고 몇 주 후 사제가 감사의 이메일을 보내왔지만 무슨 일이 일어났는지는 결코 말하지 않았고, 키핀이 답장을 보냈지만 이후로는 답이 없었다.

수녀 집단

수녀들이 처음 함께 모였을 때는 개인적 사안에 대해 말하기를 주저했다. 대화는 주로 인도 여성들의 집단적 운명과 마을에서 그들이 목격한 끔찍한 일들, 문화적 원인 때문에 여성들이 겪는 사건들에 초점이 맞춰졌다. 그리고 인도가 아닌 필리핀 태생의 한 수녀가 몇 년간 전임 강사로 있었던 대학의 젊은 여성들과 함께한 노력들을 말하면서 이 주제를 확장시켰다. 그녀는 대학의 행정가들과 외부 사업가들이 젊은 여대생들을 반복적으로 괴롭히고 착취하는 것에 격분했다. 여대생은 성매매에 경험이 없었기 때문에 그들에게 특별히 매력적인 대상이었다. 대학 당국은 매 학기 기말 고사 응시 이전에 등록금을 완납해야 하는 교육 정책 때문에 많은 소녀가 강제로 성매매를 하게 된다는 것을 아주 잘 알고 있었다. 가톨릭대학이 이러한 상황을 알면서도 아무것도 하지 않고 있다는 사실에 수녀는 무척 괴로웠다.

그러한 상황을 영구적으로 유지하는 데 대학 당국뿐 아니라 많은 외국인 사업가와 지역 내 다른 남성들, 사업가들이 가담하고 있었다. 그 수는 계속 늘어나고 있었다. 학기가 끝날 무렵 기말 과제 완료와 시험에 대한 압박이 가장 클 때 어리고 취약한 여성들을 대상으로 하는 비공식 성매매 '시즌'이 열린다. 그러나 그 수녀를 가장 고통스럽게 한 것은 여기서 대학 당국이 기여하는 제도적 역할이었다. 그녀와 몇몇 수녀가 몇 년간 대학의 정책을 바꾸기 위해 노력했지만 성공하지 못했다. 그녀들의 노력은 완전히 좌절되었고, 그녀가 대학과 직접적으로 연결되어 있는 관련 사제 중 방관자 일부를 폭로하려고 하자 그녀는 대학에서 해고 당했다.

이 가슴 아픈 이야기가 집단의 더 많은 사람이 마음을 여는 계기가 되었다. 유사한 학대 이야기들이 나오기 시작했다. 한 수녀는 매우 어린 시절 그녀의 첫 고해성사 때 사제에게 성추행 당한 사실을 공유했다. 그녀는 어머니에게 이 사실을 전하고, 사제의 행동을 폭로하고자 했지만 어머니는 침묵했다. 그녀는 이야기하는 동안 하염없이 눈물을 흘렸고, 모두 침묵한 채 들었다. 이어서 다른 수녀가 말하기 시작했다. 그녀는 최근 한 사제의 '호의'를 거부했다고 말했다. 그 사제는 그녀가 유명한 청소년 캠프에서 일하도록 초대해준 사제였다. 그녀는 캠프에서 일하는 동안 청소년들의 다양한 프로젝트 수행에 필요한 물품들을 자신이 저축해 놓은 사비로 구입했고, 사제는 항상 돈을 갚겠다고 약속했다. 하지만 그들의 업무상 밀접한 관계가 계속되면서 사제는 그녀에게 관심을 가지게 되었고, 시간이 흐를수록 더 노골적으로 자신의 애정과 욕구를 드러냈다. 마침내 어느 날 사제가 그녀를 구석으로 몰고는 그녀의 가슴을 강제로 만지면서 키스했다. 그녀는 그를 밀치며 "부끄러운 줄 알아요, 신부님!"이라고 말했고, 상황은 바로 해고로 이어졌다. 그는 자신의 애정은 그녀가 캠프에서 원하는 지위를 얻기 위해 지급해야 하는 대가라고 말했다. 그녀는 곧 강제로 캠프를 떠나야 했고, 이후 돌려받기로 한 돈은 완전히 무시되었다. 그 집단의 어느 누구도 그녀 편이 되어주지 않았고 완전히 배척 당했다.

이 이야기가 여성 집단의 더 많은 이야기를 끌어냈다. 어느 순간 퍼실리테이터 중 한 명이 성적, 신체적 학대를 당한 여성들은 손을 들어보라고 했고, 약 3/4의 수녀가 손을 들었다. 어떤 사례에서는 사제가 수녀원의 담장 안에서 자신의 성적 취향을 즐기는 것을 방해했다는 이유로 수녀원 전체가 처벌을 받고 있는 경우도 있었다. 사제의 불쾌한 행동에 도전하자 갑자기 그 수녀원은 고해성사나 미사를 진행할 사제가 아무도 오지 않는 것으로 특정 사제들이 보복하겠다고 말하며 더는 미사가 열리지 않는 수녀원들도 있었다. 한 사제가 수녀원에서 일하던 마을 사람 중 한 명을 강제로 추행할 때 수녀들이 알아서 다른 곳으로 시선을 돌리지 않았다는 이유로 격분한 사례도 있었다.

이후 집단에서 가장 조용히 있던 한 여성이 상당히 긴장한 상태에서 조용히 말하기 시작했다. 그녀는 수녀가 되기로 결정하기 전에 한 남자와 약혼했다. 파혼을 결심하자 그가 자살을 시도했다. 그러자 마을 사람들이 그녀를 찾아와 위협했고, 그녀는 수녀원으로 피신했고, 마을 사람들은 돌과 막대기를 들고 그녀를 쫓아왔다. 그들은 한밤중에 수녀원에 찾아와 그녀를 죽일 수 있도록 그녀를 쫓아내라고 당당하게 소리쳤다. 그녀는 그곳의 수녀들이 사람들 말처럼 자신을 죽어 마땅한 사람이라고 생각하는 것을 알게 된 후 얼마나 충격 받았는지 이야기하다 울음을 터트렸다. 그녀가 이야기할 때 여성 집단은 깊고 다정한 연민의 마음으로 서로 가까이 다가가 손을 잡고 어깨동무를 했다. 여성들은 문화가 강요하는 말도 안 되는 요구에 따른 공통의 고통을 공유하고 있었고, 그들의 다양한 출신과 존재 방식과 관계없이 얼마나 많은 공통점을 가지고 있는지 알게 되었다. 기도와 노래, 동지애, 그리고 마침내 신뢰와 비밀을 공유한다는 기쁨에서 자연스럽게 피어난 웃음으로 집단 애도의 시간이 마무리되었다.

여성과 남성의 진실 포럼

자신들의 삶과 신도들에게 영향을 미치는 실제 사례들에 대해 침묵을 깨고 말하는 것이 처음에는 모두에게 도전적인 일이었다. 하지만 워크숍이 진행되면서 일부 수녀는 사제들에게 만연해 있는 견고한 성차별적 인식과 태도들에 대해 조심스럽게 맞서기 시작했다. 이것은 여성과 남성에게 불편하고 어색한 영역이다. 우리는 소통과 경청을 효과적으로 촉진할 수 있는 진실 포럼(진실 포럼에 대한 자세한 내용은 제5장과 부록 A에 있음)을 활용했다. 먼저 여성들이 원을 지어 서로 공유하는 동안 남성들은 바깥에서 큰 원으로 둘러싸고 침묵 속에서 경청했고, 이어서 남성들이 공유하는 동안에는 여성들이 바깥원에서 경청했다. 수녀들은 가슴 아픈 사연을 많이 공유했다. 대부분은 앞부분 여성 서클에서 나왔던 이야기다. 한 수녀는 일곱 살 때 첫 고해성사를 하는 동안 사제에게 성희롱 당한 이야기를 했다. 몇몇 수녀는 소속 협회에서 사제들의 원치 않는 접근을 거부하자 당해야 했던 사제들의 학대와 보복에 대해 이야기했다. 여성들이 특히 취약할 수밖에 없는 상황인 개별 고해성사나 수녀들에 대한 영성 지도 시간에 벌어진 사제들의 성적 제안이나 강간에 대한 수많은 사연이 등장했다. 이 워크숍 기간에 많은 수녀가 남성 앞에서 있는 그대로의 진실한 감정을 공유한 첫 시간으로 기억한다.

최근 미국 가톨릭에서 폭로된 내용과 유사한 고통을 일으키는 제도에 대한 걱정도 제기됐다. 예를 들어 사제가 수녀를 임신시키면 일반적으로 수녀가 파문을 당하고 곧 출산할 아기와 함께 거리로 나온다. 사제는 일반적으로 다른 대교구로 전근을 가고 그곳에서 같은 패턴을 계속 반복한다. 이것이 몇몇 수석 수녀가 지닌 깊은 분노의 원인이었다. 이들은 몇 년간 사제들이 수녀 여러 명을 임신시키고 아무런 징계도 받지 않는 반면, 수녀들은 매번 존엄성을 박탈 당한 채 불명예스럽게 추방 당하는 불평등한 사건들을 목격하고 있었다. 우리는 최악의 범죄를 저지른 사제들은 미국으로 보낸다는 말도 들었지만 이를 검증하지 못했고, 구체적 사건들에 관해서도 듣지는 못했다.

남성 진실 포럼에서는 성폭행을 포함한 강렬한 이야기들이 나왔다. 남성들에게 얼마나 많은 이가 성적, 신체적 폭행을 당했는지 질문했을 때 절반 이상이 손을 들었고, 수녀들은 놀랐다. 남성을 학대한 가해자는 남성과 여성이 비슷하게 반반씩을 차지했다. 노사제 몇 명이 성폭행 이야기를 했고, 한 사제는 어렸을 때부터 믿었던 친구에게 성희롱을 당했다고 고백했다. 노사제 중 한 명은 사제 생활 동안 특히 젊은 여성들에게 고해성사와 영성 지도자라는 자신의 강력한 역할을 이용해 가해자가 되고 싶은 유혹을 느낀 적이 있다고 인정했다. 남성들은 개인적 상처와 학대 받은 경험을 계속 공유했다.

남성들의 불만과 반발

마음 아픈 이야기들이 새롭게 드러나면서 집단 안에서의 안전함과 친밀감이 깊어졌다. 동시에 전체 과정에서, 특히 진실을 솔직하게 말하는 과정에서 도전과 불편함을 겪은 몇몇 사람 사이에서 긴장감이 커지고 있었다. 많은 사제는 공유된 이야기들에 대한 두려움과 분노를 포함해 상당히 다층적인 감정을 느끼기 시작했다. 자신들의 어두운 비밀을 모아서 폭로하는 사제와 수녀들의 행동이 지혜로운 것인지 의심을 제기하는 분노도 일부 있었다. 그들은 특히 혼성 집단에서 이러한 것들을 들춰낼 필요가 정말 있었는지, 과거의 상처를 폭로한 것이 진정한 화해로 이어진 것인지, 아니면 수치심만 키운 것인지 묻기도 했다.

마지막 날 아침에 우리는 서로를 위한 의식과 공물을 준비하기 위해 여성과 남성 집단으로 떨어졌다. 몇몇 사제는 수녀들이 사제 역할을 경험하며, 영성체를 제공하고 고해성사를 받을 수 있도록 하는 창의적이고 놀라운 역할 전환을 제안했다. 모두 찬성하며 사제들은 수녀들이 보통 하는 역할들을 하고, 고해하고 영성체를 받았다. 이러한 의식은 많은 사제가 미래에 여성들이 사제 역할을 하는 것에 개인적으로는 반대하지 않는다는 분명한 신호였다. 남성들끼리 모여서 의식 준비를 계속하고 있을 때 노크 소리가 들렸고, 키핀만 홀로 나와 줄 것을 요청 받았다. 키핀은 사제들이 훌륭한 작업을 계속하도록 북돋으면서 여성 집단의 요청을 듣기 위해 밖으로 나갔다. 그는 여성 집단이 위기에 빠졌음을 알았다.

전날 저녁 두 수녀는 몇몇 사제가 워크숍 과정에 대해 험담하는 것을 우연히 들었다. 이것을 들은 수녀들은 화가 났지만 그날 저녁에는 비밀로 간직했다. 하지만 수녀들이 '화해를 위한 의식'을 준비하기 시작하자 더는 참을 수 없었다. 이들은 다른 수녀들에게 우연히 들은 내용을 알렸고, 이것을 들은 여성들은 의식 준비를 완전히 중단했다. 수녀들은 사제 중 한 명이 여성들의 진실 포럼에서 사제들을 비난한 것에 대해 뒤에서 불평한 것을 알고 괴로워하며 격분했고, 그러한 행동에 대해 모든 사제를 비난했다. 두 번째 사제는 여성들이 그들의 치부를 외부에 드러냈다고 비난했고, 세 번째 사제는 진실 포럼 과정 동안 수녀들이 자신들에게 '헛소리'를 했다고 화를 내며 언성을 높였다는 이야기도 들었다. 여성 집단 전체가 깊은 상처를 받고, 배신감을 느꼈다. 여성들은 전체가 모여 대화할 것을 요구하며, 1주일간 공동체의 표면 아래에 감춰진 곪은 상처를 공개적으로 직면할 것을 요구했다.

키핀은 아무것도 모르고 즐거워하는 남성 집단으로 돌아왔다. 그는 여성 집단에 위기가 있으며 수녀들이 전체 협의회를 요구하고 있고, 이는 무엇보다도 의식이 연기되어야 하며, 취소될 가능성도 높다는 것을 설명했다. 남성들은 놀라고 실망했으며, 이후 어떤 일이 벌어질지 알지 못한 상태에서 가능한 최선을 다해 준비를 마무리했다.

여성들이 강당으로 들어왔을 때 퍼실리테이터들은 두 집단이 서로 몇 미터 떨어진 거리에서 반원 형태로 마주보고 앉도록 했다. 긴장된 분위기에서 퍼실리테이터들은 젠더 치유와 화해라는 공동의 목적을 진지하게 계속 말해 상기하게 하며 침묵과 공동체 기도로 시작했다. 이 과정에서 양측의 균형을 맞추기 위해 단순한 소통 기법을 활용했다. 여성들에게 5분간 발언 시간이 주어졌고, 그동안 남성들은 경청했다. 이어서 남성들에게 5분간 발언 시간이 주어졌으며, 여성들이 경청했다. 이 과정은 어떤 진전이나 해결책이 나올 때까지 반복해서 진행되었다.

여성들은 빠르게 시작했다. 몇몇은 그들이 들은 루머에 관해 남성들에게 이의를 제기했고 정직하고 솔직하게 말해줄 것을 요구했다. 그들은 이 루머를 들었을 때 위선적이라는 생각을 했고, 일부 남성이 '공식' 워크숍 동안 퍼실리테이터들 앞에서 하는 말과 친구들 앞에서 그들끼리 하는 말이 완전히 다르다는 것에 대해 큰 실망을 표현하며 한탄했다. 수녀들은 이것이 교단에서 일상적으로 경험하던 것들과 똑같고, 종교 생활을 불안하고 피상적으로 만드는 원인이라고 주장했다. 이 부정적 패턴들에 맞서고 제거하기 위해 여기에 모였음에도 남성들은 어떻게 그런 행동을 계속할 수 있었을까? 사제들은 수녀들이 공유한 것을 그렇게도 이해하지 못한 것인가? 어떻게 사제들은 수녀들이 진심으로 드러낸 취약성을 '사제 비난'이나 '헛소리' 취급할 수 있는가? 여성들은, 특히 사제들이 사용한 저급한 언어와 그 속에 담긴 경멸적 의미에 분노했다.

남성들은 처음에는 천천히 반응했지만 더 적극적으로 이야기했다. 일부는 이러한 일이 생긴 것에 대해 충격과 실망을 표현했고, 여성들에게 공감했다. 일부 남성은 단지 있었던 일에 관한 개인적 감정과 생각을 표현한 것이며, 누군가에게 상처를 줄 의도가 없었고, 자신들의 관점에 대해 서로 말할 권리가 있다고 했다. 한 남성은 우리 모두 근거 없이 '지나친 난리법석'을 떨고 있다는 의견을 냈다. 또 다른 사제는 분개하며 이 워크숍이 남성들에게 불공평한 공격을 계속했고, 여성들은 이러한 대립을 사전에 함께 모의한 것처럼 느껴졌다고 했다. 그는 퍼실리테이터들이 여성들을 부추겼다며, 워크숍의 방향 설정 과정에서 퍼실리테이터들이 서툴러 보였던 순간을 언급했다.

1라운드가 끝날 무렵 집단의 긴장이 커졌다. 수녀들이 2라운드를 시작했을 때 그들은 자신들이 경험한 불쾌한 것들을 추가로 이야기했다. 일부는 이러한 대립이 퍼실리테이터들에 의해 조장되었다는 의견을 격렬하게 반박했고, 일부는 일부 사제의 뒷말을 듣게 된 수녀가 얼마나 고통스러워했고, 지금과 같은 대립이 얼마나 자연스럽고 정당한 것인지 설명했다. 일부는 여성 진실 포럼에서 경험들을 공유한 의도는 특정 개인을 비난하기 위한 것이 아니며, 자신들이 경험한 불공평을 증언한 것이고, 그것이 바로 이번 워크숍의 목적이라는 점을 진지하게 강조했다. 한 여성은 남성들이 여성들의 고통을 '우스개' 말로 폄하하는 것은 아마도 남성들의 내면이 헛소리로 가득하다는 것을 외면하고 싶어서 그런 것 같다고 했다. 이어서 두 수녀는 남성들은 여성들의 기본적 불만에 대해 더 진지하게 생각해야 한다고 했다.

벨이 울렸고, 침묵 속에 숨을 돌린 후 다시 사제들의 차례였다. 그들은 훨씬 더 솔직하게 공유하기 시작했고, 자신들의 감정을 조리 있고 논리적으로 표현했다. 일부는 여성들에게 연대를 표현했고, 몇 사람은 고통을 주는 행동을 한 동료 사제들을 대신에 사과했다. 42명의 혼성 성직자 집단이 고통스럽지만 용기를 내어 함께 몇 차례 라운드를 반복하자 그 공간의 정서적 분위기가 무르익기 시작했다.

우리는 우리 자신을 개인적, 사회적, 제도적, 역사적 고통의 복잡한 복합체와 동일시한다. 이러한 일은 젠더 작업에서도 흔히 일어난다. 그래서 그 개인의 표면화된 좌절의 뿌리는 개인사와 문화적 역동까지 깊게 연결되어 있다. 우리에게는 이 모든 '젠더 혼란'을 넘어서는 우리의 길을 찾지 못할 거라는 오래된 두려움도 있었다. 하지만 우리는 뒤로 물러설 수 없는 지점에까지 이르렀고, 이 상황에서 벗어나는 유일한 방법은 고통스러워도 그것을 지나 자연스러운 결론에 가보는 것뿐이었다. 해결책은 현실적이어야 한다. 인위적이거나 막연하게 '좋은 것이 좋다'는 될 수 없으며, 이러한 것들은 기존의 해로운 상황을 지속할 뿐이다.

대화가 계속되고 도전적 감정들이 드러나면서 일정 시간이 지나자 흥분이 천천히 가라앉기 시작했다. 사랑과 너그러운 마음이 다시 돌아왔다. 놀라운 과정이 목격되었다. 대부분의 사람이 진실하고 진정한 해결 방법을 찾는 데 전념했다. 집단은 고통스런 이슈들을 얼버무리려 하지 않았고, 뜨거운 이슈들 한복판에 함께 앉아서 때로는 침묵하고, 때로는 개인적 분노나 절망감을 표현했지만 비난과 책망은 사라져갔다.

은총으로의 변화

그동안 침묵을 지켰던 사제 조셉이 많은 여성에게 상처를 준 '헛소리' 발언을 한 사람이 본인임을 밝힌 순간이 전환점이 되었다. 그는 자신이 상당히 취약한 상태였고, 단지 자신의 괴롭고 답답한 감정을 솔직하게 표현하고 싶었고, 결코 누군가의 감정을 상하게 할 마음은 없었다고 했다. 그는 자신이 일으킨 고통에 대해 진심으로 눈물을 흘리며 사과했다. 그는 지금 마음이 너무 고통스럽다는 말로 마무리했다. 몇 명 남성이 조셉에게 그의 정직과 용기에 대해 고마움을 표현했다. 여성들 역시 공개적으로 자신의 행동을 시인한 것에 인정을 표현했고, 모두 함께하는 지금의 어려움에 대해서도 공감했다.

조셉은 여성들의 감사 표현을 듣고 더 많이 울었고, 조용히 일어나 그 공간을 떠났다. 퍼실리테이터 중 한 명이 그를 따라 문 밖으로 나갔고, 집단은 조용히 차를 마시며 휴식했다. 일부 사람은 상황을 대단히 심각하게 받아들였다. 또한 많은 이는 우리가 함께한 1주일을 기쁘게 마무리할 수 있는 방법을 찾을 수 있을지 걱정하는 것이 느껴졌다. 침묵 속에서 차를 마시는 시간은 개인적 성찰을 위한 시간이자 더 큰 사랑의 힘을 향해 마음을 여는 시간이었다.

조셉은 상당한 심리적 고통을 느끼고 있었다. 무거운 갑옷이 부서져 벗겨졌고, 퍼실리테이터들은 그와 함께 작업했다. 조셉의 마음은 구멍이 뚫린 것 같았고, 그 순간 그는 매우 취약해져 있었다. 그러나 그는 자신을 회복하기 시작했고, 집단이 다시 모였을 때 가장 늦게 룸으로 돌아왔다. 조셉이 돌아왔을 때 사람 사이에 안도의 물결이 흘렀다. 그는 앉아서 조용히 말했다. "이곳으로 돌아오기 위해 내가 할 수 있는 모든 것을 했습니다. 그렇게 나는 여기에 있습니다. 하지만 도망치지 않고,

여기에 앉아 있는 것 이외에 무엇을 할 수 있을지 모릅니다."

그 공간의 분노가 사라지고 새로운 에너지가 생겨났다. 남녀 사이의 집단적 의사소통이 지속되면서 연민과 이해가 더 강력해지기 시작했고, 결국에는 집단의 에너지와 분위기가 비난에서 상호 이해로 변했다. 폭풍이 지나간 후 두려움과 배반의 구름을 뚫고 태양이 조금씩 비추고 있었다. 긍정적 감정들이 다시 만들어지면서 모든 남녀가 상대에게 축복을 내리는 수피교 댄스가 포함된 치유 의식 과정으로 자연스럽게 흘러갔다. 사람들이 춤을 추며 쌍을 지어 친밀한 순간을 함께할 때 다정함과 기쁨의 눈물이 흘렀다. 몇몇 그룹이 성가를 부르는 동안 웃음이 터져나오는 축하의 분위기로 그 과정이 마무리되었다.

그리스도의 영혼

그날 늦은 오후에 퍼실리테이터들과의 후속 미팅에서 조셉은 이번 경험을 통한 배움을 공유했다. 이야기할 때 그의 눈은 빛나고 있었다. 그날 아침에 자신이 미사를 인도할 차례였다고 했다. 미사 주제로 '심오한 치유'를 선택했고, 치유를 위해 그의 제자들을 보내는 예수에 관한 성서 이야기를 인용했다. "오늘 아침 미사의 모든 목적과 기도는 치유였습니다." 조셉은 역설적으로 외쳤다. "치유, 치유, 치유! 그리고 그 일이 일어났습니다!" 처음에 그는 이 과정에 배신감을 느꼈지만 정말로 강력한 치유가 발생했음을 알게 되었고, 그는 (자신도 모르게) 희생양이 되었다고 설명했다. 우리는 이것이 사실이며 그의 에고가 공동체 치유 과정을 위해 '희생'됐다는 의미에서 치유를 위한 도구로 그가 사용됐다는 것을 확인했다. 조셉은 이런 방식으로 이른 아침 진지한 기도에 대한 응답을 받았지만 물론 그가 상상했거나 선택한 방식은 아니라고 말했다.

마무리 성찰

워크숍에서 벌어지는 일은 고통스러운 젠더 이슈가 사회에서 제기될 때 벌어지는 일의 축소판이다. 그들이 여성이든, 남성이든 목소리를 내기만 하면 그들에 대한 반발이 직접적이고 즉각적으로 생겨난다. 불공정한 젠더 구조를 유지하기 위해 오랫동안 지속된 심리적, 사회적, 제도적 힘이 존재한다. 그러므로 화해 작업의 기반을 약화시키는 정책들을 치유 작업을 통해 적극적으로 지지하는 사람이나 교육 기관들이 채택하는 경우도 있다. 이 워크숍에서 입증된 것처럼 젠더 치유 작업 시도와 관련해 치유 작업의 기반을 약화시키는 과정은 인간 상호 작용 속에서도, 소그룹 과정 속에서도, 더 넓은 사회 속에서도 발생한다. 하지만 참가자 사이에 진실성, 호의, 그리고 목적의 공유가 충분히 이뤄진다면 이러한 적대적 힘은 치유와 화해의 돌파구를 만들어내면서 극복할 수 있다. 우리는 인도 워크숍 동안 축소판으로 이를 경험했다.

젠더 화해 작업을 인도에 도입하는 이 초기 실험은 대체로 성공적이었다. 우리는 많은 참가자로부터 이후 몇 달간 작업에 대한 감사의 이메일을 여러 통 받았다. 이곳의 특성에 맞춰 변형된 인도에서의 과정은 다른 곳에서와 마찬가지로 잘 작동했다. 워크숍이 끝난 몇 주 후 사드하나 인스티튜트 회보는 작업에 관해 다음과 같이 이야기했다.

코스에 참가한 남성 21명과 여성 21명의 수도자 집단은 문화, 종교, 개인의 과거로부터 발생한 서로의 상처들을 목격하게 되었다. 또한 치유의 경험도 증언했다. … 이는 삶에서 깊은 상처를 받은 사람들이 지각의 편협성과 불완전성을 깨달은 것이다. 또한 서로를 위한 연민이라는 치유의 빛을 상대방에게 열어준 것이다.

또한 코스의 개인적, 사회적 차원을 넘어 많은 참가자의 의식 안에서 발생한 주요 변화의 신호들이 있다. 배제된 이러한 영역을 종교적 구조 안에 포함할 필요가 있다는 진지한 인식이 그것이다. 가톨릭 교회를 괴롭혀온 주요 방식 중 하나가 여성의 배척이다. … 이번 코스는 전체적 접근이 상당히 다채로웠을 뿐 아니라 참가한 남성과 여성 모두 치유의 필요성에 대해 깊게 자각하는 계기가 되었다.(사드하나 인스티튜트, 뉴스 업데이트, 2002년 8월호)

젠더 화해 작업은 집단 내 사람 사이의 충분한 시간, 진실한 의도, 과정의 수용이 있다면 집단의 마음에 영적 가속도를 더하게 되고, 결과적으로 연금술을 통해 황금을 만들어낸다. 이번 사례에서 얻은 황금은 지구상에서 가장 심각한 젠더 불평등 징후들을 구체적으로 지닌 문화에서 어렵게 얻은 것이라 더욱 소중하다.

Chapter 10
무지개공화국의 젠더 화해

나는 오랫동안 남아프리카공화국의 남성과 여성 사이에 치유와 화해를 가져올 방법을 생각해왔다. 이 작업이 해답이다. 이 작업을 남아프리카공화국에 훨씬 더 많이 적용해야 한다. - 노지즈위 매들라라 러틀리지 남아프리카공화국, 보건부 차관

"이곳 남아프리카공화국에서는 젠더 이슈가 전혀 다뤄지지 않았습니다. 시작도 안 했습니다." 노푼도 왈라자^{Nomfundo Walaza}가 열정적으로 외쳤다. 왈라자는 케이프타운에서 진행 중인 젠더 화해 워크숍의 공동 퍼실리테이터였다. 그녀는 계속 이야기했다. "부족함도 있었지만 진실과 화해 위원회^{Truth and Reconciliation Commission}의 작업을 통해 아파르트헤이트 종식 이후 인종 통합 면에서 유의미한 진전을 이뤘습니다. 하지만 이 나라 남녀 사이의 거대한 이슈들은 거의 수박 겉핥기 식으로 다뤄졌습니다."

왈라자는 케이프타운에 있는 데스몬드 투투 평화센터의 장이다. 우리는 남아프리카공화국의 다른 사람들과 우리의 친구들, 특히 이번 워크숍의 주최자였던 보건부 차관 노지즈위 매들라라 러틀리지^{Nozizwe Madlala Routledge}에게도 왈라자의 말과 유사한 이야기를 듣고 있었다. 키핀은 2003년 당시 남아프리카공화국 국방부 차관이었던 러틀리지를 처음 만났다. 사티야나 인스티튜트의 젠더 화해 프로그램 훈련을 받은 남아프리

카공화국의 운동가 베르네데트 무신[Bernedette Muthien]이 두 사람을 소개해주었다. 깊이 있고 고무적인 만남이 끝난 후 러틀리지는 남아프리카공화국의 국회의원 모임에 젠더 화해 작업을 소개하기 위해 사티야나 인스티튜트팀을 초대했다. 러틀리지는 여성과 남성 의원 사이에 다뤄지지 않은 역동들이 공공 업무의 효율성을 상당히 손상시킨다고 했다. 아파르트헤이트 종식 후 여성들의 의회 진출이 훨씬 많아지기는 했지만 여성들의 발언권은 여전히 적었다. 남성 주도 현상은 문화적 관습의 결과였다. 러틀리지는 사티야나 젠더 화해과정에 사람들을 초대해 의회 안에서의 젠더 관계에 변화를 추구하고, 남아프리카공화국 사회 전체에서도 유사한 변혁이 시작되기를 기대했다.

1994년 아파르트헤이트 종식 이후 남아프리카공화국은 재구성되었고, 세계에서 가장 진보적인 헌법을 가진 나라 중 하나가 되었다. 아파르트헤이트의 공포를 경험한 무지개공화국은 새로운 헌법에 모든 국민의 정의와 평등의 원칙을 최고 수준에서 명시해놓았고, 인종 차별뿐 아니라 젠더 차별도 극복하기 위한 포괄적 조치들을 명시하고 있다.

이번 장에서는 사티야나 인스티튜트가 남아프리카공화국에 젠더 화해 작업을 알리기 위해 시범적으로 시행했던 프로젝트에 대한 내용이 담겨 있다. 2006년 11월에 두 차례 워크숍이 열렸다. 첫 번째는 남아프리카공화국 의회, 종교 공동체, 비정부 기구들을 대표하는 25명의 리더 집단을 위한 워크숍으로 케이프타운에서 6일간 진행됐다. 두 번째는 간디의 손녀 엘라 간디Ela Gandhi의 초대로 16명이 참가해 2일간 진행됐다. 이 프로젝트는 캘리포니아주 샌라파엘에 있는 칼리포에아재단 Kalliopeia Foundation이 연구비를 지원했다.

이 시험 프로젝트는 의미 있는 성공을 거뒀고, 그 결과 사티야나 인스티튜트는 2년간의 젠더 화해 전문가 집단 훈련을 포함해 남아프리카공화국에서 새로운 젠더 화해 프로젝트를 진행해달라는 제안을 받았다. 이어질 내용은 케이프타운 워크숍의 하이라이트와 남아프리카공화국에서 진행된 작업에 대한 상세한 설명이다. 참가자의 이름과 세부 내용은 참가자들을 보호하기 위해 바꿨고, 퍼실리테이터의 이름은 그대로 썼다.

남아프리카공화국의 젠더 화해 필요성

남아프리카공화국에서의 젠더 폭력과 갈등은 재앙 수준에 이르렀다. 아파르트헤이트 종식 이후 강간이 급증했다. 현재 UN의 통계에 따르면 남아프리카공화국의 강간 발생률은 세계 최고다. 추정치들은 다양하지만 보수적으로 잡아도 남아프리카공화국에서는 26초마다 여성 한 명이 강간을 당하는 것으로 나온다. 이를 연간으로 환산하면 120만 건 이상이며,

전체 여성 인구가 약 2,300만 명인 것을 감안하면 충격적인 수치다. 더 어린 소녀들이 강간의 표적이 되고 있다. '섹스 경험이 없는 여성'과의 섹스가 에이즈를 치료해준다는 잘못된 신념이 이러한 현상을 부추기고 있다. 또한 어린 소녀들은 HIV 바이러스 감염 가능성이 낮다는 인식 때문에 강간의 대상으로 더 선호된다. 또한 '주류 강간^{mainstreaming}'과 같은 음흉한 형태의 집단 강간처럼 패턴을 가늠하기 힘든 집단 강간이 뿌리를 내리고 있다. 남성이 자신의 여자 친구와 싸우는 등의 일로 기분이 상하면 그는 자신의 여자 친구를 주류에 편입시킨다. 이것은 자신의 친구들이 '처벌'로써 자신의 여자 친구를 집단 강간한다는 것을 의미한다. 강간뿐 아니라 가정 폭력, 직장 내 성학대와 성희롱도 남아프리카공화국 사회에서 매우 광범위하게 일어나고 있다.

남아프리카공화국의 에이즈 위기는 전 세계 최악 중 하나다. 남아프리카공화국에서는 매일 약 900명이 에이즈로 죽는다. 또한 매일 약 1,000건의 신규 HIV 감염이 발생한다. 러틀리지를 포함해 많은 의원이 에이즈로 가족을 잃었다. 하지만 러틀리지처럼 에이즈로 가족을 잃었다고 공개한 의원들은 거의 없다. 에이즈에 따른 가족의 상실은 공통된 경험이지만 이를 인정하거나 함께 이야기하지 않고 개인적인 깊은 슬픔으로 남겨둔다. 이것이 러틀리지가 의원들을 사티야나의 젠더 화해 작업에 초대한 또 하나의 이유다. 그녀는 에이즈가 초래한 슬픔을 다룰 안전한 공간을 만들고 싶었다. 러틀리지는 또한 이 프로젝트가 정부에 에이즈와 젠더 평등을 위한 효과적인 대책을 촉구하는 자극제가 될 것으로 믿었다.

남아프리카공화국에 관한 기초 배경 정보를 약술하면 다음과 같다. 아프리카국민회의^{ANC}는 1994년 성공적으로 테러리스트 아파르트헤이트 정부를 축출한 여당이다. 남아프리카공화국 인구는 약 4,700만이며, 인종 구성은 흑인 75퍼센트, 백인 13퍼센트, 혼혈(유색인) 9퍼센트, 아시아계(주로 동인도인) 3퍼센트다. 종교는 주로 크리스천이며, 인구의 80퍼센트를 차지한다. 힌두교 신자는 인구의 1.2퍼센트며, 유대인 0.3퍼센트고, 약 15퍼센트는 비종교인이다(출처: 위키피디아). 웨스턴 케이프 같은 일부 지역에서는 무슬림이 상당한 비율을 차지한다.

정치사회적 맥락에서 본 남아프리카공화국 젠더 작업의 현재

2004년 러틀리지는 보건부 차관이 되었다. 아래에서 언급될 이유들 때문에 재정 권한뿐 아니라 자신의 역할을 수행하는 데 더 많은 한계에 봉착했다. 우리가 케이프타운에 도착했을 때 지난 몇 년간 러틀리지가 직면한 벅차고도 방대한 문제들을 알게 되었다. 이러한 상황에서 남아프리카공화국에서 젠더 화해 시범 프로젝트를 함께 시도하겠다는 그녀의 결단에서 자신의 일에 대한 헌신을 알 수 있었다. 결과적으로 계획의 지

연 등과 같은 많은 어려움을 견뎌낸 것이 무척 기뻤다. 그 결과가 무척 의미 있는 시작으로 이어졌기 때문이다.

케이프타운에서 워크숍이 시작될 시기에 워크숍과 관련된 사안들이 뉴스에 자주 등장했다. 우리가 그곳에 있는 동안 세 가지 주요 이슈가 사회적 주목을 받았다.

동성 결혼 법안의 통과

워크숍이 열리기 몇 주 전에 남아프리카공화국 의회에서는 동성 결혼의 공식적 인정과 합법화 법안에 관한 열띤 논쟁이 진행 중이었다. 우리의 젠더 워크숍이 끝난 2006년 11월 14일에 이 법안이 하원에서 통과되었다. 사회의 각계 각층에서 강한 반응이 나왔다. 게이, 레즈비언 리더들은 법안에 갈채를 보내며, 이 법안이 통과한 덕분에 헌법을 따르는 유일한 입법이 가능해졌다는 사실을 강조했다. 남아프리카공화국 헌법은 젠더와 인권에 관한 세계에서 가장 진보적인 헌법 중 하나로 여겨지고 있다. 『권리장전(제2장 제9절)』은 '성 지향'을 기본권의 하나로 보고 있으며, 헌법이 보장하는 여러 평등권 중 하나로 보고 있다. 그럼에도 크리스천 보수주의자들은 동성 결혼 법안의 통과를 개탄했다. 기독교 전선의 리더 루디 두 플루이^{Rudi du Plooy}는 다음과 같이 선언했다. "아프리카 국민회의가 이 법을 통해 증명한 것은 크리스천들의 눈을 손가락으로 찔러 하나님의 법에 도전하고 있다는 점이다. 남색은 하나님이 의도하고 창조한 것과 완전히 대립된다."[1]

러틀리지와 부통령이 남아프리카공화국의 에이즈 정책을 반전시킴

보건부 차관이던 러틀리지는 상당히 도전적인 상황에서 일했다. 그녀의 상사인 보건부 장관 만토 차발라라 음시망Manto Tshabalala-Msimang이 지난 2년간 에이즈에 관한 발언을 억압했기 때문이다. 남아프리카공화국 대통령 타보 음베키Thabo Mbeki와 음시망은 에이즈에 대해 매우 논란의 여지가 있는 입장을 취했다. HIV 바이러스와 에이즈 간 연관성에 대해 이의를 제기하며, 영양학적으로 마늘과 비트를 함께 사용해 에이즈를 효과적으로 치료할 수 있다고 주장했다. 이러한 입장과 정부 정책은 국제에이즈커뮤니티에서 극심한 비판을 받았다. 평론가들은 모든 과학적, 의학적 증거가 있는데도 이 무책임한 정책의 시행으로 남아프리카공화국에서 수십 만 명이 생명을 잃었다고 주장했다. 이러한 위기로 음베키 대통령은 신뢰를 잃었고, 2006년 토론토에서 열린 국제에이즈컨퍼런스에서 국제 활동가들이 분노를 표출하자 남아프리카공화국 정부는 당황했다.

러틀리지는 에이즈 치료를 위해 항레트로바이러스ARV 약물을

보급하는 것이 신뢰할 수 있는 처방이라는 주류 견해에 동의했다. 이것은 과학계와 의학계의 일치된 의견이었다. 그러나 그녀의 상관들이 이러한 견해에 반대했기 때문에 러틀리지의 정치적 입지도, 정치적 영향력도 적었다. 정부 기금에 접근할 수 있는 권한도 없었다. 그래서 러틀리지는 정부의 에이즈 정책을 바꾸기 위해 투쟁했지만 2006년 말까지는 거의 성공하지 못했다. 그러나 토론토 국제에이즈컨퍼런스 이후 국제적 압력 때문에 상황이 급변했다. 2006년 말에 보건부 장관이 병이 들어 입원하자 러틀리지가 남아프리카공화국 에이즈 정책의 최전선에 나서게 되었다.

2006년 12월 1일 세계 에이즈의 날은 새로운 전기가 된 날이다. 남아프리카공화국 정부는 공식적으로 주요 에이즈 정책을 전환했다. 러틀리지와 부통령 품질레 미암보 은쿠카Phumzile Miambo-Ngcuka의 주도 아래 과거의 에이즈 정책을 포기하고 새로운 정책을 시작했다. 이 정책에는 남아프리카공화국에 ARV 약물을 광범위하게 제공하기 위한 수십 억 달러 지원 계획이 포함되었다. ARV 약물을 필요로 하는 사람이 약 80만 명에 달했지만 이 새로운 정책 이전에는 필요한 사람의 25퍼센트 이하의 인원만이 이용 가능했다. 새로운 정책은 러틀리지뿐 아니라 남아프리카공화국의 수십 만 에이즈 환자들의 중요한 승리였다. 하지만 이 때문에 러틀리지는 한동안 정치적 곤경에 빠졌다. 그녀는 2006년 12월 『데일리 텔레그라프』와의 인터뷰에서 에이즈에 대한 과거 정책에 대해 대통령과 보건부 장관을 비판했다. 정부는 해고를 포함해 그녀에 대한 징계 조치를 고려했지만 언론은 그녀를 국민 영웅으로 치켜 세웠다. 국제 사회도 기뻐하며 거의 백만 명의 남아프리카공화국 에이즈 환자를 구한 공을 러틀리지와 부통령 은쿠카에게 돌렸다. 정부는 어쩔 수 없이 물러섰고, 이후 정부는 물론 남아프리카공화국 국민들에게 러틀리지의 명성은 아름답게 꽃을 피웠다.

ANC의 원내 총무가 섹스 스캔들에 휘말림

이러한 발전이 정점에 이른 시기에 남아프리카공화국 의회에서 매우 논쟁적인 섹스 스캔들이 터졌다. 우리가 워크숍을 시작하기 이틀 전이었다. ANC의 수석원내총무인 음부엘로 코니웨Mbuelo Coniwe가 생일 파티 후 인턴에게 섹스를 강요해 기소되었다. 스물한 살 여성은 사건을 상관에게 보고했고, 이 사건을 대중에게 공개할 것인지 여부에 대해 논쟁 중이던 의회의 여성 지도자 사이에 위기가 생겨났다. 비상 회의가 열렸고 저명한 의회 내 여성 리더들이 모였으며, 그중 몇몇은 우리의 젠더 화해 워크숍에 참석할 계획이었지만 이 급박한 위기를 처리하기 위해 워크숍에 임박해 참여를 취소했다. 급박하게 변한 의회에서 벌어진 현실 정치 드라마 때문에 의회 구성원들을 대상으로 한 젠더 화해 프로그램은 미뤄졌다. 하지만 이 덕분에 의회에서 우리를 더 주목하게 된 것은 아이러니였다.

워크숍 세 번째 날 아침에 이 이야기가 「ANC 보스의 섹스 스캔들」로 뉴스 헤드라인에 등장했다. 수사가 끝날 때까지 수석원내총무의 직무는 정지되었다. 태풍의 중심에 있는 인턴 노마벨레 은늉고Nomawele Njongo는 우리 워크숍에 참여한 의회 직원 중 한 명의 친구였고, 그녀는 친구에게 도움을 청했다. 은늉고는 전화와 문자 메시지를 통해 엄청난 살해 위협을 받아 매우 두려운 상태라고 전했다. 몇몇 워크숍 참가자는 그녀의 안전에 깊은 우려를 드러냈다. 우리는 의회의 주요 남성 구성원 몇몇이 그녀가 폭로하지 못하도록 그녀에게 폭력을 가했고, 그녀가 진실을 공개하자 굉장히 분노했다는 사실을 알게 되었다. 영향력 있는 의회의 남성 구성원들이 그녀가 침묵하도록 시도한 후 여성 구성원들이 격분했고, 그리하여 의회 내 젠더 긴장이 순식간에 악화되었다. 한편 은늉고는 자신의 휴대폰을 없애고 숨었으며, 우리 워크숍에 참가한 친구의 도움을 받아 의학적 치료와 법적 보호 방법을 찾았다.

워크숍 마지막 날에 ANC는 이 사안에 대한 청문회 개최를 공식적으로 결정했다. 이후 수석원내총무가 다른 젊은 의회 여성 직원들과 성관계를 가졌으며, 그와 ANC 여직원들과의 사이에 적어도 한 명 또는 두 명의 자녀가 있다는 추가 혐의가 제기됐다. 한편 ANC의 원내부총무인 안드리스 넬Andries Nel은 이 뉴스의 헤드라인 등장하기 전 첫째 날과 둘째 날 일부 워크숍 과정에 참석했다. 그가 새로운 수석원내총무가 될 것이라는 추측이 있었지만 청문회 결과가 여전히 계류 중이었기 때문에 이러한 추측은 시기상조였다. 우리가 이 나라를 떠날 때까지도 상황은 여전히 뜨거웠다.

청문회는 2006년 12월 14일에 끝났고 수석원내총무 코니웨는 즉각 ANC당에서 제명되었으며 남아프리카공화국 의회 의원에서 면직되었다. ANC 징계위원회는 성희롱과 ANC당의 명예를 훼손한 것에 대해 유죄를 확정했다. 코니웨는 3년간 공직 취업이 금지되었다.

비슷한 시기에 비슷하게 전개된 성희롱 사건이 또 있었다. 2006년 12월 1일에 프리토리아고등법원은 인도네시아 대사 노만 마샤바네Norman Mashabane의 해고를 판결했다. 3년 전 마샤바네는 그가 고용한 라라 스워트Lara Swart를 성추행한 혐의를 포함해 성희롱 21건에 대해 유죄 판결을 받았다. 하지만 외무부 장관 은코사자나 들라미니 주마Nkosazana Dlamini-Zuma는 유죄 판결을 뒤집었고, 스워트는 이에 항소했다. 3년간의 법정 다툼 후 프리토리아고등법원은 스워트의 무죄와 마샤바네의 해고를 확정함으로써 외무부 장관의 파기를 무효화했다.

군 장성이 관련된 또 다른 심각한 성희롱 사건에 관해 러틀리지는 2006년 12월 국방부에 공식적으로 이의를 제기했다. 이 사건이 3년간 시간만 끌어온 이유와 사건이 종결되기도 전인 최근에 장군이 승진한 이유를 알고자 했다. 또한 그녀는 사건에 대한 군 법정의 청문 과정에 단 한 명의 여성도 참석하지 않았다는 점에 심각한 우려를 표했다. 이 글을 쓰는 현재에도 사건은 여전히 계류 중이다.

케이프타운 워크숍의 참가자들

보건부 차관 러틀리지는 약 35명의 국회의원을 워크숍에 초청했지만 많은 이가 참석할 수 없어서 남아프리카공화국 교회 협의회, 여성 단체, 비정부 기구 등의 다른 분야 리더들의 참여도 가능하게 했다. 결과적으로 여성 15명, 남성 10명, 총 25명이 워크숍에 참가했다. 한 명을 제외하고는 모두 흑인이거나 '유색인'이었다. 남아프리카공화국에서 '유색인'이라는 용어는 혼혈을 의미하는 것으로 경멸적 표현은 아니다. 참가자 중 유일한 백인이었던 남성은 러틀리지의 남편 제레미 러틀리지^{Jeremy Routledge}였다.

퍼실리테이팅

젠더 화해 작업이 지닌 기본적 강도와 이 나라가 아파르트헤이트 기간에 겪은 고통의 관계는 말할 필요도 없다. 젠더 억압, 에이즈, 성폭력 등이 만연한 문화적 맥락을 고려하면 이번 워크숍을 위해 매우 숙련된 진행자를 많이 모집하는 것이 중요했다. 우리는 워크숍 시작 전에 많은 참가자가 ANC 소속으로 아파르트헤이트 기간에 투옥이나 고문을 당한 경험이 있다는 것을 알고 있었다. 그래서 과거의 트라우마 경험으로 퇴행하거나 다시 자극 받을 수 있는 참가자들과 편안하게 작업할 수 있는 임상적으로 훈련된 진행자가 필요했다. 또한 우리는 멜트다운이 발생했을 때 자신감 있게 헤쳐나갈 수 있는 충분한 인력도 필요했다. (제7장에서 설명한 것처럼 '멜트다운'은 '일반적인' 집단 작업에서 깊은 정서적 해방과 치유가 가능한 튼튼한 용광로로 나아가도록 하는 강력하고 자발적인 해체 과정을 말한다. 이 과정에는 보통 카타르시스를 경험하거나 트라우마 상황을 동시에 재시뮬레이션하는 여러 참가자가 포함된다. 자세한 설명과 그 사례는 제7장에 나와 있다.)

이러한 임상적 고려 사항들뿐 아니라 혼합 집단에 아프리카 출신의 흑인 퍼실리테이터들을 포함하는 것도 중요했다. 사티야나 인스티튜트의 스텝들은 백인 미국인들이었고, 아프리카에서 작업할 때는 아프리카의 의식과 감성을 우리 퍼실리테이션팀과 통합할 필요가 있었다. 우리는 이러한 것들을 고려하면서 특별한 능력과 기술을 가진 다양한 인종의 퍼실리테이션팀을 구성했다. 집단 내에서 발생할 수 있는 모든 도전을 자신감 있게 다룰 수 있는 팀을 구성했다는 점이 우리에게 자신감을 주었다. 퍼실리테이션팀은 4명의 공동 퍼실리테이터로 구성됐다. 줄리안 데브뢰Julien Devereux와 자넷 코스터Janet Coster(둘 다

미국 태생의 사티야나 공인 퍼실리테이터), 케이프타운 태생의 넘푼도 왈라자 Nomfundo Walaza, 케냐 태생의 카람부 링게라Karambu Ringera, 이 책의 저자인 키펀과 신시아 브릭스로 이뤄졌다. 코스터는 젠더 이슈와 영성 상담을 전공한 캘리포니아 산타크루즈 출신의 상담심리학자며, 데브뢰는 형사사법, 조직 개발, 자아초월 심리학 경력을 지닌 임상사회복지사다. 왈라자는 임상심리학자이자 인권운동가며 케이프타운의 데스몬드 투투 센터의 장이다. 그녀는 남아프리카공화국 내 '폭력과 고문 생존자를 위한 트라우마 센터Trauma Centre for Survivors of Violence and Torture'의 전무로 11년간 근무한 경력도 있다. 링게라는 아프리카 풀뿌리 평화 작업을 후원하는 국제 평화 이니셔티브International Peace Initiatives를 설립한 케냐 출신의 여성 운동가다.

퍼실리테이션팀은 원활하게 협력했고, 집단으로부터의 열정적이라는 피드백을 받았다. 남아프리카공화국 교회 협의회의 의회 사무소장 키스 베르뮬렌Keith Vermeulen은 워크숍이 끝난 후 우리에게 "당신들의 남아프리카공화국과 아프리카 공동 퍼실리테이션 조합은 상당히 고무적이었습니다. 작업을 계속하세요. 그리고 함께 계속 일합시다!"라고 말했다.

케이프타운 워크숍의 서사적 이야기

케이프타운 워크숍을 이야기할 때면 특별한 참가자 엘레나

^{Elana}라는 여성의 경험을 따라가게 된다. 과정의 단계마다 엘레나의 경험을 포함함으로써 간추린 이야기만으로 워크숍의 전반적인 본질뿐 아니라 젠더 화해 과정에 깊숙이 들어온 특정 개인의 현상학적 경험도 희망적으로 전달할 수 있게 되었다.

첫 번째 날과 두 번째 날

첫 번째 날 저녁과 종일 진행된 두 번째 날 워크숍은 대부분의 젠더 화해 워크숍들처럼 진행되었다. 참가자들은 마음을 열고 싶은 마음과 그에 따른 걱정이 뒤섞인 상태에서 아이스 브레이킹 훈련을 했고, 앞으로 일어날 일에 대해 호기심을 느끼는 동시에 불편해하기도 했다. 시간이 흐를수록 안전하고 편안한 분위기가 만들어지고, 개인적으로 가까워졌다.

사랑이 펼쳐짐

젠더 치유 작업에 사용되는 기본 기법들을 쉽게 기억하기 위해 가벼운 놀이 요소를 곁들여 간단한 머리 글자를 개발했다. 이 머리 글자는 이 작업에서 사용되는 필수적인 기술과 지혜들의 머리 글자로 구성된다. 그것은 사랑이 펼쳐짐^{LOVE'S UNFOLDING}이며, 의미는 다음과 같다.

LOVE'S=Listen+Open+Value diversity+Empathize+

Speak your truth

(듣기, 마음을 열기, 가치 다양성, 공감하기, 진실 말하기.)

UNFOLDING=Understanding+Nonjudgment+Forgive
+Own your stuff+Laugh+Discern+Inspire+Nurture+
Gratitude

(이해하기, 판단하지 않기, 용서하기, 스스로 책임지기, 웃기,
알아차리기, 영감, 돌보기, 감사하기.)

매일 아침 우리는 머리 글자 중 두 개 또는 세 개의 문자들을
소개하면서 그 문자들이 어떤 단어인지 집단이 함께 알아 맞
춰보도록 했다. 그 다음에는 참가자들이 각 단어를 몸 동작으
로 표현해보도록 했다. 이런 방식으로 한 주에 걸쳐 집단이 사
랑이 펼쳐짐을 표현하는 간단한 춤을 만들었고, 이는 많은 이
를 웃게 만들었다.

거의 매일 왈라자가 이끄는 아름다운 아프리카 노래로 하루
의 일정을 시작하고 마무리했다. 남아프리카공화국 사람들은
음악을 아주 자연스럽게 접하게 됐다. 남아프리카공화국의
문화유산을 아름답게 빛내는 많은 노래가 있고, 남아프리카
공화국 사람들은 별다른 노력 없이도 아름다운 하모니와 우
아한 리듬을 만들어냈다. 왈라자는 은총과 열정으로 이 노래
들을 이끌었다.

두 번째 날은 젠더 화해 원칙에 대한 소개와 함께 심층적인 아이스 브레이킹과 집단 형성 훈련으로 시작했다. 특히 중요한 것은 사티야나 인스티튜트가 젠더 화해 작업을 위해 확립한 윤리 지침과 준수 사항을 알리는 것이었고, 모든 참가자가 워크숍 기간에 그 내용들을 잘 지켜주었다.

여성들의 고통과 남성들의 고통을 각각 요약한 10분짜리 영상 클립 두 개를 보는 것으로 집단은 젠더 불공평과 진지하게 씨름하기 시작했다. 영상 클립에는 남성성의 '그림자'에 관한 잭슨 카츠Jackson Katz의 다큐멘터리 필름 『터프 가이즈Tough Guise』의 일부 내용과 전 세계 수천 명 여성이 오스트리아 빈에서 개최된 유엔 인권회의에서 증언했던 1993년 비엔나 재판Vienna Tribunal의 내용 일부가 발췌되어 담겼다. 우리는 왈라자와 사전에 만나 남아프리카공화국 참가자들에게 이러한 영상 자료가 적절한지를 검증했다.

오후에는 침묵의 증인 훈련이 진행됐다. 이 작업은 특히 이 집단에서 강력했다. 참가자들이 직접 경험한 젠더 불평등과 고통의 크기를 목격했기 때문이었다. 이러한 훈련은 대부분의 참가자에게 새로운 경험이었다. 특히 혼성 집단에서의 경험이라 그랬을 것이다.

침묵의 증인 과정에서 여성들에게 "남성에게 맞거나 육체적 학대를 당한 적이 있다면 일어서 주세요."라는 질문을 했을 때 한 여성이 혼자 일어섰다. 50대 중반의 여성 엘레나였다. 그녀는 이후에 이 질문에 일어섬으로써 자신의 실제 사연을 말하지 않고도 인정하는 방법을 마침내 발견했다고 설명했다. 이후에 우리는 엘레나가 그 누구에게도 자신의 사연을 말하지 못했다는 것을 알았다. 수년에 걸쳐 여성 집단에서 자신의 사연을 이야기할 때에도 항상 친구의 이야기처럼 말했고, 자신의 사연이라는 것을 밝히지 않았다. 그래서 이 질문에 일어서는 행위 그 자체가 엘레나에게는 작은 돌파구가 되었다.

세 번째 날

우리는 이날 홀로트로픽 호흡 작업을 했다. 안전함과 친밀함이 호흡 작업 파트너 사이뿐 아니라 전체 집단에서도 지속적으로 증가했다. 왈라자와 링게라는 전에 호흡 작업을 경험해 본 적이 없었기 때문에 호흡 작업 동안은 퍼실리테이터 역할을 멈추고 호흡 파트너로서 참가했다.

많은 참가자가 호흡 작업 동안 각성, 통찰 등 강력한 경험을 했으며, 이것이 참가자들의 워크숍 참여도를 키우는 역할을 했다. 링게라의 말처럼 "완전히 새로운 자아인식의 영역에 입문한 것 같았다. 그것은 내가 누구인지, 즉 이번 생에서 내 일과 역할을 암시하는 내 세계에서 내가 무엇을 바라봐야 하는

지를 탐험하는 여정이었다." 호흡 작업은 '집단 영혼'을 소환하고 눈에 보이지 않는 공동체의 유대감을 강화하는 역할을 한다. 이러한 일은 자주 발생한다. 호흡 작업에서 경험하게 되는 일부 사례는 다음과 같다.

일로이드Lloyd는 호흡 작업 동안 강렬한 해방을 경험했다. 처음에는 그의 복부에서 에너지 폐색이 나타났고, 그는 몸 작업 촉진법의 도움으로 깊은 목소리를 이용해 폐색을 해결했다. 이것이 깊은 해방으로 이어졌고, 눈물을 흘렸으며, 마음이 탁 트이는 해방감을 경험했다.

온니Oni는 호흡 작업에 대한 소개를 받을 때는 이것이 그다지 중요한 경험은 아닐 거라고 생각했다. 하지만 과정을 시작하자 강력한 내면의 여정이 펼쳐졌다. 그녀는 선명한 비전과 가르침처럼 다가온 어떤 계시를 받은 어떤 순간이 있었다고 말했다. 그녀는 특정 남성과 격렬한 갈등을 경험했는데 그 상황이 호흡 작업 동안 발생했다. 그녀에게 그 남성의 어머니를 찾아가야 한다는 비전이 생겼다. 이것은 그녀에게 이야기하는 것이 아니라 오히려 그녀의 말을 듣는 형태였다. 이것은 명확한 가르침으로 찾아왔다.

30대 후반 의회 연구원인 말라이카는 유방암이 폐로 전이된 환자였다. 그녀는 호흡 작업 동안 강력한 치유를 경험했고

"분노를 내쉬고 용서를 들이마시라."는 명료한 내적 가르침을 들었다. 그녀는 그렇게 했고, 세션 동안 계속 수행했다. 이후 그녀는 그 경험이 그녀에게 깊은 평화를 주었으며, 놀랍게도 암과 관련된 신체적 고통을 (적어도 일시적으로) 완화해주었다고 했다. 그녀가 집에서도 이 수행(분노를 내쉬고, 용서를 들이마시기)을 계속해야 하는지 물었을 때 우리는 그렇게 하도록 격려하면서 이 수행이 그녀 자신의 내면의 지혜를 통해 자연스럽게 나타난 선물이라는 점을 강조했다. 또한 이 수행이 티베트 통렌tonglen 수행과 상당히 유사하다고 설명했다.

엘라나는 호흡 작업 세션이 시작되기 전에 퍼실리테이터들에게 호흡 세션 중 자신의 학대 경험이 드러날까 봐 두렵다고 했다. 그녀는 30년간 남편의 학대로 고통 받았고, 매우 고통스러운 기억들이라고 했다. 이러한 과거에 대한 보호막을 잃는 것이 두려운 것 같았다. 그녀의 학대 경험은 호흡 작업 동안 실제로 재표면화되었고, 그녀는 무엇이 일어나든지 호흡을 계속하라는 퍼실리테이터들의 지도를 따라갔다. 엘라나는 2시간의 세션에서 많은 눈물이 쏟아지는 강한 체험을 했다. 그것은 슬픔의 눈물이 용서와 치유의 눈물로 변화하는 강렬한 체험이었다. 이후 그녀의 눈은 밝게 빛났고 엘라나는 해방과 평화의 장소에 있는 것 같았다. 그녀가 다음날 아침 워크숍 장소에 왔을 때 "오늘 나는 더 좋은 사람이 되었어요."라고 말했다.

네 번째 날

나흘 째 날은 소규모 집단 작업으로 시작해 다시 남녀 집단으로 모였다. 동성 집단에서 작업을 심화하기 위해 조안나 머시가 개발한 강력한 도구인 '진실의 만달라'를 적용했다. 진실의 만달라는 참가자들이 말하거나 표현하지 않은 분노, 슬픔, 두려움, 고통스러운 진실, 치유되지 않아 곪아버린 상처 등을 공유할 수 있는 안전하고 우호적인 환경을 만들기 위한 구조화된 위원회 과정을 말한다. 현대 사회에서는 자신의 공개하기 어려운 진실을 누군가가 공감의 마음으로 들어주고 누군가에게 말할 기회가 거의 없다. 따라서 이 고통스러운 진실들은 억압되어 에크하르트 톨레가 개인적 또는 집단적 '고통체pain-body'라고 부르는 것이 필연적으로 나타난다. 진실의 만달라 과정에서는 커다란 원 안에 배치된 특정 물건을 이용해 다양한 정서를 상징적으로 표현한다. 두려움은 바위, 슬픔은 마른 나뭇잎, 분노는 막대기, 상실 또는 무언가의 부재는 텅 빈 그릇이다. 진실의 만달라 과정은 사람들이 금기 또는 드러내거나 발산할 필요가 있는 것은 무엇이든지 드러낼 수 있도록 돕는다.

여성들이 진실의 만달라를 이용해 두 가지 특정 질문을 다루기 위해 만났다.

1. 여성으로서 당신의 고통스러운 경험은 무엇인가?
2. 여성으로서 당신의 경험에 관해 남성들이 반드시 듣고 이해해야 할 가장 중요한 것은 무엇인가?

남성들은 남성들끼리 만나 남성으로서 그들의 고통과 경험에 관한 유사한 두 질문을 다뤘다. 여성과 남성 집단에서 많은 사연이 드러나기 시작했고, 집단 내에서 발생한 대부분의 것은 다음날 젠더 간 진실 포럼에서 반복되었다.

다섯 번째 날

"사람과 진실 사이의 최단 거리는 이야기다."라는 말이 있다.(앤서니 드 멜로) 이날 이 말은 확실히 증명되었고, 이 시점까지 집단이 수행한 작업의 훌륭한 성과 중에서도 최정점에 이른 날이었다. 여성과 남성 진실 포럼에서 이야기들이 계속 쏟아져 나왔다. 오랫동안 감춰온 고통스러운 사연을 열린 마음으로 들어주는 동료 공동체에 말할 수 있는 기회 자체만으로도 강한 치유를 경험했다. 우리는 언젠가 코사족Xhosa의 잘 알려진 속담Umntu Ngumntu Ngabantu를 배웠다. 간단히 번역하면 "사람은 다른 사람을 통해 사람이 된다."는 뜻이다. 이 표현은 남아프리카공화국 사람들의 강한 공동체 정신을 나타낸다. 특히 집단이 매우 강하게 결합하는 워크숍의 마지막 며칠간 분명히 드러났다.

다섯 번째 날의 대부분은 젠더 사이의 진실 포럼이 진행됐다. 앞서 설명한 것처럼 진실 포럼의 형식은 믿을 수 없을 정도로 단순하다. 남녀는 두 개 동심원을 만들어 앉고 바깥쪽 원에 앉은 사람들은 침묵을 지키며 안쪽 원 사람들의 이야기를 듣는다. 이후에는 역할을 바꿔 남성과 여성이 침묵 속에서 상대의 말을 듣는 기회를 가진다.

여성 진실 포럼

여성들이 먼저 안쪽 원을 만들어 앉았다. 남성들은 그들 주위에 조용히 앉는다. 짧은 기도 후에 여성들은 자신들의 사연과 이야기를 꺼내놓기 시작했다.

국회의원 다나는 10대 딸이 약 1년 전 두 소년에게 강간을 당했다고 했다. 소년 중 한 명은 HIV 양성이었다. 그 결과 다나의 딸은 현재 HIV 양성이 되었다. 다나는 딸이 강간을 자초한 것은 아닌지 의심했고, "여러 남자와 잔 것"이 틀림 없다고 생각했다. 하지만 딸이 강간 당한 후 병원에 있을 때 다나는 자신이 중대한 실수를 했으며, 딸은 성폭행을 당할 때에 성경험이 없는 상태였다는 것을 알게 되었다. 다나는 성폭행의 공포와 HIV 양성자가 된 딸, 자신의 딸에 대한 불신 때문에 엄청난 충격을 받았다. 그녀는 계속 이야기했다. "나는 내가 딸을 의심한 것 때문에 내 자신에게 매우 화가 나요!"

이 사연은 어린 소녀의 어머니조차 "강간을 자초했다."고 무고한 딸을 비난할 정도로 여성들이 자신의 피해나 트라우마 경험에 대해 자기 자신이나 다른 여성을 비난하도록 가부장제에 의해 강요 받거나 조종 당하고 있는지를 보여주는 가슴 아픈 사례였다. 게다가 소녀가 어려움을 겪으면 일부는 어머니의 잘못으로 여겨지며, 이것 또한 다나가 분노한 이유 중 하나일 수 있다.

다나의 사연 이후에 다른 여성들도 일어서거나 울면서 자신의 사연을 열정적이고 진지하게 이어갔다.

"병사는 울지 않는다."는 표현은 남아프리카공화국 사회에서 강력한 경고 표현이다. ANC의 남성뿐 아니라 여성도 아파르트헤이트에 맞서 싸우는 기간에 이러한 원칙을 고수했다. 눈물은 사치스러운 것으로 자기 자신에게도 허용할 수 없으며, 적들에게도 '나약하거나 패배'한 듯한 모습으로 비쳐질 수 있어 보이고 싶어 하지 않는다. 전날 여성 집단에서 여성들만 있을 때 일부 여성은 남자들 앞에서 그들이 울어야 하는지 질문했다.

하지만 여성 진실 포럼이 시작되었을 때 이 질문은 자연스럽게 해결되었다. 다나가 첫 번째로 사연을 이야기하는 동안 일부 여성은 조용히 훌쩍거리기 시작했다. 이것은 포럼 내내 지속되었고, 때로는 서로에게 티슈를 건넸다. 의회의 한 여성은 2년 만에 처음으로 울 수 있었다고 말했다. 특히 사연의 강도가 세지자 여성들은 손을 잡고 더 가까이 모였고 브릭스는 이들에게 호흡에 집중할 것을 상기해주었다.

전체 집단이 매료된 순간들이 그날 하루 중에도 많이 있었다. 다음은 여성 진실 포럼의 실제 사례들이다.

"내가 우는 것은 어디에서도 허락되지 않았어요." 베레나가 천천히 이야기를 시작했다. 그녀는 이 말을 여러 번 반복했다. "남편은 그것에 관해 알고 싶어 하지 않아요. 그리고 나는 성직자인 동료들 앞에서 울 수도 없어요."

앞서 두 번째 날 저녁에 베레나는 전체 집단에게 "나는 나 자신이 우는 것을 허락하고 있어요."라고 말했고, 저녁 세션이 끝날 무렵 전체 집단 안에 앉아서 조용히 울었다. 이제 베레나는 더 많은 사연을 꺼내기 시작했다. 그녀는 자신의 아들처럼 남편은 밝은 피부색을 가졌다고 이야기했다. 그래서 베레나에게는 백인(또는 거의 백인)으로 여겨지는 가족 구성원들과 비교해 과도하게 차별 받은 기묘한 경험이 있다. 이것이 그녀와 그녀의 가족이 대중 앞에 나설 때마다 느끼는 근본적 긴장의 원인이다.

베레나는 목사며 상당히 언변이 좋고 열정적이지만 자신에 대한 확신이 없어 보였다. 그녀는 인종 차별과 성차별과 관련된 자신의 개인적 경험을 계속 이어갔다.

"나는 백인을 증오합니다!" 갑자기 베레나가 브릭스를 똑바로 바라보며 단호하게 말했다. 남성들이 목격 중인 원 안에서 브릭스 뒤에 앉아 있던 줄리안에게 조금 시선을 돌리며 "나는 특히 백인 남자들을 증오해요."라고 말했다. 브릭스는 "듣고 있어요. 베레나. 그렇게 명확하고 직접적으로 당신의 진실을 말해줘 고마워요."라고 답했다.

베레나는 잠시 조용히 앉아 있다가 함께 일하는 목사 사이에서 발생하는 성적 장난에 대한 이야기를 들려주었다. 그녀는 피정과 회의 기간에 다양한 교회의 많은 남성 동료가 후배 여성 동료들과 연애하거나 잠자리를 갖는다고 말했다. 이들은 특히 젊고 매력적인 여성 목사들을 유혹의 대상으로 삼아 쉽게 빠져나올 수 없는 선물로 조종했다. 중간 경력의 목사인 베레나는 남성 목사들이 무엇을 하려는지 알고 있었고, 남성들도 그것을 알고 있었다. 그래서 그들은 자신들과 서로를 보호했으며, 자신들의 아내들에게는 베레나와 이야기하거나 베레나의 말을 믿지 말라고 가르쳤다. 따라서 많은 목사 아내는 베레나와 진정한 관계를 맺지 않았고, 실제 무슨 일이 일어나고 있는지 전혀 몰랐다. 베레나는 남성 목사들이 서로의 행실은 지지하거나 덮어주면서 목사나 아내들이 자신은 전혀 지지하지 않는 현실에 대해 탄식했다. "벌어지는 모든 일을 지켜보는 것이 정말 고통스럽습니다." 그녀는 소리쳤다.

그리고 한 목사가 그녀에게 잠자리를 강요했지만 굴복하지 않았던 이야기를 했다. 결국 그 목사는 피정을 앞둔 어느 날 그녀에게 와서 오만하게 "나는 이번 피정에서 당신을 가질 것이다."라고 선언했다. 그래서 베레나는 피정에 불참했으며, 불참의 진짜 이유는 누구에게도 말할 수 없다고 느꼈다. 또한 교회가 여성들이 자신의 모습 그대로 존재할 권리를 부정한다는 점도 강조했다. 교단은 그녀에게 특색 없는 공식 목사복을 입도록 요구했지만 그녀는 그 요구를 거부하고 다채롭고 여성적인 옷을 입었다.

"나는 남성들을 증오하며 내 남편을 증오합니다."라는 말이 베레나의 결론이었다. 그녀는 그녀가 어떻게 남편과 이혼하게 되었고, 아버지의 엄청난 압력 때문에 어떻게 남편에게 돌아가 그와 재혼하게 되었는지 이야기했다. 하지만 그녀는 남편이 출근한 후인 이른 아침이 되어서야 잠을 자고, 성관계를 할 수 없도록 수면제 성분이 있는 허브차를 마신다고 했다.
엘라나는 전날 여성 집단에서 그녀의 사연 일부를 공유했다. 그리고 지금 젠더 간 진실 포럼에서 자신의 전체 사연을 이야기했다. 엘라나의 남편은 그녀와 아이들을 자주 때렸다. "나는 아이들을 보호하기 위해 그에게 애원했어요. 아이들 대신 나를 때리라고요! 하지만 그는 듣지 않았어요." 남편은 이후로도 그녀를 강간했고 네 번째 딸이 태어났다. 엘라나는 강간으로 태어난 아이를 증오했고, 그것이 그녀의 마음을 무척 아프게 하고 있음을 인정했다.

어느 날 엘라나의 남편은 또 다른 여성을 그들의 집으로 데리고 왔다. 그와 새로운 여성은 아래층에 살았고, 엘라나와 아이들은 위층으로 쫓겨났다. 위층에서 잠을 잘 수 있는 유일한 공간이 화장실이어서 그곳에서 잠을 자야 했다. 엘라나의 남편은 그녀가 일해 모은 돈을 내놓으라고 했고, 그 집의 모든 사람을 위해 요리와 청소를 전부 하도록 강요했다. 그녀는 사실상 노예였다. "그는 내 말을 전혀 듣지 않았어요! 전혀요!" 그녀가 소리쳤다. 남편은 그녀를 아래층으로 끌고 가서 하도록 했다. 때로는 화를 내며 아이들을 발코니 너머로 던져 엘라나가 아이들의 생명을 구하기 위해 맨손으로 잡아야 했다.

엘라나는 시간이 흐를수록 더 절망적이고 비참해졌다. 어느 날 그녀는 아이들의 신발 살 돈을 남겨두기 위해 남편이 요구한 돈을 주지 않았다. 그는 격분해 칼을 들고 그녀에게 다가왔다. 그때 엘라나는 뜨거운 스토브에서 소시지 요리 중이었고, 공격을 막기 위해 그에게 프라이팬의 소시지와 뜨거운 기름을 던졌다. 프라이팬으로 그와 동거 중인 다른 여성을 때렸다. 그녀의 남편은 셔츠를 입고 있지 않았고 가슴에 화상을 입었다. 엘라나는 이 일로 징역형을 살았다. 살인 위협에 맞선 정당방위였기에 부당하게 느꼈다. "나는 할 수 있는 게 없었어요."라고 회상했다. 얼마 후 남편이 그녀를 보석으로 풀어주었다. 돈 벌어오고 집안 일을 할 사람이 필요했기 때문이었다. 또다시 지옥 같은 학대가 반복되었다. 시간이 흐르면서 어느 정도 나아지기도 했지만 남편이 몇 년 후 죽을 때까지 결코 끝나지 않았다.

이어서 왈라자가 가운데로 이동해 돌을 집으면서 트라우마 센터에서 치료한 열두 살 소녀에 관해 이야기하기 시작했다. "그 어린 소녀는 납치되어 반복적인 강간을 당하다가 케이프타운 공항 인근 풀밭에 버려졌습니다." 그녀는 천천히 말을 이어갔다. "다음날 아침 일찍 공항 노동자가 풀숲에 누운 소녀를 우연히 발견했습니다." 왈라자는 자신의 분노를 담아 또박또박 명료하게 말을 이어갔다. "벌거벗은 소녀는 의식이 없었고 피로 뒤덮여 있었습니다." 왈라자는 양손으로 앞에 놓인 돌을 꼭 잡았다. 마치 이 사연의 고통을 참아내려고 애쓰는 것 같았다. "소녀는 외과수술을 받아야 할 정도였고, 자아의식과 정체성은 이 경험 때문에 완전히 사라져버린 것 같았어요. 나는 그렇게 완전히 산산조각이 난 사람을 치료해본 적이 없습니다."

왈라자는 이야기하며, 키에란의 시선과 마주쳤다. 그는 바깥쪽 남성들 원의 자기 자리에서 열심히 듣고 있었다. 왈라자는 여성 원의 가장자리로 이동했고 양팔을 뻗은 채 조용히 키에란에게 돌을 건네주며 "여기 이 돌을 받으세요. 당신은 남성이고, 당신의 남자 형제 일부가 그 소녀에게 끔찍한 폭력을 가했습니다. 우리와 함께 이 비극의 무시무시한 무게를 나눕시다."라고 말하는 듯했다. 키에란은 돌을 받아 왈라자가 이야기를 이어가는 동안 돌을 쥐고 있다가 옆자리의 남성에게 조용히 돌을 건넸고, 그 돌은 잠시 뒤 옆 남성에게 전달되었다. 그렇게 돌은 침묵하는 남성들의 원을 따라 돌았다.

그 공간의 여성, 남성 구분 없이 많은 이가 눈물을 흘렸다. 일로이드에게 돌이 전달되었을 때 그는 잠시 돌을 들고 있다가 울음을 터트렸고, 갑자기 크게 흐느꼈다. 사람들 앞에서 우는 것이 금기시되는 남아프리카공화국의 문화를 고려할 때 이것은 매우 가슴 아픈 순간이었다. 그 공간의 모든 사람이 이 상황을 함께했고, 일로이드의 흐느낌 소리가 사람들에게 영향을 주고 있었다. 두 남성이 계속 우는 일로이드 쪽으로 가서 위로와 지지의 손길을 보냈다. 왈라자는 일로이드의 흐느낌이 진정될 때까지 기다렸다가 자신의 이야기를 마무리했다.

차례로 여성 집단의 이야기가 이어졌다. 어느 순간 한 여성이 "Wathinta Abafazi, Wathnta Ibokodo!"라고 소리쳤다.

모든 여성이 웃고 격하게 고개를 끄덕이며 동의했다. 이 말은 "당신이 여자를 친다면 당신은 바위를 치는 것이다!"라는 지역 속담이며, 남아프리카공화국 여성들의 굳건한 힘을 표현한다.

한 여성이 2피트 길이의 가벼운 대나무 재질로 만들어진 얇은 막대 한 묶음을 집단의 여성들에게 나누는 순간 포럼 과정만의 독특한 무언가가 생겨났다. 그녀는 모든 여성에게 약 20개의 막대를 나눠주면서 사용법을 알려주었다. 누군가가 자신의 경험을 이야기할 때 그 이야기가 자신에게도 적용된다면 원의 가운데에 그 얇은 막대 하나를 가져다놓는 것이다. 이 단순한 행동으로 자신의 경험을 알릴 수 있게 되었다. 그래서 그 이후에는 여성들이 공유하는 이야기가 끝날 무렵 다른 여성들이 중앙에 막대기를 조용히 더하는 것으로, 자신들에게도 유사한 경험이 있다는 것을 침묵 속에서도 나타낼 수 있었다. 이러한 방식으로 여성 진실 포럼의 힘이 상당히 확장되었으며, 그 공간의 모든 사람이 집단의 다른 여성들에게도 그러한 경험이 얼마나 일반적인지를 목격할 수 있게 되었다. 그 막대는 '미투 스틱'으로 불렸고, 나머지 여성 포럼과 남성 진실 포럼에서도 이 유용한 방법을 채택했다.

끝날 무렵 보니스와라는 여성이 토킹 스틱을 들고 일어섰다. 그녀는 열정과 확신에 찬 어조로 남성들이 여성의 외모 너머를 보도록 간청했다. "대부분의 남성은 일반적으로 진정한 우리를 보는 것이 아니라 우리의 외모만을 봅니다. 제발! 겉모습 너머를, 우리의 외모 너머를 보세요! 우리는 여성입니다! 우리의 진정한 모습을 보기 위해서는 밖에서 안이 아니라 안에서 밖으로 우리를 봐야 합니다."

여성 진실 포럼이 끝날 무렵 남성들은 그들이 들은 것에 대해 여성들에게 반영해주는 기회가 주어졌다. 많은 여성은 여성들이 겪는 고통의 세부 내용들을 남성들이 알아주는 반응을 보이는 것으로도 많은 치유를 경험했다고 했다.

여성 진실 포럼 이후에 엘라나의 내면에서 어떤 변화가 생겼다. 그녀는 퍼실리테이터 중 한 명에게 즐거워하며 이야기했다. "나는 정말 훨씬 좋아지고 있어요! 내가 아이들을 배신했다는 생각 때문에 여전히 불편한 느낌도 있어요. 아이들도 모두 학대를 당했고, 우리가 겪은 일을 아무에게도 말하지 않는다고 같이 약속도 했거든요."라고 말하면서도 그녀는 빛났다. 점심식사를 위해 워크숍이 중단된 때에도 이 마지막 조각이 계속 엘라나의 입에서 맴돌고 있었다.

남성 진실 포럼

오후에는 남성이 안쪽 원에 앉을 차례가 되었고 여성들은 바깥 쪽에서 조용히 목격했다. 젠더, 여성, 섹슈얼리티에 관한 개인적 경험들을 솔직히 말하는 것은 남아프리카공화국 남성들에게 매우 특별한 경험이었고, 사실 거의 대부분 남성에게는 처음이었다. 남성들이 전체 집단에서 젠더 이슈를 다룰 수 있는 준비는 전날 진행된 남성들의 진실 만달라 세션에서 이뤄졌고, 그 세션 동안 다양하고 강렬한 이야기들이 나왔다. 그럼에도 일부 남성은 남성으로서 깊은 수준의 개인적 경험을 드러내는 것을 여전히 힘들어했다. 퍼실리테이터들은 남성들이 자신들의 경험을 지지하는 방식으로 이야기하고, 새로운 방식으로 목소리를 낼 수 있도록 도왔다. 두 남성 하워드와 크레이그는 매맞는 여성들을 위해 일하는 전문가다. 이들의 존재도 집단 내 다른 남성들이 젠더 이슈를 수용하고 말하기 시작하는 데 도움을 주었다. 또한 본 세션 시작 전 남아프리카공화국의 남성 이슈 전문가 코파노 레텔레 박사의 프레젠테이션도 남아프리카공화국에서 남성으로 존재하는 다른 방식을 제시하는 데 도움을 주었다.

일단 일부 남성이 용기 내어 시작한 것이 다른 남성들에게 편안함을 주었다. 소수의 용기 있는 남성이 이 과정을 시작하고, 다른 이들이 그 뒤를 따르는 것은 어느 남성 작업이나 비슷하다. 자녀가 있는 남성들이 이 과정에 참여하도록 하는 효과적 진입로는 자신들의 딸에 대한 이야기로 시작하는 것이다. 남아프리카공화국 남성들은 딸들에 대한 큰 사랑과 더불어 딸들이 성장할수록 안전과 웰빙에 대한 엄청난 걱정을 동시에 가지고 있다.

남아프리카공화국 사회의 일상적 폭력의 고통스런 현실은 처음부터 절실히 드러났다. 남성 중 한 명인 이삭은 매일 아침 멜리나와 함께 차를 타고 워크숍 장소에 왔다. 그날 아침 멜리나가 이삭의 집에 도착하기 전 이삭의 집 바로 앞 거리에서 총격전이 발생했다. 그의 이웃 중에 헤어진 연인과 계속 싸우는 여성이 있었다. 그녀에게는 아이가 한 명 있었다. 그날 아침 전 남자 친구가 그녀의 집에 나타나 여성을 때리기 시작했다. 그러자 그녀의 현 남자 친구가 총을 가지고 나타나 두 남자가 거리에서 총격전을 벌였다. 멜리나가 30분 일찍 이삭의 집에 도착했다면 그녀는 십자포화를 당했을 것이다.

남성들이 개인적으로 공유한 이야기 몇 가지를 간단히 요약하면 다음과 같다.

우모자는 자신의 아내가 자신을 세 번 떠났다고 말했다. 무슨 일이 있었는지는 자세히 설명하지 않았지만 얼마나 고통스러웠는지 이야기했다. 그는 자신이 완전히 쓸모없는 존재가 된 것 같고, 버림 받았다고 느꼈다. 또한 두 딸에 대한 걱정이 심각했다. 목사인 그는 딸들이 두려움에 굴복하길 원하지 않지만 성년이기 때문에 나라 전체가 성폭력으로 가득한 사회에서 강간, 성희롱, 학대, 에이즈 등으로부터 보호 받길 기도한다고 했다. 그리고 매일같이 딸들에 대한 걱정과 취약성을 느끼고 있지만 자신이 할 수 있는 것은 기도 정도밖에 없음을 인정했다. 우모자의 이야기가 끝나자 몇몇 남성이 중앙에 나무 막대를 가져다 놓았고, 자신들의 딸들에 대한 복지와 안전에 대한 걱정을 드러냈다.

이삭은 선천성 협심증 질환을 가진 성실한 젊은이다. 그는 3년 전의 고통스러운 이야기로 시작했다. 어느 날 가장 가까운 친구 세 명과 함께 걸었다. 갑자기 근처에서 총격전이 벌어졌다. 총알이 빗발치고 총성이 크게 울려 그와 친구들은 기어서 안전한 곳을 찾아갔다. 하지만 총알이 친구 두 명의 살을 뚫었고, 그들은 땅에 쓰러졌다. 아이삭과 친구 한 명은 살아남았지만 다른 친구 두 명은 그날 죽었다. 아이삭은 이 죽음으로 황폐해졌다. 그는 계속 눈물을 흘렸다.

아이삭에게는 친구들을 잃은 슬픔이 여전히 깊게 남아 있다. 이 슬픔은 최근에 또 다른 친구가 에이즈로 사망하면서 더 깊어졌다. 한편 그는 위험한 성생활을 하는 또 다른 남성 친구에 대한 걱정도 있었다. 아이삭은 에이즈의 위험에 관해 계속 경고하지만 친구는 충분한 예방 조치를 취하지 않고 있었다.

아이삭은 자신의 어머니가 친구들의 비극적 죽음에 "단지 잊고 다음으로 나아가라."고 한 반응도 이야기했다. 그는 어머니에 관한 다른 일화도 공유했다. 어머니는 그를 '남자답고', 터프하게 키우기 위해 많이 노력했지만 그건 자신의 타고난 성격에 반하는 것이었다. 그는 자신의 형과의 싸움을 거부했던 대립의 경험에 대해 이야기했다. 싸움을 거부하는 이야기를 엿들은 어머니는 형에게 그를 때리도록 했다. 아이삭은 구타에 따른 육체적 고통보다 어머니가 형에게 내린 명령의 정서적 고통이 훨씬 더 컸다고 말했다.

아이삭은 학대 당한 여성들과 함께 일한다. 아이삭은 다른 남성 참가자인 크레이크와 함께 가정 폭력 트라우마를 겪은 여성들의 재활 치료를 돕는 NGO 단체인 '깨어난 여성^{Woman Awakened}'에서 일한다. 그래서 둘 다 대부분의 남아프리카공화국 남성보다 여성들의 어려움에 훨씬 더 민감했고, 집단 내 이들의 존재가 다른 남성들의 의식 변화에 큰 도움을 주었다.

일로이드는 의회 회의 때문에 대부분 남성 진실 포럼에 참석할 수 없었다. 하지만 그는 전날 진행된 진실 만달라 세션에서 열정적으로 자신의 이야기를 공유했다. 그는 그의 동료들이 동성 결혼 합법화를 골자로 하는 법안을 두고 의회 안에서 어떻게 싸우고 승리했는지를 이야기했다. 이 법의 제정은 다양한 국회의원이 남아프리카공화국 헌법에서 성적 지향을 포함한 인종, 개인차에 관계없이 모든 시민의 평등을 보장하려는 『권리장전』을 어느 정도 진지하게 받아들이고 있는지를 보여주는 계시적 과정이었다. 일로이드는 남녀 평등을 진지하게 생각해야 한다고 말했지만 모든 의회의 구성원이 그렇게 행동하는 것처럼 보이지는 않았다. 그럼에도 인권, 인종, 젠더 정의에 관해서는 남아프리카공화국 헌법이 세계에서 가장 진보적인 헌법이라고 주장했다. 그는 남아프리카공화국 전체와 종교 집단에 긴급히 도입돼야 할 젠더 치유와 화해 작업을 위해서는 『성경』보다 헌법이 더 강력하며 효과적인 도구라고 덧붙여 말했다.

크레이그는 남아프리카공화국 내 만연한 성적 학대와 강간이 크게 증가하는 비극적 상황에 대한 자신의 생각을 공유했다. 그는 에이즈 감염을 피할 수 있다는 희망으로 또는 섹스 경험이 없는 여성과의 섹스가 에이즈 치료법이라는 근거 없는 믿음이 만연하기 때문에 강간범들이 더 어린 희생자를 찾고, 더 많은 어린 소녀들이 희생되고 있다고 말했다. 많은 남성 에이즈 감염자가 이런 이유로 어린 소녀들, 심지어 유아들을 강간하고 있다.

키에란은 워크숍 시작 직전 미국인 퍼실리테이터팀으로서 우리가 모든 '정답'을 가지고 대부분의 대화에 관여하게 될지도 모른다는 걱정을 공유했다. 그는 그가 이전에 참여했던 워크숍들에서 미국 출신 트레이너와 퍼실리테이터들에 대한 실망과 좌절을 언급했다. 이후 그는 우리가 전문가가 아니라 배우는 사람들로 왔다는 것을 알고 기뻐했다.

키에란은 마음을 열고 아동기 사연을 공유하기 시작했다. 그는 과거 어린 소년이었을 때 텐트를 치는 동안 자신의 여동생에게 실망하게 되었고 그녀를 때리기 시작했다. 그는 텐트에 말뚝을 박으려고 가지고 있던 나무 망치로 그녀를 한 대 쳤다. 비록 나무 망치가 아주 단단하지는 않았지만 말이다. 이 때문에 그는 아버지에게 "피가 철철 나도록" 맞았다. 키에란은 남아프리카공화국 내 폭력 대안 프로젝트Alternatives to Violence Project(AVP, 자원 봉사자가 운영하는 갈등 전환 프로그램. 숙련된 AVP 촉진자팀은 조작, 강요 또는 폭력에 의지하지 않고 갈등을 해결하는 참가자의 능력을 개발하기 위해 체험 워크숍을 진행한다.-역주)를 이끌고 있다. 그는 그가 어떻게 백인 남성이라는 특권적 지위를 누리기 시작했는지, 그리고 그러한 지위에서 얻은 이익들을 어떻게 당연시했는지를 진술하게 말했다. 하지만 그는 아파르트헤이트 체제 동안 소웨토Soweto 지역에서 벌어진 사건들을 목격하면서 변화했다. 그는 깨어났다. 믿을 수 없는 인종 차별과 불공평을 목격했다. 그 결과 많은 동포가 혐오와 절망 속에 남아프리카공화국을 떠나는 모습을 보았다. 하지만 키에란은 남아프리카공화국에 머물며 아파르트헤이트를 반대하는 투쟁에 참여하기로 결심했다. 그는 반 아파르트헤이트 운동에 참여했고 정보와 글을 퍼트렸다. 이러한 과정에서 온니를 만났다. 키에란은 온니에게 깊은 감동을 받았다. 이후 그는 체포되었고 감옥에서 한 달을 보냈다. 그의 석방 후 온니가 체포되었고 온니는 1년간 독방에 감금되었다. 온니가 석방되고 얼마 후 이 둘은 부부가 되었다.

키에란은 젠더 작업의 가치와 중요성에 대해 확고한 견해를 가지고 있다. 이를 겸손하면서도 감동적으로 표현했다. "이 젠더 화해 작업은 군대, 교회, 정부, 기업과 같은 우리 사회의 모든 주요 제도의 근간에 대한 이의를 제기합니다." 키에란은 고요하며 확신에 찬 목소리로 이야기를 계속하기 전 말의 힘이 충분히 전달되도록 잠시 멈췄다. "이 제도가 모두 불평등하고 남성들에게만 우월한 지위를 불공정하게 부여합니다. 그리고 더 깊은 차원에서는 이 제도들 자체가 불평등한 방법으로 구조화돼 있어 여성 가치보다 남성 가치를 우선시하고 있습니다. 이것은 남성과 여성 모두, 이 사회의 모든 사람에게 해롭습니다. 이 젠더 화해 작업을 도입한다는 것은 우리 사회의 이러한 기반들을 전면적으로 흔드는 것입니다. 그래서 절대적으로 필요한 작업입니다."

키에란은 젊은 남성들이 군사 제도에 의해 얼마나 깊은 배반을 당하는지 구체적 사례를 들어 설명했다. 그의 설명에 따르면 모든 민족 국가의 군대 제도는 연약한 젊은 남성들을 빨아들인다. 아동기를 겨우 넘긴 경우도 있다. 인간으로서 본연의 지성과 감성을 거부하도록 조건화된다. 이들은 죽이는 훈련과 스스로 생각하지 않는 교육을 받고, 여성적인 것은 나약하고 열등한 것이므로 여성적인 것은 거부하도록 교육 받는다. 또한 여성들을 성적 쾌락의 대상으로서 여기도록 조건화되며, 비합리적이든 광적이든 상관의 명령이라면 생각이나 고민 없이 복종하는 훈련을 받는다. 특히 이 시기에 싹트기 시작한 섹슈얼리티는 군대의 목적에 맞게 변형되고 여성들과 건강하고 친밀한 관계를 맺는 능력은 심각히 손상되거나 파괴된다. 군사 시스템은 이러한 구조적 젠더 불균형 없이는 작동할 수 없으며, 이러한 불균형은 젊은 남성들의 생애 초기, 즉 순수하고 다정하며 민감하고 아직 성인으로서 스스로 설 준비가 안 된 시기에 무자비하게 각인된다고 말했다. 이런 식으로 젊은 남성들이 성인으로서의 인격, 사고방식, 가치관은 전쟁 기계로서의 필요에 따라 형성되며 인간성은 배반 당한다.

남성 진실 포럼에서 다른 강렬한 이야기들이 지속적으로 등장했다. 한 남성은 그의 청소년기 섹슈얼리티에 관해 이야기하면서 포르노 잡지를 보며 자위한 경험을 말했다. 이 경험이 깊이 각인되었고, 이후에 실제 여성들과의 관계에 투영되었다. 또한 실제 여성들의 몸을 잡지 속 이상화된 사진들과 비교했다. 이 이야기가 공유된 이후 집단의 모든 남성이 중앙에 나무 막대를 놓았다. 이를 통해 이러한 경험이 보편적이라는 것을 알 수 있었다.

또 다른 남성은 몇 년 전 첫 번째 결혼 생활 때 은밀한 혼외 섹스 관계를 가졌다는 것을 고백했다. 그를 완전히 믿던 아내는 그 사실이 알려졌을 때 신뢰를 깨버리는 배신으로 완전히 충격을 받았다. 이번에도 중앙에 나무 막대 몇 개가 조용히 더해졌다. 그는 이혼했고 그의 전 아내는 다른 남자와 재혼했다는 것으로 이야기를 마무리했다. 이후 그들은 친구로 남았지만 이 경험이 그녀에게 지속적인 상처를 주었다고 말했다.

남성 진실 포럼이 끝나고, 여성들이 들은 것과 감동 받은 것에 관해 반영하는 기회가 주어졌다. 베레나는 "남성들이 이러한 일들을 인정하는 것을 듣는 것만으로도 많은 도움이 된다."고 여성들의 느낌을 요약해 말했다. 그녀는 "자신이 한 행동을 인정하는 것이 내가 남편에게 원했던 전부"라고 말했다.

이 순간 아름다운 화해 과정이 집단 안에서 자연스럽게 전개되기 시작했다. 베레나는 앞으로 나와 한 남성의 등에 그녀의 손을 올려놓았다. 다른 여성들도 그녀를 따라 모든 남성의 등에 손을 놓았다. 이어서 여성들이 아름다운 남아프리카공화국 성가를 조용히 부르기 시작했다. 남성들도 이 노래를 부드럽게 함께 불렀다. 잠시 후 남성들이 일어나 몸을 돌려 여성들과 마주보았다. 두 동심원의 모든 사람이 노래했고, 남녀는 서로를 마주보았다. 이어서 안쪽 원에서 천천히 돌기 시작했다. 남녀는 천천히 서로를 지나쳐 움직였다. 여성들은 한 남성과 눈을 맞춘 후 다음 남성들과 그렇게 했다. 성가가 지속될수록 밝은 눈과 감동적 미소로 모든 이의 마음이 채워졌다. 거의 30분간 지속된 정말 아름답고 자연스러운 화해 의식이었다. 함께 성취한 용감하며 아름다운 작업에 의해 집단 전체가 자연스럽게 정서적으로 고무되었다.

휴식 시간이 되자 따뜻하고 사랑스러운 포옹이 여기저기에서 생겨났다. 진심 어린 변화와 인정의 마음을 가진 개인들이 포옹했다. 이렇게 용기 있게 내면을 드러내는 작업에 함께 진심으로 참여한 것에 대해 서로에게 진심으로 고마워했다. 이렇게 강렬하면서도 자신의 취약성을 드러내는 대화 이후에 이 아름다운 여성과 남성이 따뜻하고 신뢰할 수 있는 공동체를 함께 만드는 모습이 아름다웠다.

워크숍의 마지막 날 아침에 남성과 여성 참가자는 많은 시간을 들여 상대방을 위한 존중 의식을 준비했다. 이른 아침부터 이어진 준비가 마무리된 후 즐겁고 열정적인 동시에 즐거운 농담을 주고 받으며 두 의식이 진행되었다.

남성들의 의식

남성들이 여성들에게 먼저 가서 짝을 지어 상대 여성을 강당으로 호위해 데리고 와 반원을 이뤄 앉도록 했다. 여성들은 조용히 앉아 강당 한쪽 끝을 호기심 어린 시선으로 바라보았다. 그곳에는 남성들이 만들어놓은 커다랗고 기묘하게 생긴 구조물이 있었다. 그것은 의자 20개로 만들어진 탑이었다. 균형이 잡힌 상태로 조심스럽게 쌓아 올려져 있었다. 하나의 의자가 다른 의자 위에 쌓인 구조였다. 이것의 크기는 그 공간의 1/3 이상을 차지했고, 높이는 거의 천장에 닿았다.

여성들을 위한 의식이 시작되자 남성들은 이 의자 탑이 가부장제를 나타낸다고 했다. 이들은 남녀를 억압하고 불공평한 시스템 속에 가두는 이 구조를 해체하고 무너트리겠다는 약속을 선언했다. 남성들이 의자 탑을 둘러쌌다. 남성들이 일제히 손을 뻗어 맨 아래에서 하나의 의자를 빼냈다. 의자로 된 전체 건축물이 극적인 굉음을 내며 무너져 내렸다. 이 의식은 상징이지만 상당히 인상적인 힘이 느껴졌고 여성들은 감동을 받았다.

남성들은 의자를 정리하고, 일렬로 여성들 앞에 섰다. 모든 남성을 대표해 일로이드가 앞으로 나와 엄숙히 아래의 선언을 읽었다.

우리의 여성 동지들에게 하는 선언

남성들이 준비한 여성들을 위한 의식에서 남성들이 여성들에

게 하는 선언. 여성들의 고통과 투쟁에 대한 인정과 가부장제
구조를 붕괴하기 위한 우리의 약속.

우리는 지난 5일간 남성 공동체에서, 그리고 남성과 여성이
함께하는 공동체에서 만났습니다. 우리는 서로의 이야기들을
진심으로 들었습니다. 어떤 것은 개인적 이야기, 어떤 것은 자
신의 취약성을 드러내는 이야기, 어떤 것은 비하 당하고 상처
받고 잔인한 짓을 당하는 사람들을 대표하는 이야기였습니
다. 그러한 고통을 당하는 이유가 그들이 여성, 여동생, 어머
니, 소녀들이라는 이유 외에는 다른 이유가 없었습니다.

우리는 우리의 많은 남자 형제가 권력과 의사 결정의 사회 구
조 등을 통해 이기적 권력, 개인적 쾌락과 이득을 취하고, 돌
봄과 보호를 위해 우리에게 주어진 힘을 남용해 왔다고 들었
습니다.

인류의 유대가 깨져버렸습니다.

우리는 사랑, 동료애, 협력을 위해 창조주가 의도한 균형 잡힌
인간 관계를 무너트린 불공정하며 불공평한 이점을 누리고 왔
다는 것을 인정합니다.

우리는 평등이라는 꿈을 파괴하는 데 공모해왔습니다. 그래

서 이제 우리는 여러분에게 미안하다고 말하기 위해 나섰습니다. 우리는 우리가 새로운 출발을 원한다고 확실히 선언합니다. 그래서 이제 우리는 우리의 슬픔, 사죄, 속죄를 상징하는 행위로서 우리의 이마에 재를 바를 것입니다. 우리는 먼지에서 왔고 먼지로 돌아갈 것입니다.

그리고 우리는 기꺼이 우리의 죄가 아니라 우리의 책임을 표현하고자 합니다. 책임을 표현하는 이유는 죄는 우리를 짓누르고 감당할 수 없는 짐을 지우기 때문입니다. 그래서 우리는 부탁합니다. 우리가 남성들이 살아가고 일하는 모든 곳에서 모든 남성에게 도전하는 동시에 그들을 지지하면서 젠더 평등을 실천하고, 그리하여 화해를 추구하면서 살아가는 것으로 우리의 책임을 지겠다는 우리의 제안을 받아주실 수 있나요?

선언을 읽은 후 남성들은 남성 진실 포럼 동안 남성들의 분노를 상징한 막대기를 태워 얻은 재가 가득 찬 작은 접시를 내놓았다. 남성들은 이마에 재를 발랐다. 이어서 남성들은 물그릇, 수건, 마사지 크림과 초콜릿을 가지고 나란히 섰다. 여성들의 손을 부드럽게 씻기고 말리며 마사지하며 감미로운 성가를 부르기 시작했다. 수분크림을 바르고 초콜릿으로 마무리했다. 마무리 후에도 계속해서 여성들을 존중하며 조심스럽게 돌봐주었다.

이후 남성들은 다시 여성들 앞에 줄을 서서 자신의 차례가 돌아오면 한발 앞으로 나와 가부장제에 공모한 자신에 대해 말했으며, 불공정한 여성 억압을 종식하기 위해 개인적으로도 행동하겠다는 약속을 했다. 예를 들어 하워드는 이렇게 말했다. "여성들을 아프게 한 모든 남성을 대표해, 그리고 내가 고통을 준 여성들에게 사죄합니다. 나는 가부장제를 영속화하는 남성들의 무의식적인 공모에 반대할 것을 약속합니다. 특히 나는 폭력적인 상황을 보고 아무런 조치 없이 지나치지 않을 것입니다. 또한 확인되지 않은 비명, 고통의 소리를 간과하지 않겠습니다."

공모를 인정하고 약속한 후 남성들은 조용히 여성들 앞에서 절하는 것으로 의식을 마무리했다. 그들은 침묵 속에서 그 공간을 떠났다.

여성들의 의식

깊은 감동을 받은 여성들은 몇 분간 조용히 앉아 남성들의 공물이 가진 힘을 받아들였다. 이어서 한껏 고양되고 힘이 넘치는 기분으로 자신들의 의식 준비를 마쳤다.

몇 분 후 여성들이 남성들을 의식의 공간으로 데리고 와 아름답게 마련된 원 안에 조심스럽게 앉게 했다. 다양한 패브릭으로 만들어진 길게 늘어진 다채로운 베일을 든 여성들이 아름다운 베일 춤을 추기 시작하자 조명이 어두워지며 감동적인 음악이 연주되었다. 여성들은 춤을 추며 남성 사이를 지그재그로 나아가기 시작했고 그들과 남성들 주위로 베일을 흔들었다.

"워크숍이 진행될수록 여성들이 더욱 아름다워졌어요."라는 키에란의 말처럼 여성들이 사랑으로 빛나는 눈빛으로 장엄하게 그리고 기쁨을 드러내며 춤을 추는 지금, 그 어느 때보다도 아름다운 존재의 모습이었다. 전날 진행된 과정에서 마음을 열고 가슴 아픈 상처와 고통을 분출한 것이 계기가 되어 아름다워졌고, 남성들도 이것을 확실히 인지하고 느꼈다. 그때 여성들의 내면 깊숙이 있던 무언가가 풀리면서 여성들에게 더 깊은 내면의 평화와 안전이 찾아왔다. 그리고 이러한 내적 해방과 더불어 여성들 본연의 아름다움과 광채가 두려움, 긴장, 평가에 방해 받지 않고 자연스럽게 흐르기 시작했다. 이러한 내면의 열림과 확장은 남성들을 위해 춤을 추고, 마음과 마음을 모아 남성을 축복하는 그 순간까지도 계속 이어지고 있었다.

이러한 과정 속에는 수년에 걸쳐 일관되게 관찰되는 젠더 화해를 촉진시키는 무언가가 있다. 치유 작업이 진행되고 신뢰가 쌓일수록 남녀 모두 내면의 아름다움이 발산되고 빛나기 시작한다. 젠더 화해 작업이 진행될수록 점진적이면서도 필연적으로 향기롭고 다채로운 색을 지닌 영혼의 아름다움과 내면의 빛이 자연스럽게 발산된다. 이것이 바로 우리의 진정한 본성을 아름답게 발산하는 것이다. 이것이 발생할 때 사람들은 이러한 아름다움과 향기를 두껍게 덮고 있는 사회적, 문화적 조건화 때문에 우리가 일상에서 얼마나 큰 대가를 지급하는지 알아차리기 시작한다. 이러한 조건화는 너무나 완벽해 사람들은 우리에게 내면의 아름다움이 있는지조차 잊고 산다.

이 화려한 오프닝이 끝난 후 여성들은 원 안의 남성들 옆에 섰다. 그리고 한 명씩 앞으로 나와 함께 수행 중인 작업의 힘에 대한 축복과 증언을 했다. 아래는 여성들이 남성들에게 한 증언의 일부다.

○ "여러분은 우리와 함께 이 여정을 걷는 데 헌신했으며 여러분이 제공할 수 있는 모든 것, 마음, 정신, 영혼, 신체를 주었습니다. 우리는 함께 일하며 우리 사이의 간격을 좁힐 것입니다."

○ "여성으로서 나는 이제 우리가 혼자가 아님을 깨달았습니다. 함께 이 여행을 하기 위해 우리 사회에 평화와 우분투 (Ubuntu, 사람 간의 관계와 헌신에 중점을 둔 윤리 사상이다. 남아프리카의 반투어에서 유래된 말로, 아프리카의 전통적 사상이며 평화 운동의 사상적 뿌리-역주) 정신을 가져오기 위한 여러분의 희생에 감사드립니다."

○"여러분은 위대한 용기, 사랑, 지지, 지혜의 말과 함께 희망, 빛, 행복을 가지고 다가왔습니다. 예상하지 못했습니다. 나는 함께 이 긴 여행을 한 여러분이 워크숍 내내 훌륭했다는 말씀을 드리고 싶습니다."

○"젊은 사자들이여, 포효하라! 여러분과 함께한 멋진 순간들 덕분에 진심으로 기쁩니다."

이 감동적인 몇몇 증언 이후에 여성들은 아름다운 아프리카 노래가 흐르는 가운데 떠났고, 그렇게 의식이 끝났다. 남성들도 함께해 전체 집단이 노래와 춤으로 축하를 즐겼다. 웃음, 따뜻한 포옹, 조용한 눈물, 깊은 감사가 공동체 전체에 흘러넘쳤고, 즐거운 상상과 친밀함을 주고 받았다.

통합과 마무리

워크숍의 마지막은 통합, 평가, 마무리에 초점이 맞춰졌다. 브릭스와 링게라는 익숙한 직장과 가정 환경으로 돌아갔을 때 발생할 수 있는 도전적 상황들에 대해 살펴보면서 일상에서 적용할 수 있는 새로운 기술과 통찰을 현실적으로 설명해주었다. 이어서 링게라는 통합 훈련을 이끌었다. 이것은 참가자들이 특정 사항이나 도전 상황들을 더 깊이 탐색할 수 있도록 지지하는 것에 초점이 맞춰졌다. 이후 참가자들이 말한 욕구와 관심사들에 따라 소그룹을 만들어 직장과 가정에서 통합의 도전 문제들을 더 깊이 탐구하도록 도왔다. 점심식사 후 소그룹 작업 내용을 공유하기 위해 전체 집단으로 모여 참가자들은 자신들이 계획한 다음 단계들을 공유했다. 예를 들어 아이삭은 그의 마을에서 젠더 화해 작업이 필요한 이유를 명확히 설명하면서 그 작업의 첫 번째 단계로 마을 사람들의 말을 진정으로 경청하겠다고 했다. 그는 마을 사람들에게 가장 필요한 것을 도출하기 위해서는 진심으로 그들의 목소리를 듣는 것으로 시작하는 것이 중요하다는 것을 깨달았다. 이렇게 찾아낸 욕구에 따라 젠더 화해 작업을 마을에 도입하기 위한 구체적 단계들을 결정할 것이다.

마무리 서클에서는 이해와 감사의 표현이 많이 나왔다. 특히 몇몇 참가자는 러틀리지에게 특별히 고마움을 표현했다. 그녀의 용기와 선견지명 덕분에 남아프리카공화국의 여성과 남성 사이에 정말 필요한 이 작업이 가능했고 이렇게 모이게 되었기 때문이다. 우리는 '사랑이 펼쳐짐' 춤에 이어 조화로운 화음의 아프리카 노래를 부르며 마무리했다. 우리 모두 마음속 깊이 이 기분 좋은 마무리가 남아프리카의 위대한 무지개공화국에서 여성과 남성 사이의 새로운 조화와 화해를 위한 상서로운 시작의 씨앗이 되길 희망했다.

엘라나의 뒷이야기

엘라나는 워크숍 막바지에 이제는 상대를 용서하고, 이제 증오하고 싶지 않다고 말했다. 그녀의 모든 태도가 변했다. 학대 받았던 경험이 마침내 사라진 것처럼 느껴진다고 했다.

워크숍이 끝나고 이틀 후 엘라나는 그녀와 다른 4명의 워크숍 참가자들이 속한 여성 집단 모임에 사티야나의 퍼실리테이터들을 초대했다. 이번 워크숍에 참석한 여성 5명과 사티야나 퍼실리테이터들이 함께했다. 여성들은 젠더 작업에서 한 경험들을 서로 열정적으로 나눴다.

이어서 엘라나가 자신의 워크숍 이후 사연을 말했다. 그녀는 워크숍 다음날 남편의 무덤에 가서 그의 모든 학대를 용서했다. 그 뒤에 여러 해 동안 전혀 접촉이 없었던 남편의 애인, 한때 그녀의 집 아래층에 들어와 같이 산 여성의 집을 방문했다. 엘라나가 노크했을 때 휠체어를 탄 여성이 현관으로 나왔다. 엘라나는 그녀를 용서하기 위해 왔다고 설명했다. 여성은 고맙다며 그녀를 안으로 안내했다. 그녀는 엘라나에게 최근 그녀에 대해 생각했다고 말하면서 지금 자신이 이렇게 아픈 이유가 자신이 엘라나에게 나쁜 행동을 했기 때문이라고 믿는다고 했다. 두 사람은 눈물을 흘리며 대화를 이어갔고, 이러한 대화가 두 여성을 치유해주었고, 엘라나는 이날 이후 깊은 해방감과 자유로움을 느끼게 되었다.

다음날 직장에 출근한 엘라나는 동료들의 눈에 띄게 환히 빛나고 평화로워 보였다고 했다. 아침 일찍부터 그녀의 상사가 일 문제로 회의를 시작했을 때 엘라나는 "워크숍에 관해서는 묻지 않으시네요!"라고 하자 그녀의 상사는 "우리에게 워크숍에 관해 말할 필요 없어요. 당신 표정에서 어떠했는지 알 수 있으니까요!"라고 웃으며 답했다. 엘라나는 모든 동료에게서 달라 보인다는 말을 들었다고 했다. 그 뒤에 상사가 "워크숍에 관해 이야기해주세요."라고 말했고, 엘라나는 워크숍에 관해 말하기 시작했다. 설명이 끝난 후 동료들과의 대화가 이어졌고, 서로의 마음을 사로잡은 대화는 오후 3시까지 거의 6시간 지속되었다.

엘라 간디의 더반 지역 공동체를 위한 젠더 화해 시도

간디의 손녀 엘라 간디는 남아프리카공화국 더반 지역에 거주한다. 우리의 공동 퍼실리테이터인 링게라를 통해 케이프타운에서 우리의 워크숍이 열렸다는 것을 듣고, 엘라 간디는 우리를 초대해 그녀가 속한 공동체에 젠더 화해에 관한 입문 프로그램을 소개하고자 했다. 이때 그녀는 이미 퍼실리테이터 링게라와 함께 약 20명의 여성을 위한 이틀간의 워크숍을 11월 말에 진행할 계획이었다. 그것 대신 사티야나 젠더 화해 작업으로 프로그램을 변경할 수 있는지 물었다. 우리는 그러한 제안에 열려 있다는 원칙을 말했지만 효과적인 워크숍을 위해서는 남성 참가자가 필요했다. 또한 이틀간 진행되는 프로그램은 케이프타운의 프로그램처럼 포괄적인 작업은 어렵다는 것도 알려주었다. 그럼에도 엘라 간디는 우리를 초대했고, 남성 참가자들을 찾아 보겠다고 말했다.

우리는 남성보다 여성이 더 많은 집단을 위한 이틀간의 워크숍을 계획했다. 키핀은 인도에서 진행하기로 사전에 약속된 피정이 있었기 때문에 브릭스가 공동 퍼실리테이터 링게라와 함께 더반 프로그램을 진행했다. 더반에서의 워크숍은 케이프타운에서 진행한 젠더 화해 작업보다 훨씬 축소된 버전이었다. 참가자는 16명이었다. 풀뿌리 단체를 위한 NGO 활동을 하는 남자 세 명을 포함해 가정 폭력 피해 여성 쉼터, 피닉스 지역(엘라 간디의 거주지)의 예술 공동체와 가든 프로젝트 공동체, 더반 농촌 지역에 위치한 마벨라 아동 센터, 그리고 간디의 비폭력 전통을 계승한 단체 사티아그라하Satyagraha의 직원들이 포함되었다. 인종 구성은 인도인 6명, 흑인 8명, 혼합 인종(유색인) 2명, 그리고 브릭스와 링게라였다.

참가자 대부분에게 이 워크숍은 새로운 경험이었다. 그러나 집단 속에서 체험하며 나아가는 방식들에는 익숙한 것 같았다. 워크숍의 대부분 과정은 익숙한 패턴을 따라 진행되었지만 진실 만달라 세션에서는 이 과정을 경험한 링게라와 브릭스를 포함해 소수 몇 명만이 일어나 이야기했다. 앞으로 나온 남성은 세부 내용은 공유하지 않았지만 자신의 부모에게서 경험했던 배신과 그 배신을 극복하기 위해 수행 중인 의식 작업에 관해 열정적으로 이야기했다. 진실 만달라 세션 형식의 체험 작업은 대부분의 사람에게 새로운 것이라는 점, 혼성 집단 안에서 자신의 취약한 진실을 공유할 준비를 하는 데 상당히 중요하고 깊은 작업을 남녀 집단별로 할 시간이 짧았다는 점을 고려하면 적극적인 사람이 적은 것도 이해할 수 있었다. 브릭스는 "우리의 침묵은 우리의 고통, 상처, 분노, 슬픔, 그리고 우리의 욕구에 대한 진실을 이야기하는 것이 얼마나 어려운지를 의미하는 것입니다. 하지만 이 침묵을 통해 더 깊은 지혜가 일어나도록 하는 공간이 생겨납니다. 어떤 이들은 이 침묵을 신이 이야기하기 위한 공간이라고 부르기도 합니다."라는 성찰로 진실의 만달라 과정을 마무리했다.

이 워크숍은 젠더 화해 과정에 대한 매우 짧은 소개에 불과했다. 참가자를 짧은 시간에 모집하고, 최선이 아닌 차선의 조건, 특히 남성 참가자가 매우 적은 조건에서 진행되었다. 그럼에도 이 워크숍은 남아프리카공화국의 또 다른 지역에서 젠더 화해를 시작하기 위한 중요한 씨앗을 뿌린 것이다. 엘라 간디는 2007년 더반 시청과 기타 정부 부처의 주요 인사를 초청해 장기간 진행되는 워크숍 개최를 강하게 희망했다. 그녀는 마무리 서클에서 이 워크숍이 영적 차원을 정말 온전히 통합했다는 것에 매우 고마워했다. 그녀가 과거에 경험한 워크숍들은 일반적 교육 훈련이거나 영성을 본질로 하는 피정 워크숍이었다고 설명했다. 그녀는 변혁적 학습과 영적 요소들이 균형을 이뤄 통합된 워크숍을 경험한 것은 이번이 처음이라고 말했다.

결론, 남아프리카공화국 젠더 화해 작업의 미래 가능성

모든 과정이 끝난 후 러틀리지는 "나는 오랫동안 이곳 남아프리카공화국에서 남녀 간 치유와 화해를 가져올 방법을 찾고 있었습니다."라고 말했다. 그녀는 "그리고 이 작업이 답입니다. 우리는 남아프리카공화국에서 이 작업을 더 많이 해야 합니다."라는 말로 끝을 맺었다.

러틀리지의 이 마지막 말은 케이프타운 워크숍 참가자들에 의해 널리 알려졌다. 이 워크숍이 비록 작은 규모로 시작했고, 이상적 조건과는 거리가 먼 환경에서 진행되었지만 젠더 화해를 위한 파일럿 프로그램에 남아프리카공화국의 남성과 여성이 깊이 감동한 것은 확실했다. 우리는 남아프리카공화국 사회에 젠더 화해 작업을 도입해야 한다는 일치된 목소리를 들을 수 있었다. 일부 참가자는 이 젠더 화해 프로그램이 전국에서 진행돼야 한다고 말했다. 다른 이들은 매년 반복해 열려 모든 남아프리카공화국 시민이 경험할 수 있도록 해야 한다고 했다. 또한 의회, 교회, 학계와 같은 특정 부문에서 서둘러

도입해야 한다고 말하는 이들도 있었다.

ANC의 원내부총무 넬은 남아프리카공화국에서 더 많은 의원이 쉽게 참석할 수 있는 최적의 시기인 국회 휴원 때 국회의원들을 대상으로 한 젠더 화해 워크숍 일정을 잡도록 권했다. 남아프리카공화국 교회협의회^{SACC}의 의회사무소장 베르뮬렌은 남아프리카공화국의 진보적 목사들과 성직자들을 위한 특별 젠더 화해 워크숍에 대한 관심을 표현했다. 역시 SACC에서 일하는 그의 동료 감리교회 목사 템바 음탐보^{Themba Mntambo}도 이 프로젝트에 대한 열정을 표현했다.

러틀리지의 남편 제러미 러틀리지는 폭력 대안 프로젝트^{AVP} 관련 일을 하는 NGO인 파파마^{Phaphama}에서 일한다. 그는 이 워크숍이 자신과 러틀리지가 참석한 것 중 최고의 워크숍이라고 말하면서 다음의 몇몇 단체와 연계해 젠더 화해 작업을 수행하는 것에 관심을 보였다. (a) 르완다, 부룬디, 케냐, 우간다, 콩고민주공화국, 남아프리카공화국과 같은 아프리카 국가에서 활동하는 퀘이커 평화 운동가 네트워크인 QPN-Africa, (b) 이미 언급한 국가 이외에 나이지리아, 나미비아, 짐바브웨, 수단을 포함해 활동하는 아프리카의 폭력 대안 프로젝트, 그리고 가능하다면 (c) 폴스무어 지역의 남녀 교도소.

케이프타운에서의 첫 번째 워크숍에서 나온 이 작업에 대한 일치된 열정은 자연스럽게 다음의 질문으로 이어졌다. 남아프리카공화국에서 젠더 화해의 필요성이 특별히 부각되는 이유는 무엇일까? 사실 전 세계 대부분의 국가가 젠더 화해로부터 많은 이익을 얻을 수 있지만 우리가 작업한 다른 나라들보다 남아프리카공화국에서 젠더 화해 작업에 대한 요구를 더 크게 만드는 사회적, 심리적 풍조가 있는 것처럼 보인다. 몇 가지 가능한 이유를 떠올려 보면 다음과 같다.

첫째, 남아프리카공화국은 진실과 화해 위원회TRC의 작업을 통해 깊이 있고 전례 없는 치유 과정을 경험했다. 체계적인 영적 용서 프로그램을 통해 전 국민이 자신의 인종 차별을 치유하고 화해하는 모습으로 성숙하게 책임지는 수준까지 올라간 것은 현대사에 전례 없는 일이다. 하지만 인종 차별이 한 집단에게 다른 집단보다 더 많은 자의적 특권을 부여하는 구조적 불평등의 한 형태인 것처럼 젠더 불공평도 그러하다. 하나의 이슈인 인종 차별의 화해 작업에 진지하게 임한 후 젠더와 성 차별 이슈에 대한 또 다른 치유와 화해를 요구하고 있지만 오늘날까지 아직 시작되지 않았다.

둘째, 많은 학자가 세상에서 가장 진보한 인권 헌법이라는 데 동의하는 신 헌법을 시작으로 새롭게 시작하는 젊은 국가가 무지개공화국이다. 특히 신 헌법은 남아프리카공화국의 모든 시민에게 성적 지향을 선택할 수 있는 권리를 포함해 젠더 공정성을 보장한다. 비록 아직 의미 있는 진전을 이루지 못했다는 의견이 많지만 새로운 비전을 남아프리카공화국 사회에서 실현하기 위한 젠더평등위원회Gender Equality Commission가 설립됐다. 그래서 젠더 억압이라는 오래된 문제와 싸워야 한다고 요구하는 목소리가 명확히 들리게 되었다. 또한 현재 무지개공화국은 겨우 열두 살이 되었고, 말하자면 청소년기에 들어서고 있다. 그래서 지금이 젠더, 섹슈얼리티 이슈들을 다뤄야 할 시점이다. 이렇게 정확히 비유하는데도 러틀리지에게 이와 관련해 말하고 싶은 것이 있는지 묻자 그녀도 이 나라가 실제로 청소년기에 들어서고 있으며, 이는 사회의 다양한 모습 속에서 확인이 된다고 했다. 특히 젠더 화해는 오랜 관습들과 '가부장적' 불균형이 뿌리를 내리고 사회 규범으로 견고해지기 전에 늦지 않게 서둘러 빨리 실행할 필요가 있다고 했다.

마지막으로 이러한 상당히 중요한 요인 외에도 만연한 성폭력, 강간, 성희롱, 에이즈 등에 따른 매우 빈번하고 심각한 증상들이 있다. 이러한 모든 증상이 남아프리카공화국 전역에서 급격히 확산 중이다. 아파르트헤이트가 몰락한 후 남은 역설적 부산물이 극단적으로 증가된 강간과 성폭력이다. 에이즈 위기도 심각하고 성폭행, 성폭력에 의해 더 악화되고 있다. ANC 원내총무 고니위와 인도네시아 대사 마샤바네의 해고를 초래한 최근에 많이 알려진 성폭력 사건들은 남아프리카공화국의 만연한 성폭력을 단적으로 보여주는 동시에 다른 희생자들이 전면에 나와 법정에서 발언 기회를 요구할 수 있는 길을 개척한 것이다. 이렇게 급성장하는 국가에서 이러한 모든 요인 때문에 섹슈얼리티와 젠더 평등에 관한 의식과 인식의 혁명이 요구된다. 아마도 아파르트헤이트 기간에 인종 차별을 치유해야 한다는 긴박한 필요와 그에 대한 명시적인 헌법상의 명령, 그리고 최근 TRC의 성공 덕분에 남아프리카 공화국 국민이 젠더 화해의 길을 이끌 것이고, 다른 나라들도 그 길을 따를 것이다.

Chapter 11
젠더 치유의 10년, 그리고 교훈들

존재하는 모든 것은 사랑에 의해 나타난다. 존재하지 않는 것이 존재하는 것으로 나타나는 것은 사랑에 의해서다. - 샤베스타리

인생의 다양한 순간에 있는 많은 사람이 15년 전 사티야나 인스티튜트가 시작된 후 젠더 화해 작업을 경험했다. 총 700여 명의 사람이 하루 또는 5일 이상의 프로그램에 참여했다. 워크숍에 참가한 사람들의 직업은 의사, 보건 전문가, 심리치료사, 사회복지가, 환경운동가, 정부 관료, 성직자, 종교 지도자, 학자, 교사, 대학원생, 대학생, 고등학생, 예술가, 음악가, 선종 승려, 여승, 사회운동가, 정치인, 블루칼라 노동자, 가톨릭 수녀와 사제 등으로 다양했다. 앞선 장들에서 강조한 것처럼 젠더 불공평과 억압은 개인적 수준과 정치적 수준에서 인종, 민족성, 계층, 연령, 성적 지향을 넘어선 사실상 보편적 고통이다. 인도, 크로아티아, 남아프리카공화국 등의 국가에서 이 작업을 도입한 것은 문화, 인종, 민족, 종교적 맥락에서 젠더 관계 치유의 필요성을 지지하는 표현이다.

사티야나 젠더 치유 작업의 가치와 개인의 삶에 끼친 영향을 알아보기 위한 최고의 방법은 아마도 직접 작업에 참여한 사람들에게 그 영향을 들어보는 것일 테다. 이번 장에서는 사티

야나 젠더 화해 작업 참가자들의 피드백, 통찰력, 성찰, 그리고 학습한 내용 등이 간략히 소개된다. 사티야나 작업을 광범위하게 경험한 전문가 조사 결과를 특별히 강조하고 싶다. 이 오랜 참가자들은 여러 차례 작업에 참여했으며, 치유와 화해의 깊은 지점들을 깨닫기 위한 그들의 헌신은 그들 자신의 내면에, 그들이 속한 공동체 안에, 그리고 전반적 사회에 영향을 미치고 있다. 그들 자신이 자신의 젠더 치유와 화해를 위해 용감하게 심연을 탐구함으로써 많은 이가 자발적으로 전 세계의 형제자매를 위한 치유를 도와주거나 치유 전달자로서의 역할을 하게 되었다. 또한 일반적으로 이러한 타인들을 위한 이타적 의도 속에서 치유 작업의 심오한 영적 차원들을 발견할 수 있었다.

참가자들의 서면 평가

우리는 모든 젠더 화해 워크숍을 마무리한 후 참가자들의 평가서를 수집한다. 이러한 피드백은 수년에 걸쳐 참가자의 관점에서 작업의 영향과 가치를 평가하고, 절차를 개선하며 수행 방법들을 섬세하게 조정하고 퍼실리테이션팀을 위한 구체적 자료로 활용되었다. 전반적으로 이러한 자기 평가서를 통해 상당히 많은 유용한 정보를 얻을 수 있고, 이러한 평가는 젠더 화해 작업에 대한 열정과 수행의 효과를 효과적으로 검증하도록 하는 피드백 자료가 된다.

이어서 피드백의 경향을 보여주는 몇몇 사례를 있는 그대로 보여줄 것이다. 아래 인용한 처음 세 참가자는 두 번 이상 워크숍에 참석했고, 다른 사람들은 한 번만 참석했다.

나는 깊은 감동을 받았고 변화했습니다. 여기서 한 모든 경험에 대해 깊이 감사드립니다. 변화하고자 의식적으로 노력했는데도 내가 역기능적 젠더 시나리오들을 어떻게 반복해 재연했는지 알게 됐습니다. 사티야나 인스티튜트의 '젠더 화해' 비전은 독특하고, 세계에서 유일무이한 가치를 가지고 있습니다.
– 피터 루터M.D Peter Rutter, M.D., 『금지 구역의 성: 권력자가 여성의 신뢰를 배반할 때Sex in the Forbidden Zone: When Men in Power Betray Women's Trust』의 저자.

남성과 여성 사이의 고통스러움을 만드는 분리로 향하는 특별하고 부드러운 여행. 진실로 그리고 연민으로 우리 자신과 서로를 바라보고, 우리 삶의 통합과 온전함을 보기 시작한다.
– 세이센 손더스Seisen Saunders, 센세이, 선종 스승, 마에주미 로쉬와 버니 그래스먼 가문Maezumi Roshi and Bernie Glassman.

젠더 작업에서 가장 의미 있던 것은 지극히 선한 의도를 가진 혼성 집단과 공개적으로 두려움 없이 매우 중요한 이슈들을 이야기하는 기회를 가진 것이다. 나는 이것을 영적 용어로는 총체적 교류로 이해하고 있다.

- 캐롤 리 플린더, 『이 갈망의 뿌리, 영적 굶주림과 페미니즘적 갈등의 화해Carol Lee Flinders, Ph.D, At the Root of This Longing: Reconciling a Spiritual Hunger with a Feminist Thirst』의 저자.

워크숍은 내 마음의 문을 더 많이 열어주었다. 이는 또한 우리 사회가 직면하는 문제들을 이해할 수 있는 빛을 가져다주었다. 이 워크숍이 남아프리카공화국 모든 주를 순회하며 열리길 바란다.
- 셀로 무카라, 아프리카국민회의, 남아프리카공화국 의원 총회Sello Mukhara, African National Congress.

이 워크숍은 나를 새로운 여성, 새로운 어머니로 만들었다. 나는 내 남편을 용서했고, 남성들을 용서할 힘을 얻었다. 우리는 매년 이 워크숍들을 열어야 한다.
- 델로레스 이스마일Delores Ismail, 여성센터The Women's Centre, 케이프타운.

우리가 하는 젠더 화해는 완전히 개발되지 않은 프로그램이라는 확신이 날마다 커진다. 이 프로그램은 심오한 차원에서 변화를 만드는 워크숍이고, 내 목사 역할 수행에 정말로 큰 차이를 만들고 있다.
- 로버트 사이어Robert Thayer, 유니테리언 유니버설리즘 교회 목사.

펼쳐진 사랑을 믿을 수 없었다! 아프리카의, 그리고 아프리카를 위한 치유 과정의 일부인 것이 감사하다!

– 링게라, 국제평화이니셔티브^{International Peace Initiative} 회장, 나이로비, 케냐.

이러한 성찰들에 긍정적 열정이 담겨 있기는 하지만 워크숍 막바지에 평가서가 제공됐다는 점을 생각하면 이 평가들로 젠더 화해 작업의 진정한 가치를 평가하기에는 그 한계도 있다. 그 이유는 다음과 같다. 첫째, 워크숍 막바지에는 참가자들이 호의적 방향으로 평가하는 경향이 있고, 일반적으로 워크숍의 마지막은 매우 긍정적으로 끝난다. 이때 참가자들은 특히 기분이 좋고 너그럽다. 둘째, 이 평가 대부분은 진심이 담겨 있든 그렇지 않든 간에 특정 피드백의 이면이나 근본적 이유들을 깊이 탐색하지 않는 경향이 있다. 이는 참가자들이 완료와 종결에 마음을 두고 있으며, 참가자 대부분은 집으로 돌아가고 싶어 하기 때문이다. 더 중요한 이유는 셋째, 이 평가들은 본질적으로 워크숍 종료 수일 후 또는 수주 후 워크숍의 내용이 참가자들의 삶에 어떻게 통합되는지에 대한 통찰력을 제공하지 못한다는 점이다. 작업과 삶의 통합 정도가 작업에 대한 진정한 테스트인데 사람들의 일상 생활에서 작업의 지속적 효과에 관한 정보가 부재하다. 말하자면 "삶이 작업의 진가가 드러나는 장"인 것이다. 마지막으로 이 평가들은 일반적으로 하나의 특정 워크숍에 초점이 맞춰져 있어 장기간에 걸쳐 다양한 작업에 참여한 사람들에게 발생한 작업의 심오하고 지속적 영향은 반영되지 못했다.

인증 퍼실리테이터들의 질적 조사

앞에서 언급한 이유들 때문에 작업 참여 경험이 적은 다수의 참가자에 대한 양적 조사가 아니라 젠더 화해 작업에 대한 폭넓은 경험을 가진 소수의 사람들을 대상으로 질적 평가 조사를 하기로 했다. 그러나 질적 접근법을 취한다고 해서 앞서 설명한 워크숍 말미에 진행되는 자기 보고식 평가의 가치를 부정하는 것은 아니다. 사실 이 평가 방법에 따른 특성들을 고려할 때 젠더 화해 작업의 장점과 한계들을 광범위한 범위에서 탐색하기 위해 미래의 적정 시점에서 좀 더 체계적인 조사와 분석이 필요할 것이다.

사티야나 젠더 화해 작업의 장기적 효과뿐 아니라 심층적 평가를 위해 우리는 사티야나 젠더 화해 과정에 매우 익숙한 소수 전문가를 대상으로 비공식 질적 조사를 실시했다.

사티야나 젠더 화해 훈련 프로그램 전문가 과정을 이수한 남녀를 조사 대상으로 선정했다. 이들이 이 작업을 경험한 기간은 대략 6~10년이다. 그래서 이 대상자들을 통해 좋은 것이든 나쁜 것이든 간에 사티야나 젠더 화해 작업의 깊은 영향과 장기적 효과를 살펴볼 수 있다. 물론 통계적 관점에서 보면 이들은 사티야나 교육의 심층 과정에 참여할 것을 스스로 결정한 전문가들이기 때문에 이들의 응답에는 편향이 있을 수 있다. 그럼에도 이들은 작업 경험이 가장 많고 작업에 대해 가장 잘 아는 사람들이며, 이들의 응답이 현재까지 사티야나 젠더 화해 작업의 강점과 약점들에 대해 가장 포괄적이며 정확한 설명을 제공한다고 믿고 있다. 종합하면 이 조사 응답들은 미래 어느 시점의 공식적인 평가를 수행하도록 하는 동기 부여 자료가 될 수 있는 비공식적이고 예비적인 장기 연구인 셈이다. 자세한 응답들은 부록 B에서 제시되고, 이 장의 나머지 부분에서는 조사 결과의 주요 내용이 요약돼 제시된다.

조사의 공통 주제

사티야나 젠더 화해 작업의 효과와 관련해 부록 B에서 인용한 조사 응답자들에게서 반복적으로 나타나는 특정 주제들이 있다. 그 주제들은 다음과 같다.

(1) 작업의 영적 차원들의 중요성

(2) 연민과 이해 증진

(3) 결혼 생활 관계와 자녀와의 관계 심화

(4) 직장 내 젠더 화해와 통합

(5) 직장 내 단일 젠더intra-gender 역학의 중요성

이중 가장 자주 등장하는 주제들은 젠더 화해 작업의 영적 측면의 중요성, 그리고 직장에서 경험하는 연민의 증진이었다.

몇몇 응답자는 자신의 배우자나 파트너들에게 하던 심리적 투사가 감소했다는 것과 더불어 연인과의 특별함이나 결혼 생활의 깊이가 더 깊어졌다고 말했다. 일부 사례에서는 젠더 화해 작업을 통해 연인 관계나 결혼 생활에서 다른 방식으로는 가능하지 않았던 깊은 치유를 경험하게 되었다. 가족 구성원들과의 관계, 특히 아들, 딸과의 관계가 긍정적으로 개선되고 확장됐다.

직장에서 젠더 작업을 통합하는 것도 중요한 주제 중 하나다. 남녀 모두 응답자 대다수는 사티야나 젠더 작업에서 경험하고 배운 것들을 직장에서 정기적으로 적용하고 있다. 몇몇 응답자는 직장 내 젠더 불공평과 억압에 대해 이제는 침묵을 지킬 수 없으며 지키고 싶지도 않다고 했다. 두 여성은 그들이 젠더 불평등에 대해 더 많이 알고 있으며, 직장에서 젠더 관련 이슈의 제기가 항상 환영 받는 것은 아니지만 사람이나 이슈나 직접 대면하는 것이 이제 두렵지 않다고 했다.

직장 내에서 단일 젠더 측면도 성찰의 대상이 되는 핵심 주제다. 참가자들은 일차적으로 이성과 관련된 이슈들을 주로 다루기 위해 젠더 화해 작업에 온다. 하지만 흔히 심각한 사안은 여성 집단이나 남성 집단처럼 단일 젠더 집단에서 발생하며, 이러한 단일 젠더 측면은 작업에서 가장 핵심 요소 중 하나가 된다. 우리는 앞서 제3장에서 일부 실제 사례를 보았다. 어떤 여성 집단은 사티야나의 1년간의 훈련 프로그램 동안 남성들에 관한 이슈들을 꺼낼 준비를 하기 전에 여성 사이의 뿌리 깊은 단일 젠더 갈등을 다루는 작업을 해야 했다. 모든 남성 응답자는 작업의 단일 젠더 측면을 강조했고, 다른 남성들과의 관계가 더 깊어졌다고 했다. 그리고 새로운 리더의 역할을 맡아 다른 남성들과 개별적으로 작업하면서 그들에게 영감을 줄 수 있게 됐다고 했다.

조사에서 사티야나 젠더 화해 프로그램의 개선점들에 대해서도 질문했고, 몇몇 제안을 받았다. 이 제안 대부분은 젠더 화해 작업에 대한 수요가 증가할 때 이를 수용할 수 있는 교육 역량을 키우는 실질적인 도전 과제에 관한 것이었다. 구체적 제안들은 부록 B에 실려 있으며, 사티야나 인스티튜트의 미래 계획에서 설명된다.

조사 응답에서 수집된 사티야나 젠더 화해 작업의 이점은 다음 11가지로 요약할 수 있다.

1. 젠더 치유와 화해의 영적 차원에 대한 인식과 체험이 증가한다.

2. 타인에 대한 연민이 증가하고, 타인이 삶에서 겪는 도전적 문제들에 대한 감수성이 증가한다.

3. 개인 관계, 대인 관계, 사회적, 문화적 맥락에서 거시적으로도 미시적으로도 발생하는 만연한 젠더 역학에 대한 인식이 강화된다.

4. 장기간 지속된 젠더 상처들의 치유를 가시적으로 경험하게 된다. 가족, 직장, 사회에서 새로운 자유로움을 느낀다. 가족, 직장, 사회에 새로운 에너지를 불어넣기도 한다.

5. 단일 젠더 역학에 대한 인식과 감수성이 증가한다. 그리고 동성 관계에 대한 인식과 감수성도 증가한다.

6. 양성 모두의 배우자나 가족 구성원 등과 같은 사적인 관계에서의 의사 소통이 개선된다.

7. 친화력이 향상되고 집단 환경에서 정직한 공유를 할 수 있는 자신감과 능력이 향상된다.

8. 문화적 조건화의 힘뿐 아니라 공동체의 거대한 치유력을 직접 경험하게 된다.

9. 연인 관계에 대해 다시금 긍정적으로 생각하게 되고, 여성과 남성 사이에서 조화롭게 협력할 수 있다.

10. 가정, 직장, 사회에서 작동하는 도전적인 일상적 젠더 습관들을 다룰 수 있는 능력과 자발성이 증가한다.

11. 천지만물에 담긴 남성적, 여성적 원리들의 '초월적' 또는 근본적 본질에 대한 인식과 경험이 증가한다.

마지막으로 모든 조사 응답자는 사티야나 젠더 화해 작업이 폭넓게 확산되고 실행될 것을 강력하게 지지했다. 이 전문가 집단의 지지와 열정을 통해 이 작업에 기여하고자 하는 그들의 깊은 헌신을 볼 수 있다. 모든 조사 응답자는 젠더 치유와 화해가 절대적으로 필요하다고 확신하고 있으며, 사티야나 모델이 남녀 사이에 더 많은 평화와 조화를 가져올 수 있는 실용적 길을 제시하고 있다고 일관되게 말한다.

Chapter 12
이원론의 신성함, 남성성과 여성성의 성스런 균형의 회복이 시대의 가장 중요한 이슈는 인류의 미래가 현대 서구의 경제와 물질적 사고에 의해 지배될 것인지, 아니면 영적 문화와 지식을 통해 향상되고 개발된 기품 있는 실용주의에 의해 개발될 것인지다. - 아우로빈도 고시, 성스러운 생명

한쪽에는 가톨릭 신자들이 무리 지어 모이고, 다른 한쪽에는 개신교 신자들이 모이기 시작하자 방에는 자연스럽게 긴장이 조성되었다. 북아일랜드 사회의 교착 상태는 너무 심각해 그 무엇으로도 해결할 수 없을 것 같았다.

1990년대 초반에 이 두 집단은 이 혼란스러운 땅에서 공공연히 전쟁의 불길을 지폈다. 활동가 다나안 패리는 이 끔찍하게 다른 두 집단의 화해를 위한 일련의 워크숍을 진행해야 하는 어려운 도전을 맡았다. 지난 몇 주간 패리는 이 집단과 여러 차례 워크숍을 진행했다. 그 기간에도 서로에 대한 불평과 비난이 오고 갔다. 두 세력 사이의 긴장은 증가했고, 패리가 이 날 워크숍 공간에 들어갔을 때 이 진퇴양난의 상황에서 어떤 진전을 이루기 위한 유일한 희망은 완전히 새로운 전술을 채택하는 것밖에 없다는 것을 본능적으로 알았다.

"오늘 우리는 완전히 다른 것을 하려고 합니다. 우리는 얼마간 양측으로부터 어려운 이야기를 들어왔습니다. 저는 몇 번 들

었을 뿐이지만 여러분은 저보다 훨씬 더 많이 들어왔을 것입니다. 그래서 오늘은 그러한 것들에는 초점을 두지 않을 것입니다." 그는 힘차게 말을 이었다. "오늘 여러분에게 말하고 싶은 것은 바로 이것입니다. 북아일랜드에서 여성이 된다는 것은 어떤 의미입니까?" 패리는 잠시 멈췄다가 눈빛을 반짝이며 말했다. "북아일랜드에서 남성이 된다는 것은 어떤 의미입니까?"

사람들은 이 질문이 자신들의 딜레마를 다룰 수 있을지 궁금해하면서 호기심 어린 표정으로 서로를 바라보거나 어리둥절해하면서 패리를 바라보았다. 그런데도 패리는 계속 사람들에게 이야기했다. 결국 그들의 문제는 종교, 전쟁, 가족을 잃은 고통이었다. "내가 진정으로 알고 싶은 것은 북아일랜드에서 여성이 된다는 것이 정확하게 무슨 의미인가? 하는 것입니다. 그리고 북아일랜드에서 남성이 된다는 것은 무슨 의미입니까?"

방을 한 바퀴 돌더니 그는 팔을 펴서 "여자들은 모두 이쪽으로 모이세요." 그리고 남성들이 모이길 원하는 곳을 가리키며 "남자들은 모두 이쪽으로 모이세요."라고 정중히 부탁했다.

집단이 여성과 남성으로 나뉘어 재구성되었을 때 패리는 그들을 단순한 스토리텔링 프로세스로 안내했다. 그는 양쪽 집단의 사람들에게 북아일랜드에 살면서 그들이 겪었던 개인적 이야기를 차례대로 해달라고 부탁했다. 그는 각각의 집단에게 모든 이야기를 서로 매우 주의 깊게 들어달라고 했고, 그 이야기들 속에 담긴 여성들의 공통점이 무엇인지, 남성들의 공통점이 무엇인지 찾아달라고 했다.

여성들이 이야기를 시작했다. 폭력 속에서 살해 당한 남편들과 아들들, 아이들 안전에 대한 공포, 지속적인 새로운 폭력에 대한 위협에 관한 이야기가 나왔다. 가톨릭과 개신교 여성들은 서로를 쳐다보고 서로의 이야기를 들었다. 그들은 곧 서로가 정말 똑같은 악몽에 시달리는 것을 발견했다. 서로의 슬픔, 끔찍한 사연, 두려움에 공감하면서 자연스럽게 연민이 일어났고, 머지않아 함께 눈물을 흘리고, 서로의 손을 잡아주고, 서로의 슬픔을 위로해주었다. 남성들도 비슷한 치유를 경험하며 마음이 열렸다. 서로의 이야기를 듣고, 종교 분쟁으로 완전히 찢겨버린 세상에서 남자로 살아가며 남성들이 겪는 공통의 고통을 발견했다.

오후가 끝날 무렵 여성 집단과 남성 집단 안에서 치유의 포옹이 오랫동안 이어졌다. 젠더라는 통로를 통해 종교가 만들어낸 파괴적 균열을 가로지르는 깊은 치유의 다리가 생겨났다. 양쪽 집단 모두 상호 치유, 이해, 평화를 향한 중요한 첫 걸음을 내딛었다는 것을 깨달았다.

패리의 이 고무적 작업의 일화는 젠더 치유 작업에서 가장 기본 원리가 무엇인지를 보여준다.

○젠더 화해로 가는 결정적 전환은 개인이 '다른' 사람, 다른 젠더의 고통을 자기 자신의 경험처럼 받아들이는 순간 일어난다. 이렇게 공감을 통해 동일시하게 되면 더 깊은 곳에서 하나로 연결되어 있다는 것을 알게 된다. 젠더 화해는 모든 인간이 하나라는 실용적이고 보편적인 깨달음의 길을 보여준다.

마음은 상대방과 공감으로 동일시될 때 녹아내린다. 그리고 이러한 내면의 길을 통해 모든 사람이 근본적으로는 하나로 연결되어 있다는 것을 깨닫게 된다. 참가자들의 종교, 문화적 배경, 철학적 신념, 영적 성향과 상관없이 젠더 치유를 통해 이러한 깨달음이 촉진될 수 있다. 사람의 마음은 보편적이고, 그 마음이 열릴 때 결합이 생겨난다. 구름이 걷히면 태양이 자연스럽게 나와 빛의 근원이 하나라는 것을 보여주며, 항상 그랬던 것처럼 모든 것을 평등하게 비춘다. 이와 유사한 깨달음이 공동체에 자신의 마음을 열었을 때에도 생겨난다. 인간이 근본적으로 하나라는 것은 자명하다. 그래서 항상 그랬던 것처럼 모든 마음을 평등하게 통합한다. 이런 순간에는 그 사람의 종교, 신념, 젠더 정체성, 직업, 교육 수준이 문제되지 않는다. 인류가 하나라는 것이 드러날 때 문제될 것은 아무것도 없다.

앞선 사례는 젠더 화해가 젠더 불평등 이외의 분쟁 영역에도 어떻게 적용될 수 있는가를 보여준다. 북아일랜드 공동체는 종교에 따라 심각하게 분열되었다. 그런데 패리는 젠더에 따라 집단을 나눠 종교의 구분을 효과적으로 무력화했다. 그 결과 심각한 분쟁 중에 있는 공동체에 견고한 치유의 다리가 생겨났다.

이와 동일한 프로세스를 전쟁으로 분열된 다른 나라에도 분명히 적용할 수 있을 것이다. 예를 들어 데나 메리엄Dena Merriam이 설립한 여성들의 세계 평화 이니셔티브Global Peace Initiative of Women를 통해 촉진된 팔레스타인과 이스라엘 여성 사이에도 동일한 원리가 적용된 강력한 치유가 있었다.

지난 15년간 젠더 회복 작업을 통해 축적된 또 다른 핵심적 통찰을 간단하게 요약하면 아래와 같다. 우리는 이미 이 책에서 다양한 요점을 상당히 많이 다뤘고, 아래에서는 매우 단순하게 정리했다.

○젠더 불평등은 보편적이다. 다양한 문화권에서 역동은 그 모습과 강도는 다르지만 기본적으로 동일하게 나타난다.

○적절한 촉진과 구조화된 지원이 주어지면 진실한 여성과 남성 집단은 금기로 여겨지던 도전적인 젠더 이슈를 함께 탐험할

수 있고, 깊게 뿌리내린 젠더에 기반한 갈등으로부터 치유되고 회복되는 경험을 할 수 있다. 치유와 회복은 서로 상호 작용하며 동시에 나타난다.

○영혼의 깊은 근원에 닿기 위해서는 대화와 심리적인 접근법 이상의 정교한 방법과 촉진 기술이 필요하고, 그러한 기술과 촉진을 통해야 효과적으로 젠더 치유와 회복에 이르게 된다.

○사티야나 인스티튜트가 발전시킨 이 책에 기록된 젠더 회복 모델은 폭넓고 다양한 집단과 상황에서 사용되었고 다른 문화에서도 적용 가능하다.

○젠더 회복의 성공 요인은 참가자들이 얼마나 젠더 문제에 전문가인지 달려 있는 것이 아니라 진실한 의도로 과정에 참여하고 자신의 내면을 드러내는 것이다.

○집단이나 공동체에서 도전적인 젠더 이슈를 다루면서 '집단 연금술'이 일어나고, 이 연금술이 변화의 힘을 증가시킨다. 이 놀라운 시너지는 남편과 아내, 내담자와 치유자, 교인과 성직자 사이 등과 같이 1대1 대인 간에 발생하는 것 이상으로 집단에서 잘 일어난다. 공동체의 에너지는 치유의 잠재력을 증폭시키고, 어떠한 종류의 사회 문화적 젠더 역동들은 공동체나 집단 환경 안에서만 치유될 수 있다.

영적 지혜, 이원론을 넘어 하나로

젠더 위기는 궁극적으로는 집단의 영적 위기다. 루터 킹이 인종 차별 문제를 강조할 때에도 문제는 흑인과 백인의 문제가 아니라 불의와 정의의 싸움이었다. 그런데 젠더 차별의 경우에도 이것은 남성과 여성의 문제가 아니고, 불의와 정의의 문제다. 여성 운동과 남성 운동 모두 양극화 용어로 그 문제를 정의했고, 관습처럼 심리적, 사회학적 패러다임을 분석의 도구로 삼았다. 더 넓은 영적 차원을 생략해버렸다. 명상하는 승려이자 작가인 베다 그리피스 Bede Griffiths 는 남성 운동에 관해 다음과 같이 언급했다. "남성 운동은 모든 것이 심리학적 차원에서만 이야기되며, 심리 이상으로는 나아가지 못했다고 했다. 이것이 오늘날 서구인 대부분의 입장이다. 서구인들은 심리의 감옥에 갇혀 있다. 우리는 영성을 자각하지 못하고 있다." 영성 페미니스트 작가인 캐롤 리 프린더 Carol Lee Flinders 는 여성들에게서 유사한 현상을 발견했다. 그녀는 "페미니즘은 본래 영성으로 이끄는 불꽃을 일으켰다. 하지만 그렇지 않으면 페미니즘은 단지 정치의 형태에 머물고, 정치는 결코 깊은 갈증을 채워주지 못할 것이다."라고 했다.

역사학자인 거다 러너 Gerda Lerner 는 교차 문화 연구를 통해 모든 고대 문화에서 복제된 젠더 억압이 발생하는 방식이 놀랍도록 유사하다는 점을 발견했다. 그녀는 "내가 알게 된 가장 중요한 것은 여성이 신과의 관계에서 중요했고, 신을 섬기는 것이 여성의 역사에 중요한 영향을 미쳤다는 점이다.”라고 설명한다.[1] 그리고 그녀는 여성 억압의 증가는 여성과 신과의 관계가 쇠퇴한 것과 직접적인 관련이 있다고 결론 맺는다. 이것이 의미하는 바는 여성 억압의 종식은 신과 여성과의 관계를 되찾는 것과 복잡하게 얽혀 있다는 점이다. 또한 이것은 ‘페미니즘’과 영성 사이에 기본적인 연결이 존재한다는 것을 암시한다. 하지만 이 연결은 아직 폭넓게 알려지거나 받아들여지지는 않았다. 하지만 이 연결은 근본적인 것이며, 이 책의 저자들은 러너의 결론을 남성에게도 적용하려고 한다. 남성들이 자신들의 신성한 기원과 더 깊이 연결할수록 남성들은 더욱 사랑하게 되고, 다른 사람을 위해 더욱 헌신하게 되고, 문화를 치유하고 변화시키는 역할에 대해 책임질 수 있는 준비가 더 잘 될 것이다.

의식의 높고 영적 차원을 일깨우면 젠더 위기는 치유 되거나 문제 자체가 해소될 수 있을 것이다. 오직 이런 단계에서만 대립하는 이원론이 더 높은 차원에서 하나로 초월될 수 있다. 그러면 젠더는 더 넓고, 장엄한 ‘하나’를 보충하는 부분이 될 것이다. 이러한 초월의 가능성 없이는 여성과 남성 사이의 논쟁과 투쟁은 끝없이 이어질 것이고, 해결은 헛된 꿈일 뿐이다. 종종 인용되는 아인슈타인의 “문제는 문제를 만들어낸 의식 차원에서는 결코 해결될 수 없다.”는 말이 여기에 적용될 수 있을 것이다. 그래서 '성의 전쟁'도 어느 한쪽 성의 승리로 끝나지 않을 것이다. 의식의 또 다른 차원이 그 전쟁이 처음 발발한 곳 너머로 그 전쟁을 가지고 와야 한다. 그러한 의식은 인류의 지혜의 전통에서 배양된다. 그러나 지난 몇 백 년간 서구 사회에서는 인간 의식의 영적 차원이 부정되거나 무시되고 있다. 이것 때문에 인도의 현자 아우로빈도 고시는 우리 시대의 가장 중요한 질문은 인류가 서구가 만들어놓은 물질적인 길을 계속 따라갈 것인지, 아니면 인간이라는 가족을 존중하고 다시 하나가 되게 함으로써 인류의 영적 지혜를 일깨우는 고귀한 패러다임을 따라갈 것인지라고 했다.

신성함의 거부와 은총의 치유

신성함을 거부하는 것은 가부장제의 핵심 전략이고, 그러한 전략은 수세기에 걸쳐 대단히 파괴적인 효과를 거뒀다. 생명의 신성함이나 성스러운 차원을 제도적으로 부정함으로써 모든 사람에게 내재된 신성한 근원Source과의 직접적인 연결이 막히고 좌절되었다. 그렇게 함으로써 일시적 권력과 속된 영향의 힘으로 사회의 모든 영역을 장악할 수 있게 되었다. 그렇게 신성함은 자리를 빼앗기고, 사회는 정치, 종교, 기업, 정부, 군대, 교육, 경제, 언론 등의 주요 사회문화적 권력에 의해 쉽게 조종 당한다.

러너는 교차 문화 연구에서 가부장제의 기원을 연구하면서 신성함에 대한 부정이 핵심이라는 것을 발견하고 놀랐다. 그녀는 그녀의 책에서 이러한 전략은 오직 여성에게만 적용되었고, 신성함을 부정하고 통제하는 것이 가장 오래된 가부장적 전략이라고 말한다. 이러한 기초 전략이 한 가지 형태든 다양한 형태든 간에 사회의 모든 영역에서 제도적으로 적용되어 왔다. 종교 제도에 의해 신비한 지혜와 여성성의 신비가 무자비하게 박멸되었고, 그 자리를 사제와 성직자의 기독교적 권위로 채워버렸다. 이것이 시장 경제에 적용되면서 지구는 단지 물질적인 대상으로 축소되었고, 부에 대한 만족이 없는 탐욕을 채우기 위해 자연 자원의 무자비한 착취와 멈추지 않는 환경 오염이 계속되고 있다. 이러한 전략은 정부, 기업, 다른 사회 조직에도 꾸준히 적용되었고, 강하고 현명한 인류를 생각 없고 불만 많은 동물로, 단지 영혼 없는 기계 속의 사소한 존재로 만들었다. 이러한 전략은 또한 인간의 성을 통제하면서 에로스eros의 신성한 본성을 세속화시켰고, 종교에서는 성을 부도덕한 것으로 만들거나 군대나 언론처럼 세속적인 제도에서는 성을 욕망의 탐닉 정도로 만들어버렸다. 지난 수천 년간 신성함을 이렇게 체계적으로 부정함으로써 도덕적이고 정직한 시민들이 자신의 영혼을 배신하게 하고, 말로 표현하기도 어려운 악한 것들에 눈감도록 했으며, 신성함을 항상 망각하도록 했다. 이처럼 신성함의 기원과 인간의 신성한 본성에 대한 집단적 망각이 너무 심각해 우리가 망각했다는 것을 망각하게 되었다. 이렇게 제도적으로 조종하는 힘과 사회의 나쁜 기운을 결코 평가절하 해서는 안 된다.『도덕적 인간과 비도덕적 인간Moral Man, Immoral Society』의 저자이자 저명한 사회학자인 라인홀드 니버Reinhold Niebuhr는 이러한 것을 애통해했다.

그러나 이러한 암담한 현실에도 불편한 모습이 전부는 아니다! 이러한 현실이 인간 존재의 가장 중요하고도 근본적인 진실도 아니며, 그 진실로부터도 멀리 떨어져 있다. 루터 킹, 간디, 데스몬드 투투와 다른 많은 이가 강조한 것처럼 니버와 같은 비관론자들은 훌륭하지만 절대적이고 근본적인 한 가지 요소를 놓치고 있다. 그것은 바로 사랑이다.

사회적 비관론자들은 사랑의 힘과 사회를 변화시키는 사랑의 커다란 능력을 무시함으로써 루터 킹이 '은총의 치유'라고 말한 것을 간과하고 있다. 실제로 사랑은 이 우주에서 가장 강한 힘을 가지고 있으며, 모든 어두움을 변화시킬 수 있고, 생명 속의 신비와 성스러움을 깨우는 은총을 가져올 수 있다. 그렇다고 이것이 모든 인류가 갑자기 사랑을 깨달아야 한다는 것을 의미하는 것은 아니다. 필요한 것은 일부의 중요한 사람들이 사랑에 눈을 뜨는 것이고, 이 상대적인 소수의 인원이 시간이 지남에 따라 수십억 명의 마음에 영향을 미치고 감동시켜 변화를 확장시킬 것이다.

수피교의 신비주의자 이븐 아라비Ibn Arabi의 "신비는 눈 속의 동공과 같다."는 말처럼 물리적 빛이 눈의 작은 동공을 통해 몸으로 들어가듯이 신성한 빛도 전 세계 모든 전통에서 신성한 사랑에 헌신하고 있는 상대적으로 소수이지만 많아지는 현자, 신비주의자 등을 통해 인류에게 들어가고 있다. 모든 곳에 있는 순수한 마음을 지닌 개인들을 통해 빛과 사랑의 그물이 전 세계를 연결하고 있고, 그렇게 사랑이라는 새로운 문명의 토대가 세워질 것이다. 마음 내면의 이 그물이 집단적 어둠보다 더 높은 주파수로 진동하는 사랑과 빛이라는 섬세한 망을 통해 의식의 새로운 변혁을 위한 눈에 보이지 않는 토대를 놓고 있다. 사랑은 어둠을 구성하는 에너지의 낮은 질서를 조용히 약화시키면서 분해하고, 더 높은 질서와 더 정제된 에너지 수준에서 기능한다.

젠더와 영적 정체성

젠더 치유와 회복의 과정은 자연스럽게, 그리고 반드시 인간으로서 '우리가 누구인가'라는 질문과 '우리 정체성의 진정한 본질은 무엇인가'라는 질문으로 이어진다. 젠더 정체성에 관한 질문은 '나는 누구인가'라는 질문의 형태처럼 보일 수 있다. 그리고 젠더와 관련된 어떤 답을 찾는 것처럼 보일 수 있다. '나는 누구인가'라는 질문은 타당하며, 이 물음은 위대한 인도의 현자 라마나 마하쉬Ramana Maharshi의 심오한 자기 성찰

훈련에서 사용되었다. 그러나 이 질문이 '젠더 정체성'의 영역에 관한 질문으로 제한되면 심오한 질문이 상대적 영역에 제한되게 된다. '나는 누구인가'라는 것은 모든 영적 질문의 시작이며, 이 질문을 충분히 멀리 따라갈 때 젠더에 관한 모든 질문은 뒤에 놓이게 되며, 순수한 존재 또는 영성의 영역으로 들어가게 된다

'나는 누구인가'라는 질문을 따라가면 우리는 처음으로 내 몸도 내가 아니며, 내 존재도 내가 아니라는 것을 발견하게 된다. 이것을 더욱 깊이 알아차릴수록 내 몸, 내 남성성이나 여성성, 내 성적 지향, 성적 정체성과 나를 동일시하는 것으로부터 더 멀어지게 되고, 젠더를 초월한 보편적이고 더 큰 무언가와 강하게 연결된다. 우리의 진정한 정체성은 젠더나 몸, 섹슈얼리티와 아무런 관계 없다. 우리의 진정한 정체성은 우리의 영적 본질 또는 영혼 또는 아트만[Atman] 또는 위대한 영혼 또는 붓다 등과 관련되어 있고, 그것은 다양한 이름을 가지고 있다.

따라서 젠더 정체성을 충분히 멀리 끌고 가면 필연적으로 젠더를 넘어서게 된다. 젠더는 그 자체가 목적이 아니고, 젠더 정체성은 더 심오한 퍼즐의 작은 조각일 뿐이다. 따라서 우리가 자신에 대한 질문을 펼치기 시작하면 젠더 차별과 젠더 갈등을 완전히 새로운 관점에서 보게 될 것이고, 전혀 상상하지 못했던 방식의 새로운 해결책들이 나타날 것이다. 따라서 젠더

는 그 자체로 목적이 아니라 자기 깨달음의 깊은 단계로 나아
가는 수단이다.

젠더 치유와 통합 의학

통합 의학 분야가 성장하면서 건강과 치유를 위한 굉장히 다
양한 접근법을 융합하고자 하는 시도가 계속되고 있다. 이것
은 서구의 전통 방식에 동양적 접근법과 토속적 치유 방법을
통해 균형을 잡고자 하는 것이다. 사티야나의 젠더 회복 작업
이 2007년 뉴멕시코주 산타페에서 열린 세계 통합 의학 회의
에서 발표되었다. 이 컨퍼런스를 통해 젠더 화해 작업이 통합
적 의학의 관점에서 확실히 최근에 생겨난 진전들과 공명하는
집단 치유의 형태라는 것이 분명해졌다.

통합 의학 분야에서 가장 탁월한 유형 중 하나는 디트리히 클
링하르트 박사가 20여 년간 발전시켜온 것이다. 그는 치유를
기본 5단계로 상정했다. 그것은 파탄잘리의 『요가 수트라』에
기초한 것이다. 그 경전에서는 인간의 몸을 물리적 몸과 네 가
지 '섬세한' 몸, 다섯 가지로 구분한다. 클링하르트는 이 치유
의 다섯 차원의 유형을 육체적 질병부터 정서적, 정신적, 영적
차원의 장애에 이르기까지 임상적 장애를 광범위한 범주에서
정교하게 진단하고 치유하는 데 적용한다. 클링하르트의 치
유의 다섯 가지 차원은 물리적 몸, 에너지 몸, 정신적 몸, 직관

적 몸, 영혼의 단계로 나뉜다. 그의 임상 모델의 원리는 이 다섯 개의 단계가 위계적으로 조직되어 있다. 위계적 조직이 의미하는 것은 특정 단계의 치유가 하위 단계의 치유에는 이로운 영향을 주지만 상위 단계에는 영향을 미치지 않는다는 것이다. 따라서 정신적 단계의 효과적 치유 방법은 하위 단계인 에너지 몸과 물리적 몸 차원의 치유에는 영향을 주지만 상위 단계인 직관적 몸과 영혼 차원에는 영향을 미치지 않는다. 이 구조의 가장 아래에 있는 물리적 몸 단계의 치유는 서양 의학이 최우선적으로 초점을 맞추는 영역으로 오직 물리적 몸에만 영향을 미친다. 이 구조의 가장 상위에 있는 영혼의 치유는 하위 단계인 육체, 에너지, 정신, 그리고 직관적 몸 각 단계에 치유의 효과를 폭포처럼 내려보낸다.

젠더 치유와 회복은 클링하르트의 모델을 적용하면 영혼과 직관의 단계에서 이뤄지는 것으로 볼 수 있다. 그 아래 세 가지 단계에 이로운 영향을 미친다. 이 책의 앞에서 여러 차례 이야기된 많은 치유의 경험이 이러한 해석을 지지한다. 즉 클링하르트의 연구는 영혼과 영적 차원에서 치유하는 것의 중요성에 독립적인 임상적 검증을 제공한다. 영혼 차원의 치유 없이는 개인과 인류의 진정하고 온전한 치유가 불가능하다.

통합 의학의 또 다른 혁신 요소는 최근에 '가족 세우기family constellation'로 알려진 강력하고 새로운 심리치유의 유형이다. 이것은 독일의 심리치유학자며 전 성직자이기도 한 베르트 헤링거Bert Hellinger가 개발하였다. 가족 세우기 접근의 기본 전제는 특정 가족 구성원이 배제되거나 폭력에 시달리고, 중요한 일에서 무시 당할 때 가족 체계 전체가 괴로움을 당하며, 이러한 괴로움은 여러 세대에 걸쳐 영향을 주기도 한다는 것이다. 그 결과 그 가족의 체계는 특정한 방식으로 재구성된다. 이것이 이후의 가족들에게 온갖 종류의 심리적 어려움과 도전적 증상을 만들어내고, 이 이후의 가족들은 배제되었던 당사자나 그 경험이 가족 구성원에게서 어떤 식으로든 지각되고 재통합되기 전까지 치유되거나 변화될 수 없다.

비록 헤링거의 작업이 우선적으로 가족 체계에 초점을 맞추고 있고, '제도적 집합체systmemic constellation'라고 불리는 조직 체계까지는 충분히 나아가지 못하지만 그럼에도 그의 기본적 작업 방식을 인류 전체의 문화와 문명을 망라해 적절하게 확장할 수 있을 것이다. 예를 들어 서구에서 젠더와 섹슈얼리티의 성스러운 부분을 부정하고 배제함으로써 젠더 불의와 젠더 부조화라는 '문화적 집합체'가 생겨났고, 이러한 불의와 부조화는 젠더의 신성한 영역이 사회와 다시 통합되기 전까지는 치유되거나 변화될 수 없다는 것이다. 헤링거의 개념의 일반화가 합리적이든 아니든 기본 원리는 타당하다. 근본적인 무엇이 부정되었을 때 그 결과로 체계가 고장나게 되고, 그 본질적 요소가 개선되거나 회복될 때까지 고장난 체계는 복구되지 않는다는 것이다. 이것은 젠더와 관련된 모든 인간 사회에 일어나는 일이다. 치료법은 개인에서 연인에 이르기까지, 가족에서 공동체에 이르기까지, 사회에서 전 세계에 이르기까지 모든 단계에서 젠더와 에로스의 성스러운 영역을 회복하는 것, 즉 남성성과 여성성의 영적 통합을 회복하는 것이다.

영적 사랑, 양성성, 그리고 그 너머

영적 사랑이란 무엇일까? 가장 깊은 사랑의 본질은 무엇일까? 사랑이 어떻게 남성과 여성을 화해시킬 수 있을까? 신성한 사랑이란 무엇일까? 사랑에 대한 이러한 질문을 꺼내기에 앞서 루미의 경고를 언급하려고 한다.

사랑을 그 어떤 말로 설명하고 해명하는지는 중요하지 않습니다.
내가 사랑을 할 때 그 말로는 나를 넘어설 수 없습니다.
우리가 하는 말과 듣는 말 속에 사랑을 가둘 수는 없습니다.
사랑은 그 깊이를 헤아릴 수 없는 큰 바다입니다.
당신이 하는 말이나 듣는 말은 그 모두가 껍질에 지나지 않습니다.
사랑의 핵심은 밝혀질 수 없는 신비입니다.
침묵! 침묵!
사랑을 암시하는 것들은 뒤바뀌기 때문입니다.

말을 많이 하면 의미는 숨어버립니다.[2]

그러나 우리는 사랑에 대해 이야기를 해야 한다. 말로 충분하지 않다고 해도 사랑은 젠더 화해 작업의 토대이자 수단이며 목표이기 때문이다. 따라서 말은 간결하게 하고 침묵에서 나오는 더 깊은 지혜를 믿어야 한다.

사랑과 치유의 신비로운 관계는 위대한 신비주의자 십자가의 성 요한의 글에서 그 특징이 아름답게 묘사되어 있다. 그는 사랑의 상처가 어떻게 사랑의 뜸으로 다져지는지, 즉 사랑의 상처가 치유되면서 어떻게 더 상처를 불러오는지에 대해 말하고 있다.

사랑의 뜸은 그 뜸이 닿은 사람의 사랑의 상처에 영향을 준다. 그러나 불로 지진 뜸과 사랑의 뜸은 차이가 있다. 불이 남긴 상처는 오로지 다른 약으로 치유되지만 사랑의 뜸으로 난 상처는 약으로 치유될 수 없다. 상처를 낸 바로 그 사랑의 뜸이 상처를 치유하고, 또 치유하면서 다시 상처를 낸다. 사랑의 뜸으로 사랑에 의한 상처를 건들 때마다 더 깊은 사랑의 상처를 내고, 부상은 더 깊어지고, 더 많은 치유가 요구된다. 사랑하는 사람이 더 많은 상처를 받을수록 그 사람은 더 건강해진다…. 그리하여 온 영혼이 사랑의 상처에 녹아들 정도로. 그리고 이제 모두가 사랑의 상처 하나에 뜸을 들여 사랑의 상처를

만들면 그것은 사랑 안에서 완전히 건강하다. 그것이 사랑 속에서 변하기 때문이다.[3]

따라서 상처가 치유되고, 치유가 상처가 된다. 젠더 화해 과정도 비슷하다. 젠더 상처를 바로 다루는 것은 분명 고통스럽다. 가슴이 찢어진다. 그래서 때로는 그것을 다룰 수 없다고 느끼거나 다루고 싶어 하지 않는다. 그렇지만 이러한 찢어지며 열린 가슴은 피눈물을 흘리고, 바로 이 흐름 속에서 치유가 시작된다. 가슴에서 흐리는 눈물이 치유에 영향을 준다. 가슴이 찢어질 때 가슴이 열리고, 이를 통해 보이지 않는 더 큰 치유의 힘이 들어올 수 있다. "신은 상처를 통해 들어온다."는 말이 있듯이 사람들이 함께 가슴이 무너지고 열릴 때 사랑의 눈물이 함께 흐르고 그 눈물이 상처를 치유하는 연고가 된다. 그렇게 상처가 치유된다.

그러나 그 치유는 또 다른 차원의 상처를 받게 되는 토대를 준비하는 것이고, 치유되어야 하는 다음 단계가 나타난다. 이렇게 상처와 치유, 치유와 상처의 반복이 계속되면서 계속 깊어진다. 참가자들의 마음이 전에 없이 더 열리면 서로 어우러져 하나의 커다란 심장을 공유하게 되고, 여기에서는 개인적인 자아에 대한 인식과 남성과 여성의 구별은 사라지고, 마침내 모두가 하나가 된다.

우리는 이제 남성도 아니고 여성도 아니며, '젠더로 구분되는' 존재가 아니다. 젠더는 부분이기 때문이다. 우리는 하나의 전체가 된다. 우리는 이제 하나의 부분, 하나의 단면만으로 규정할 수 있는 존재가 아니다. 우리 안에는 모든 부분과 모든 면이 존재한다. 남성과 여성이라고 구분하는 것은 우리 안에서 신성한 양성성으로 통합된다. 우리가 모두와 함께 하나의 존재가 되면 영혼은 남성과 여성 구분없이 통합하고, 이 둘을 초월한다. 섹스는 이러한 확장된 통합의 물리적 상징인 것이다. 성적 결합은 영원하고 무한한 통합을 일시적이고 한정적으로 힐끗 보여주는 것이다.

이러한 결합을 깨닫고 나면 우리가 항상 그래왔다는 것을 알게 된다. 우리는 결코 분리된 적이 없으며 남성과 여성이라고 결코 둘로 나뉜 적이 없다. 이러한 통합적 양성성은 종종 큰 깨달음을 얻은 영적 스승들에게서 발견된다. 예를 들어 J.B. 베네트 J.B. Bennett는 기독교 신비주의자인 테레사 데 헤수스 St. Teresa of Avila에 대해 "남성들은 테레사에게서 온전히 여성이면서 동시에 남성보다 더 남성인 여성을 만난다."라고 말했다.[4]

이렇게 양성성이 통합되는 경험은 분리된 자아(나, 나를, 내 인격)를 상실한 뒤에 신성한 존재 the Divine와의 급격한 통합이 뒤따르는 신비주의적 사랑과 밀접한 관계가 있다. 신성한 은총이라는 선물을 얻기 위해 에고가 받는 희생이 아주 커 보이지만 사실은 거의 없다. 루미가 이것을 잘 표현하고 있다.

이 사랑^{Love}은 모든 영혼을 희생시킨다.
그 영혼이 지혜로운 영혼이라 해도, 깨어 있는 영혼이라 해도.
칼 없이 그들의 목을 베고, 교수대 없이 그들을 목 메단다.

우리는 자신의 손님을 집어삼키는 유일한 자의 손님이다.
자신의 친구를 살육하는 유일한 자의 친구다.
눈길 한 번으로 그는 많은 사랑하는 자에게 죽음을 준다.
그에게 죽임을 당하도록 스스로 허용하라. 그는 삶의 생명수
가 아니더냐?

결코 쓰라림을 키우지 마라. 그는 상냥함을 키우는 친구다. 고
귀한 가슴으로 있어라. 왜냐하면 이 가장 고귀한 사랑이 신 곁
에 있는 왕들과 걱정에서 자유로운 자들을 죽이기 때문이다.

우리는 밤, 지구의 그림자와 같다. 그는 태양이다.
그는 새벽 속에 잠겨 있는 칼로 밤을 쪼개어 열어준다.[5]

모든 내면의 어두움, 환상, 모호함 또는 무명은 신성한 빛의
칼로 산산이 부서진다. 사랑은 사랑을 하는 자를 죽이고, 그
것에 반대하는 모든 것을 잘라버리고, 부분적이고 분리된 모
든 정체성^{identities}을 사라지게 하여 오로지 사랑을 하는 자의

뜨겁게 타는 심장만 남기며, 그 심장은 사랑의 대상과 통합된다. 수피교 신비주의자 알안사리^{Alansari}는 "너 자신을 잃을 때 너는 사랑^{the Beloved}에 이른다는 것을 알아야 한다. 더 배워야 할 다른 비밀은 없다. 이 이상은 나도 모른다."라고 말했다.

따라서 사랑하는 자는 자신의 생명을 희생해 사랑 받는 자에게 주고 그들은 하나가 된다. 모든 이원성^{duality}은 숭고한 통합^{unity} 안에서 사라진다. 이러한 깨달음을 통해 사랑하는 자는 항상 상대^{the Other}였으며 처음부터 둘이 아니었다는 놀라운 발견에 이르게 된다. 분리된 자아는 결코 존재한 적이 없으며 환상이었을 뿐이다.

다른 전통에서는 다른 용어로 이러한 신비한 과정을 말하고 있다. 예수는 "자신의 친구를 위해 자기 생명을 내놓은 것, 이보다 더 큰 사랑을 가진 이는 없습니다."라고 말했다. 영적 사랑에서 '친구'는 사랑 받는 이^{the Beloved}, 신^{God Her/Himself}이다. 우리는 신^{God}을 위해 우리의 삶을 내려놓고, 신 안으로 들어간다. 이는 사랑 받는 이를 위해 우리 자신의 정체성, 우리가 가장 사랑하는 모든 것을 포기하는 것을 의미한다. 무하마드는 "자신이 죽기 전에 죽는 자는, 자신이 죽을 때 죽지 않는다."고 말했다.

젠더 화해 작업의 정점은 이러한 신비한 결합과 유사하지만 그렇게 극단적이거나 높지는 않을 것이다. 그렇지만 젠더 화해 작업에서 여성과 남성이 자기 자신 속에 있는 남성과 여성의 살아 있는 통합을 발견하고 목격하는 일은 드문 일이 아니다. 오랫동안 수피교 수련을 하고 있는 한 참가자는 이러한 경험을 "나는 완전히 새로운 방식으로 신을 보았다."라고 표현했다.

플라망어 신비주의자인 얀 뤼스브록$^{Jan\ Ruysbroeck}$은 신$^{the\ Divine}$을 보는 다층적 경험을 다음과 같이 간단 명료하게 묘사한다. "당신은 당신의 있는 그대로를 본다. … 그리고 당신은 당신이 보고 있는 것이 된다." 이러한 봄$^{seeing/beholding}$은 존재의 중심, 가슴에서 일어난다. 정신적 개념이나 사고가 아니다. 사랑하는 자와 사랑 받는 자의 이원성, 그리고 남성과 여성의 이원성은 하나의 사랑$^{one\ loving}$으로 사라진다. 분리도 없고, 주체와 대상도 없고, 오직 사랑만 있다. 마이스터 에크하르트$^{Meister\ Eckhart}$는 신과의 결합 경험을 이렇게 묘사한다. "이 결합은 완전한 하나^{one}가 되는 것이다. 그래서 이 나^{I}와 저 대상^{He}이 하나$^{one\ is}$가 되고, 이 세상에서는 하나가 된 것$^{one\ is\text{-}ness}$처럼 행동한다."

젠더 화해 작업은 필연적으로 우리를 이러한 통합의 경험$^{unitive\ experience}$으로 이끈다. 이러한 경험에 대해 읽거나 듣는 것과 이런 일이 당신에게 실제로 일어나는 것은 완전히 다른 일이다.

당신은 불현듯 남성성과 여성성의 기적을 잠깐 볼 수 있다. 당신은 당신 앞에서 그리고 당신 안에서 살아 일렁이며 빛나는 이 눈부시게 아름답고, 우주와 같이 장대하며, 서로 관통하고, 서로를 수용하는 태피스트리를 본다. 그리고 당신은 이 활기찬 태피스트리의 부분이 된다. 그리고 다른 차원에서는 당신이 바로 그 태피스트리가 된다!

따라서 '신성한 이원성divine duality'은 부적절한 명칭이다. 왜냐면 신성함에는 이원성이 있을 수 없다. 그것은 하나One다. 신성함은 사랑하는 자와 사랑 받는 자, 남성과 여성, 인간과 신, 물질과 정신 안에서 저절로 드러나 보인다. 젠더 화해는 궁극적으로 젠더 정체성의 소멸로 향하는 사랑의 작업이다. 오늘날 젠더 정체성의 스펙트럼은 과거의 협소하고 경직된 조건화에서 빠져나와 확대되고 있지만 젠더 치유 작업은 궁극적으로 '젠더 정체성'으로부터의 해방으로 나아간다. 그것은 아직 완성되지 않았다. 남성성과 여성성의 분리는 젠더 화해가 일어난 마음에서는 사라지고, 그 이후에 다시 하나로 나타나 영원의 춤을 춘다. 모든 인간 존재는 모두 남성이자 여성이다. 그리고 남성도 아니고 여성도 아니다. 모든 이원성은 통합되고, 우리는 하나의 온전한 존재가 되고, 하나의 인류가 된다.

젠더 전쟁과 분리하기

톨레는 책에서 다음과 같은 말로 현재의 여성과 남성 사이의 관계의 위기를 강조한다. "의식의 이기적 측면과 그로 만들어진 모든 사회, 정치, 경제 구조 등이 붕괴의 마지막 단계로 접어들면서 남성과 여성 사이의 관계는 인류가 현재 스스로 발견한 가장 심각한 위기 상태를 반영하고 있다."[6] 톨레는 이 위기를 여성과 남성이 자신도 모르게 자신과 고통체[pain-body]를 동일시하고 있는 것으로 진단한다. "남녀 관계에서 무의식이 나타나는 방식에 대해 많은 책이 쓰였고, 더 많은 책이 쓰일 수도 있을 것이다. 그러나 … 이러한 장애물의 근원을 이해한다면 수많은 방식으로 나타나는 그 증상들에 대해 탐구할 필요는 없을 것이다."[7] 톨레는 그 근원이 고통체와 자신을 무의식적으로 동일시하는 것에 있다고 본다. 이는 여성과 남성 사이에서 일상적으로 일어나는 관계의 장애를 그대로 보여준다.

톨레는 신작 『삶으로 다시 떠오르기[A New Earth]』에서 좀 더 자세히 설명하면서 해결책을 암시한다.

인류의 가장 위대한 성취는 예술 작품도 과학도 기술도 아니다. 인류가 갖고 있는 역기능, 즉 자신들의 광기를 인식한 것이다. … 광기를 인식하는 것이 온전한 정신의 등장이자 치유와 초월의 시작이다. … (특히) (고통체)와의 동일시가 중단되면 변화가 시작된다.[8]

톨레가 말하는 것은 개인 간의 갈등은 사심 없이 연민의 마음으로 목격하는 것을 통해 변화할 수 있다는 것이다. 한 공간에서 함께 목격하는 것은 상대방 각각의 마음속 의식을 동일하게 바라보도록 하는 경향이 있다. 그리고 그들은 자신들의 고통스런 몸을 통해 만들어진 전쟁과 자신을 동일시한 것에서 벗어나기 시작한다.

톨레는 우리가 몇 년간 젠더 화해 작업을 하면서 직접 경험했던 것을 또 다른 방식으로 확인해준다. 젠더 갈등의 고통스러운 광기를 집, 침실, 수행 공동체, 교회, 직장에 숨어 있던 '안전함' 속으로 가지고 가는 것, 그러한 광기에 집단 또는 공동체 자각의 빛을 비추는 것은 갈등을 해체하고 변화시키는 역할을 한다. 이는 제2장 젠더 화해의 세 번째 원리, 즉 젠더 치유 작업은 집단과 공동체에서 가장 효과적으로 이뤄질 수 있다는 것으로 설명했다. 사심 없이 연민의 마음으로 목격하는 것은 집단이나 공동체가 제공할 수 있는 한 부분이다. 따라서 특정 젠더 갈등이나 프로세스에 직접적으로 개입되지 않은 사람들은 좀 더 쉽게 투사를 멈출 수 있고, 고통체와 자신을 동일시하지 않고, 동료를 위해 연민으로 현존하는 장을 유지할 수 있다.

이것이 침묵의 증인silent witnessing 활동과 젠더 간 진실 포럼cross-gender truth forum이 작동하는 중심 원리다. 물론 젠더 치유 과정의 어떤 순간에는 구체적 이슈와 집단적 역동이 변해 냉정한 목격자가 생겨나고 주인공과 대립하는 사람이 생겨날 수도 있다. 그 과정이 어떻게 펼쳐지더라도 의식과 연민을 가진 참가자들로 구성된 집단이나 공동체는 젠더 갈등에 불빛을 비춰 변화를 향해 용기 있게 나아가기 위한 최적의 공간이나 신성한 공간을 만들어낸다. 따라서 과거의 상처를 극복하고 존중과 위엄, 사랑이 꽃피는 문화를 만들려는 진지한 의도를 가진 사람이 이 과정을 진행할 때 최상의 효과가 난다.

톨레는 치유 과정이 잘 이뤄지려면 전투 참가자들이 개인적 차원뿐 아니라 집단적 차원에서도 자신이 희생자라는 정체성을 버려야 한다고 강조한다. 예를 들어 톨레에 따르면 여성에게 가해진 남성의 폭력과 수천 년간 전 지구적으로 행해진 여성적 원리에 대한 억압이 여성의 집단적 고통의 원인 중에서 큰 비중을 차지한다는 인식은 옳다. 그러나 만일 어떤 여성이 이러한 사실, 즉 '남성이 여성에 한 짓'에 기반해 정체성을 확립한다면 그녀는 자신은 오로지 집단의 희생자라는 정체성에만 갇힐 수도 있다. 이것은 "그녀에게 위로가 되는 정체성이고 다른 여성들과 연대감을 느낄 수는 있지만 그녀를 과거에만 속박시키고 자신의 진정한 모습과 진정한 힘에 온전히 이르는 것을 방해할 수 있다."[9] 이것은 남성이 겪는 집단적 고통과 자신을 동일시하는 남성에게도 동일하게 나타난다. 여기서 유사한 통찰이 일어난다. 남성 운동이 남성만이 겪는 불평등의 늪을 기록하고 표현하는 것은 옳지만 만일 남성들이 이러한 고통에 기반해 정체성을 확립한다면 회복할 수 없는 갈등에 갇혀 자신들의 진정한 힘에 이르는 길을 잃어버릴 수 있다.

이는 남성이나 여성을 괴롭혀온 고통과 불평등을 부정하는 것이 절대 아니다. 양측의 주장은 모두 타당하다. 다만, 한 걸음 물러서 보면 진정한 젠더 정의와 평등은 집단적 고통과의 동일시를 통해는 결코 생기지 않으며, 우리가 바라는 변화와 치유는 고통과의 동일시에서 벗어나 사랑과 용서를 향해 적극적으로 움직이는 과정과 함께 시작된다는 것을 이야기하고 싶은 것이다.

사랑이라는 새로운 문명을 향하여

젠더 억압은 보편적이기에 모든 사회는 진정한 젠더 치유와 화해를 통해 엄청난 이로움을 얻을 수 있을 것이다. 인류에게는 젠더 불평등과 성차별에 관한 '진실과 화해 위원회'와 같은 것이 절실히 필요하다. 우리 인류는 언젠가 우리의 의식, 우리의 사회, 우리의 가족, 우리의 관계 안에 존재하는 젠더 억압과 성차별이라는 진실, 이것이 인류의 유산이라는 진실을 온전히 직면해야 할 것이다. 여성과 소녀들에 대한 파멸적 침해, 남성과 소년들에 대한 심각한 배신, 그리고 편협하고 완고한 이성애적 고정관념에 맞지 않는 사람들에 대한 핍박에 대해 용서를 구해야 한다. 인류는 현대 사회에서 이룬 것보다 훨씬 더 진지한 차원에서 젠더 불균형을 해결하지 않고서는 발전의 다음 단계로, 사랑과 조화라는 새로운 문명으로 나아갈 수 없을 것이다.

베트남의 불교 스승 틱낫한은 "다음에 올 붓다는 개인으로 오지 않고, 깨어 있는 마음과 자애심을 가지고 살아가는 공동체의 형태로 올 것"이라고 말했다. 젠더 치유 작업은 이 분야에 뿌려진 많은 소중한 씨앗 중 하나로, 이 시대에 싹트기 시작하고 있다. 한 개인이 시간이 흐르면서 영적 진화를 경험하듯이 사회의 집단적 의식과 영성도 진화한다. 인류의 새로운 차원의 의식의 진화가 막 진행되기 시작했다. 젠더, 친밀성, 섹슈얼리티를 이해하고 표현하는 새로운 시대로의 진화다. 지금까지의 모든 젠더 치유 작업은 이를 위해 준비 과정이었다. 특정 수준의 작업은 친밀한 연인 관계나 핵가족 내에서 일어나는 것이 아니라 여성과 남성으로 구성된 집단이나 공동체에서만 일어날 수 있다.

남성과 여성 사이에 새로운 형태의 사랑의 새벽이 오고 있다. 그 사랑은 이미 보이기 시작했다. 이 새로운 형태 덕분에 이분화된 낭만적 사랑에 대한 환상에서 깨어날 것이고, 그 자리를 고귀하고 더 보편적인 사랑이 대체할 것이다. 이것은 육체적 친밀성과 사랑의 표현을 부정하는 것이 아니라 육체적 결합에서 영적 교감의 형태로 나아가는 것이다. 이것은 최근 몇 년간 서구에서 관심이 집중되고 있는 영성화된 섹슈얼리티만 수반하는 것이 아니다. 잘 준비된 영혼들은 친밀한 상호 작용을 더 많이 하게 될 것이고, 이는 결국 수천 년간 잃어버렸던 기쁨을 인류와 지구에 되돌려줄 것이다. 여성성에 대한 학대를 똑바로 직면하면 시간이 흐르면서 그것도 변화하고, 어떤 천진함과 순수함이 다시 사람의 마음속으로 돌아올 것이다.

이러한 아름다움이 우리에게 다시 나타날 때 여전히 남성 운동이나 여성 운동이 남아 있다면 그 목적은 여성 혹은 남성만의 명분을 옹호하기 위해서라기보다는 남성 혹은 여성을 초월하는 데 기여하는 것일 것이다. 여성과 남성, 그리고 모든 성적 지향을 가진 사람들은 서로의 웰빙과 영적 해방을 위해 협력할 것이다. 다른 사람에 대한 기여 또는 돌봄이 사회 전체에서 계속 일어날 때 수천 년간 보지 못했던 완전히 새로운 마법이 나타나기 시작할 것이고 인간과 지구의 관계는 빠르게 변화하기 시작할 것이다.

이것이 순진한 환상처럼 보일 수도 있지만 우리는 700여 명이 참여한 약 40회 정도의 사티야나 집중 교육과 프로그램이라는 소우주를 통해 이러한 변화가 일어나고 있는 것을 지속적으로 직접 목격하고 있다. 여성 서클과 남성 서클은 자신에게 중요한 상처와 자신에게 필요한 욕구를 말하면서 시작한다. 우리는 이렇게 나아가야 한다. 그러나 모임이 끝날 무렵에는 남성들은 여성들을, 여성들은 남성들을 존중하고 행복하게 하는 데 관심을 두게 된다. 여성 서클과 남성 서클은 '상대'를 지지하고 축하하는 데 온전히 집중하게 된다. 양쪽 집단 모두 '연금술의 인큐베이터'가 되어 여성과 남성이 함께 새로운 형태의 전례 없는 치유와 조화를 발견하고, 여성과 남성 사이의 경외감과 생생한 마법을 우리 삶에 되돌려 놓는다. 우리는 이런 워크숍들을 통해 남성과 여성을 위한 새로운 방법과 모델을 만들어 가고 있다. 그리고 언젠가는 이러한 새로운 모델이 확산되어 훨씬 확장된 규모로 사회에 적용할 수 있는 규범이 될 수도 있을 것이다. 그래서 이 초기에 형성된 집단들은 다른 유사한 영적 집단이나 공동체와 함께 사회에 영향을 미치고 궁극적으로는 사회 변화를 도울 은총의 씨앗을 심는 과정에 있다. 이 과정은 거꾸로 작동되는 연금술의 원리, 즉 '낮아짐으로 높아지기'라고 생각해볼 수 있을 것이다. 특정 영성 집단과 공동체라는 소우주 안에서 작은 규모로 지금 나타나는 것이 언젠가는 인류라는 가족 전체의 살아 있는 현실이 될 것이다.

이 책에서 설명하는 젠더 치유 작업은 단지 시작이지만 우리 마음속에, 관계에, 우리 공동체에 남성성과 여성성 사이의 새로운 조화와 균형의 초석을 놓고 있다. 모두가 젠더 조건화에 영향을 받고 있기 때문에 젠더 화해 과정은 어떤 한 집단이나 공동체의 집단적 마음을 일깨우는 가장 직접적인 방법 중 하나다. 이 작업은 자연스럽게 공동체의 연민과 용서의 능력을 깨우며, 진심 어린 대화와 자각에 이르는 직접적이고 자연스러운 방법을 제공한다. 또한 인간과 비인간 세계와의 상호 연관성을 포함해 모든 생명의 신성한 상호 연관성을 회복하도록 돕는다.

여성과 남성의 전쟁이라는 '젠더 전쟁'에 대한 지배적 관점은 부적절하다. 젠더 부조화는 본질적으로 집단의 영적 위기다. 인류가 인류를 대상으로 벌인 전쟁이다. 남성성과 여성성의 신성한 본질을 부정하면서 벌어진 것이고, 남성적 원리와 여성적 원리의 분리와 부조화에 의해 일어난 것이다. 이러한 불균형은 사회의 모든 차원, 즉 개인의 몸과 마음에서부터, 가족, 공동체, 국가, 인류 전체에 이르기까지 나타나고 있다. 그리고 우리의 관계에서부터 인류의 집인 지구에 이르기까지 나타나고 있다.

사람의 마음은 이러한 분열을 초월하고 치유할 능력이 있다. 인간이 공동체로 함께 모여 자신들의 차이를 탐구하고 화해할 때 아주 놀라운 힘이 나타난다. 젠더 화해가 인류의 미래에 기여할 수 있는 잠재력은 어마어마하게 크고, 이제 막 시작되었다.

제1장에서 소개한 인도의 시인 자네스와르의 신비로운 시를
각색한 기도로 이 책을 마무리하고자 한다.

신이 없다면
여신도 없다.
여신이 없다면
신도 없다.
그들의 사랑이 얼마나 향기로운가!

서로 껴안고
하나가 된다.
동이 틀 무렵
어둠이 빛과 하나가 되듯

우리가 그들의 하나 됨을 발견할 때
모든 말과 모든 생각은
(그리고 모든 책도!)
침묵 속으로 사라질 것이다.

감사의 말

많은 사람과 조직이 이 프로젝트에 구체적으로 기여했기 때문에 그들에게 감사를 표현하는 데 있어 어디서부터 시작해야 할지 모르겠다. 남아프리카공화국 속담 중에는 "사람은 다른 사람들을 통해 사람이 된다."는 말이 있다. 이 작업에서는 특히 그렇다.

저자들은 사티야나 인스티튜트의 젠더 화해 프로젝트에 재정적 지원을 해준 것에 대해 다음의 자선 재단들에게 감사의 마음을 전한다. 샬러 아담스 재단the Shaler Adams Foundation, 히든 리프 재단Hidden Leaf Foundation, 칼리오페이아 재단the Kalliopeia Foundation, 커닝험 패밀리 기금the Cunningham Family Grant Fund, 로이 A. 헌트 재단 the Roy A. Hunt Foundation, 샌프란시스코 재단the San Francisco Foundation, 타이드 재단(카리타스 기금)the Tides Foundation(Caritas Fund), 자이언트 스텝 재단the Giant Steps Foundation, 록우드 기금the Rockwood Fund. 또한 1990년대 후반 3년간 사티야나 인스티튜트에 창업 자금을 제공해준 나단 커밍스 재단Nathan Cummings Foundation, 그리고 펫져 인스티튜트Fetzer Institute, 덴마크의 가이아 신뢰Gaia Trust of Denmark, 쉘비 퐁스피릿 커뮤니티 기금Selby-FongSpirit inCommunity Fund, 타이드 재단(호멜 펀드)Tides Foundation(Hormel Fund), 필란트로픽 협회The Philanthropic Collaborative를 포함한 사티야나 작업 후원자들에게 감사를 표한다.

우리는 넉넉한 재정 지원뿐 아니라 수년에 걸친 영적, 도덕적 지원 등 다양한 차원에서 우리 작업에 변함 없는 지지를 보내준 마가렛 슁크Margaret Schink에게 특별히 감사의 마음을 보낸다. 수년에 걸친 그녀의 끈기와 신뢰가 개인적으로, 그리고 전문적으로 축복의 원천이 되었다. 또한 우리의 작업이 세상에 탄생할 수 있도록 다양한 방법으로 기술과 자원을 지원해준 린다 커닝험Linda Cunningham에게도 감사하다. 또한 빌 멜톤과 파트리샤 스미스에게도 특별한 감사의 마음을 보낸다. 그들은 사티야나의 젠더 화해 작업으로 발전시킬 수 있는 최초의 보조금을 제공해주었다. 또한 수년에 걸쳐 기부를 이어가는 많은 개인 기부자에게도 깊은 고마움을 전한다. 개인 기부자들은 여기에서 언급하기에는 너무나 많다.

사티야나 인스티튜트의 가까운 친구들과 기금 제공자 중에서도 우리와 피할 수 없는 우여곡절을 겪으면서도 몇 년간 우리와 비전을 공유하고 젠더 작업의 후원자였던 핵심 인사들을 언급하고 싶다. 데이브 브라운Dave Brown, 로웰 브룩Lowell Brook, 타라 브라운Tara Brown, 테리 헌트Terry Hunt, 힐더 잭슨Hildur Jackson과 로스 잭스Ross Jackson이 그들이다. 또한 이 작업을 지원하고, 함께 비전을 품은 많은 사람이 이 프로젝트에 보여준 헌신과 봉사에 대해 고마움을 전한다.

사티야나 인스티튜트의 이사회는 몇 년간 불편한 기색도 없이 이타적 봉사를 하고 있다. 이에 대해서도 깊은 감사를 드린다. 특히 우리의 믿음직한 변호사 세스 헨리[Seth Henry], 사티야나 인스티튜트를 공동 설립한 제드 스위프[Jed Swift], 켈리 그린[Kelly Green], 린다 커닝험[Linda Cunningham]의 공헌에도 감사를 전한다. 모두 사티야나 인스티튜트를 조직하고 구조를 확립하는 데 시간과 노력을 한없이 들였다. 또한 버니 자레아[Bernie Zahlea]의 봉사와 안드레 캐로서스[Andre Carothers]가 초기에 보여준 기여에도 감사하며, 이들의 지원과 지도가 없었다면 사티야나 인스티튜트는 결코 설립되지 못했을 것이다.

우리의 동료 퍼실리테이터들에 대해 말하자면 몇 년간 사티야나 젠더 작업에 중요한 기여를 한 다이안 호그[Diane Haug]에게 엄청난 감사의 빚을 지고 있다. 호그는 우리의 전문가 훈련 1년 과정과 수많은 워크숍의 공동 퍼실리테이터였다. 그녀의 영적 깊이와 전문적 임상 지식을 젠더 치유 작업에 보냈다. 우리는 또한 남아프리카공화국의 데스몬드 투투 센터의 몸룬도 왈라자[Momfundo Walaza], 국제 평화 이니셔티브[International Peace Initiatives]의 카람부 링게라[Karambu Ringera], 성폭력 분야에 융 이론의 고유한 접근법을 결합한 피터 루터[Peter Rutter]를 포함해 다른 공동 퍼실리테이터들에게도 감사하며, 이들에게서 많은 영감을 받고 있다.

저자는 보조 저자 몰리 다이어[Molly Dwyer]의 기여에도 깊은 감사를 표한다. 그녀는 약 3년간 사티야나 인스티튜트의 작업에 집중적으로 헌신했다. 다이어는 다양한 측면에서 젠더 화해 프로젝트에 기여했고, 그 밖의 사티야나 프로젝트에도 중요한 기여를 했다.

저자들은 사티야나 인증 퍼실리테이터팀에 감사를 표할 수 있어 영광이며, 이중 많은 이는 거의 또는 전혀 금전적 보상 없이 이 작업의 공동 퍼실리테이터로서 소중한 시간과 에너지를 바쳤다. 우리는 1년간의 전문가 훈련 프로그램들을 완료한 33명의 용감한 전문가에게 감사한다. 그들은 때로는 진을 빼는 젠더 치유의 용광로에서 연금술을 견디며, 젠더 치유라는 대의명분에 대한 헌신과 이타적 봉사에 열정을 보였다. 이중 15명은 현재까지 사티야나 인증 퍼실리테이터가 되기 위해 인내하고 있다. 신시아 브릭스Cynthia Brix, 자넷 코스터Janet Coster, 린다 쿠닝험Linda Cunningham, 줄리안 데보레Julien Devereux, 숀 갈로웨이Shawn Galloway, 쉘 골드만Shell Goldman, 제이 하스테인Jay Hartstein, 코키 휴잇Corky Hewitt, 쉬스텐 런드블래드Shirsten Lundblad, 그웬 마리Gwenn Marie, 스테파니 쉘번Stephanie Shelburne, 알랜 스트라찬Alan Strachan, 카롤타 타일러Carlotta Tyler, 마르시아 울프Marcia Wolff가 그들이다. 다음의 사람들에게 특별한 존경과 감사를 표하지 않는다면 실례가 될 것이다. 여러 해에 걸쳐 퍼실리테이션과 조직 개발에 아낌없이 시간을 바치고 탁월한 기술을 보여준 데보레, 공동 퍼실리테이터로서 1회 이상 열정적으로 함께한 코스터와 스트란찬, 공동 퍼실리테이터로서 기꺼이 시간을 내어준 쿠닝험,

갤로웨이, 린다 그리베노우Lynda Griebenow, 그리고 퍼실리테이션과 조직 개발 기술을 결합해 우리의 전략기획위원회에 소중한 보탬이 된 카롤타 타일러. 인증 훈련 프로그램에서 숙련된 리더십을 보여준 공동 퍼실리테이터인 다씨 커닝험에게 특별한 감사를 보낸다. 전문가 훈련 매뉴얼을 확립한 것은 그녀의 탁월한 업적이다.

이 동료 이외도 과거의 많은 주요 협력자에게도 감사를 전하며, 그들의 이름은 이 책의 서문에 실려 있다. 이중 조안나 존슨Johanna Johnson에게 특별히 따뜻한 감사를 전한다. 하트 피닉스Heart Phoenix, 존 시드John Seed, 안 여만스Anne Yeomans, 제프리 와이즈버그Jeffrey Weissberg, 앨런 캐너Allen Kanner, 에이미 폭스Amy Fox, 레이첼 백비Rachel Bagby도 특별히 감사하다. 임상 심리학자인 샤린 파로Sharyn Faro와 보니 모리슨Bonnie Morrison에게도 감사하다. 이들은 그들의 클라이언트들을 위한 홀로트로픽 호흡 작업의 공동 퍼실리테이터로서 6년 이상의 소중한 임상 훈련을 제공해 주었다.

나는 익명으로 남고 싶어 하는 내 영적 스승에게, 그리고 이 계통의 선배들에게 가장 커다란 감사의 빚을 지고 있다. 또한 내 멘토 토마스 키팅Thomas Keating 신부님에게 깊은 빚을 지고 있다. 그의 현명한 조언과 영적 지지는 소중하다. 나는 르웰린 본 리에게서 연금술, 신비주의, 그리고 새롭게 등장하는 지구적 하나 됨^{global oneness}에 대해 그의 깊이 있는 가르침과 전문성을 통해 많은 배움을 얻었다.

몇 년간 지속적인 전문적 지원과 개인적 지지를 해준 친구들과 동료들에게 매우 감사하다. 특히 리차드 타나스^{Richard Tarnas}, 로버트 맥더모트^{Robert McDermott}, 힐더 잭슨과 로스 잭슨, 챨스 테리^{Charles Terry}, 베티 맥그레고리^{Betsy McGregor}, 듀안 엘진^{Duane Elgin}, 마이클 아도^{Michael Abdo}에게 감사하다. 멘토이자 친구인 스타니슬라프 그로프에게 특별히 감사하다. 그가 그의 아내 크리스티나와 함께 홀로트로픽 호흡법을 개발해 자아초월심리학에 한 기여가 내 삶과 일에 큰 영향을 미쳤다. 나는 약 20년간 젠더 작업뿐 아니라 다른 다양한 많은 현장에서 호흡 작업을 적용해왔고, 몇 년간 많은 참가자와 학생들의 의식을 각성시키고 확장시키기 위한 수행에서 일정한 역할을 하고 있다. 라비 라빈드라^{Ravi Ravindra}, 바바라 핀데센^{Barbara Findeisen}, 조안나 메이시^{Joanna Macy}를 포함해 초기의 스승과 멘토들에게도 감사하다.

우리는 앤드류 하베이^{Andrew Harvey}, 캐롤 플린더^{Carol Flinders}, 마한즈 아프카미^{Mahnaz Afkhami}, 크리스토퍼 킬마르틴^{Christopher Kilmartin}, 루시아 틱존^{Lucia Ticzon}, 안젤레 아리안^{Angeles Arrien}, 래리 로빈슨^{Larry Robinson}, 리나 스웬슨^{Rina Swenson}, 로버트 가스^{Robert Gass}, 스튜어트 소바츠키^{Stuart Sovatsky}를 포함해 사티야나 전문가 훈련 프로그램에 객원 강사로 참여해 많은 영감을 주고 기여한 분들

에게도 감사한다.

또한 이 책의 편집과 출판 과정을 훌륭하게 진행해준 Hohm Press의 편집자 레지나 사라 라이언Regina Sara Ryan에게, 그리고 사티야나 젠더 작업을 홍보하는 홍보 담당자 메간 맥필리Megan McFeely에게 감사하다. 편집 초고와 이 책 원고의 미묘한 내용들에 대한 성찰을 세심하게 보태준 하버드 피바디 박물관Harvard Peabody Museum의 조안 오도넬Joan O'Donnell에게 따뜻한 감사를 전한다. 꼼꼼한 편집 작업과 출판에 대한 현실적 조언을 해준 도우 챠일더Doug Childers에게 마음에서 우러난 감사를 표한다. 제인 칼브레스Jane Calbreath, 준 캇젠June Katzen, 셀마 날로어Selma Naloor를 포함해 이 작업을 지지해준 또 다른 주요 동료들과 지지자들에게도 감사하다.

인도 젠더 치유 작업에서 받은 영감과 협조, 그리고 이 책의 완성을 위한 피정 공간을 제공해준 것에 대해 인도 마허 프로젝트의 루시 쿠리엔Lucy Kurien 수녀님에게 감사한다. 또한 이 책의 일부를 저술할 수 있도록 아름다운 피정 공간을 제공해준 인도 푸네 지역에 위치한 의료선교수녀회Medical Mission Sisters와 종합 건강 센터Holistic Health Center에 깊이 감사한다. 또한 텐진 파모 스님께도 특별하고 따뜻한 감사의 마음을 전한다. 그녀는 고맙게도 내 조카와 함께 인도 북부 동규 갓찰 링Dongyu Gatsal Ling 여승원에 초대해주었다. 여기서 우리는 수련 중인 여승들의 일차 토론과 다르마 대화를 볼 수 있었다.

남아프리카공화국의 국회의원들과 남아프리카공화국 교회 협의회, NGO 부문 저명 인사들이 참여하는 사티야나 인스티튜트의 젠더 화해 작업을 시작하는 데 있어 특별한 용기와 리더십을 보여준 남아프리카공화국 보건부 차관 러틀리지 마들라라 러틀러지에게 감사를 전할 수 있어 기쁘다. 또한 2003년 남아프리카공화국에 처음으로 방문할 수 있도록 도와주고 우리와 러틀리지 차관의 만남을 주선해준 버네데트 무신 Bernedette Muthien에게도 특별한 감사를 표하고 싶다.

마지막으로 내 가족, 특히 내 부모님 밥Bob 키핀과 맛지Madge 키핀에게 감사를 표하고 싶다. 나는 이 책의 일부를 부모님께 바친다. 내 일을 온전히 이해하지 못하면서도 내 일이 가치 있는 것으로 온전히 믿고 기도하며 내 평생 일관된 사랑과 지지를 주셨다. 내 형제들과 많은 조카는 고마운 은총의 선물이었고, 특히 내 여자 조카들 미카엘라Mikaela 키핀과 알렉산드라 그람프Alexandra Gramps에게 감사를 전한다. 두 조카 모두 인도 마허의 여성과 아동들을 위해 아낌없는 봉사를 했다. 2001년 사티야나 인스티튜트의 젠더 화해 작업에 합류한 내 가장 가까운 동료, 신시아 브릭스에게 감사를 표현할 수 있다는 것은 커다란 기쁨이자 특권이다. 5년간의 협력 후 2년 전 우리 관계는 극적으로, 그리고 본질적으로 변했고, 2007년 브릭스와 나는 결혼했다. 브릭스에게, 그리고 이 책에서 언급한 모든 훌륭한 사람과 후원자에게 감사와 사랑의 마음을 보낸다.

사티야나 젠더 화해 과정의 단계들을 요약하면 아래와 같다. 아래의 단계들은 순차적으로 제시되지만 각각의 단계는 워크숍의 목적과 워크숍이 열리는 곳의 문화적 상황에 따라 섞이거나 중복되기도 한다. 아래 단계들은 일반적으로 5일에 걸쳐 진행되지만 기간에 관계 없이 모든 젠더 화해 워크숍에서 사용된다. 여기에서 제공되는 일정은 일반적인 5일짜리 워크숍용이다.

Days 1~2: 준비와 기도

○워크숍은 환영 인사와 소개 후에 참가자의 기도로 이어진다. 이 기도는 집단이 협력, 상호적 치유, 화해를 위한 집단적 의도를 가질 수 있도록 통합하는 역할을 한다.

○집단 또는 공동체를 위한 윤리 지침과 합의 사항들을 만든다. 이것은 신뢰, 진실성, 안전함을 통해 집단을 모두를 위한 성역 또는 '집단 용광로'로 만드는 데 도움을 준다. 주요 지침들에는 엄격한 비밀 보장, 개인의 과정에 대한 책임, 타인의 경험을 존중하고 판단하지 않기, 마음을 알아차리는 의사소통, 집단으로 진행되는 과정에 주의를 집중하기('현존 유지'를 위한 수행 포함), 집단 내 다른 사람들과 성적 접촉 또는 연인 관계 자제 등이 포함된다. 이 지침들을 통해 젠더 화해 과정의 안전, 진실성, 친밀함이 보호된다. 성적 접촉이나 연인 관계 형

성과 같은 '정상적'인 사회적 관습을 자제하는 것은 참가자들이 얼마나 어떻게 성적 조건화되어 있는지와 그 조건화에 어떤 영향을 받고 있는지 통찰할 수 있는 기회를 얻기 위해서다. 이러한 지침들을 준수함으로써 그 집단만의 고유한 친밀함이 형성된다.

○집단은 명상 수행을 시작하고, 참가자 개인과 집단 전체가 영성에 더 마음을 열게 된다. 이 수행은 워크숍이 진행되는 특정 사회적 맥락에 따라 조정되거나 특정 부분이 강조되거나 심도 깊게 진행될 수 있다.

○감수성과 비언어적 의사소통을 일깨우는 수련에는 젠더 힐링 작업을 규정하는 다양한 층위의 의사소통에 대한 의식을 강화하는 것이 포함된다. 이러한 예비 단계가 반드시 필요하고, 집단을 하나의 용광로로 만드는 데 도움이 된다. 때로는 예측할 수 없고, 때로는 변덕스러운 젠더 치유와 회복 작업 중에 심오하고 유익한 작업이 그러한 용광로 안에서 일어나기도 한다.

Days 2~4: 몰입과 변혁

○집단은 젠더 관련 부조화와 불평등을 고찰하기 시작한다. 사회문화적 영역에서 광범위하게 발생하는 젠더 갈등의 본질

과 형태들을 살펴본다. 이 과정은 여성과 남성이 개별적으로 겪는 젠더 불균형의 고통에 초점을 맞춘 멀티미디어 자료를 활용한 프레젠테이션 등을 통해 진행되며, 그 이후에는 소집단 과정이 이어진다.

○ '침묵의 증인'이 진행된다. 이것은 젠더, 섹스, 문화, 인종, 계급의 모든 영역에서 개인에게 파괴적 영향을 주는 젠더 조건화와 그것이 만연한 현실과 같은 어두운 면을 모든 개인과 집단 전체가 일깨우는 과정이다. 여성과 남성이 각각 일련의 젠더 관련 질문을 받게 되고, 각 집단은 자신의 집단뿐 아니라 상대 집단이 젠더 조건화로 겪는 불평등, 폭력, 수치심, 부당함 등의 경험을 목격하게 된다. 다음과 같은 질문들에서 이 과정은 정점에 이른다. 육체적 폭행을 당한 경험이 있나요? 당신의 성 지향성 때문에 안전에 대한 두려움을 경험한 적이 있나요? 강간을 당했거나 당신의 의지에 반하는 성적 강요를 받은 경험이 있나요? 가정이나 연인 관계에서 폭력을 당했거나 당신의 가정에서 안전을 걱정한 경험한 적이 있나요? 각각의 질문이 끝난 후 질문과 관련된 경험이 있는 참가자들은 원하는 경우에 일어서며, 나머지 참가자는 침묵을 유지하며 앉아서 목격한다. 이 과정을 통해 잠재됐던 젠더 이슈들이 개개인의 세부적 경험을 말하지 않고도 개인의 이슈로 절박하게 다가온다.

○참가자들이 자신의 젠더와 관련해 도전 받았던 경험과 사연을 공유하면서 작업의 초점이 집단적·비개인적인 것에서 개별적·개인적인 것으로 이동한다. 가슴 아프고, 비참하고 비극적인, 하지만 때로는 웃음이 나기도 하는 사연들은 감정을 일으켜 기억을 일깨우고, 통찰의 근원이 되며, 집단의 유대감을 심화시킨다. 또한 개인 차원에서는 각자의 젠더 이슈와 얽힌 섹슈얼리티, 권력, 정체성 같은 주제들을 바라보기 시작한다.

○집단 안에서 종종 '뜨거운 감자'가 등장하기도 한다. 이 뜨거운 이슈는 집단을 극단적 상황에 빠트릴 가능성이 있다. 워크숍이 이 지점에 이르면 이렇게 불안정한 이슈나 관심사들이 생겨나고, 이에 따른 강한 흥분이나 긴장이 표출된다.

○집단은 이 시점까지 발생한 일들을 체험적 기법을 통해 탐색하기 시작한다. 언어는 우리를 너무 멀리 데리고 가기 때문에 이 단계에서는 명상 수행과 체험적 호흡법 등을 포함한 도구들이 사용된다.

○호흡 작업은 작업에 또 다른 차원을 더한다. 참가자들은 호흡을 자기 탐구를 위한 수단으로 활용해 내적 여정을 시작한다. 호흡 작업은 몸, 정신, 영성을 담당하는 에너지 중심을 열어주고, '내면'의 신비로운 치유력을 활성화시킨다. 이 치유력은 다양한 영적 전통의 다양한 호흡 수행법과 폭넓게 관련되

어 있다. 또한 호흡 작업은 '집단 영혼'을 불러오는 역할을 하며, 집단만의 고유한 친밀함을 만들어낸다. 또한 호흡 작업을 통해 정서적이고 원형적인 강렬한 에너지와 집단적 치유 상태로 나아가고자 하는 공동체의 집단 역량이 생기기 시작한다. 이 에너지와 집단적 치유 상태는 젠더 치유와 화해 작업이 더 깊은 차원에서 이뤄지기 위해 반드시 필요하다. 단기간 워크숍에서는 생략되는 필수품이 호흡 작업이지만 호흡 작업이 생략되므로써 젠더 작업이 도달할 수 있는 깊이가 상당히 낮아지고, 집단의 '연금술적' 치유 능력도 제한된다.

○이제 집단 과정에서 핵심 젠더 이슈들이 부각되고 집단적으로, 그리고 내적으로 탐색한다. 이후 집단은 남성과 여성 서클로 나뉘어 동성 그룹에서 해당 이슈들을 더 깊게 탐색한다. 상황과 환경에 따라 다양한 기법이 활용된다. 협의회 과정, 진실 만다라, 역할극과 관련 기법들, 갈등 해결 촉진, 상호 반응 게임, 몸 활동, 힐링 서클 등이 포함된다.

○여성 서클과 남성 서클은 각 집단에서 가장 많은 에너지나 흥분을 발산한 이슈들을 상호적으로 탐색하기 위해 전체 모임을 갖는다. 사안의 특성에 따라 상호적 대화와 탐구를 촉진하기 위해 다양한 방법이 사용된다. 이 시점에서는 크로스 젠더 진실 포럼이 자주 사용된다. 남녀는 별도의 동심원을 이뤄 앉고, 바깥쪽 원은 안쪽 원의 이야기를 침묵 속에서 목격한다.

그 다음에는 자리를 바꿔 다른 집단이 침묵 속에서 목격하게
된다. 다른 기법으로는 교대로 반응하는 대화, 사이코 드라
마, 갈등 해결 촉진, 상호 반응 가족 치료법 등이 있다.

Day 4~5: 헌신 의식, 통합, 마무리

○'상대' 집단을 존중하는 의식을 준비하기 위해 다시 남녀
로 나뉜다. 남성들은 여성을 존중하고 축복하며 여성성을 찬
양하기 위한 의식을 계획하고 실행한다. 여성들은 남성과 남
성성을 존중하기 위해 동일한 수행을 한다. 퍼실리테이터들은
이 의식을 이끌거나 계획하지 않고 전체적으로는 참가자들에
게 맡긴다. 하지만 참가자들이 자발적으로 참여하고, 창의성
과 고유의 에너지를 끌어낼 수 있도록 도와주는 역할을 한다.
이러한 의식을 통해 신성한 여성성과 신성한 남성성의 특성
을 명료하게 의식하는 일이 자주 일어난다. 이럴 때 의식은 놀
랄 만큼 깊이 있고 감동을 준다. 그런데 이것은 의식에 앞서 진
행된 치유 작업의 깊이에 따라 달라진다. 이 의식들은 아름다
울 뿐 아니라 젠더 화해 과정의 본질적이며 필수적인 요소다.
이것은 한 단계를 마무리하는 일종의 봉헌 의식이고, 그 뒤로
이어질 더 깊은 차원의 젠더 작업을 위한 토대와 신뢰를 형성
한다.

○남성과 여성의 의식이 진행된 후 공동체는 통합과 마무리

에 초점을 맞춘다. 통합은 이번 경험을 통해 얻은 주요 통찰과 배움을 강화시킨다. 교훈과 통찰을 가정 생활과 직장에 적용하기 위해 사전에 반복 연습을 하고, 마무리 수행을 하고 위원회를 거쳐 마무리한다.

앞서 살펴본 단계들이 젠더 화해 작업의 핵심 요소들이다.

레즈비언, 게이, 양성애, 트랜스젠더 이슈들에 적용하기

제1장에서 논의한 것처럼 사티야나 인스티튜트는 항상 트랜스젠더들의 프로그램 참여를 환영하며, 트랜스젠더 이슈들의 중요성을 인정하고 정당성을 지지한다. 우리의 젠더 화해 훈련 프로그램의 33명 전문가 과정 훈련생 중 1/3은 트랜스젠더 정체성을 가지고 있고, 몇 년간 수많은 트랜스젠더 공동 퍼실리테이터와 함께 작업했다.

이성애자와 트랜스젠더 참가자들이 함께하는 대부분의 사티야나 인스티튜트 프로그램에서 깊은 차원의 젠더 치유 작업이 결과적으로 가능했다. 만약 그 집단 구성이 그렇게 다양하지 않았다면 그러한 결과는 발생하지 않았을 것이다. 오늘날의 젠더 정체성은 게이, 레즈비언, 양성애, 트랜스젠더 공동체뿐 아니라 특히 젊은 세대의 많은 이성애자 사이에서도 전통적 성역할을 넘어 확장되고 있다. 청년들은 남성 아니면 여성

이라는 획일적 분류에 저항하면서 유연하고 포용적인 젠더 정체성과 역할을 더 요구하고 있다. 젠더 정체성 확장을 통해 젠더 화해에 새로운 도전과 기회들이 생겨나고 있다. 이것은 사티야나 젠더 치유 프로그램에 도전 과제를 줄 뿐 아니라 풍부함을 더해주고 있다. 그런데 때로는 이것 자체가 도전적 상황을 만들기도 한다. 고령 참가자들은 자신의 실제 정체성이 이성애자인지 게이인지 양성애자인지 여부와 관계 없이 남성이나 여성의 정체성으로 있는 것이 편안한 반면, 젊은 세대 참가자들은 이러한 양극단 분류에 소외감이나 압박감을 느낄 수 있다. 이성애자들은 다른 젠더 정체성을 지닌 참가자들이 억압적이거나 편향적으로 여길 수도 있는 수행이나 과정을 좋아할 수도 있고 그 반대일 수 있다. 이러한 차이로 집단 안에서 역동적 긴장이 발생할 수 있다. 이것이 적절히 다뤄진다면 모든 참가자가 자신의 마음속으로 더 깊이 들어갈 수 있는 기회가 되고, 집단 안에 더 깊은 일체감이 생기기도 한다.

우리는 경험을 통해 게이, 레즈비언, 양성애 참가자들과 이성애자가 함께한 워크숍에서 기존의 형식이나 설계에 커다란 변화 없이도 젠더 화해 과정이 잘 작동한다는 것을 확인했다. 실제로 이러한 조합에서 참가자가 모두 일반적으로 많은 배움을 얻고 마음이 열리는 강렬한 경험을 한다.

하지만 소수의 사례에서는 참가자 사이의 젠더 정체성이 너무 다양하고 광범위해서 관련된 모든 이에게 어느 정도의 좌절감을 주기도 했다. 예를 들어 이성애자들과 트렌스젠더 참가자들이 함께한 일부(전부는 아님) 워크숍에서 각각의 집단은 자신들만의 이슈나 관심사들에 충분히 집중하지 못하는 것에 좌절하기도 했다. 트렌스젠더 참가자들이 남성 집단이든 여성 집단이든 어디에도 편안하게 함께하지 못하는 상황이 발생할 가능성도 있다. 젠더 치유 작업을 통해 위안과 해방을 얻을 수 있을 거라고 생각하는 이들에게 이러한 저항은 충분히 이해할 수 있는 것으로, 두 범주 중에서 선택을 강요 받는 것이 성소수자 차별이라는 지배적 문화에 기반한 억압적 폭력처럼 느껴질 수 있다.

우리는 위와 같은 사례에서 상황에 따라 다르게 대응했다. 트렌스젠더 참가자들이 상당 수 있는 경우에는 조별 집단을 남성, 여성, 트렌스젠더 또는 트렌스젠더 참가자들이 선택한 적절한 분류의 제3 집단, 즉 3개의 조별 집단으로 나누는 방식으로 전체 워크숍 설계를 수정했다. 이러한 설계 변경은 충분한 기간이 주어지는 워크숍에서는 일반적으로 성공적 효과를 거두었고, 모든 참가자가 풍부한 경험을 했다. 세 가지 조별 모임과 세 가지 크로스 젠더 진실 포럼들을 위해 워크숍 구성을 변경했고, 조별 집단이 각각(남성, 여성, 트렌스젠더) 침묵의 증인 과정에서 다른 두 집단에게 이야기할 기회를 가지도록 했다. 이와 같은 경우에는 세 가지 의식이 필요하고 각각의 젠더 집단은 다른 두 집단을 존중하고 축복하기 위한 의식을 준비한다. 이러한 형식의 단점 중 하나는 진실 포럼과 의식을 위한 시간이 부족하다는 점이며, 제한된 시간 안에서 공정한 시간과 주의를 받을 수 있도록 진행되는 과정들은 더 구조화되고 그 과정의 유연성은 적어진다.

다만 트랜스젠더 참가자들이 세 명 이하로 소수인 경우에는 이 접근법이 실용적이지 않다. 다수 참가자가 소수 참가자에게 워크숍 시간을 많이 할애하고, 나머지 참가자의 관심사가 불균형적으로 다뤄진다고 느끼기 때문이다. 이러한 상황에서는 우리의 젠더 화해 모델이 이상적 작업 방식이 아니라는 것을 기꺼이 인정하면서 트랜스젠더 참가자들에게 여성 또는 남성 집단 중 하나에 합류해달라는 어려운 선택을 부탁한다. 그들이 결정을 어려워하는 경우에 각자에게 아동기에 양육된 방식(즉 소녀 또는 소년으로 양육되었는지)을 질문해 해당 집단에 합류하도록 제안한다. 이렇게 하는 이유는 젠더 화해 작업은 젠더 조건화 이전의 상태를 회복하는 것과 많은 관련이 있기 때문이다. 이 밖에도 아직 시도해본 적은 없지만 사티야나 전체 모델을 재설계하거나 좀 더 직접적으로 트랜스젠더 참가자들의 욕구를 충족해줄 수 있는 젠더 치유 방법을 찾는다면 트랜스젠더 참가자들이 더 많은 도움을 받을 수 있을 것이다.

즉 다양한 사람으로 구성된 집단에는 다양한 이슈와 욕구가 있고, 우리는 모든 사람과 모든 사람의 욕구를 만족시키는 젠더 치유 프로그램을 만들려는 시도가 항상 가능한 것은 아니며, 반드시 필요한 것도 아니라는 것을 배웠다. 때로는 특정 집단의 욕구에 초점을 맞춰 젠더 화해 프로그램을 설계하는 것이 최선인 경우도 있다. 예를 들어 자신의 성적 지향이나 젠더 정체성에는 아무런 이슈가 없지만 여성이나 남성으로서의 삶을 지배하는 사회 구조와 관련된 문화적 조건화의 폐해와 싸우는 전 세계 수십억의 이성애자 여성과 남성이 존재한다. 대부분은 이성애자 젠더 화해 작업에 대한 깊은 욕구가 있다. 트렌스젠더 이슈를 이념적 이유로 포함하기 위해 억지로 초점을 확장하는 것은 부적절할 뿐 아니라 진행 과정 중에 탈선이 일어나거나 긴급히 다뤄야 하는 심오한 젠더 치유 작업을 방해할 수 있다. 반면 다른 이들에게는 트렌스젠더 이슈들이 가장 중요하며, 그들에게는 이성애자 남녀 사이에서 젠더 치유 작업에 참여하는 것이 부적절하거나 비생산적일 수도 있다.

무슬림의 '명예 살인'이나 힌두교의 '신부 화형'이 모든 이의 관심사가 아닌 것처럼 트렌스젠더 이슈가 모든 사람의 1순위 관심사가 아닌 것도 안타깝지만 사실이다. 하지만 다양한 이해 집단을 연결하는 지점은 모두가 공유하는 '젠더 억압'으로 젠더와 관련해 기본권을 침해 당하는 현실이다. 무슬림 여성이 겪는 인권 침해가 모든 이의 관심사인 것처럼, 모든 곳의 억압 받는 사람들이 겪는 인권 침해가 그러한 것처럼 트렌스젠더 공동체의 인권 침해도 모든 이의 관심사일 것이다. 따라서 모든 형태의 젠더 억압을 관통하는 주제는 보편적 인권에 대한 확장된 질문이다.

부록 B
사티야나 젠더 화해 프로그램에 대한 질적 평가, 설문 응답 사티야나 젠더 화해 작업의 효과와 장기적 영향을 평가하기 위해 우리는 6~10년 정도 이 작업을 경험한 전문가들을 대상으로 질적 조사를 수행했다. 이 조사의 개요와 연구 결과들은 제11장에서 제시되었다. 부록 B에서는 구체적 설문 내용들을 요약하고, 각 응답자로부터 받은 반응을 보여줄 것이다.

우리는 총 29장의 조사서를 발송했고 10장을 회수했다. 이 부록의 대부분은 우리가 받은 10개의 답변 핵심을 요약한 것이다. 응답은 모두 사티야나 인스티튜트의 퍼실리테이터를 위한 젠더 화해 훈련 1년 과정을 이수한 다양한 분야의 전문가 남성 3명과 여성 7명에게서 받은 것이다. 훈련은 2001년 11월부터 2002년 11월까지 콜로라도주 볼더시 외곽에서 진행됐다. 전문가 훈련 프로그램은 4주 단위 모듈 형태가 반복되는 구성이고, 총 33명의 훈련생이 참석했다. 우리는 이 훈련 집단에 조사서를 발송했다. (이후 사망한 2명, 연락처가 변경돼 연락이 되지 않는 2명 제외). 다섯 번째 인증 훈련 모듈은 2005년 5월에 진행됐다. 이 최종 인증 훈련에는 최초 33명의 참가자 중 15명(남성 6명, 여성 9명)만이 사티야나 젠더 화해 퍼실리테이터로서 복귀했다. 10명의 조사 응답자 중 9명이 이 자격증 프로그램을 이수했다.

사티야나 젠더 화해 프로젝트의 가장 상서로운 측면 중 하나는 우리의 인증 퍼실리테이터들이 사티야냐 젠더 화해 프로그램을 다양한 사람에게 헌신적으로 전파하고자 한다는 점이다. 이어서 소개될 반응들을 보면 사티야나의 미션에 대한 확고한 지지가 분명히 드러날 것이다. 그리고 더 나아가 젠더 인식, 치유, 화해를 사회의 다른 영역에 전달하는 것의 중요성을 강조한다.

우리는 아래의 답변을 11개 구체적 주제들로 구분해 정리했다. 설문에 기초해 선정된 주제들은 다음과 같다. (1) 자신과의 관계, (2) 연인과의 관계, (3) 가족과의 관계, (4) 업무 환경, (5) 다른 남성 또는 여성과의 관계, (6) 레즈비언, 게이, 양성애, 트랜스젠더, 이성애와의 관계, (7) 젠더 작업 중 기억에 남는 순간, (8) 사회를 보는 관점의 변화, (9) 작업에서 가장 가치 있었던 면, (10) 작업 개선을 위한 제안, (11) 세계적 작업의 확산. 모든 응답자가 모든 문제에 답한 것은 아니다. 응답자가 답변하지 않은 항목에 대해서는 아래 답변에서 해당 제목을 생략했다.

응답자에 대한 간략한 소개로 시작하며, 10개의 응답이 차례로 나온다. 독자들은 유사한 반응이 반복된다는 것을 알 수 있을 것이다. 이것이 젠더 작업의 공통 주제와 그 영향들을 구체적으로 볼 수 있는 토대를 제공한다. 이 조사에서 수집된 사티야나 젠더 치유 작업의 장점은 11가지로 요약할 수 있으며, 제11장에서 제시되었다.

줄리안 데보레[Julien Devereux] 임상사회복지사

데보레는 사회 사업과 조직 개발, 관리 컨설턴트이자 코치
다. 또한 형사사법, 중독 상담, 사회 봉사 행정 경력을 갖고 있
다. 그는 텍사스주 오스틴시에 있는 유사이키언 인스티튜트
[Eupsychia Institute]에서 수석 직원으로 일하고 있으며, 통합적 호흡
훈련 프로그램을 이끌고 있다.

자신과의 관계. 사티야나 작업은 내가 젠더에 관한 가졌던 많
은 가정에 이의를 제기했다. 일부는 바뀌었고, 일부는 그렇지
않았지만 그 모든 것을 살펴볼 수 있었다. 내 안의 두 측면 남
성성과 여성성의 화해와 통합이 정말로 일어났다. 너무 여성
스러워져서 동성애 혐오의 대상이 될지도 모른다는 두려움이
나 내 남성적 힘을 드러냈을 때 누군가를 다치게 할 수도 있다
는 두려움으로부터 내 자신을 보호하기 위해 더는 내 자신의
일부를 벽으로 감출 필요가 없었다.

내 안에서 이제 여성과 남성의 내적 결합을 느낀다. 내 이성과
감정 사이에 일어나는 전쟁은 없다. 실제로 내 안의 두 측면의
균형을 잡고 두 모습을 통합할 수 있으며, 온전히 느낄 수 있
게 되었다.

연인과의 관계: 인생에서 가장 중요한 여성, 내 아내와의 관

계는 함께 한 34년이 지난 이후에도 여전히 깊은 열정을 가진 우정으로 견고해지고 깊어졌다. 이제 나는 알코올 중독자이자 폭력적이었으며 병치레를 하던 어머니와 함께한 초기 성장기에 생겨난 생각들을 그녀에게 투사하지 않으며, '모든 여성'은 어떨 것이라는 추측에서 비롯된 앙금 없이 있는 그대로의 그녀를 경험한다.

가족과의 관계: 나는 딸들과의 관계 때문에 이 작업을 처음으로 시작했다. 딸들이 나를 무서워했고, 딸들이 권위 있는 남성을 두려워하지 않도록 가르치고 싶다는 생각을 했기 때문이다. 또한 중학교에서 딸들이 받는 사회적 조건화의 영향을 알기 시작했다. 그 영향으로 딸들의 기회가 제한됐고, 딸들의 자신감과 자존감이 낮아졌다. 젠더 작업 후 딸들과의 관계는 몇 년간 변혁기를 거쳤다. 딸들이 내 안의 변화에 익숙해져야 했고, 더 깊은 관계를 위한 모험을 감행해야 했다. 때로는 더 깊은 관계에 도달하는 것이 너무 힘들었지만 결과적으로 딸들이 내게 무엇이든 말할 수 있는 멋진 관계를 맺게 되었다. 나는 딸들에게 조언하거나 바로잡으려고 하기보다는 딸들의 말을 경청하고 사랑하는 능력을 가지게 되었다.

업무 환경: 사회복지사, 조직 컨설턴트, 라이프 코치인 나는 이 작업에서 배운 것을 거의 모든 세션에서 활용한다. 나는 내담자들의 생활과 사회 구조에서 나타나는 젠더 이슈들에 관

해 터놓고 이야기한다. 이것이 항상 환영 받거나 주목 받는 것은 아니지만 이제 이 이슈에 침묵할 필요가 없다고 생각한다. 이 이슈가 모든 인간 역동의 근본이기 때문이다. 우리는 젠더를 통해 분리하는 법을 처음 배운다. 소년인가, 소녀인가? 둘 중 하나가 되어야 한다. 이것이 결정된 후 담요가 핑크인지 블루인지부터 시작해 모든 사회 구조와 제약들을 학습하기 시작한다. 이 훈련을 통해 모든 곳에 있는 이 역동을 볼 수 있게 되었다. 눈을 뜨게 된 것이다.

다른 남성 또는 여성과의 관계: 사티야나 프로그램 결과로 인류 회복 프로젝트Mankind Project를 통해 남성 작업에 참여하기 시작했고, 남성과 여성의 모습을 모두 가진 내 진정한 자아와의 온전한 통합을 막는 태도와 감정을 해체하기 위해 여전히 매주 남성들을 만나고 있다. 젠더 화해 작업을 통해 다른 남성들을 연민의 마음으로 대할 수 있게 되었고, 동성애거나 나약하다는 걱정 없이 다른 남성의 지지와 보살핌, 사랑을 받을 수 있게 되었다.

일하다 보면 여성들이 내가 곁에 있어도 안전하게 느껴진다고 말하는 경우가 있다. 이러한 표현을 내가 매력적인 남자가 아니라거나 겁쟁이라는 의미로 받아들인 적도 있다. 이제 이러한 표현을 가장 깊은 찬사로 받아들이고, 이 말을 들을 때마다 깊게 치유되는 것 같은 감정을 느낀다. 이상적 공동체

Eupsychia를 위한 호흡 작업을 진행할 때 많은 여성이 성적 트라우마에서 치유되고, 나는 그들의 트라우마를 유발하지 않고 그들의 트라우마 처리를 도울 수 있다. 나는 이것이 젠더 화해 작업을 통해 내 작업에서 얻은 직접적 효과라고 생각한다.

트렌스젠더와 이성애자: 내 첫 번째이자 진정으로 훌륭한 친구인 탐은 게이였다. 그는 1년간 함께 훈련했다. 그해 사망했다. 나는 그로부터 정말 많은 것을 배웠지만 내가 초기 사티야나 워크숍에 참석하지 않았다면 우리가 친구가 될 수는 없었을 것이다. 나는 이 작업에서 섹슈얼리티의 광범위함에 대해 많이 배우고 완전히 놀랐다. 가장 놀랐던 것은 세상에 두 개 이상의 젠더가 있으며, 사회적으로 용인된 두 가지 젠더로 구분할 수 없는 사람들은 생존을 위해 자신의 남성적, 여성적 측면과의 통합 작업을 이미 많이 수행했다는 사실이다.

젠더 작업 중 기억에 남는 순간: 너무도 많은 순간이 있어 몇 가지를 꼽기 어렵다. 초기 워크숍 중 한 번은 한 여성이 내게 이 문화적 투쟁을 방관하지 말고 실제로 가부장제에 도전하는 남성이 되라고 요구했다. 이후 나는 그렇게 하고 있다. 또 다른 순간은 훈련에서 한 여성이 내가 그녀에게 성적인 시선을 던진다고 이의를 제기한 때다. 이의 제기를 받고 깊이 반성한 나는 내가 여성과 이성적인 관계 이외의 관계를 맺는 능력이 없음을 깨달았다. 내가 아는 유일한 옵션은 친밀함을 느끼

는 순간 그것을 성적 매력과 연관하는 것이었다. 이러한 이해
는 나를 발끝까지 흔들었고, 나는 여성에게 내 성적 판타지를
투사하지 않으면서 정서적, 신체적, 지적으로 친밀해지는 새
로운 차원의 기술을 습득하기 위해 노력하기 시작했다.

사회를 보는 관점의 변화: 여성들이 자신들의 이야기가 들어
지고 이해 받기 위해 얼마나 어려운 싸움을 하고 있는지 알게
되었다. 그리고 여성이란 이유로 공격 받고 무시 당하며 사회
에서 리더가 되는 것이 얼마나 어려운지 알게 되었다. 또한 여
성들에게 성장과 리더가 되기 위한 격려, 지원, 롤모델이 필요
하다는 것을 알게 되었다. 나는 여성들이 세상을 되찾는 것을
돕고 싶은 깊은 열망을 가지게 되었다. 세상을 되찾는 것은 생
존을 위한 것이고, 몇 세기간 남성성의 지배를 받아 너무 위험
하고 자기 파괴적인 되어버린 세상의 균형을 회복하기 위한
것으로 되도록 빨리 이뤄지길 바라게 되었다. 남성들이 이 투
쟁에 함께 합류하는 것이 중요하다고 믿으며, 그렇지 않다면
이 투쟁은 결코 성공하지 못할 것이다. 나는 그런 남성 중 한
명이 되었다.

내가 참여하는 남성들의 작업에서 너무도 많은 남성이 고립되
어 있고, 혼자며 두려워하고 침체되어 있다는 것을 알게 되었
다. 그래서 그들은 표류하기도 하고, 집단에 오지 않거나 음주
나 성행위로 되돌아간다. 모두 남성성에 관해 그들이 배운 것

이 진실이 아님을 알고 있지만 어떻게 해야 할지는 모르는 것 같다.

가장 가치 있는 면: 너무 많아서 말하기 어렵지만 사티야나 작업을 다른 작업과 구분 짓는 것은 젠더 작업이 본질적으로 영성 작업이며, 그러한 관점에서 다뤄지지 않는다면 불완전해진다는 인식이다. 다른 말로 하면 이 작업은 근본적 변혁 작업이며, 이를 경험한 후에는 모든 것이 전과 같지 않을 것이다. 그런데 이것이 젠더 화해 작업을 설명하기 어렵게 만들고, 사람들의 참여를 훨씬 더 어렵게 한다. 이 작업의 또 다른 중요한 차원은 알아차리는 훈련과 마음의 길을 통해 영성이나 집단과 자신을 연결시키는 이 작업만의 능력이다. 이 작업의 각 과정은 체험을 통해 진행되기 때문에 참가자들이 토론을 위한 이론에만 단순히 머무는 것이 아니라 실제로 자신의 관점을 변화시킬 수 있도록 한다.

개선을 위한 제안: 내 주된 걱정은 이 작업에 참여하고 싶은 욕구에 대응할 수 있는 돈과 능력이 충분하지 않다는 것이다.

세계적 작업의 확산: 이 과정은 신뢰할 수 있고, 반복해 참여할 수 있으며, 보편적이므로 허용되는 상황이라면 반복해 열리고, 심층적으로 개발되어야 한다. 이 작업은 사회를 평화롭고 지속 가능한 방식으로 함께 존재할 수 있는 세상으로 만들

어가는 초석이 될 것이다.

그웬 마리^{Gwenn Marie}

오랜 커뮤니케이션 커리어를 지닌 마리는 몇몇 TV 시리즈를
제작하고 진행했다. 기업 위성 TV 네트워크 사용권을 개척했
으며, 글로벌 브랜드들을 마케팅하는 크리에이티브팀을 이끌
었다. 그녀는 남편 리치 콜드웰^{Rich Caldwell}과 함께 자신이 소유
하는 조용하고 평화로운 캘리포니아 사막의 한 여관을 관리
하고 있다.

자신과의 관계: 젠더 작업은 내 일상을 구성하는 한 부분이
되었다. 이 작업은 내 모든 관계, 모든 시간에 영향을 미친다.
나는 내가 배운 것과 통찰을 렌즈 삼아 여성과 남성 모두의
눈으로 보고 상호 작용한다. 이제 훨씬 쉽게 행복해질 수 있
다! 매우 심오하며 긍정적 영향이다. 남성적 에너지와 여성적
에너지를 위한 연민이 깊어지면서 내면의 음양 힘을 위한 더
넓은 '공간'과 존중심이 생겼다. 사티야나 작업을 통해 내가
'남성 모드'로 얼마나 많은 시간을 보내는지 깨닫게 되었고,
내 여성성에 다가가고 여성성을 표현하는 것에 얼마나 애먹는
지도 깨닫게 되었다. 이 작업을 통해 내가 '우두머리 수컷<sup>alpha
male</sup>' 모드의 극도적 충동 상태여서 전혀 여성적이지 않을 때에
도 여성적으로 행동하기 위해 얼마나 많은 기회를 놓쳤는지를

볼 수 있게 되었다.

또한 이 작업을 통해 여성들이 지닌 보편적 슬픔을 느끼고 표현할 수 있게 되었다. 이 슬픔이 오늘날 인류의 경험 전반에 깔려 있다. 전쟁과 폭력 경험은 여성에게 어마어마한 상처가 된다. 너무도 많은 여성이 잠을 잘 수도 없고, 성적 영역에서 '욕망의 결여'로 고통 받는다! 여성은 극심한 고통 속에 있다. 어떻게 하면 여성들이 진정으로 생동감을 느끼며 살고, 전쟁과 폭력이 우리의 자궁에서 태어난 인간의 삶을 완전히 무너트리고 파괴할 때 어떻게 여성으로서 기여할 수 있을까? 나는 내 안의 여성적 슬픔에 정말 깊이 가 닿을 수 있게 되었다. 그리고 그 슬픔을 통해 내 자신과 다른 여성들을 이어주는 거대한 새로운 통로가 생겨났다. 전쟁 중인 남성들이 인간의 파괴로 여성이 정신적으로 얼마나 큰 상처를 입고 모욕을 당하는지 진정으로 이해한다면 그들이 싸우기를 멈추고, 그들이 가장 원하는 여성과의 포옹을 위해 돌아올 것이라고 진심으로 믿고 있다.

연인과의 관계: 가장 중요한 것은 이 작업의 결과로 내가 '연민을 느끼는 영역'이 확장됐다는 것이다. 나는 이것에 대해 영원히 감사할 것이다. 내 배우자를 위한 훨씬 더 넓은 '여지'가 생겨났다. 특정 행동들에 자극 받는 일이 훨씬 적어졌다. 남성적 관점과 행동으로 몰아가는 것이 무엇인지 '기억'하고 존중

하는 것에 기꺼이 더 마음을 쓰게 되었다. 대화를 통해 우리가 매일 가로지르는 우리를 위한 새롭고 거대한 땅이 생겨났고, 대화를 통해 우리의 커뮤니케이션 기술이 향상됐다. 나는 내 남편이 '들을 수 있는' 방식으로 커뮤니케이션 하는 방법을 배우고 있고, 이는 우리 둘 다 대부분 시간을 더 행복하게 보내고 있다는 것을 의미한다.

가족과의 관계: 나는 가족 내에서 벌어지는 관계의 역동에 매료된 관찰자가 되었다. 사티야나 작업을 통해 성인이 된 자녀들에게 '타인'과의 관계에 관한 사려 깊은 조언을 할 수 있게 되었고, 아이들도 그러한 조언에 반응하는 것 같다. 우리 가족의 '극단적 사건 지수'가 극도로 낮아졌고, 그 덕분에 더 만족스러운 관계가 생겨났다.

업무 환경: 매우 바쁘게 돌아가는 직업과 사업 영역을 포함해 내 삶의 모든 면에서 사티야나 작업을 활용한다. 리더와 협력자로서 더 효과적으로 일할 수 있게 되었고, 도전하는 사람들과 함께 상호 작용할 때조차도 새로운 아이디어에 열려 있으면서 '피해자'처럼 반응하지 않게 되었다. 작업을 통해 얻은 깊이가 매일 내 공적 생활에 영향을 준다. 그리고 사람들이 그 차이를 정말 알아차린다!

다른 남성 또는 여성과의 관계: 나는 남성들과 파트너로서 진정한 관계를 맺을 수 있게 되었다. 이 작업을 통해 남성들에게 분노하거나 분개하는 경우가 훨씬 적어졌다. 이것이 협력, 우정, 만족을 더 많이 느낄 수 있는 가능성을 열어주었다. 분명 작업을 통해 전에는 불가능했던 방식들로 남성들의 경험을 이해하고 인정하게 되었다. 나는 이것이 정말 감사하고 감사하다!

나는 다른 관점에서 비롯된 남성들에 대한 여성들의 불만을 듣고 있다. 나는 그렇게 행동하지 않을 것이다. 여성들은 자신의 감정 상태에 스스로 책임져야 하며, 모든 것을 남성들의 책임으로 비난하는 것을 멈춰야 한다. 변화를 위한 리더십을 가져야 하는 여성의 책임에 대한 내 관점이 항상 대중적인 것은 아니다. 너무 많은 여성이 비난 속에 편안히 안주하며, 아무것도 하려고 하지 않는다. 날카롭고 요구만 많은 '피해자'의 목소리가 아니라 '파트너'의 고요하고 고무적인 목소리, 새로운 목소리를 내야 한다. 여성들은 우리 자신의 진정한 힘에 대해 모르고 있다!

트렌스젠더와 이성애자: 나는 과거에도 나와 다른 성적 성향이나 욕구를 지닌 사람들에게 특별한 편견이 없었지만 젠더 작업을 통해 그러한 사람들과의 관계도 풍부해졌다. 게이, 레즈비언, 양성애자, 트랜스젠더 친구들과 친밀하고 다정하게 상호 작용할 기회가 정말 많아졌다.

젠더 작업 중 기억에 남는 순간: 1년이라는 훈련 기간 중에 호흡 작업에서 특별한 경험들을 했다. 한 세션에서 공^{The Void}에 대해 알게 되고 이를 '수용하겠습니다'라고 말하라는 안내를 받았다. 나는 가장 긴 시간 동안 순수한 공허를 경험했다. 그것은 거대한 시작이었다. 또한 트레이너 인증 훈련 동안(2005년 5월) 진실 만다라 수행 중 여성 집단에서 내 슬픔에 대한 돌파구를 경험했다. 이 수행에서 우리는 막대기, 돌, 기타 인공물이 각각 들어가 있는 4분원 안에 각자 들어갔고, 그 사이를 지나며 자신의 통찰과 감정들을 표현했다. 나는 너무도 거대하고 압도적이라 거의 나를 소멸시켰던 슬픔에 다가갔다. 그러한 슬픔을 선물로 받은 것이 기억에 남는다.

사회를 보는 관점의 변화: 세계 정치계에 진정한 여성의 목소리, 여성의 지혜를 가지고 말하는 사람들이 부재하다는 것을 알게 되었다. 우리에게는 낸시 펠로시^{Nancy Pelosi}, 힐러리 클린턴^{Hillary Clinton}, 안젤라 메르켈^{Angela Merkel} 등이 있지만 이들은 남성적 역동을 통해 말하고 행동하고 이끌어 간다. 여성들은 '남성처럼' 되도록 배워왔고, 이것은 아무런 도움이 안 된다.

가장 가치 있는 면: 발견의 용광로 안에 함께 존재한 것. 우리모두 얼마나 상처 받고 있는지 알게 된 것. 우리 안의 신성한의도에 대해 새롭게 이해하게 된 것. 우리는 전체 안에서 서로보완하고, 파트너가 되도록 만들어졌다. 관점들이 확장되고

깊어진 것. 비난 게임에서 벗어난 것. 내 역할에 대한 책임, 과거에 내가 담당한 부분들, 그리고 미래를 위한 새로운 가능성을 수용하는 것. 특별한 사람들을 만나고 알게 된 것.

작업 개선을 위한 제안: 우선 함께 '작업하며 치유할 수 있는' 출발점을 알아내고, 연구하고, 만들어낸 것에 대해 감사하다. 얼마나 많은 노력이 있었을까! 개선을 위한 유일한 제안은 우리가 지속적으로 연결을 유지하고 영감을 주고 받기에 유용한 후속 활동과 체계가 마련되고 실행되도록 하는 것이다.

세계적 작업의 확산: 그렇다. 물론이다! 세계가 실제로 국가, 정당, 종파와 그 밖의 파벌로 나뉘었다고 생각하기 쉽다. 그것은 사실도 아니고 위험한 가정이다. 모든 것의 진정한 구성 원리는 남성성과 여성성이다. 우리가 이러한 역동성을 남성성을 가라앉히고 여성성을 수용하는 등으로 치유하고 균형을 잡을 때까지 전쟁, 폭력, 학대, 집단 학살 등의 무용한 일은 계속 반복할 것이다. 남성성과 여성성의 역동성은 모든 생명체의 DNA 속에 있고, 우리는 그것을 경험한다.

서스텐 룬드블래드 Shirsten Lundblad, 신학 석사

룬드블래드는 프로 뮤지션, 공인 요가 교사이자 마사지 치료

사다. 그녀는 하버드 신학 학교Harvard Divinity School에서 신학 학위를 취득했다. 이안나 리듬 시스터Inanna, Sisters in Rhythm와 국민 투표Referendum 그룹과 함께 공연과 녹음을 하고, 성악과 타악기 수업을 진행한다.

자신과의 관계: 젠더 불공평의 영향과 그 불공평이 남성과 여성에게 개인적으로나 정치적으로 미친 영향에 대해 더 많이 이해하게 되었다.

트렌스젠더와 이성애자: 나는 다양한 공동체 작업을 경험했다. 그 작업 중에 가장 깊이가 있는 작업 중 하나가 젠더 화해 작업이라고 생각한다. 하지만 동시에 영향을 주는 것처럼 여겨지는 그러한 경험을 언어로 표현하거나 일상의 체계 속으로 가져오는 것은 여전히 어렵다. 깊이 있는 변혁적 경험이 어떻게 영향을 미치는지는 각자의 일상에서 간접적 표현으로만 드러날 것이다.

나는 이러한 경험에 대해 레즈비언, 게이, 트랜스젠더들이 함께 탐색하고 교육하는 종류의 작업이 필요하다고 오래 전부터 느껴 왔다. 젠더와 관련해 우리가 이 세상에서 경험하는 것 중 일부는 이성애자들의 경험과 미묘하게 다를 뿐 아니라 그 깊이에 있어서도 다르기 때문이다. 이것은 동성애 그룹과 1년여의 훈련 과정을 함께 시작할 때부터 분명했다. 이것이 (특히 인종과 계층이라는 역동이 추가될 때) 레즈비언들이 의심 없이 서로를 모두 신뢰한다는 것을 의미하는 것은 아니다. 하지만 남성의 관심이나 남성과 관련된 권력을 위해 경쟁하는 것에 있어서는 어떤 신뢰 이슈들이 있다. 레즈비언에게는 남성의 관심이나 관련 권력이 동일한 방식으로 경험되는 것은 아니기 때문이다. 또한 우리의 상처 중 일부는 다르고 일부는 같다. 나는 차이점들을 이용하고 싶지 않다. 하지만 그림을 완성하고 궁극적으로는 우리 앞의 치유 작업을 완성하기 위해 여기에서 좀 더 의도적으로 맞춰야 할 퍼즐 조각이 있는 것 같다.

트랜스젠더들은 내가 섹슈얼리티와 젠더 사이의 차이를 탐색할 수 있도록 도와주었다. 이는 탐구와 집단 과정에서 문제를 해결하기 위해 매우 중요하다.

사회 관점의 변화: 나는 '신성한 결혼'이라는 개념을 생각할 때마다 어떻게 '결혼이라는 신화'가 공적 신성함이나 특권을 부여 받지 못한 우리의 의식 속에서 작동할 수 있는지 궁금하다. 우리는 기본적이고 흔하고 유명한 의식과 관련된 권리를 부여 받은 적이 없다. 그것에 대해 최근까지도 아는 것이 없으며, 이 질문이 많은 관심을 받기도 하지만 미국의 모든 고속도로에서 운전을 하다 보면 '남자 한 명+여자 한 명=결혼'이라고 적힌 시끄러운 끈을 달고 달리는 차를 볼 수 있다.

가장 가치 있는 면: 나는 오랫동안 페미니즘과 영성이 밀접하게 관련돼 있다고 느껴 왔고, 이런 점에서 이 작업의 영적 측면을 높이 평가한다. 내가 신학교에서 수행한 모든 페미니스트 연구는 개인적인 것이 실제로 얼마나 정치적인 것인지를 강조하는 것이었다. 그리고 우리의 영적 생활은 사회정치적 상호작용과 참여 속에서 저절로 드러난다.

세계적 작업의 확산: 나는 이 작업이 우리 자신을 치유하기 위해, 그리고 종과 지구의 절멸을 막기 위해 우리가 할 수 있는 가장 심오하며 중요한 작업의 일부라고 생각한다.

앨런 스트라찬Alan Strachan 해외 무역학 박사

스트라찬은 산타크루즈, 캘리포니아에서 젠더 치유, 삶의 목적 명료화, 영성 경로의 관계 같은 이슈들에 초점을 맞춘 개인 심리치료를 한다. 그는 과거 스탠포드 리서치 인스티튜트 Stanford Research Institute에서 심리치료사로 일했다. 스트라찬은 현재 조지 W. 부시 대통령의 직무 수행이 미국인의 집단 무의식에 어떤 영향을 미치는지에 관한 책을 쓰고 있다.

자신과의 관계: 이 작업을 통해 남성성과 여성성을 통합하는데 절대적 도움을 받았다. 나는 '남성'과 '여성'의 특성이 모두 포함된 내 정체성을 훨씬 더 잘 인식하고, 훨씬 더 잘 수용할

수 있게 되었다. 그리고 젠더 이슈가 다른 사람에게 얼마나 영향을 미치는지도 더 섬세하게 느낄 수 있게 되었다. 이 워크숍에 참여하기 전부터 몇 년간 심리와 영성에 있어서의 양성성이라는 주제에 대해 강한 열망을 가지고 있었다. 그런데 치유 공동체에서 '남성'과 '여성' 이슈를 다루는 기회를 가지게 된 것이 정말 큰 도움이 되었다. 내 타고난 양성적 특성을 훨씬 더 잘 수용할 수 있게 되었다.

연인과의 관계: 사티야나 작업은 결혼 생활에 깊고도 긍정적 영향을 끼쳤다. 또한 훈련을 통해 남성 퍼실리테이터들과 동료 집단을 형성할 수 있는 고무적 분위기도 경험했다. 이 작업을 3년간 훌륭히 이어가고 있다. 이 작업은 마음을 열고 나눌 수 있는 남성들을 돌보는 장소고, 남성들이 자신의 느낌을 나누려고 하지도 나눌 능력도 없다는 흔히 반복되는 고정관념이 거짓임을 보여주는 장소다.

업무 환경: 내 향상된 인식과 감성을 내담자들을 위한 심리치료 작업에 적용하고 있다. 남녀가 젠더 조건화된 사회에서 직면하는 특정 이슈들을 더 명확하게 인식하고 공감할 수 있게 된 것이 감사하다. 여성들을 공감할 수 있게 되었고, 가부장제 사회가 여성들에게 미치는 악영향에 관해서도 함께 이야기할 수 있게 되었다. 이것은 한 남성으로부터 시작되는 특별한 치유 효과를 가진다. 나는 또한 젠더 불평등이 분명하고 개선될

필요가 있다고 느껴지는 정치 환경에 반응하게 되었다.

다른 남성 또는 여성과의 관계: 폭넓은 남성 집단과의 우정을 탐색하는 데 마음을 더 열게 되었고, 정서적으로 위축돼 진정한 우정을 맺기 어려운 남성들을 외면하지 않게 되었다.

특히 미국 사회의 가부장제가 여성들에게 강요하는 심리적, 신체적 폭력의 영향을 폄훼하고 대수롭지 않게 여기는 것에 대해 더 민감해지고 있다.

가장 기억에 남는 순간: 말 그대로 너무 많아 셀 수가 없다. 아내와 함께한 깊은 치유 순간들, 남성 집단에서 남성들과 경험한 유대감과 심오한 기쁨, 변혁적 호흡 작업 세션들, 모르던 내용을 알게 된 프레젠테이션(특히 작업의 영적 기반들과 결합된 내용일 때), 깊은 두려움을 다루고, 본질적 교훈들을 얻고, 사람들을 알게 되고 그들에게 나를 보여주며, 반복해 사랑에 빠지며 보낸 수많은 불면의 밤, 그리고 지금까지도 지속적으로 공명하는 하나 됨이라는 특별한 경험.

사회 관점의 변화: 그렇다. 나는 현재의 고정된 젠더 역할이 사회적 조건화의 산물이 아니라 오히려 타고난 것이라는 무의식적 주장들에 훨씬 더 예민해졌다. 이는 명백히 '화성에서 온 남자, 금성에서 온 여자' 류의 편견이며, 정말 공정하고 냉정

하게 생각해도 화가 난다. 고정된 젠더 역할은 우리가 누구인가라는 심오한 진실에 대한 심각한 해악이다.

작업에서 가장 가치 있는 면: 우리의 사고, 감정, 행동에 훨씬 더 많이 책임지는 방식으로 개인 정체성에 관한 깊이 있는 작업을 수행한 것, 그리고 깊이 있는 작업을 수행하는 다른 사람들과 관계를 맺고 그러한 작업을 함께 수행한 것. 아내와 나는 사티야나 훈련 이전에도 깊이 있는 젠더 작업을 수행했지만 우리가 이 작업을 집단에서 수행한 것이 정말 중요했고, 그것이 다른 방식으로는 불가능했을 수준으로 우리를 치유해주었다. 작업의 영적 기반, 그것이 구체적으로 드러나는 방식, 체화되는 방식 등이 절대적으로 필수적이었다.

세계적 작업의 확산: 절대적으로 필요하다. 이 작업은 미국과 전 세계에 정말 필요하다. 젠더 이슈 선입견, 편견, 폭력은 보편적이며, 이러한 문제에 대한 인식과 감수성을 증진해야 막을 수 있는 비극이 있다. 인류가 이 작업에 참여하는 것은 계시이자 혁명이다.

로이다 크로스Royda Crose 박사

크로스는 심리학자, 최면 치료사, 노인학자, 웰니스 전문가이자『여자는 왜 남자보다 오래 살까? 그리고 남자는 여자로부터 무엇을 배울 수 있을까?^{Why Women Live Longer Than men, and What Men}

Can Learn from Them(Jossey Bass, 1997)』의 저자다. 그녀는 콜롬비아주 미주리서 라디오쇼 〈여성 이슈, 여성의 목소리〉를 진행한다. 크로스는 1970년대 달라스에서 합법적 낙태 클리닉을 최초로 공동 설립했다. 여성 건강, 생애 건강, 젠더별 노화에 따른 차이 등의 분야에서 광범위한 경력을 갖고 있다.

자신과의 관계: 1996년 참석한 최초의 사티야나 젠더 화해 워크숍을 통해 많이 치유가 되었다. 실제로 내 삶이 변화됐고, 그 이후에 성인이 된 내 자녀들도 혜택을 얻을 수 있도록 워크숍에 보냈다.

연인과의 관계: 내가 양성애자라는 정체성을 온전히 받아들이고 표현하게 되었다. 그 덕분에 60대에 처음으로 여성들과 친밀한 관계를 가지는 경험을 했다.

가족과의 관계: 우리가 상황이나 경험을 바라보는 남녀의 관점이나 방식에 대한 이해가 증가해 가족 안에서의 의사소통이 가능해졌다.

다른 남성 또는 여성과의 관계: 젠더 작업이 남성들에게 더 많은 연민을 가지는 데 도움이 되었다. 과거에는 결코 생각하거나 알지도 못한 방식들로 남성들이 가부장사회에서 살며 겪

는 상처들을 알게 되었다. 나는 이 작업이 여성들과의 관계에
는 그다지 많은 영향을 끼치지는 않은 것 같다.

트렌스젠더와 이성애자: 이와 관련해 사티야나의 훈련 방식
이 매우 유용했다. 특히 나는 다차원 그리드grid를 좋아했고 현
재 사용 중이다. 이것은 내 자신의 양성애를 이해하는 데 도움
이 되었다. 나는 이미 꽤 많은 섹슈얼리티 작업에 참여한 경험
이 있어 이 프로그램을 통해 편안함, 지식, 사회 관계들을 얻
을 수 있었다.

기억에 남는 순간: 가장 기억에 남는 것은 가장 많이 힘들고
혼란스러웠던 내 첫 번째 워크숍의 막바지에(1996) 수행한
작업이다. 두 퍼실리테이터(둘 다 남성)와 많은 참가자는 마
지막 피드백을 위해 작업 종료 이후 함께 머물고 있었다. 훈련
중에 한 여성과 한 남성이 갈등을 겪고 있을 때 내 경험 중 무
언가가 갑자기 튀어나왔다. 나는 내가 느낀 것이 내 분노가 아
니라 내 증조할머니와 할머니의 분노였다는 것을 나중에 알
고 격분했다. 우리 가문의 여성 조상들의 분노가 세포 깊숙이
유전됐다가 촉발된 것처럼 보였고, 학대의 경험이 있는 두 여
성이 사망한 지 한참이 지난 후에 처음으로 그것을 표현한 사
람이었다. 나는 여전히 내게 일어난 일이 혼란스럽다. 전에는
이러한 분노를 느껴본 적이 전혀 없었고, 그것을 표현할 만큼
충분히 안전하다고 느꼈다.

사회 관점의 변화: 심리학자인 이 젠더 작업을 통해 남녀 내담자들을 위한 더 훌륭한 치료사가 되었다고 믿는다. 이해도 깊어지고, 연민도 확장되었고, 자극 받지 않고 경청할 수 있는 능력이 향상되었다.

가장 가치 있는 면: 남성과 여성이 안전하고 지지 받을 수 있는 환경에서 솔직한 대화를 함께한 것. 내 젠더 화해 작업 경험을 요약하자면 다음과 같다. (1) 이 워크숍들이 내 뿌리 깊은 분노를 다룰 수 있는 안전한 장소가 되었고, 이는 내가 상상했던 것보다 훨씬 더 대단했다. (2) 이 작업을 통해 가부장제가 남성들에게 준 상처에 관해 통찰할 수 있게 되었고, 이 당시까지 오직 나를 억압하기만 한 자들이라고 여기던 수컷 종족에 대해 훨씬 더 큰 연민을 가지게 되었다. 이제 나는 이 작업에서 우리 모두 억압 받고 상처 받았으며 두 젠더 모두 치유가 필요하다는 것을 남성들로부터 직접 목격할 수 있었다. 이러한 깨달음을 통해 나는 여성 운동이 여성 치유에 끼친 영향을 알고 더욱 감사하게 되었다. 이것은 아마도 남성들이 그들 자신의 힘으로 온전히 성취해야 하는 것일 것이다.

세계적 작업의 확산: 나는 이 젠더 작업이 다양한 환경에서 다양한 차원으로 존재하는 상처와 폭력을 치유하는 하나의 길이라고 생각한다. 이 작업은 지구의 평화를 수립하는 통로가 될 것이다.

숀 갤로웨이 |Shawn Galloway

갤로웨이는 프로 뮤지션이자 아티스트다. 작가며 남성 작업 배경을 가진 워크숍 퍼실리테이터다. 그는 여러 장의 앨범을 발매했다. 그중 〈나는 사랑을 선택한다 I Choose Love〉라는 제목 의 영상 음악도 있다. 이 음악은 사티야나 인스티튜트의 젠더 화해 작업에서 영감을 얻은 곡으로 전국적으로 열광적인 관 심을 받았다. 갤로웨이는 지난해 〈사랑은 극복할 거야 Love Will Overcome〉라는 제목의 음반을 발매했다. 〈피스 얼라이언스 The Peace Alliance〉, 〈신 에너지 운동 The New Energy Movement〉, 〈고 그래티 튜드 Go Gratitude〉와 같은 몇몇 단체의 주제곡을 작사했다.

자신과의 관계: 젠더 화해 작업을 통해 내 안에 있는 남성성 과 여성성의 사이에서 더 깊은 내면의 평화를 얻을 수 있게 되 었다. 나는 신성한 사랑과 더 많은 교감을 느낀다.

연인과의 관계: 양성에 대한 이해, 연민, 통찰이 증가함. 우리 모두 똑같이 상처 받았고, 이 사실을 깨달을 때 치유 과정에서 서로를 지지할 수 있다. 우선은 개인과 신의 사랑과의 관계를 유지하는 것으로 시작해 우리 자신과 우리의 공동체 모두를 지지하는 방식으로 우리의 영혼을 표현하는 것을 함께하면서 서로를 지지할 수 있다.

가족과의 관계: 이 작업의 도움으로 70~80년대에 활발히 여성 운동을 한 엄마에게 받은 상처와 그 때문에 성장기의 10대 남자아이에게 받은 악영향을 치유할 수 있었다. 내 내면에 나와 어머니를 분리하는 강한 경계를 설정할 수 있었고, 나를 둘러싸는 견고한 남성의 맹비난 때문에 남성으로서 내가 지니던 수치심을 떨쳐냄으로써 이 수치심을 딸에게 전달하지 않을 수 있게 되었다.

다른 남성 또는 여성과의 관계: 남성으로서 나는 내가 누구인지, 그리고 내가 어떻게 인간의 형태로 프로그램화되어 있는지에 대해 깊이 수용할 수 있게 되었다. 사티야나 젠더 훈련을 통해 나는 이러한 힘을 얻었고, 다른 남성들과 건강한 관계를 맺고, 남성의 고유함을 존중할 수 있게 되었다.

나는 여성들을 내 안에 있는 여성적 신성함의 반영으로 바라보게 되었다. 나는 여성들과 그들이 그들의 여정에서 마주한 모든 것을 사랑하고 존중한다. 또한 내가 여성들과 관계 맺는 방식이, 내가 나 자신과 관계 맺는 방식임을 알게 되었다. 젠더 작업을 통해 여성에 대한 내 마음속의 불편함을 이러한 이해로 전환할 수 있었고, 이제는 온전히 포용할 수 있을 정도로 치유되었다.

트렌스젠더와 이성애자: 젠더 정체성이 성적 선호에 관한 것이 아니라 여성적 에너지와 남성적 에너지 사이에서 개인이 자신의 내면에서 유지하는 내적 관계에 관한 것임을 깨달았다. 또한 트렌스젠더 인구가 공동체에 가지고 오는 굉장한 가치도 깨닫게 되었다. 그들은 여러 세계 사이에서 춤추고 있으며, 젠더 관계를 치유할 수 있는 훌륭한 교두보가 될 수 있다는 점이다.

가장 기억에 남는 순간들: 가장 기억에 남는 순간은 내 내적인 남성성과 여성성이 어떻게 싸우고 있는지와 그 둘을 어떻게 대화하게 만들고, 어떻게 조화롭고 균형 있는 상태에 이르도록 할 수 있는지 깨달았던 때다. 또 다른 결정적 순간은 한 할머니가 일어나 남성들이 여성들을 보호해야 하는 만큼 여성들도 남성들을 보호해야 한다는 이야기를 들었을 때다. 이 말을 들었을 때 나는 여성의 고통을 참아온 세월이 내게 녹아 사라지는 것을 느꼈다.

개선을 위한 제안들: 내게 젠더 작업에서 가장 중요하고도 유일한 이슈는 여성 에너지와 남성 에너지 사이의 내적 갈등의 치유다. 이것이 작업의 가장 중요한 목적이 되어야 하고, 모든 조화와 균형은 이 원칙에서부터 도출돼야 한다고 제안하고 싶다.

세계적 작업 확산: 절대적으로 필요하다. 남성과 여성으로서

우리가 자신의 젠더에 의해 인정 받고 존중 받을 때 우리가 찬사를 보내는 젠더를 직면할 힘과 능력을 가지게 되고, 양성성을 평등하게 존중하는 공동체를 함께 만들어 나아갈 수 있다.

자넷 코스터Janet Coster 심리치료사

코스터는 캘리포니아주 산타크루즈에서 심리치료사와 개인 영성 수행 디렉터로 활동 중이다. 그녀는 춤과 공연 예술 분야에서 전문적 경험도 있다. 목회상담사이자 결혼 생활과 가족 치료사인 코스터는 이성애자, 게이, 레즈비언, 양성애자, 트랜스젠더를 포함해 다양한 성적 지향을 가진 광범위한 내담자를 대상으로 일하고 있다.

자신과의 관계: 젠더 화해 작업을 통해 내 존재의 매우 심오한 수준에서 내적 치유를 경험했다. 이 경험은 한 개인의 수용력을 넘는 세계적인 고통을 수용할 수 있는 더 커다란 그릇을 만들어주었다. 그래서 나는 내가 개인적으로 겪은 젠더 상처들에 용기 있게 몰입할 수 있었다.

연인과의 관계: 결혼 파트너와 나는 젠더 치유가 왜 공동체 안에서 이뤄져야 하는지에 관해 훨씬 더 깊이 이해하게 되었다. 젠더 조건화와 상처가 이 차원에서 시작되기 때문이다. 이러한 공동체 차원의 지지 속에서 우리는 젠더 상처가 개인에

게, 관계에, 그리고 우리에게 얼마나 심각한 영향을 미치는지에 대해 위험을 무릅쓰고 공개적으로 말할 수 있게 되었다. 우리는 이전에도 관계 치유를 위해 매우 적극적으로 노력했는데도 어려움이 있었다. 사티야나 작업에서는 집단의 지지를 받으며 우리 관계의 맥락에서 훨씬 더 깊고, 훨씬 더 필요했던 치유를 경험할 수 있었다. 집단의 지지가 교량이 된 것이다.

가족과의 관계: 생애 초기 내게 주어진 건강하지 못한 젠더 역할 유형에 대해, 그리고 내가 겪은 특정 남성들이 보여준 여성 혐오적이고 부적절하며, 상처를 주는 매우 구체적 행동들에 대해 훨씬 더 높은 차원의 이해와 관용과 용서를 위해 노력하게 되었다.

업무 환경: 우리의 모든 삶 영역에서 문화적 젠더 조건화에 어떻게 접근하고 어떻게 치유를 시작할 수 있는지 정확하고 구체적 의식을 키울 수 있게 되었다. 특히 이는 내 상담 실무, 공동체 작업, 국제 작업에서 사회적 수준의 젠더 조건화와 상처를 공개적으로 이름 붙이고 다룰 수 있다는 용기를 주었다.

개인적 차원에서만 작업하는 것과는 반대로 확장된 맥락 차원에서 작업하는 것이 매우 중요하고 그 자체가 치유다. 확장된 작업에서는 고객이나 다른 이들의 지지를 받고, 안전하고 이해 받는다는 느낌을 바로 느끼게 되며, 집단 수준의 조건화가 자신에게 어떤 영향을 미쳤는지 살펴보기 시작했다. 나는 내 내담자들이 경험하는 주요 치유 효과를 목격하고 있고, 젠더 화해 훈련 중에는 나만을 위해 가지던 마음의 공간과 이해심이 이제는 더 넓어져 다른 사람을 위한 공간이 되었다.

남성들과의 관계: 남성들 역시 그들이 감내해야 하는 젠더 조건화 때문에 심각한 상처를 입고 있다는 것을 느낄 수 있고, 그것에 대해 연민을 가지게 되었다. 나는 현재의 문화에서 우리가 어떻게 '패배자'가 되는지에 관한 깊은 이해를 가지게 되었다. 지금 생각하는 결정적 차이는 다음과 같다. 일반적으로 말하면 문화적 차원에서 (1) 남성들이 더 많은 '특전'을 받으며 (2) 전 세계적 문화 차원에서 여성들에게 훨씬 더 많은 불평등과 폭력이 존재한다는 사실에도 인간성 차원에서는 남녀가 고통 받고, 고통 받고, 고통 받는다. 이는 끝없는 고통의 순환이며, 이 때문에 모든 남녀가 끔찍한 영향을 받고 있다. 반대로 말하면 이러한 모든 차원에 치유와 화해가 이뤄진다면 남녀에게 이로울 것이다. 지금 내가 남성에게 더 깊은 이해와 연민을 내 안에서 경험하는 자체가 내 안에서 치유와 용서를 경험하고 있다는 또 다른 증거인 것이다.

여성들과의 관계: 젠더 화해 서클에서 중요한 한 부분을 여성들과 함께 치유했다. 여성 사이에도 너무 많은 상처가 발생하며, 나는 매력적이고 지적인 여성이라는 이유만으로 상처

를 받는 경우도 종종 있었다. 여성들이 서로를 위협하고, 그렇게 서로의 위협이 되는 문화적 상황이 존재한다. 우리는 서로에게 투사하고 학대하기도 하면서 문화 속에 내재된 지배 체제를 구체화하고 강화시킨다. 나는 이 차원에서 받은 매우 오래된 상처를 공개하고 소리치며 정화할 수 있었다. 이에 관한 내 목소리가 다른 사람들에게 들려졌다. 그들은 그것을 듣고 수용해주었다. 이것이 내면에서 시작되어 외부로 향하는 깊은 용서와 화해를 가능하게 했으며, 그 영향은 끝이 없을 것이다.

트렌스젠더와 이성애자: 나는 항상 자아와 자기 동일시의 다른 표현들에 대해 열려 있다. 1년간의 프로그램 동안 더 심화된 교육을 받을 수 있었고, 의식을 더욱 확장시킬 수 있었으며, 트렌스젠더에 관한 사안들에 대한 민감성을 키울 수 있었다. 내 실제 상담에는 이미 게이, 레즈비언, 양성애자들이 포함돼 있다. 이제는 매우 자연스럽게 트랜스젠더와도 친밀하고 편안하게 작업할 수 있게 되었다. 많은 것을 배웠고 트랜스젠더들이 경험하는 특정 문제들을 다양하게 지원할 수 있게 되었다. 우리는 트랜스젠더들이 내면의 남성적, 여성적 에너지의 균형을 잡기 위한 일상적으로, 그리고 구체적으로 싸워나가는 모습을 볼 수 있었다.

기억에 남는 워크숍 순간: 많다. 서로 드러낸 자발성. 우리가 함께 만들어낸 친밀함의 수준을 통해 구체적으로 드러난 위험을 감수하는 용기. 처음에는 깊은 분노와 고통이 담긴 우리의 사연이 우리가 서로에게 줄 수 있는 유일한 선물인 경우도 종종 있었다. 서로가 이러한 선물을 주고 받을 수 있다는 것이 얼마나 멋진 증거인가! 내 결혼 파트너와 내가 우리의 관계를 집단에 공개하기 위해 감수한 개인적 위험. 1년의 훈련 과정을 마무리하는 마지막 축하 시간은 우리가 시작했을 때보다 훨씬 깊어진 진실과 친밀함 속에서 남녀가 하나가 된 시간이다. 1년간 우리는 우리 각자가 가지고 온 깊은 상처와 그 상처에 따른 슬픔, 불신, 분노 등을 더 큰 사랑과 신뢰의 표현으로 바꿀 수 있었다. 우리는 젠더 드레스와 젠더 역할을 바꾸고, 자기 자신에 관한 젠더 농담을 던지며, 함께 눈물 흘리고 배꼽이 빠져라 웃을 수 있었다.

변화된 사회 관점: 나는 수십 년간 젠더 역학과 관련한 지배적 사회 구조들을 고통스럽게 의식하며 지내왔다. 종교계가 어떻게 억압적 위계 구조를 감추는 교묘한 말로 그러한 질서에 기여하고 있는지, 진정한 케노시스^{kenosis}와 변혁의 이름으로 그 구조에 도전하는 것이 아니라 사회 구조에 억압적 위계 구조가 추가되도록 기여했는지 알고 있다. 이러한 상황의 심각한 결과들을 일부 사람이 공개적으로 언급하기도 했지만 우리의 '종족 의식' 세계에서는 여전히 무시되고 있다. 그래서 젠더 상처와 젠더 차별은 여성들, 그리고 남성들에게 여전한 침묵의 홀로코스트며 수많은 영혼과 생명을 내적으로 또는 외적으로

파괴시킨다.

이러한 사회적이고 종교적인 역동과 관련해 변한 것과 변하고 있는 것은 나 자신이다. 내 결혼 파트너십에 관한 집중 작업을 할 때와 마찬가지로 우리의 집단 훈련에서 젠더 화해를 연습한 직접적 치유 결과는 젠더 상처를 만든 내 개인적 사연에 '사로잡히는 경우'가 줄어드는 것으로 나타났다. 나는 젠더 상처의 유해한 영향을 통해 내면을 정화하고 자유로워지는 경험을 더 많이 하고 있다. 그래서 나는 내 상처의 원인이 된 세상을 용서하고 더 많은 연민을 느끼게 되었다. 이와 동시에 젠더 상처를 경험하는 일도 적어지고 있다. 이것이 내가 훨씬 더 강한 활동가의 입장을 취하도록 한다.

가장 가치 있는 작업의 측면: 내가 생각하는 이 작업의 가장 기본적인 것은 작업의 영적 기반이다. 이것이 분명 본질적인 것이다. 그것이 없었다면 나는 참가하지 못했을 것이고, 작업도 지속될 수 없었을 거라고 생각한다.

개선을 위한 제안: 젠더 화해 작업을 통해 열린 은총의 길에 대해 온전한 감사를 표현하는 것으로 충분하다. 그리고 사티야나와 모든 참가자의 자발성에도 감사를 표현하고 싶다. 이 자발성이 은총의 길로 가는 통로가 되었다.

세계적 작업의 확산: 반드시 필요하다! 우리는 우리의 내면과 이 세상을 우리의 것으로 만들고 치유하지 않을 때 이 세상의 모습이 어떠한지 보고 있다. 젠더 화해 작업은 개인적 차원, 그리고 세계적 차원의 치유며, 두 차원 모두 중요하다. 이를 직접적으로, 그리고 개인적으로 경험했다. 내가 참여자로 참가한 집단과도 내가 퍼실리테이터로 참여한 집단과도 경험했다. 은총, 변혁, 화해의 연금술이 정말 진짜로 발생하기 시작한다. 개인의 자아를 담는 그릇은 집단의 그릇을 통해 확장되고, 이를 통해 미시적 관점과 거시적 관점이 존중된다.

카를로타 타일러^{Carlotta Tyler} 조직 개발 컨설턴트

타일러는 주로 여성 리더들과 함께 일하는 조직 개발 컨설턴트이자 임원 코칭 전문가다. 또한 직장 내 젠더 이슈와 역학 전문가다. 타일러는 네 개 대륙에서 1,500명 이상 여성을 대상으로 여성 집단에서 여성이 업무 조직을 형성하는 방식과 여성의 대인 관계 역동에 초점을 맞춘 27년간의 종적 연구를 수행했다.

자신과의 관계: 나는 젠더 화해 작업에 참여하기 전에 확장된 마음 통합 작업을 한 적이 있다. 사티야나 프로그램을 선택한 목표 중에는 내가 쉽게 접근할 수 있는 여성성과 내 안의 남성성을 더 많이 통합하기 위한 것도 있었다. 그러나 이러한 용어

가 융 학파의 모델을 사용하는 것은 아니다. 내게 아니마^{Anima}는 여성성에 대한 남성적 정의다. 이것은 여성으로 살고 있는 내 경험과 일치하지 않는다. 그 개념들 자체가 태생적으로 편향되어 있다.

연인과의 관계: 균형, 이해, 편안함이 더 커졌다.

가족과의 관계: 최근의 이혼으로 아들에게 연민을 많이 느끼고 있다. 다정하게 사랑하고, 마음을 열고, 적절한 영역을 유지하고, 사색한다.

다른 남성 또는 여성과의 관계: 내 아들과 아들의 아빠에게 더 많은 연민을 느끼게 되었다. 대인 간의 젠더 역동과 관련해 남성들이 대화에 참여하는 방식과 행동들에 대한 연민과 통찰이 커졌다.

트렌스젠더와 이성애자: 성적 정체성과 행동에 관한 스펙트럼에 굉장히 감사하게 되었다. 그리고 젠더 정체성이라는 것이 고정된 조건이 아니라 전 생애에 걸쳐 '남성적 정의'에서 '여성적 정의'의 연속체로 변할 수 있는 가능성이 있다는 인상을 받았다. 또한 이성애자 커플 안에서 역전된 역할에 대한 통찰을 얻었다. 또한 배신 없이 동성애적 행동과 결합할 수 있는 '정직한' 결혼이 가능하다는 통찰도 얻었다.

사회 관점의 변화: 나는 여성 간 역동에 관해 더 섬세한 렌즈를 가지게 되었다. 특히 간접적 공격, 권력 이슈, 혼란과 역동, 그리고 어머니, 언니, 딸의 인생 경험에서 시작되는 여성이 여성에게 하는 간접적 투사 등을 더 섬세하게 볼 수 있게 되었다. 백인 남성들에게 그들의 특권을 위해 가부장적 문화가 강요하는 희생에 대해 더 잘 이해하게 되었다.

가장 가치 있는 면: 사티야나 프로그램은 직접적 경험에 기초해 젠더 공감의 과정을 열어가는 활동적 실험실로서의 가치가 있다. 젠더 화해 전문가들뿐 아니라 고도로 숙달된 진행자들과 함께하는 안전한 공간에서 펼쳐지는 이 작업을 통해 제한적인 믿은, 상처, 혼란의 상당수를 뚫고 나아가면서 해결할 수 있는 능력이 배양된다.

세계적 작업의 확산: 절대적으로 필요하다. 나는 이것을 '젠더 화해'가 아닌 다른 이름으로 불리는 것이 중요할 것 같다. 이 이름은 주어진 시간 안에 이 작업을 통해 차이를 해결하거나 화해할 것 같다는 기대를 암시하는 것 같기 때문이다. 나는 작업에서 실제로 그렇게 되는 것을 경험하지는 못했다. 나는 오히려 젠더를 통한 탐색이라고 부르고 싶고, 내 개인 작업에서는 '젠더 공감Gender Appreciation'이라고 부른다. 그러나 이 작업이 어떻게 불리든 간에 일생에 걸친 훌륭한 시작이다.

코키 브리지포스^{Corky Bridgeforth} 교육학 석사

브리지포스는 은퇴한 초등학교 선생님으로 몸과 마음 영성을 연결하는 전문가다. 그녀는 요가, 가정 치유, 뇌운동, 시각 치유 등에 관한 훈련을 받았고, 최근에 다시 결혼했다.

자신과의 관계: 처음에 젠더 화해 작업에 온 것은 남성적 에너지와 여성적 에너지를 균형 잡힌 방식으로, 개인의 내면에서도 다른 사람을 대상으로도 표현할 수 있다고 확신했기 때문이었다. 이 균형은 남성적인 것과 여성적인 것 사이의 아름다운 춤으로 이어질 수 있고, 둘 중 하나만으로 될 수 있는 것보다 더 커다란 무언가를 창조할 수 있다. 내가 원했던 것은 인생 경험을 통해 그러한 종류의 균형 잡힌 춤을 어떻게 출 수 있는지 배우고 싶은 것 뿐이었다.

사티야나 작업을 통해 그러한 완벽성을 살짝 엿본 것 같다. 또한 이 작업을 통해 불완전한 세상의 많은 곳에서 젠더 균형이 얼마나 결여되어 있는지, 내가 알고 싶었던 것보다 더 많은 것을 보게 되었다. 개인적 성장 덕분에 내 새 남편 잭과의 관계에서 그러한 균형을 만들 수 있는 기회를 얻게 되었다.

연인과의 관계: 나는 남자가 누구고 어디에 있는지 훨씬 깊게 이해하고 수용할 수 있게 되었다. 그 결과 남성들과 함께할

때 더 현존할 수 있고, 더 자신감을 가지게 되었고, 더 적극적으로 있게 되었다. 이것이 아마도 내게 가장 중요한 성장인 것 같다. 이 내면의 작업은 내가 세상에서 한 여성으로서 일어설 수 있도록 도와주었고, 내 자신을 잘 돌볼 수 있고, 훨씬 더 균형 잡힌 친밀한 관계를 추구하고 맺을 수 있도록 도와주었다. 이것은 축복이다. 잭과의 관계에서 나는 좋은 아내가 될 수 있었고, 역할 전환도 경험해 내가 가장이 되어 집을 떠나야 할 때는 내 남편이 좋은 아내가 되었다. 때로는 여자도 아내가 필요하고, 남자도 좋은 남편이 필요하다.

가족과의 관계: 나는 더 잘 듣는 귀를 가지게 되었다. 나는 개인의 힘을 더 잘 감지할 수 있게 되었기 때문에 이기거나 지배할 필요가 없어졌다.

업무 환경: 젠더 작업에서 그림자 남성성과 그림자 여성성 행동에 직면했을 때 깨끗하고 강하고 자신감 있는 여성적 에너지를 유지하는 힘을 배웠다. 나는 일반적으로 젠더 이슈에 훨씬 더 익숙해졌고, 이러한 문제들이 나타날 때 기꺼이 맞서고자 하는 내 자신을 발견한다.

트렌스젠더와 이성애자: 트렌스젠더들이 온전함을 향해 가는 여정에서 마주하게 되는 이슈들에 대해 더 많이 이해하고 수용하게 되었다.

기억에 남는 순간: 마지막 의식이 변혁적 모습으로 기억에 남는다. 또 다른 순간들로는 호흡 작업, 자발적 음악, 소집단 상호 작용, 초청 강연 시간, 처음 경험해본 깊은 대화, 동성 간 작업, 침묵의 증인 등이다. 우리의 차이, 도전, 대립, 의견 차이를 가지고 씨름할 수 있고, 사랑하는 사람들의 눈을 통해 서로를 볼 수 있는 것이 정말 중요했다!

사회 관점의 변화: 우리의 언론, 뉴스, 인터넷, 영화 등을 통해 나타나는 사회의 젠더 역학에 대한 감수성이 훨씬 더 커졌다. 내가 가정 치유 작업을 할 때 가족 안에서의 젠더 역학에 대해 관찰할 기회가 많아졌다. 즉 아빠와 딸 대 엄마와 딸, 미묘한 조건화, 롤 모델, 자녀에 대한 기대, 언론의 광고, 장난감 등에서 관찰되었다.

세계적 작업의 확산: 전 세계에서 젠더 화해 작업을 광범위하게 실행하는 것에는 현실적 이로움이 있다. 우리가 개인적으로든 지구적으로든 우리의 다양한 존재 방식을 넘어 서로를 제대로 이해하고 대화하는 법을 배울수록 우리 사회는 모든 차원에서 더 건강해질 것이다.

린다 커닝험Linda Cunningham

커닝험은 국제 조직 개발 컨설팅 기업인 헬러커닝험HellerCunningham

의 공동 창립자로 현재는 은퇴했다. 그녀는 메사추세츠주 콩코드에서 있었던 여성의 우물 작업에 참가해 여성의 신성한 경험에 깊이 몰두한 후에 사티야나 젠더 워크 작업에 오게 되었다. 현재 그녀는 관계 속에서 학대 받은 경험이 있는 여성들과 함께 그녀들의 삶을 되찾는 일을 하고 있다. 또한 그녀는 교도소에 있는 남성들을 대상으로 폭력을 대체하는 교육을 하고 있다.

자신과의 관계: 세상에 젠더 치유 작업을 성공시키는 것이 내 인생의 주요 관심사가 되었다. 사티야나 젠더 작업에 적극적으로 참여할 수 없을 때에는 여성들과 함께 여성들을 도와 여성들의 삶을 변화시키는 작업을 하는 것에 집중한다. 나는 60년대부터 적극적인 페미니스트로서 이러한 활동을 하고 있고, 지금은 영적으로 페미니즘과 결혼했다.

업무 환경: 나는 인생의 대부분을 페미니스트로 살아왔다. 여성과 소녀를 억압하는 가부장제와 가부장제의 역할에 대한 연구가 신성한 여성성에 대한 깊이 있는 연구로 이어졌다. 그리고 이 연구가 신성한 여성성과 신성한 남성성을 자유롭게 하고 지지하는 사티야나 젠더 화해 작업으로 나를 이끌었다.

다른 남성 또는 여성과의 관계: 내가 만나는 남자들에게서 신성한 남성성을 찾으려고 애쓰고 있다. 그 남자들이 자신의 내면에서 신성한 남성성을 의식하지 못하고 있더라도 말이다. 이것이 교도소에 있는 남성들과 함께 작업하는 데 도움이 된다. 교도소의 시스템은 죄수와 교도관 모두 선을 유지하기 위해 인간성 말살에 의지하고 있다.

젠더 화해 작업은 내 작업에서 여성들이 자존감을 높이고 존엄을 회복하도록 돕는 것으로 확장되었다. 여성들의 존엄은 모든 종교에서 무시되고 있다.

트렌스젠더와 이성애자: 나는 게이들과 항상 밀접하게 작업하고 있다. 그래서 상당한 감수성을 가지고 이 영역에 들어갔다. 트렌스젠더 이슈에 관한 내 지식은 1년 여의 프로그램 동안 확장되었고, 일련의 도전적인 젠더 워크숍에서 내가 남아프리카공화국과 메사츄세츠에서 퍼실리테이터 역할을 하는 데 도움을 주었다.

기억에 남는 순간들: 내가 처음으로 참가했던 뉴멕시코의 고스트 랜치 센터에서 열린 사티야나 워크숍. 당시의 장소가 상당히 영적이어서 그러한 분위기가 워크숍 작업에 스며들었다. 한 여성이 집단의 한 남성에게서 원치 않는 관심을 받아 그녀 자신을 위해 일어섰던 것을 기억한다. 나는 보호자 어머니처럼 느껴졌다. 모든 신성한 어머니의 힘이 존재했다.

1년간의 훈련에서 한 가지 기억에 남는 순간은 첫 번째 여성들의 모임이다. 그 모임은 오래 이어졌고, 논쟁이 있었고, 힘들었다. 그런데 우리는 모두 버텼다. 나는 그 방에서의 고통에 충격을 받았다. 그리고 그 고통에 이름을 붙이고 우리의 차이점을 탐색하고 존중하기 시작할 수 있는 용기에 놀랐다. 그 진실 포럼은 다이너마이트였다!

기억에 남는 다른 순간들은 남성들에게 아무런 사심 없이 자연스럽게 흐르는 사랑을 진실하게 받는다는 느낌이다. 내게는 그런 느낌이 처음이었고, 깊은 감동을 주었다. 나는 힘든 시간에 우리가 도망치지 않고 함께 씨름했던 방식을 좋아한다. 그 집단에는 멋진 성격과 존엄이 있었다!

2005년 5월에 콜로라도에서 진행된 사티야나의 인증 트레이너 교육에는 17명이 있었다. 사랑이 가슴에 흘러 넘쳐 가슴이 터지는 줄 알았다. 안과 밖에서 사랑이 너무나 강렬했고, 이전에 경험했던 어떤 것보다도 그 이상이었다. 이러한 유대감이 영원하다는 것을 느꼈다. 우리는 무슨 일이 있어도 서로를 위해 그곳에 있었을 것이다. 그리고 상황이 모두 '좋지는' 않았다. 우리는 서로 충돌했고 매 순간 새로운 인식에 이르렀다. 사랑과 존경의 공동체 안에 모두가 있었다.

인증 트레이닝 과정 마지막에 남성 집단과 여성 집단이 보여준 존경 의식은 내가 경험한 것 중에 가장 특별하고 감동적이었다. 남성과 여성 사이에 순수한 사랑과 신성함이 가장 깊이 있게, 그리고 가장 풍부하게 표현되었다.

사회 관점의 변화: 나는 20대 때부터 젠더 역학에 상당히 민감했다. 회사와 대학에서 일한 여성으로서 젠더에 따른 믿을 수 없는 차별을 경험할 수밖에 없었다. 불운하게도 이러한 차별은 여전히 존재하고, 남성만 가지던 권리를 여성들에게 주는 법률이 통과된 후에는 더 미묘한 방식으로 차별하는 경우도 있다. 가야 할 길은 아직도 멀고 멀다.

세계적 작업의 확산: 내가 아는 범위에서 이 작업은 영성에 기초한 유일한 젠더 작업이고, 몇 세기간의 잘못을 바로잡는 토대만은 아니다. 나는 세상이 이러한 접근을 전보다 훨씬 더 많이 원하고 있고 생각한다. 그리고 정의를 위한 정치 운동은 그것이 영적인 토대나 관점에서 비롯되면 훨씬 더 힘이 있을 것이다. 의식에 관한 사티야나 작업은 매우 강렬하고 깊이가 있다. 그리고 신성함에 대한 내 이미지에 도전을 주고 있다.

사티야나 젠더 화해 모델의 개선 방향

모든 프로그램을 평가하는 중요한 이유는 작업을 개선하기 위한 방법을 찾는 것이다. 개선 방향에 대한 질문에는 소수의 설문 참가자만이 대답했다. 그럼에도 우리가 받은 답변들을 자세히 살펴보는 것은 도움이 될 것이고, 응답 중 일부가 어떻게 적용됐는지 자세한 내용을 추가하는 것도 유용할 것이다.

데보레는 "내 주된 걱정은 존재하는 욕구에 응답할 충분한 역량"이 이 작업에는 없다고 말했다. 그의 정당한 걱정은 사티야나에서 훈련 받은 퍼실리테이터 스탭과 자원들이 앞으로 받게 될 요구, 특히 이 책이 출판된 이후에 받게 될 요구를 충족시키기에 충분치 않다는 점이다. 이러한 걱정은 우리가 남아프리카공화국에서 받은 열광적 반응에 의해 확인되었다. 사티야나 인스티튜트 젠더 작업을 지속적으로 성장시키기 위해 이 이슈와 다른 이슈들을 다룰 전략 계획 그룹을 만들고 있다.

타일러는 "이 작업은 전반적 영감을 준다. 집단 촉진 기술이 NTL 인스티튜트나 게슈탈트 인스티튜트 졸업자 수준인지 확인해야 하고, 젠더 화해 작업 이외의 다른 분야 경험도 있는지 확인해야 한다. 작업 공간은 모두에게 안전해야 한다. 운영 규범은 집단 역학과 관련된 이슈를 더 포괄해야 한다."고 했다. 카를로타의 제안은 우리가 새로운 훈련 프로그램을 실행하려고 할 때 특히 중요하다.

마리는 "이 작업을 향상시키기 위한 내 유일한 제안은 더 유용한 후속 과정과 활동을 계획하고 실행하는 것이며, 우리를 계속 연결해주고 우리에게 계속 영감을 줄 수 있는 포럼을 실행하는 것이다."라고 했다. 작업의 중요한 영역에 대한 이 지적은 작업이 지속적으로 성장함에 따라 더 중요해질 것이다. 진행 중인 후속 작업을 거친 참가자들을 지원하고, 젠더 화해 작업을 광범위하게 진척시키기 위한 자기 계발 과정을 발전시키기 위해 새로운 창의적 작업이 도입될 여지가 있다.

갤로웨이는 "내게 젠더 작업에서 유일하고 가장 중요한 이슈는 여성적 에너지와 남성적 에너지 사이의 내적 갈등을 치유하는 것이다. 나는 이것이 이 작업의 가장 중요한 목적이 되어야 한다고 강하게 제안한다."고 했다.

룬드블래드는 부록 A에서 다뤄진 것처럼 트렌스젠더 공동체의 욕구들을 더 구체적으로 다룰 수 있는 방 안이 보강됐으면 했다.

마지막으로 커닝험은 사티야나 인스티튜트의 조직 구조를 간소화하기 위한 많은 제안을 했고, 더 짧은 교육 프로그램을 제안했다. 간소화된 프로그램은 실행되고 있다.

현재 이러한 제안의 대부분은 실행되고 있고, 사티야나 젠더 화해 작업의 다음 단계에서 전략적으로 계획하고 있다.

마지막으로 모든 조사 응답자는 사티야나 젠더 화해 모델의 광범위한 보급과 실행을 강력하게 지지했다. 이러한 전문가 집단의 지지와 열성은 커다란 헌신으로 이어져 이 작업이 앞으로 나아가게 하는 데 기여했다. 그들 모두 젠더 화해 작업이 절대적으로 필요하다는 것을 확신하고 있다. 그리고 사티야나 모델이 전 세계 여성과 남성 사이의 더 큰 평화와 조화를 가져오기 위한 실용적인 길을 제시해준다고 확신한다.

역자 후기
정하린

요즘은 뉴스와 일부러 거리를 두고 삽니다. 내 마음의 힘이 뉴스에서 쏟아져 나오는 날카로운 현실들을 마주할 여유가 없기 때문입니다. 그럼에도 운전하면서 가끔 듣는 라디오의 짧은 뉴스들이 귀에 박힐 때가 있습니다. 어제 뉴스에서는 성범죄 가중 처벌의 용어였던 '성적 수치심'이라는 용어가 '성적 불쾌감'으로 바로잡기로 했다는 소식을 들었습니다. 수치심은 '사람들을 볼 낯이 없거나 스스로 떳떳하지 못함. 또는 그런 일'인데 사실 이런 감정은 죄를 지은 사람이 느껴야 할 최소한의 기본 양심 마지노선인 듯합니다. 실제로 성범죄 피해자들이 느끼는 대다수의 감정은 공포, 분노, 짜증, 무력감 등이 훨씬 크고 다양합니다. 특히 과거의 정조 관념에 바탕을 두고 있기 때문에 적절하지 않다고 밝힌 양형위원회의 발표는 2022년에 살고 있긴 하구나 생각을 하게 되었습니다. 후… 하는 긴 한숨이 터져 나왔습니다. 열일곱 살의 내가 겪은 일에 대해 온 세상이 '더는 부끄러워하지 않아도 되는 거야. 부끄러움은 그 사람의 몫이고, 너는 화내도 돼, 기분 더러웠던 것 맞아.'라고 승인해주는 듯했습니다. 힘들게 공부하고, 심리치료 받고 좋은 사람들을 만나며 1밀리미터씩 겨우겨우 쌓아온 단단한 시간이 만져지는 기분이 들었습니다.

2018년 봄에 벨기에의 시골 마을에서 1주일간 국제 비폭력대화 세미나에 참석했습니다. 저녁 시간이면 참여자들이 자신이 다른 참석자들에게 소개하고 싶은 것을 자유롭게 나누는 시간이 있었습니다. '젠더 평등과 화해 국제 워크숍 소개의 시간'이라는 분필 글씨를 보는 순간 할머니와 어머니와 내가 거실에서 빨래를 접으며 평화롭다고 느낀 순간이 불현듯 떠올랐습니다. 남성에게서 받은 고통이 더 많았다고 쭉 생각하며 살아왔던 내가 '화해'라는 단어를 보는 순간 화해하고 싶지만 화해하지 못한 여성들을 먼저 떠올린 것입니다.

어릴 때부터 대학생이 되기 전까지 할머니와 오랫동안 한 방을 쓰며 자랐습니다. 할머니는 하루도 거르지 않고 정말로 매일 제게 어머니 뒷담화를 하셨습니다. "네 어머니는 이것도 못하고, 저것도 못한다. 네 동생이 저런 것은 네 어머니를 닮아 그렇다. 네 어머니는 뚱뚱하고, 게으르고, 먹는 모습이 어떠하고…" 내가 잠이 들 때까지 이어지는 그녀의 며느리에 대한 불만은 내 골수까지 들어오는 느낌이었습니다. 집안에서 제일 힘이 쎈 할머니 편이 되어 안전함을 택하고자 저는 어느새 할머니 마음이 내 마음인 듯 어머니를 싫어하게 되었고, 두 사람이 싸울 때면 할머니를 위로했습니다. 그러면서도 어머니가 혼자 방에서 울고 계신 뒷모습을 보면 왠지 화가 나면서도 슬픈 이상한 감정이 들어 못 본 척했습니다. 어느 날은 용기를 내서 어머니 등에 기대면 어머니는 저를 매섭게 밀쳐내거나 때렸습니다. 제게는 따뜻하게 안아주는 어머니는 없었고, 아빠는 그저 바쁜 분이셨습니다. 할머니와 어머니 둘 다를 사랑하고 싶었지만 그러기에는 어려웠고, 미워하기는 쉬웠던 시간이었습니다.

1919년생인 할머니는 100세를 몇 해 앞두고 2016년에 돌아가셨습니다. 그때까지 어머니는 할머니의 모진 말과 억측, 모욕을 견뎌냈습니다. 할머니는 열여덟 살에 열다섯 살짜리 얼굴도 모르는 남자와 결혼해 두 딸을 낳고, 남편이 다른 여자를 데리고 들어와 사는 것을 참아냈습니다. 할머니는 쫓겨나기 직전에 겨우 아들 하나를 낳았습니다. 남편의 다른 여자는 바로 아들 둘을 낳았습니다. 할머니의 그런 아들과 결혼한 며느리는 절대 눈에 차지 않았습니다. 어머니는 원불교 집안의 막내딸로 자라나 가난한 목사와 결혼해 교인들에게 시달리고, 남편의 원가족들에게 시달리며 결국 60세에 암을 얻었습니다. 어머니와 할머니는 서로 죽음으로 헤어질 때까지 미워했고, 아빠는 그 관계에서 이런저런 노력을 했지만 상황은 좋아지지 않았습니다.

젠더 평등과 화해라는 단어에 이끌려 윌리엄 키핀과 신시아 브릭스가 쓴 책을 구했습니다. 친구들과 번역해 읽기 시작했고, 그 여정은 저를 다른 세상으로 이끌었습니다. 그 사이에 몇 번씩 메일을 주고 받고, 화상으로도 인사하며 제 이야기를 하고, 그들의 이야기를 들었습니다. 북클럽 1기를 마칠 때 한국에서 만난 텐진 파모 스님은 손을 꼭 잡아주시며 이 작업이 얼마나 한국에 중요한지, 여성이 여성을 돕는 것이 얼마나 필요한지 말씀하시며 끝까지 포기하지 말라고 해주셨습니다. 2기 북클럽을 진행하는 중에는 2020년 3월 네팔 포카라에서 열리는 GERI 워크숍에 참여했습니다. 생전 처음 가보는 나라에 한 번 더 국내선을 갈아타고 들어가는 지역까지 한달음에 갔습니다. 이렇게 분노로 계속 살아갈 수 없다는 절박함과 목마름으로 주말을 끼고, 연차 휴가를 사용하며 다녀왔습니다. 긴 시간을 거쳐 도착한 호텔 로비에서 브릭스와 키핀과 나는 서로를 보자마자 알아봤고, 브릭스와 말없이 서로를 포옹할 때 알 수 없는 눈물이 터져 나왔습니다. 긴 여행의 피로였다고 말하기에는 표현하기 어려운 뜨거운 무언가가 있었습니다. 여성의 몸으로 지구에 태어나 비슷한 상황들을 거쳐 그 나이에 이런 일들을 해나가고 있는 그녀의 품이 주는 강인함이 있었습니다. 워크숍 동안 이 책에 나오는 인도의 루시 수녀님과 룸메이트로 지내는 행운도 있었습니다. 밤마다 루시 수녀님과 이야기를 나누며 당시 제가 고민하던 가정, 직장에서의 어려움을 다른 각도로 볼 수 있었고, 중요한 결단을 내릴 힘을 얻게 되기도 했습니다. 인도 정부로부터 여전히 종교적 이유로 불이익을 당해 마헤어 공동체를 위해 항의하시는 모습을 곁에서 보았고, 그녀가 키워낸 거리의 소년이 루시에게 엄마라고 부르며 GERI 워크숍의 퍼실리테이터가 되어 진행하는 모습을 보았습니다. 두 달 후 뉴욕에서 열리는 UN 평화활동가를 위한 국제 워크숍에 다시 초대되어 5일간의 여정에 다양한 국적을 가진 활동가들과 젠더 평등과 화해 워크숍을 통해 여성의 고통에 연결되고, 퀴어의 고통에 연결되며, 남성의 고통에 연결되었습니다. 섹슈얼리티, 남녀, 이성애자, 동성애자, 피부색을 넘어선 인간 동료로서의 공명, 그야말로 사랑과 고통의 연대를 느낄 수 있었습니다.

그전에는 분노의 힘으로 세상과 싸우고 싶었다면, 이후에는 사랑의 힘으로 내가 움직일 수 있는 만큼 즐겁게 할 수 있게 됐습니다. 이 프로그램을 경험하면서 오래전 마음에서 멀어진 동생과 다시 만났습니다. 어머니와 할머니의 역사가 궁금했고, 아버지의 고통을 이해해보고 싶어졌습니다. 무엇보다 20여 년 전 성폭행한 그 사람에게 연락할 수 있는 용기를 얻었습니다. 막상 그 사람의 두려움에 기반한 변명과 사과를 받으니 상상했던 쾌감 같은 것은 느낄 수 없었습니다. 오래된 숙제를 마친 기분과 비슷했지만 그 순간을 묘사할 수 있는 감정 단어는 세상에 없는 것 같습니다. 그래도 괜찮습니다.

저쪽으로 치워뒀거나 없었던 듯 외면하고 살았던 시간들을 마주할 수 있게 해준 힘은 힘들었던 결혼 생활을 정리하기로 마음 먹은 후부터 꾸준히 받았던 심리치료와 GERI와 함께한 여정에서 왔습니다. 싫기만 했던 내 몸을 다시 보게 되었고, 혐오와 두려움으로 가득했던 남성에 대한 마음에 같은 동료로서의 인류애가 조금씩 스며들게 되었습니다. 훨씬 더 편안하고 말랑한 마음으로 사람들을 대할 수 있게 되었습니다. 지금 당장 보지 못하고, 듣지 못하는 이 사람의 질척한 경험이 있겠거니 짐작할 수 있게 되었습니다.

'화해'라는 이 단어가 한국에서 불린다는 것이 저는 아직도 걱정됩니다. 이 책이 나오기까지 육아 동료들, 페미니스트 동료들에게 어떻게 비춰질까 하는 주저함의 시간이 컸습니다. 그럼에도 늘 온기 있는 곁을 내어준 친구들을 떠올리며 감사합니다. 제가 진흙탕에서 고꾸라져 울고 있을 때 계산 없이 지지해준 많은 동료와 지금까지 한결같은 마음으로 곁에 있는 루이스에게 사랑과 감사를 전합니다. 처음 책에서 만난 순간부터 내 멘토가 되어준 브릭스와 키펀에게 깊은 존경과 감사를 전합니다. 저를 계속 존재하게 해주고, 겸손함으로 배울 수 있게 해주는 사랑하는 두 아들에게 미안함과 감사를 전합니다. 여전히 전문 번역가가 아니라 어색한 부분이 많이 있을 텐데 그럼에도 기회를 주신 yeondoo 출판사 김유정 대표님과 이 책을 통해 함께 공명해주실 독자님에게 감사합니다. 저도 함께 울리고 있습니다.

2022년 가을. 정하린.

역자 후기
이순호

이 책 『젠더의 아름다움』을 처음 만난 것은 2018년 봄입니다. 공역자인 정하린 선생님께서 영어로 된 책 한 권을 같이 읽어보자고 제안했습니다. 자신이 벨기에의 한 워크숍에서 GERI를 우연히 알게 되었는데 이것을 접하면서 그동안 자신의 삶에서 꽉 막혀 있던 무언가가 뚫리는 듯한 느낌을 받았다는 것입니다. 평소 신뢰하는 동료였던 그녀의 제안에 귀가 솔깃해졌고, 그렇게 이 책과 인연이 닿았습니다.

"모든 이성애자 부부의 침실 속에는 전형적이고 역사적인 '성대결'이라는 드라마가 있다. 모든 부부는 그들 자신은 변화시킬 수도 없고, 인식하기도 이해하기도 거의 불가능한 부담을 짊어지고 있다." 제1장 중반에 나와 있는 이 문장이 가슴에 꽂혔고, 이미 과거 완료가 되어버린 결혼 생활을 돌아보게 되었습니다.

저도 한때 결혼했습니다. 상대는 좋은 집안에서 좋은 교육을 받은 좋은 사람이었습니다. 저 자신도 무난한 중산층 가정에서 성장하며 좋은 교육을 받았고 이 정도면 괜찮은 사람이라고 생각했기에 결혼 생활은 행복으로 가는 시작이라고 생각했으며 그러길 희망했으나 행복과는 거리가 멀었습니다. 초반부터 삐걱거렸고, 사소한 것에서 시작한 다툼은 사소하지 않은 것이 되었고, 갈등은 깊어지고 깊어져서 결국 파국에 이르렀습니다. 사랑을 찾아 떠난 여정은 파국으로 끝나고, 상대에 대한 원망과 나에 대한 자책, 분노, 좌절, 절망과 같은 감정의 덩어리들만 남았습니다. 그리고 이러한 결과의 원인을 '성격 차이'로 치부하며 풀지 않고 방치한 삶의 숙제로 덮어 놓고 잊기로 선택했습니다.

그랬는데 앞서 인용한 문장을 보고 적잖은 충격을 받았습니다. 나와 상대방의 성격 차이가 문제라고 막연히 믿고 있었고, 나와 상대방의 문제라고만 생각했는데 나와 상대방이 겪었던 문제는 수천 년간 이어져온 전형적인 갈등이라는 것, 진정한 원인은 개인 차원에서는 이해하기 불가능한 것이라는 것, 그러한 짐을 모든 인류가 짊어지고 있다는 설명이 충격이었습니다. 고통은 내가 겪고 있었지만 그 원인은 전혀 엉뚱한 곳에서 찾고 있었다는 생각에 부끄러움도 느꼈습니다. 하지만 가장 충격이었던 것은 아주 오래되고 보편적인 문제에 대한 해결책에 대한 진지한 통찰도, 접근도 아직 한참 부족하다는 것을 확인한 것입니다.

제 개인사를 하나 더 이야기하자면 저는 한 집안의 8대 독자로 태어났습니다. 아들이 귀한 집에서 외아들로 태어나 특히 할머니, 할아버지의 많은 사랑을 받으며 자랐습니다. 제가 아들로 태어나기 위해 특별히 노력하거나 애쓴 것은 없는데 아들로 태어났다는 이유만으로 많은 사랑을 받았고, 어릴 때는 그게 당연한 것인 줄 알고 특별한 사람이 된 것 같은 우쭐한 기분에 젖기도 했습니다. 반면 저보다 세 살 많은 제 누나는 딸이라는 이유만으로 항상 비교 당하고, 여자라는 꼬리표를 달고, 여자는 이러이러해야지 또는 여자라서 "안 돼!"라는 말을 많이 들으며 살았습니다. 어릴 때는 누나가 정말 나보다 못한 사람이라고 생각해 무시하거나 싸우기도 했습니다.

그런데 지금 생각해보면 할머니, 할아버지의 일방적 사랑이 어쩌면 제 이혼의 중요한 원인 중에 하나인 듯합니다. 일방적으로 사랑을 받고 그것을 당연한 것으로 여길 때 다른 사람의 고통의 목소리를 듣는 능력, 즉 공감력을 키울 기회를 얻지 못합니다. 저는 어린 시절 많은 사랑을 받았음에도 소중한 존재인 엄마나 누나의 고통에 대해 공감하는 법을 배우지 못했습니다. 공감하는 법을 배우지 못하는 것에 그치는 것이 아니라 그들의 고통을 당연한 것으로 생각했습니다.

공감력의 부재는 타인의 마음만 공감하지 못하는 것에 그치지 않습니다. 타인의 고통을 헤아리지 못하는 사람은 자신의 고통도 돌볼 줄 모릅니다. 고통을 돌보는 방법과 힘을 배울 기회 없이 성장하기 때문입니다.

이러한 것이 바로 일방적 사랑의 폐해라는 것을 이 책을 읽고, 번역하고, GERI 트레이너 양성 과정에 참가하면서 다시 한 번 확인했습니다. 이런 왜곡된 사랑을 받은 사람들은 상호적 관계, 신뢰에 기반한 사랑하는 관계, 축하와 기쁨을 나누는 풍요로운 관계를 맺기 어렵습니다. 그래서 항상 관계 속에서 힘을 추구하고 주도권을 잡으려 하고, 다른 사람들을 원망하고 갈등하는 사람이 됩니다.

이러한 경험을 통해 제가 얻은 깨달음은 나라는 사람은 가까운 소중한 사람이, 친밀하고 가까운 사람이 고통을 겪고 있을 때 나 혼자서만은 행복할 수 없는 존재라는 점입니다.

사실 우리 사회는 사회 구성원의 고통에 대해 진지하게 고민하고, 그 결과를 제도화하면서 더 나은 사회, 더 나은 삶, 더 나은 사람이 되기 위한 노력을 하고 있습니다. 그 덕분에 인권 의식이 높아지고, 오랫동안 관행처럼 여겨지던 폭력이나 차별을 금지하는 법률들이 제정되었고, 앞으로도 그런 과정으로 나아갈 것입니다. 또한 관행적 차별의 대상이었던 사람들을 보호하는 제도들도 만들어졌습니다. 중요하고 의미 있는 변화입니다.

그러나 그러한 노력들의 한계도 있습니다. 폭력과 차별을 금지하는 제도와 법률들에 대한 반작용이 있습니다. 그래서 누가 더 불행한지, 어떤 젠더가 더 불행한지, 어떤 세대가 더 불행한 세대인지 불행을 경쟁하고 입증하는 풍토가 형성되고 있습니다. 그러한 불행의 경쟁이 심화되어 인터넷 포털 사이트에서 '젠더'를 검색하면 '갈등'이 첫 번째 연관 검색어로 뜹니다. 또한 지난 대통령 선거 때 20대 여남, 남녀 사이의 '갈라치기'가 하나의 선거 전략으로 나오기도 했습니다.

타인의 고통에 공감하기보다는 자신의 고통을 입증하고자 하는 비극적 모습을 보면 안타깝습니다.

젠더 평등과 화해 워크숍에는 다양한 젠더 정체성을 가지고 살아가는 사람들이 모입니다. 그 자리에서 각자의 젠더 정체성을 가지고 살아오면서 겪은 어려움과 고통에 대해 이야기합니다. 다른 사람이 이야기할 때 나는 다른 사람들의 삶을 분석하고 평가하는 것이 아니라 한 존재가 겪는 고통의 증인으로 그 자리에 함께 머물며 증언을 듣고 내게 일어나는 몸과 마음의 변화를 그대로 수용하는 경험을 하게 됩니다. 그러한 변화를 수용한 사람들의 마음이 서로 연결되며 그전에는 도저히 예상하지 못했던 화해의 경험을 하게 됩니다.

이러한 경험은 젠더의 고통을 당연하게 운명처럼 강요하는 사회에서는, 누구의 불행이 더 큰지 경쟁하는 사회에서는 그려볼 수도 없는 경험입니다. 저 역시 이 과정에 참석하면서 많은 여성 참가자 앞에서 한국에서 남성으로 살면서 느낀 고통을 말할 때 이전에는 경험하지 못한 수용을 경험했습니다.

하지만 여기에서 한 가지 말하고 싶은 것은 이러한 화해가 사법 제도에서의 면죄부로 오해되지 않기를 바랍니다. 젠더 평등과 화해 작업이 추구하는 영역은 사법적 접근과는 다른 인류애적, 인간애적, 영성 차원의 접근입니다.

그래서 이 책『젠더의 아름다움』의 번역에 참여해 출간이 되는 지금 정말 보람되고 기쁩니다. 이 책이 씨앗이 되어 이어질 변화가 기대됩니다. 젠더 평등과 화해의 작업은 한국에서 시도된 적이 없고 소개된 적이 없는 새로운 작업입니다. 새로운 시도를 세상에 알리는 일에 기꺼이 나서 준 yeondoo 출판사 김유정 대표님께 특별한 감사의 마음을 전합니다. 그리고 2018년부터 북클럽에 참여해 자신의 젠더 경험을 나눠 준 참가자분들, 그리고 트레이닝 과정을 함께한 이강혜, 조승연 님께도 감사의 마음을 전합니다. 언제나 가까이에서 무한한 애정과 지원을 보내주는 정하린 님께도 진심 어린 사랑과 존경, 감사의 마음을 전합니다.

그리고 무엇보다 제 엄마, 누나와 같이 이 세상에서 여성으로 살아가면서 그 삶의 무게를 견디고 있는 모든 여성과 제 아빠처럼 한 집안의 최후 보루라는 부담감을 묵묵히 견디면서 자신의 욕구를 희생하는 모든 남성에게, 이 책이 삶의 무게를 조금이나마 덜어주는 위로가 되기를 진심으로 기원합니다. 그렇게 세상과 우리의 일상이 평화에 더 가까워지길 기원합니다.

2022년 가을. 이순호.

541
젠더의 아름다움

후주

Chapter 1

1 Robert Gilman, "Essential Peacemaking," In Context, no. 34 (1993): 52~54 참조.

2 Samuel Shem and Janet Surrey, We Have to Talk (New York: Basic Books, 1999).

3 Robert Bly and Marion Woodman, The Maiden King: The Reunion of Masculine and Feminine (New York: Henry Holt and Co, 1998).

4 Aron Kipnis and Elizabeth Herrron, What Women and Men Really Want(Novato, Calif.: Nataraj Publishing, 1995).

5 Riane Eisler and David Loye, The Partnership Way (Brandon, Vermont: Holistic Education Press, 1998).

6 Llewellyn Vaughan-Lee, Awakening the World: A Global Dimension to Spiritual Practice (Inverness, Calif: Golden Sufi Center, 2006, 66~83).

7 Andrew Harvey, The Essential Mystics (Castle Books, Edion, N.J., 1996, 50~52) 인용.

Chapter 2

1 Alice Bailey, A Compilation on Sex (Lucis Trust, London, 1990, 13~15).

Chapter 3

1 Bill Moyers, A Gathering of Men, 1990 television program produced by Betsy McCarthy, directed by Wayne Ewing, Mystic Fire Video, Burlington, Vermont.

Chapter 5

1 Andrew Harvey, Light Upon Light: Inspirations From Rumi (Berkeley, Calif.: North Atlantic Books, 1996, 104).

Chapter 6

1 J. Hanus, "The Culture of Pornography Is Shaping Our Lives," Utne Reader (Sept/Oct 2006): 58~60.

2 Carly Milne, Naked Ambition: Women Who Are Changing Pornography (New York: Carrol and Graf, 2005); Candida Royalle, How to Tell a Naked Man What to Do (New York: Fireside Simon and Shuster, 2004).

3 Pamela Paul, Pornified: How Pornography Is Transforming Our Lives, Our Relationships, and Our Families (New York: Times Books, Henry Holt, 2005).

4 J. Stoltenberg, Refusing to Be a Man and What Makes Pornography Sexy (Minneapolis, Minn., Milkweeed Editions, 1994).

5 Daniel Odier, Desire (Inner Traditions, Rochester, Vermont, 2001, 8~9).

6 Sahajayoginicinta, quoted in Miranda Shaw, Passionate Enlightenment (Princeton, N.J.: Princeton University Press, 1994, 188).

7 Miranda Shaw, "Everything You Always Wanted to Know About Tantra… but Were Afraid to Ask," What is Enlightenment?, Lenox, MA, Issue No. 13, Spring~Summer, 1998.

8 Ibid.

9 Amarananda Bhairavan, Kali's Odiyya-A Shaman's True Stroy of Initiation (York Beach, Maine: Nicolas Hays, 2000).

Chapter 8

1 Stanislav Grof, The Adventure of Self Discovery (Albany, N.Y.: SUNY Press, 1988, 171).

2 전체 설명과 세부적 임상 데이터에 대해서는 clinical data, Stanislav Grof, The adventure of Self Discovery (Albany, N.Y.:SUNY Press, 1988). 참조.

3 Stanislav Grof, Psychology of the Future (Albany, N.Y.:SUNY Press, 2000, 15~217).

4 사례로는 the Contemplative MInd Project, based in Northanmpton, Massachusetts(www.contemplativemind.org) 참조.

5 Bernie Glassman, Bearing Witness (New York: Harmony/Bell Tower [Crown]), 1999.

Chapter 9

1 "India Dealing With Infanticide, "BBC News Online,

ww.collegenet.com/elect/app?service=external/Forum&sp=2194

2 Shiva/Shakti, Krishna/Radha, 그리고 Rama/Sita은 힌두 신화의 신 중 수많은 커플 중 세 커플이다. Shiva는 파괴의 신으로 Shakti는 그의 배우자며 현현의 여신이다. Krishna는 Vishnu가 인간의 모습으로 온 것이며, 바가바드지타에서 신으로 불린다. Radha는 크리슈나의 사랑스런 연인이다. Rama는 힌두 서사시 「The Ramayana」에서 사악한 Ravana를 죽임으로써 인류를 구원하는 신이고, Sita는 인도 여성들이 이상화하며 본받으려고 하는 Rama의 사랑스런 신성한 아내다.

Chapter 10

1 Cape Times, November 15, 2006, Cape Town, South Africa.에서 인용. du Plooy의 인용구 전체는 온라인 www.christianfront.org.za/news/civilunionbill.htm.에서 확인 가능.

Chapter 12

1 Gerda Lerner, The Creation of Feminist Consciousness: From the Middle Ages to 1870 (New York: Oxford University Press, 1993): Carol Flinders, At the Root of this Longing, Reconciling a Spiritual Hunger and a Feminist Thirst (San Francisco: HarperSanFrancisco, 1999, 126).에서 인용. 또한 Gerda Lerner, The Creation of Patriarchy (New York: Oxford University Press, 1986) 참조.

2   William C. Chittick, The Sufi Path of Love: The Spiritual Teachings of Rumi (Albany, N.Y.: SUNY Press, 1983, 194~195)

3   St. John of the Cross, "The Living Flame of Love," in The Collected Works of Saint John of the Cross, Kieran Kavanaugh, and Otilio Rogriquez, translators (Washington, DC: ICS Publications, 1991, 600)

4   J.G. Bennett, Sex: The Relationship between Sex and Spiritual Development (York Beach, Maine: Samuel Wieser, 1981, 50).

5   Andrew Harvey, Light Upon Light: Inspirations from Rumi (Berkeley, Calif.: North Atlantic Books, 1996, 79).

6   Eckhart Tolle, The Power of Now, A Guide to Spiritual Enlightenment (Novato, Calif.: New World Library, 1999, 130).

7   Ibid., 135.

8   Eckhart Tolle, A New Earth: Awakening to Your Life's Purpose (New York: Dutton, 2005, 14 and 183).

9   Eckhart Tolle, The Power of Now, A Guide to Spiritual Enlightenment (Novato, Calif.: New World Library, 1999, 141).

젠더의 아름다움

젠더의 아름다움

초판 1쇄 발행 2022년 10월 31일

지은이   윌리엄 키핀, 신시아 브릭스, 몰리 다이어
옮긴이   정하린, 이순호

편집   김유정
디자인   문유진

펴낸이   김유정
펴낸곳   yeondoo
등록   2017년 5월 22일 제300-2017-69호
주소   서울시 종로구 부암동 208-13
팩스   02-6338-7580
메일   11lily@daum.net

ISBN   979-11-91840-32-2 03300